高水平数学教学的
理念与实践

李祎 —— 著

图书在版编目（CIP）数据

高水平数学教学的理念与实践/李祎著． —福州：
福建教育出版社，2024.2
ISBN 978-7-5334-9805-4

Ⅰ.①高… Ⅱ.①李… Ⅲ.①中学数学课－教学研究－高中　Ⅳ.①G633.602

中国国家版本馆 CIP 数据核字（2023）第 235209 号

Gaoshuiping Shuxue Jiaoxue De Linian Yu Shijian
高水平数学教学的理念与实践
李　祎　著

出版发行	福建教育出版社
	（福州市梦山路 27 号　邮编：350025　网址：www.fep.com.cn
	编辑部电话：0591-83726908
	发行部电话：0591-83721876　87115073　010-62024258）
出 版 人	江金辉
印　　刷	福州印团网印刷有限公司
	（福州市仓山区建新镇十字亭路 4 号）
开　　本	710 毫米×1000 毫米　1/16
印　　张	25
字　　数	347 千字
插　　页	3
版　　次	2024 年 2 月第 1 版　2024 年 2 月第 1 次印刷
书　　号	ISBN 978-7-5334-9805-4
定　　价	75.00 元

如发现本书印装质量问题，请向本社出版科（电话：0591-83726019）调换。

目 录

上篇　认识论的视角

§1　高水平数学教学"教什么"/3

§2　高水平数学教学"怎么教"/13

§3　教学不是"告诉"行为/23

§4　数学教学应"讲道理"
　　——以"向量及其运算"教学为例/33

§5　别被理念绑架教学/45

§6　别被定义遮蔽概念/53

§7　另眼看教学难点/65

§8　另眼看课堂导入/73

§9　数学解题需要套路吗/83

§10　数学教学勿"想当然"/91

§11　"病态"数学教学问诊/98

§12　数学教学问题面面观/108

§13　高水平教师应树立的数学观/119

§14　数学理解的"五视角"/132

§15　数学素养提升的"六维度"/145

下篇　实践论的视角

§1　高水平数学教学应这样教
　　——以"函数的单调性"教学为例/159

§2　基于多元表征的数学教学设计
　　——以"基本不等式"教学为例/175

§3　基于核心素养培养的数学教学设计
　　——以"椭圆及其标准方程"教学为例/187

§4　基于同理心的数学教学设计
　　——以"余弦定理"教学为例/200

§5　基于理解性学习的数学教学设计
　　——以"向量的数量积"教学为例/211

§6　数学学科德育的实践
　　——以"辩证思维"培养为例/222

§7　数学结构化教学的理解与实施/230

§8　注重内容前后衔接　促进知识逻辑生长
　　——以"二项式定理"教学为例/243

§9　基于三种学习理论整合的数学概念教学设计
　　——以"函数的概念"教学为例/250

§10 立足数学概念本质　促进知识自然生成
　　——以"任意角的三角函数"教学为例/260

§11 基于稚化思维的数学教学设计
　　——以"等比数列的前 n 项和"教学为例/268

§12 基于探究学习的数学教学策略
　　——以"直线方向向量和平面法向量"教学为例/281

§13 基于逻辑推理素养培养的数学教学设计
　　——以"函数的奇偶性"教学为例/289

§14 基于数学理解的数学教学设计
　　——以"弧度制"教学为例/299

§15 基于深度学习的数学教学设计
　　——以"二面角"教学为例/307

§16 基于 HPM 的数学教学设计
　　——以"复数的概念"教学为例/316

§17 基于"问题链"的数学教学设计
　　——以"对数的概念"教学为例/325

§18 基于数学思想方法的教学设计
　　——以"等差数列的前 n 项和"教学为例/337

§19 基于 Geogebra 运用的数学教学设计
　　——以"平面向量基本定理"教学为例/349

§20 基于学习进阶的数学教学设计
　　——以"正弦定理"教学为例/362

§21 基于几何画板的数学教学设计
　　——以"$y=A\sin(\omega x+\varphi)$的图象"教学为例/372

§22 基于数学运算素养培养的数学教学设计
　　——以"点到直线的距离"教学为例/384

参考文献/394

上篇　认识论的视角

§1 高水平数学教学"教什么"

教学研究的基本问题是"教什么"和"怎么教",前者关乎教学内容,后者关乎教学形式. 教学内容决定教学形式,教学形式服务于教学内容. "教什么"永远比"怎么教"更重要. 先进理念首先关乎教学内容,要关注"教什么".

从"教什么"的视角来看,数学教师的教学水平的高低,首当其冲地体现在对教学内容的把握上. 低水平的教书匠,只会照本宣科,看到什么就教给学生什么,只是知识的搬运工;高水平的教师,能透过现象看到本质,在教教材中显性知识的同时,能挖掘出其后的隐性知识,教到一些别人教不出来的内容.

这些不易教到的隐性知识是什么呢?概括而言,我们认为是数学的本质、过程、思想和结构四个方面. 认识到数学教材中蕴含的这些隐性知识,通过深度挖掘和解读教材隐性知识,达到与隐性知识的深度对话,有助于提高数学课堂实效和学生的综合能力.

一、教"本质"

1. 教数学概念的本质

数学概念是反映数学对象的本质属性的思维产物,所谓本质属性就是指该类事物共有和特有的稳定属性,也可以说,本质属性就是事物变化当中保持不变的属性. 掌握数学概念的本质,既需要静态地分析其定义形式,更需要在比较、变化等联系性活动中揭示其内涵.

比如,对于复数的本质的把握,必须认识到复数是一种二元数,而实数则是一元数. 与把一元的实数看作"单纯的数"相比,二元的复数不仅有数量意义，而且还有方向意义，它是一种"有方向的数"，"数量加方向"是复数的本质属性，这一本质属性可以通过复数的代数表示、三角表示和几何表示来进行揭示．

有一些数学概念的本质，相对比较隐晦，更需要教师努力揭示．比如，在小学和初中阶段，分别学过不同的"距离"："两点之间的距离""直线外一点到已知直线的距离""两平行线之间的距离"．那么，距离的本质是什么呢？其实，更一般来看，距离的本质就是"最小值"：图形 P 内的任一点与图形 Q 内的任一点间的距离中的最小值，叫作图形 P 与图形 Q 的距离．把握住这一本质，高中阶段学习"点到平面的距离""直线到与它平行的平面的距离""两个平行平面的距离""异面直线的距离"的概念时，学生也能做到不教自明．

对数学概念的理解与把握是一个循序渐进的过程，特别是对于一些较为抽象的数学概念更是如此．比如初中采用"变量说"对函数进行定义，但用该定义阐释常数函数 $y=\sin^2 x+\cos^2 x$，$x\in \mathbf{R}$ 就比较困难．函数的本质是"对应"，所以高中采用"对应说"来定义函数，基本反映了函数概念的本质特征，但还是存在一些瑕疵．比如，对于函数 $y=x$，$x\in\{0,1\}$ 和 $y=x^2$，$x\in\{0,1\}$，貌似两个不同的函数，实则为同一个函数．因为用"对应说"定义函数，主要关心对应的结果，而不是对应的过程．为了克服"对应说"定义中的这一缺陷和弊端，有的大学教材用"关系"来重新定义函数概念．

需要说明的是，掌握数学概念的本质，并不意味着背诵概念的定义．比如对于方程的定义"含有未知数的等式叫方程"，并没有反映方程的本原思想．教师在方程定义的黑体字上大做文章，反复举例，咬文嚼字地学习，朗朗上口地背诵，没有实质性的意义．绝对没有学生因为背不出这句话而学不会"方程"的．方程的实质是"为了寻求未知数，在已知数和未知数之间建立起来的一种等式关系"．在数学学习中，学生能否记住方程

的定义并不重要，关键在于领会其基本思想，并能够进行灵活地应用.[①]

此外，对于数学概念定义的呈现，并非越严密、越精确，就越有助于掌握其本质，还必须考虑到学生的可接受性. 特别是对于抽象程度较高的数学概念，学生接受起来比较困难，这时为了更好地帮助学生掌握概念的本质，需要适度淡化概念的形式定义，以使学生更好地理解概念的内涵. 比如在高中数学教材中，对于导数和定积分概念的呈现，便采用了这样的处理方式.

2. 教数学结论的本质

数学中的结论很多，但大凡列入教材中的重要数学结论，如各种数学公理、定理、公式、法则等，主要在于其经常用到、推证不易、形式简单. 把握数学结论的本质，并不在于记诵结论本身，而在于理解其内涵，明确其意义，掌握其功能，认识其成立的理由.

比如在三角形的学习中有许多结论，对每一结论都应尽可能把握其本质：三角形的三内角和定理反映了任意三角形的三内角和所保持的不变性，其正确性在小学可以通过剪拼、折叠或拉伸的方法来进行验证，在初中可以通过平行线的性质定理来进行严格证明；三角形的面积公式本质上是刻画了三角形底边与对应高的乘积的不变性，这一不变量可以度量三角形这一封闭图形的大小，其正确性在小学可以通过剪拼或折叠的方法来进行验证，在初中可以通过三角形的相似来进行证明；三角形全等的判定定理本质上揭示了唯一确定三角形的大小和形状所需要满足的最简条件；等等.

又如对于数列求和公式的学习，对其本质的把握，必须认识到其中蕴含的求简意识和化归思想. 如对于等差数列的前 n 项进行求和，如果逐项进行相加，需要进行 $n-1$ 次加法运算. 但若使用求和公式 $S_n = \frac{n(a_1+a_n)}{2}$，只需进行一次加法运算、乘法运算和除法运算即可. 当 $n>4$

[①] 张奠宙. 关于数学知识的教育形态[J]. 数学通报，2001（4）：1—2.

时，应用求和公式进行计算就会带来简便，而且 n 越大这种优势越明显. 因此，数列求和公式的建立，本质上是化复杂为简单思想的具体体现. 对其正确性的认知，如果干巴巴地对"倒序相加"不易理解的话，那么采用数形结合的方法，则其实质便会暴露无遗：无非是 n 条相等线段的和的一半.

3. 教数学方法的本质

数学中除了一些结论性知识，还有大量的方法性知识，比如运算的方法、度量的方法、变换的方法、论证的方法等. 掌握数学方法的本质，不仅要掌握"怎么做"，即方法运用的程序与步骤，还要掌握"为什么可以这样做"，即数学方法的内涵是什么，不同数学方法使用的条件是什么，适用的范围是什么，数学方法与问题特质具有怎样的关联性.

比如对于数的加、减运算的方法，必须抓住计数单位这一本质. 因为自然数以"1"为标准，"1"是自然数的单位，所以任何两个自然数都可以直接相加减. 同分母分数，因为它们的分数单位相同，所以能直接相加减；异分母分数，因为它们的分数单位不同，所以就要把它们化成相同的单位，这样才可以相加减. 小数的加减运算中，小数点对齐才能相加减，其本质也是相同计数单位要相同. 因为只要小数点对齐，相同数位就对齐了，相同计数单位也就同样能相加减了，而不必考虑小数的末位是不是对齐.

又如对于"十字相乘法"，通常人们认为，十字相乘法主要用来对形如 ax^2+bx+c 的二次三项式进行因式分解. 但事实上，十字相乘法的本质并非仅限于此，并不是只适用于二次三项式. 对于任意的形如 $f(x)=A+B+C$ 的代数式，若 $A=ab$，$C=cd$，且 $ad+bc=B$，那么就会有 $f(x)=(a+c)(b+d)$. 这就是推广后的十字相乘法，其原理已经不局限于分解系数，不局限于二次多项式，它适用于任意一个代数式，其根本作用是对代数式进行因式分解.

二、教"过程"

数学有三种形态：原始形态、学术形态和教育形态。[①] 原始形态是指数学家在探索发现数学真理时所进行的曲折、复杂的数学思考；学术形态是指数学家对探索、发现的数学真理进行归纳、整理形成文本材料后的一种形态，它呈现出的是"简洁的、冰冷的形式化美丽"；教育形态是指教师通过自己的设计，将学术形态的数学知识有效地"激活"，使学生在学习数学时，能够模仿数学家那样进行"火热的思考"，它是介于原始形态和学术形态之间的一种形态。

弗赖登塔尔曾经这样描述数学的表达形式：没有一种数学的思想，以它被发现时的那个样子公开发表出来，一个问题被解决后，相应地发展为一种形式化技巧，结果把求解过程丢在一边，使得火热的发明变成冰冷的美丽。因此他说教材是"教学法的颠倒"。为了彰显数学知识的过程性，通过数学知识的教育形式散发出数学的巨大魅力，让数学"冰冷的美丽"焕发学生"火热的思考"，在数学教学设计中需要采用稚化思维的设计策略。

所谓稚化思维，就是教师把自己的外在权威隐蔽起来，在教学时不以一个知识丰富的教师自居，而是把自己的思维降格到学生的思维水平上，亲近学生，接近学生，有意识地退回到与学生相仿的思维状态，设身处地地揣摩学生的学习水平、状态等，有意识地生发一种陌生感、新鲜感，以与学生同样的认知兴趣、同样的学习情绪、同样的思维情境、共同的探究行为来完成教学的和谐共创。

比如在高中数学教材中，定义了直线的方向向量。为什么要给出这一数学概念？为什么要采用这样的方式来对其进行定义？通过分析与探究不难发现，定义直线的方向向量的根本目的，是为了刻画和确定直线的方

[①] 张奠宙. 教育数学是具有教育形态的数学[J]. 数学教育学报，2005（3）：1—3.

向．所谓直线的方向相同，就是指这些直线是互相平行的．那么，为什么不定义直线的"法向量"（与直线垂直的非零向量）？可否用直线的"法向量"来刻画直线的方向呢？回答是否定的，因为一个直线的"法向量"无法确定直线的方向．两个不共线的"法向量"确定一个平面，而与平面垂直的直线的方向是确定的．由此可见，用与直线垂直的两个不共线的非零向量也可以表示这条直线的方向，只不过数学追求简洁美，用直线的方向向量只需一个向量就可以了．①

又如在直线的斜率的学习中，在有了倾斜角的概念完全可以刻画直线的倾斜程度的条件下，为什么还要进一步学习斜率的概念？在定义直线的斜率时，为什么要用 $k=\tan\alpha$，而不是 $k=\sin\alpha$ 或 $k=\cos\alpha$ 呢？复原斜率的产生过程不难发现，直线上的动点 (x, y) 与作为不变量的倾斜角不能直接建立起关系，必须将倾斜角代数化，变量 (x, y) 与不变量——斜率 k 才能建立起关系．在对倾斜角进行代数化时，之所以使用了正切而不是正弦或余弦，是因为正切函数的单调递增性，即无论是锐角还是钝角，此时都是倾斜角越大斜率越大，正弦、余弦函数是达不到这样的实际效果的．从后续学习的导数的视角来看，正切值实际上就是直线的瞬时变化率，这样，采用正切值与导数保持了一致性．

通过类似于以上这样的分析和探究，有助于掌握数学知识的产生和形成的客观基础，包括知识的来龙去脉，结论的背景、产生过程和意义，获取知识的方法等．这样不仅可以避免"知其然而不知其所以然"，而且可以有效把握知识的本质和思想方法．

需要说明的是，没有对数学知识的来龙去脉的正确把握，不仅会影响对数学概念发展的认知和理解，也会影响到对具体数学问题的解决．比如，对于题目"求 $x^2-2x\sin\dfrac{\pi x}{2}+1=0$ 的所有实数根"的求解，当有人在求解中利用二次方程之判别式应大于或等于 0 时，即 $\left(2\sin\dfrac{\pi x}{2}\right)^2-4\geqslant 0$

---

① 李祎．基于探究学习的数学教学策略研究［J］．数学通报，2009（2）：22—24.

时，许多人对此就会提出"更正". 理由是"原方程根本就不是二次方程"，不能用判别式.[①] 产生这一错误认识的根本原因，就在于当我们熟练记住了一元二次方程的求根公式之后，许多人忘记了求根公式的来龙去脉，忘记了判别式其实是"配方法的结果"，想当然地认为只有对一元二次方程才能使用判别式非负的性质.

又如，对于题目"在平面斜坐标系 xOy 中，$\angle xOy=60°$，平面上任一点 P 关于斜坐标系的斜坐标是这样定义的：若 $\overrightarrow{OP}=x\boldsymbol{e}_1+y\boldsymbol{e}_2$（其中 $\boldsymbol{e}_1$、$\boldsymbol{e}_2$ 分别为与 x 轴、y 轴同方向的单位向量），则 P 点斜坐标为(x,y). 则以 O 为圆心、1 为半径的圆在斜坐标系 xOy 中的方程是_____."的解答，若不清楚两点间距离公式 $|P_1P_2|=\sqrt{(x_1-x_2)^2+(y_1-y_2)^2}$、向量 $\boldsymbol{a}=(x,y)$ 的模长公式 $|\boldsymbol{a}|=\sqrt{x^2+y^2}$ 等的得出是基于直角坐标系，那么便会在斜坐标系之下的问题解决中错误地套用这些公式.

所以教师在引导学生学习知识的过程中，为了凸显知识的本质特征，强化学生的数学理解，就必须重视知识的生成、发生、发展等过程性. 掐头去尾烧中段，忽视知识的来龙去脉，有意无意减缩思维过程，就可能造成思维断层，出现严重"消化不良"，这样就会导致学生对知识的表层理解和机械记忆.

三、教"思想"

数学问题可以千变万化，而其中运用的数学思想方法，却往往是相通的. 不去领悟数学思想方法，只满足于对知识结论的记忆和解题技巧的掌握，这种"重术轻道"的数学教学，难以培养出有创造力的人才.[②] 因为数学知识教学只是信息的传递，而数学思想方法的教学才能使学生形成观点和技能. 数学学习的根本目的，就在于掌握这种具有普遍意义和广泛迁

---

① 罗增儒. 数学解题学引论［M］. 西安：陕西师范大学出版社，1997：15.
② 刘茂全. 从道家思想看数学教学中的几个关系问题［J］. 数学教育学报，2008(1)：15-17.

移价值的策略性知识——数学思想方法.

所谓数学思想,是指人们从某些具体数学内容和对数学的认识过程中抽象概括出来的对数学知识内容的本质认识.数学方法是指人们在数学问题解决过程中所采取的步骤、程序和实施办法.数学思想是数学的灵魂,是数学内容和数学方法的升华与结晶,它支配着数学的实践活动.数学方法是数学思想的表现形式和得以实现的手段,它为数学思想提供逻辑手段和操作原则.运用数学方法解决问题的过程就是感性认识不断积累的过程,当这种量的积累达到一定程度时就产生了质的飞跃,从而上升为数学思想.若把数学知识看作一幅构思巧妙的蓝图而建筑起来的一座宏伟大厦,那么数学方法相当于建筑施工的手段,而这张蓝图就相当于数学思想.

数学教材中蕴涵了丰富的数学思想方法,但这些思想方法往往并没有明确地写在教材上.如果说显性的数学知识是写在教材上的一条明线,那么隐性的思想方法就是潜藏其中的一条暗线.明线容易理解,暗线不易看明."明线"直接用文字形式写在教材里,反映知识间的纵向联系;"暗线"反映着知识间的横向联系,常常隐藏在基础知识的背后,需要经过分析、提炼才能显露出来.在数学教材里,到处都体现着这两条线的有机结合.在数学教学中,在教显性知识的同时,能否教出隐性的思想,既影响到了学习的效果,又彰显了教师的素质和水平.

教学中不仅要教宏观意义的思想方法,也要教具体解决问题的思想方法.比如在数学问题解决的教学中,教师在教学时要善于通过"多解归一"的方式,寻求不同解法的共同本质,乃至不同知识类别及思考方式的共性,上升到思想方法、哲理观点的高度,从而不断地抽象出具有共性的数学方法.因为数学知识的巩固主要在于做题,但做数学题不仅要注意"一题多解",更要注意"多解归一"."一题"之所以能"多解",往往就在于这些解法之间是有联系的,这些联系之间是有规律可循的,通过"多解"后的"归一",让学生能够站在系统的高度看问题,进而升华到从哲学的角度认知世界,这样就可以形成强大的学习能力.

比如对于高中教材中正弦定理的证明，常见的有以下几种不同的证明方法：(1) 作三角形底边上的高线，以高为桥梁进行证明；(2) 作三角形底边上的高线，利用面积法进行证明；(3) 作三角形的外接圆来进行证明；(4) 作三角形的角平分线，根据角平分线定理及角平分线性质定理进行证明．在具体教学中，究竟讲几种方法为好，常使任课教师感到困惑．其实，问题的关键并不在于方法的多与寡，而在于能否透过不同解法，挖掘与提炼出更一般的思想方法，即不变量思想和化归转化思想．第一种证法是以高作为不变量来建立等量关系，第二种证法是以面积作为不变量来建立等量关系，第三种证法是以三角形的外接圆的直径作为不变量来建立等量关系，第四种证法是根据角平分线性质定理中的线段相等来建立等量关系．而在以上无论哪种方法的证明过程中，都是通过添加辅助线构造出了直角三角形，利用直角三角形中三角函数的定义建立边与角的关系，而这就是数学中化归转化思想的具体体现．

四、教"结构"

数学家华罗庚先生常说"既要能把书读厚，又要能把书读薄"．读厚，就是要把每一逻辑关系，每一个细节搞清楚，想明白；读薄，就是能抓住课程的主线和基本脉络，抓住课程的内在联系，形成整体认识．

美国教育家布鲁纳也认为，"不论我们选教什么学科，务必使学生理解该学科的基本结构"．所谓学科基本结构，是指该学科的基本概念、基本原理及其相互之间的关联性，是指知识的整体性和事物的普遍联系，而非孤立的事实本身和零碎的知识结论．他认为，这种基本结构应该成为教学过程的核心，因为掌握了学科知识的基本结构，就能把握住知识体系的核心和关键，就可以从宏观上理解学科知识，避免"只见树木，不见森林"．

比如，在初中数学教材中，从等角定理（如果一个角的两边分别平行于另一个角的两边，那么这两个角相等或互补）出发，通过对一个角的一边或两边的平移，与另一个角的边的重合，不难发现这样一个事实，即分散在课本里的6条定义、定理（角相等定义、平角定义、对顶角相等，两直线平行则同位角相等、内错角相等、同旁内角互补），竟全包含在一个等角定理内．这1个定理是那6条定义、定理的联合推广，那6条定义、定理则是这1个定理的特例．因为它们原本是一个系统．

正如数学特级教师孙维刚所言，融会贯通的过程，使我们透过繁杂的现象，抓住了本质，同时简化了记忆．更重要的是，接触到了一种崭新的认识问题的思想方法：由寻找联系入手，运用定义、平移变换等数学思想和"从特殊到一般，又从一般到特殊"的方法，把个别的、离散的现象构造成浑然一体的系统，这已经标志着能力的提高和素质的发展了．以这种提高和发展，去学习、去解题，将与过去不可同日而语．[①]

又如，单调性、斜率与导数是三个不同的数学概念，分别在高中不同阶段进行学习．表面看似联系不甚紧密的三个概念，其实存在着内在的本质性联系．函数单调性的判断，可以转化为考察 $\dfrac{f(x_2)-f(x_1)}{x_2-x_1}$ 的符号，此即函数的平均变化率．平均变化率 $\dfrac{f(x_2)-f(x_1)}{x_2-x_1}$ 反映的是函数图象上连接两点 $(x_1, f(x_1))$ 和 $(x_2, f(x_2))$ 的割线的斜率．割线斜率通过取极限就转化成了函数的切线斜率，亦即函数的导数．于是就可以在三个不同概念之间建立起内在的联系（详细的分析，可见下篇§1）．

可以看出，只有打通不同知识之间的壁垒，对学科知识体系通晓义理、融会贯通，才能在教学时达到触类旁通、左右逢源的效果．

总之，教师要做到"浅出"，必须先进行"深入"．通过犀利而深邃的数学眼光，透过教材中各种数学概念、公式、定理、法则和图表，看到书中跳跃着的真实而鲜活的数学内容．这些涉及本质、过程、思想、结构等的隐性内容，给人的感觉是"不在书里，就在书里"．此时的教师身上自然散发着一种独特的数学光华与气息，携自身的全部数学涵养融入教室、融入课堂、融入学生，学生由此而汲取数学的丰富营养．

---

① 孙维刚．孙维刚初中数学[M]．北京：北京大学出版社，2005：8—9.

§2 高水平数学教学"怎么教"

高水平的数学教学究竟应该怎么教,一直是人们持续关注的话题. 近些年通过大量的听课、研课等活动,我获得一些粗浅认识. 下面以初二数学教学为例,从八个方面详述之.

一、要善于揭示学习内容的背景和意义

人教版教材在前言中写道:数学概念和结论的形成,都是源于实际问题的需要,自然而然生成的. 如果有人感到不自然,那么只要想一下它的背景,它的形成过程,它的应用,以及与其他知识的联系,你就会发现它实际上是水到渠成、浑然天成的产物,不仅合情合理,甚至很有人情味.

然而在实际教学过程中,"不自然"的教学却经常可见. 比如在教学"填括号的法则"时,多数教师都是照本宣科、平铺直叙:前面我们学过去括号法则,即 $a+(b+c)=a+b+c$,$a-(b+c)=a-b-c$. 反过来,就得到添括号法则:$a+b+c=a+(b+c)$,$a-b-c=a-(b+c)$. 接下来便是大量的解题训练. 这样的教学方式,学生感受不到学习的意义和必要性,完全是把数学强加于人的,因而难以取得好的教学效果. 与此相反,某位教师从问题入手,让学生根据两数的完全平方公式来着手计算:$(a+b+c)^2$,$(a-b-c)^2$,这样迫使学生体会到了转化思想的重要作用,体会到了添括号的意义和必要性,即利用添括号法则可以将整式变形,从而灵活利用完全平方公式进行计算,因而就会取得良好的教学效果.

要真正让学生领会到学习内容的实质意义,关键是教师要深入研究教材,对教材真正做到"懂,透,化",这样在教学设计时,才可能把教材内容改造为适合学生学习的教育形态内容. 比如某位教师在讲解"平行四

边形的判定定理"的内容时，没有沿用教材中的引入方法，即"我们知道，平行四边形的对边相等、对角相等、对角线互相平分．反过来，对边相等、对角相等、对角线互相平分的四边形是平行四边形吗？……可以证明，这些逆命题都成立．这样我们就得到……"而是基于对教材内容的深刻理解，采用了以下的引入方法："我们学习了平行四边形的定义，根据定义可以判断一个四边形是否为平行四边形．但平行四边形的定义中反映的是边的位置关系，位置关系通常不好判断，能否转化为判断边的数量关系呢？……"这样的教学导入，着眼于几何问题研究的基本思路和线索，揭示出了判定定理学习的意义和必要性，相比教材中的导入方式，更具有认识论的价值和方法论的意义．

二、要善于对教材内容进行反思和批判

随着新课程的发展，人们的教材观念也随之发生转变，即教材不是学生必须完全接受的对象和内容，而是引起学生认知、分析、理解事物的范例．为此，我们提倡教师不要"教教材"，而是要"用教材教"，其中包括要具有批判意识，敢于对教材进行质疑和批判．但目前多数师生视教材为"圣经"，对书本顶礼膜拜，不敢越雷池于一步．其实，教材并非完美无缺，出现错误也在所难免，关键是要养成批判性的习惯和反思的态度，而不能不加甄别和取舍地照单全收．

比如，曾几何时，对"三角形内角和定理"，初中教材中是这样进行证明的：如图1，延长 BC 到点 D，以 C 为顶点、AC 为始边，作 $\angle ACE = \angle A$，于是 $AB \parallel CE$，所以 $\angle ECD = \angle B$，故 $\angle A + \angle B + \angle C = 180°$．但一次某学生对此提出了质疑：作 $\angle ACE = \angle A$ 时，之所以认为 CE 会落在 $\angle ACD$ 内，其实是默认了 $\angle ACD > \angle A$，而该结论，即"三角形中外角大于任意一个与它不相邻的内角"，在教材中是作为"三角形内角和定理"的推论出现的，这就犯了循环论证的错误．使用多年的教材，教师没有发现问题，竟被学生发现错误，令人大跌眼镜，颇发人深省．之后教材进行了修改，即通过直接过三角形的某顶点作平行线来证明，避免了因角

的大小关系而引发的循环论证之嫌疑.

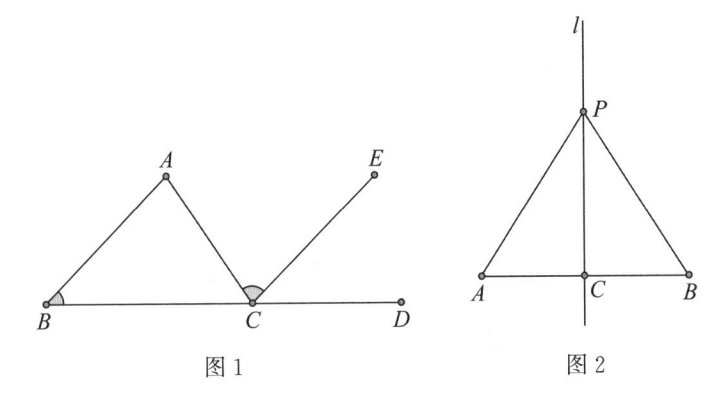

图1　　　　　图2

又如，对于"线段的垂直平分线的性质"：线段垂直平分线上的点与这条线段两个端点的距离相等. 人教版教材给出的证明如下：

如图2，直线$l \perp AB$，垂足为C，$AC=CB$，点P在l上. 求证$PA=PB$.

证明：$\because l \perp AB$，$\therefore \angle PCA = \angle PCB$.

又$\because AC=CB$，$PC=PC$，$\therefore \triangle PCA \cong \triangle PCB$(SAS)，$\therefore PA=PB$.

某教师发现了教材证明存在的瑕疵，在教学大赛时对定理证明进行了改进："若点P与点C重合，显然有$PA=PB$；当点P与点C不重合时……"事情虽小，但反映了教者严谨的思维品质及批判性的思维态度，从而在大赛中获得好评并一举夺冠.

三、"合乎逻辑"是数学教学的第一要旨

数学推理有三种形式：从特殊到特殊的类比推理，从特殊到一般的归纳推理，从一般到特殊的演绎推理. 无论是哪种形式的推理，都要既讲推理、又讲道理，要符合推理的一般要求，确保推理过程合理、推理结果可信.

类比推理是根据两个对象具有某些相同属性，从而推出当一个对象具有某些其他属性时，另一对象也具有这一属性的推理方式. 要提高类比推理所得结论的可靠程度，必须说明可类比的合理性，即两组类比对象具有

共有属性，且共有属性中本质性属性越多，则类比所得结论越可靠，要防止仅仅依据对象间表面相似进行机械类比．比如在教学"分式"时，有人仅仅用"类比分数的性质（或运算），我们可以得出分式……"，一语带过，便得出了分式的性质（或运算），这是不恰当的．教学时要给学生分析分式与分数可类比的合理性，即两者不仅仅形式结构相同，而且由于任何字母不过代表某个数，因此分式在意义上不过就是分数，这样，分数的性质和运算法则才可以迁移到分式中来．分式是分数概念的深化和拓展，体现了人们从特殊到一般、从具体到抽象的认识历程，但在拓展中其根本属性并未改变．

所谓归纳推理，就是根据一类事物的部分对象具有某种性质，推出这类事物的所有对象都具有这种性质的推理．要提高归纳推理所得结论的可靠程度，在教学中需要注意：一是不能"一次性"强行归纳．比如有人仅仅通过对 $y=\dfrac{2}{x}$ 和 $y=-\dfrac{2}{x}$ 图象性质的观察，便得出了反比例函数 $y=\dfrac{k}{x}$ 当 $k>0$ 和 $k<0$ 时所具有的性质，这是不恰当的．其二是通过归纳推理所得出的结论，要尽可能进行一般性证明．比如在教学"同底数幂的乘法""幂的乘方""积的乘方"等运算规则时，不少人仅仅注重从特殊到一般来归纳结论，而忽视了根据指数幂的意义进行一般性论证．尽管特例求解和一般论证的依据和方法都是相同的，但给学生的数学观、逻辑观等带来的影响却是不同的．

所谓演绎推理，是从一般性的前提出发，通过推导即"演绎"，得出个别结论的过程．对于演绎推理的教学，有人同样会发生一些逻辑错误．比如在证明等腰三角形的"三线合一"时，有人分不清该结论的命题形式，分不清命题的条件与结论，出现了本不该发生的致命的逻辑错误．限于篇幅，在此不再赘述．

四、应立足学科本质开展启发式教学

教师的主要作用在于通过引导来帮助学生进行探究性的学习，而引导主要通过启发性的提问来实现.有学者认为,启发是教师教学的基本功."启发的技巧和水平可以有高低,但是无论如何启发都是必需的,不进行启发甚至可以认为是教师的无能."[①] 把"启发"作为教学的常态化要求,作为教师必备的基本素质,这一认识是非常有远见的.

然而在听课过程中我们经常发现,不少教师不善于应用启发性的语言来组织教学,不善于运用启发的策略来引导学生展开探究.事实上,启发的技巧和水平很大程度上取决于对学科本质的把握.只有对学科内容有通透的认识和理解,才可能设计出有价值的启发提示语,从而在循循善诱的引导中帮助学生生成知识的意义.

比如在"平行四边形的性质"教学中,可由粗到细,这样来设计引导学生探究的启发提示语:

(1)根据平行四边形的定义,你觉得平行四边形具有什么性质?(当用"性质"学生不易理解时,可改用更通俗的"特征"一词)

(2)所谓平行四边形的性质,就是指平行四边形的要素之间的关系,你觉得平行四边形具有哪些基本要素?(边、角可称之为基本要素,对角线可称之为派生要素)

(3)边与角具有各种关系,你觉得边与角具有哪些关系呢?(边与边的关系,角与角的关系,边与角的关系,关系又分为大小关系和位置关系)

(4)你觉得平行四边形的边与边之间,具有怎样的大小关系和位置关系?(对边相等——大小关系;对边平行——位置关系)

(5)你觉得平行四边形的角与角之间,具有怎样的大小关系和位置关系?(对角相等、邻角互补——大小关系;邻角互为同旁内角——位置关系)

(6)证明边相等或角相等的方法有哪些呢?

---

① 涂荣豹.谈提高对数学教学的认识[J].中学数学教学参考,2006(1—2):4—8.

如果最初的提问过于笼统，多数学生没有思路，可离目标近些再进行提问，如此由远及近进行启发，最终达到预期的目的．这样的教学设计，不仅具有启发性和探究性，而且认知方式具有一般性，包含着数学中的"大观点"，可进一步迁移到对更多图形性质的探究中来．

五、应顺应学生的自然思维来展开教学

教师在教学中不应以知识丰富的教师自居，而应善于把自己已有的知识搁置一旁，把自己成熟的想法悬置起来，把自己的思维降格到学生的思维水平上，有意识地退回到与学生相仿的思维状态，设身处地地揣摩学生的学习水平、状态等，通过有选择地模拟，思学生之所思，难学生之所难，惑学生之所惑，错学生之所错，达到因势利导、自然流畅的教学效果．著名数学家波利亚曾告诫我们："让你的学生提问题，要不就像他们自己提问的那样由你去提出这些问题；让你的学生给出解答，要不就像他们自己给出的那样由你去给出解答．"[1]

比如有的教师在教学"三角形内角和定理"时，直接参考教材上的处理思路这样来进行教学：把∠B 和∠C 剪下来，如图 3 所示，与∠A 拼合在一起，三个角合起来形成一个平角，出现一条过点 A 的直线，于是启发我们过点 A 作 BC 的平行线来进行证明．这样的教学思路，没有很好地考虑到学生的实际思维状况，一切都是"想当然"地按照教师预设思路来进行演绎，显得既不自然也不合理．这主要表现在以下两个方面：

一方面，把∠B 和∠C 剪下来与∠A 拼接时，还会出现其他情形，比如图 4、图 5 与图 6 的情形，这时又该如何对学生进行引导呢？另一方面，即使如图 3 所示，学生未必会由"好像共线"而想到作平行线，而更自然的想法可能是：如图 3，由"∠1 相等"知 $AD/\!/BC$，由"∠2 相等"知 $AE/\!/BC$，再根据七年级下册中的"平行公理"，即"经过直线外一点，有

---

[1] （美）乔治·波利亚．数学的发现（第二卷）[M]．刘景麟，曹之江，邹清莲，译．呼和浩特：内蒙古人民出版社，1981：179.

且只有一条直线与这条直线平行",知 AD 与 AE 共线,从而直接得证.

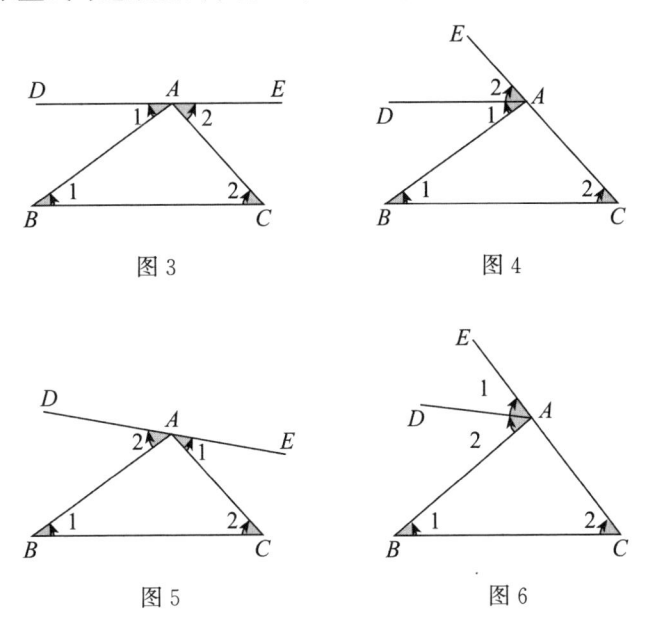

图 3

图 4

图 5

图 6

数学教学必须以自然和人本的方式来展开. 什么是自然和人本的数学教学呢? 从数学角度看,它合乎数学知识本身的逻辑结构与发展规律;从学生角度看,它顺应学生的思维特点,合乎学生的认知规律和心理特征. 这样的数学教学,有利于拉近师生之间的情感距离,有利于降低学生的认知难度,也有利于引起师生之间的思维共鸣.

六、要善于挖掘显性知识背后的隐性知识

数学教材中蕴涵了丰富的思想方法,但这些思想方法往往并没有明确写在教材上. 如果说显性数学知识是写在教材上的一条明线,那么隐性思想方法就是潜藏其中的一条暗线. "明线"直接用文字形式写在教材里,反映知识间的纵向联系;"暗线"反映着知识间的横向联系,常常隐藏在基础知识的背后,需要经过分析、提炼才能显露出来. 在数学教材里,到处都体现着这两条线的有机结合. 在数学教学中,在教显性知识的同时,能否教出隐性的思想,既影响到了学习的效果,又彰显了教师的素质和

水平.

比如在"一次函数的图象和性质"一节的教学中，包含了许多数学思想方法：通过函数图象来研究函数性质——数形结合思想；通过具体函数的性质，归纳出一般函数的性质——从特殊到一般的归纳思想；区分 $k>0$ 和 $k<0$ 两种情况，来分别讨论函数性质——分类讨论思想. 此外，类比的思想、建模的思想等，均可在本节课中得到渗透.

其实在后续的反比例函数、二次函数等的学习中，运用的都是这些思想方法，它们不依内容而异，呈现出某种相通性，具有较强的可迁移性. 这些思想方法，看似"不在书里"，实则"就在书里"，要使学生较好地掌握它们：一方面，在运用到这些思想方法的关键处，教师要多留出时间让学生进行自主思考，"逼迫"他们在面临问题时，学会"数形结合"，学会"从特殊到一般"，学会"分类讨论"，尽可能让他们独立地探寻和"发现"这些思想方法；另一方面，教师在教学中要有意识地使用一些提示语，使学生在潜移默化地领会思想方法的同时，尽可能将其显性化，使学生对思想方法的掌握，从自发走向自觉，从无意识默会走向有意识习得.

七、课堂教学应"强调本质，淡化形式"

早在二十多年前，陈重穆、宋乃庆教授就提出了"注重实质，淡化形式"的理念，认为中小学数学教师在教学中，在形式上和细微处理上孜孜以求，出现了形式和繁琐的倾向，冲淡了实质，不利于学生能力的培养. 新一轮的数学课程改革中，也明确提出了"强调本质，注意适度形式化"的理念. 然而时至今日，仍有人尚未深刻领会这一理念，喜欢在一些无关大体的细枝末节上纠缠，而没有把有限的时间和精力真正用在刀刃上，甚至出现教学中形式多于实质、机械知识训练多于数学能力培养的现象.

比如在教学"轴对称"之后，有的教者会出示以下练习题，让学生进行判断：圆的直径是圆的对称轴. 答案是"错"，因为圆的直径是线段，而圆的对称轴应是直线，应该说"圆的直径所在的直线是圆的对称轴"才是正确的. 这样的题目就非常不好，甚至也可说是一道错题. 因为轴对称的本质是"对折后两边能完全重合",至于对折时沿着的是线段还是直线,其实是无关紧要的. 有专家也认为,若要据此较真,三角形中的角也不能称作"角",因为角的两边是射线,而三角形的边是线段. 其实在这些细节方面进行纠缠,不仅对学生的思维发展毫无作用,而且会让学生把握不住数学实质,甚至形成一种错误的机械数学观.

同样是在"轴对称"这一节课上,无论是在教材上还是实际教学中,都区分了两种情况,即"轴对称图形"和"两个图形成轴对称",并特意强调了它们之间的区别. 其实从对称的本质来看,做出这种区分并刻意强调其差异,没有实质性的意义,反而会增加学生的认知负担. 因为究竟是一个图形还是两个图形,这是相对而言的,取决于观察者的认知需要:把成轴对称的两个图形看成一个整体,它就是一个轴对称图形;把一个轴对称图形沿对称轴分成两个图形,这两个图形关于这条轴对称. 但无论怎么观察,"沿着某条直线对折,直线两旁的部分都能完全重合",这才是轴对称的本质.

围绕形式与实质的关系,甚至还会陷入争辩之中,比如 $x-x=0$ 是不是方程、$\frac{x}{2x}$ 是不是分式等. 其实,无论从解决实际问题的角度来看,还是从数学内部的运演来看,以上争议都没有太大意义,都是出于考试目的人为编造出来的知识点,是典型的教条主义和机械论的表现.

八、应注重对多元化思维进行分析和评点

以"一题多解"为例. "一题多解"是我国教师惯用的解题教学策略之一,然而在实践中,许多教师往往贪多求全,以为解法多多益善. 认知心理学的研究表明,不是教师传授的越多,学生习得的就越多. 解题教学也是如此. 不是教师讲得解题方法越多,学生的解题思路就必然越广,解题能力就必然越强. 一题多解不应是多种方法的简单罗列,应注意培养学生从"多解"中揭示实质、择优求善的能力,而"优""善"的标准就是看是否简单、自然.

所谓"简单",就是指在解题过程中,用简单、直接、明快的方法解决自己或他人提出的数学问题,用精炼、自然的数学语言表达解决问题的过程. 简单与自然经常是连在一起的. 所谓"自然",就是抓住问题的实质,题目该怎么解就怎么解,不故弄玄虚,朴实自然. 思路越自然,解法越简单,表达越简洁,就越能得到人们的赏识.

比如某教师在教学"多边形的内角和定理"时,提供了多种解决问题的方案(如图7),这对于学生拓展解题思路、激发探究兴趣,无疑具有重要的意义. 但仅仅止步于此而不进行分析和评判,显然是不够的. 面对一题多解,既要多解归一、揭示实质,也要比较优劣、择善而从. 对于本题而言,虽然解题方法众多,但其实质是相同的,即都要通过分割,把多边形化归转化成三角形;虽然把多边形转化成三角形的方法众多,但很明显第一种方法最为简单、直接,其他转化方法多少有些繁琐. 通过这样的解题评鉴,对于把握解题实质,培养辨别和选择能力,是大有裨益的.

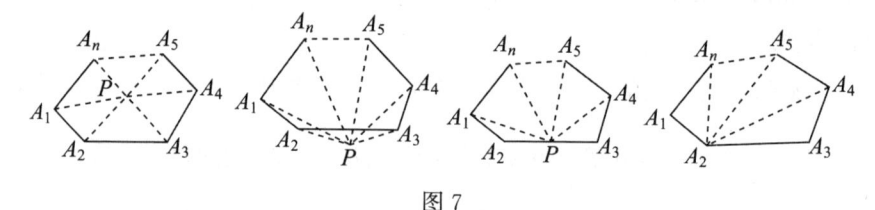

图 7

更一般来讲,我们在教学中鼓励学生多元化思维的同时,千万不能忽视对学生思维进行及时的分析和评判,并据此对学生的数学思维做出正确的引导.

§3 教学不是"告诉"行为

学生是教学的主体,这似乎是一种教学常识,为人人所熟知,也应是教学的铁律.但知易行难,在常态课上,我们发现,"老师讲,学生听"的教学形式,仍是目前教学的主流形式.究其原因,说到底还是观念问题——知而不信.许多教师口头上承认学生是教学的主体,但心中信奉的理念仍是"师者,传道授业解惑",于是自觉或不自觉地把教学变成了一种简单的"告诉"行为.要深刻理解"教学不是一种'告诉'行为",并真正树立起这一教学信念,需要从教学本质论的角度来认识教与学的关系,从建构主义的角度来理解学习的本质,并明确教学的几个层次,践行理想的教学方式.

一、教之目的在于学

首先必须明确,教的目的是学.什么是教学?教学,既非单纯地教,也非单纯地学,而是包括教和学两个方面,并且这两个方面,不是机械联系,而是有机统一的.给"教学"下一个准确定义,并非易事,往往仁者见仁、智者见智.近代著名教育家陶行知先生认为,先生的责任不在教,而是在教学生学.因此,把教学界定为"教学生学",揭示出了教与学的逻辑联系,体现出了教和学的层次性特点,言简意赅地阐明了教学的本质.这即是,教学尽管包括教和学两个方面,但教与学的地位并不平等:学是目的,教是手段,两者是目的与手段的关系;学是内因,教是外因,两者是内因与外因的关系.从某种意义上讲,存在没有教的学,即学生的自学,但绝对不存在没有学的教.由此可见"学"在教学中的重要地位.

其次必须认识到,教并不等于学.杜威曾以买与卖来比喻"学"与

"教"的依存关系,他说:"可以把教学和出售商品两相对比.没有买主,谁也不能卖出商品.如果一位商人说,即使没有人买走任何商品,他也能卖出大宗货物,这是天大的笑柄."① 有些教师认为,教师的责任在教,学生的责任在学,教师该讲的都讲了,自己的任务就完成了,至于学生学得如何,则是学生自己的事情.这种观点,实质是把教和学进行了割裂,显然是错误的.南京师大附中的吴非先生曾指出:"一个愚蠢的教师,越勤奋,越糟糕."因为"教"不等于"学","讲"不等于"懂",教与学之间并不等值,无法建立起一种等价关系.事实上,教得多,并不意味着学得也多;有时教得少,反而学得多.

第三,必须以学定教."以学定教"应是教学的基本原则,它强调教师的教,不能无的放矢,而是必须基于学、为了学.陶行知先生强调"教的法子要根据学的法子",然而"从前的先生,只管照自己的意思去教学生,凡对学生的才能兴味,一概不顾"②.当下教学中,"目中无人"现象还是普遍存在,以教师为中心、以学科为本位,"见物不见人""见师不见生",教学往往变成了教师的单边演绎."不针对学生的思想的讲授是不会有什么效果的,教师讲的和听的应该一样多"③,也正是基于此,奥苏伯尔才在其代表性著作的扉页上写下了如下的名言——假如让我把全部教育心理学仅仅归结为一条原理的话,那么,我将一言以蔽之曰:影响学习的唯一最重要的因素,就是学习者已经知道了什么.要探明这一点,并应据此进行教学.

二、知识是无法传递的

要深刻理解"教学不是一种'告诉'行为",仅仅停留在教学论层面

---

① (美)约翰·杜威.我们怎样思维·经验与教育[M].姜文闵,译.北京:人民出版社,2005:38.
② 方明.陶行知教育名篇[M].北京:教育科学出版社,2005:2.
③ 美国国家研究委员会.人人关心数学教育的未来[M].方企勤,叶其孝,丘维声,译.北京:世界图书出版公司,1993:59.

来认识是不够的,还必须从建构主义角度来理解学习的本质,认识到"知识是无法传递的"这一事实.

学习者学习知识,其实质是学习知识的意义,知识本没有"意义","意义"是由学习者主观赋予的. 所谓"意义",即是指一种"联系",也就是学习者已有知识经验与新信息、新信息与新信息交互作用过程中建立起来的联系. 这种联系的建立,是发生在学生头脑内部的,任何人包办不得、替代不得. 教师在课堂教学中,只是通过口头语言和书面语言给学生传递了大量信息,这些信息本身是客观的、没有意义的,它们只是学生建构知识意义的载体. 至于这些信息能否生成意义、生成了怎样的意义,则是由各个学习者自身决定的,它取决于学习者的学习态度、认知基础、思维方式等. 因此,与客观的信息不同,意义是主观见之于客观的产物,是主体与客体交互作用的结果,知识意义只能由个体来建构,而无法自外向内来传递. 教师的传授相当于是向学生解释了这种联系并试图让学生理解和记忆,但通过这种方式难以建立起稳固的、持久的联系,因此知识意义也就难以真正得到建构和生成.

就此方面,刘儒德教授曾形象地用收发电报进行了解释. 在之前邮局的电报收发中,发送者无法直接把汉字发送给接收方,而是先根据编码规则把汉字转译成代码. 接受方收到这些代码之后,无法直接获得汉字、知晓意义,而是需要先应用已有的解码规则,将这些代码转换成汉字并获得其意义.[①] 教学也是如此,教师无法将语义直接传递给学生,只能依靠各种文字语言和符号语言来传递信息. 教师先根据自己已有的知识经验,建立起自己的理解,获得个体知识意义,然后采用各种方式和手段,将这些意义转换成信息发送出去. 学生在接收到这些信息之后,需要根据自己已有的知识经验,运用自己的认知风格和思维方式,对这些信息进行认知加工,从而生成个体化的知识意义. 但是比电报收发更复杂的是,电报收发

---

① 刘儒德. 建构主义:知识观、学习观、教学观[J]. 人民教育,2005(17):9-11.

中有通用的、固定的编码规则和解码规则,而在师生交流中,每个人的转译"规则"却是各异的,由此也就不难理解为何"一千个读者眼中有一千个哈姆雷特":同一个教师讲授同样的内容,但到了学生身上却会有完全不同的表现.

杜威也同样认为,知识是无法直接传授的,知识具有不可教性. 在他看来,学生学习知识,需要经历还原与下沉、探究与体验、反思与上浮的过程,称之为 U 型学习理论. 首先是知识的还原与下沉,在这个过程中,教师需要帮助学生将书本知识进行还原,还原为学习者的"知识背景",还原为学习者的"活动经验",还原的过程,即是知识的"下沉"过程. 其次是探究与体验的过程,在这一过程中,个体借助于已有知识经验,通过认知加工,初步获得知识的心理意义. 最后是反思与上浮的过程,即学习者通过反思性思维,对个体知识意义进行升华和表达,以取得个体知识与书本知识的一致. 如果教学中省去或减缩了这一过程,学生仅仅停留在对书本知识的简单占有层面上,那么知识意义便难以得到个体的有效建构,学习质量难以得到保证,教学的教育性更是难以达成.

三、教学的几个层次

从认识论的角度厘清了以上事实,就可以从方法论的角度来思考:既然教学不应是一种"告诉"行为,那么,理想的教学方式究竟应该是怎样的呢?为此,必须先明确教学的几种基本形式. 根据教学中学生参与程度的不同,我们把教学分为以下四个层次,也可称作四种基本教学形式或教学方式.

1. 讲授式教学

所谓讲授式教学,即"教师讲,学生听"的常规形式. 教师采用讲授式教学,学生必然是接受式学习. 按照奥苏贝尔的观点,这种"接受"可能是有意义的接受,也可能是机械式的接受,这取决于两个条件:一是学习者是否具有在学习内容与已有知识之间建立联系的心向;二是学习者能否在学习内容与已有知识之间建立起非人为的、实质性的联系. 因此, 讲授式教学又可细分为两种: 一种是教师机械式讲授, 填鸭式灌输, 学生囫囵吞枣般的接受; 另一种是教师讲道理式讲授, 学生有意义接受. 两者的根本区别在于, 同样是教师的讲授, 后者更注重对知识逻辑意义的揭示, 更善于基于学生已有基础来帮助学生建构知识的心理意义. 两者的共同点显而易见, 即都是学生的直接"接受": 如果教师教学措施得当, 那么这种"接受"可能是主动接受; 否则, 机械的被动接受便会不可避免地发生.

讲授式教学的基本特点是平铺直叙, 教学没有启发性和探究性, 也是把教学当做一种"告诉"行为的基本表现. "告诉学生如何解二次方程并指定一批作业供学生熟悉这一方法——采用这种办法使学生获得的知识是不能持久的."[①] 这就是讲授式教学普遍存在的弊端. 在现实教学中, 也经常会有教师问道, 为何自己所教的学生, 经常会出现这样的现象: 课上会, 课下不会; 今天会, 明天不会; 平时会, 考试不会. 究竟会了还是没会? 其实理由很简单——学生没有真正的会. 学生所谓的"会", 是在讲授式教学的样态下, 听会的、看会的、记会的, 而不是通过思维的深度参与学会的. 这样的"会", 是通过浅层学习而学会的, 而不是通过深度学习学会的, 因此这样的"会"也就不稳固、不持久. 在讲授式教学的情况下, 学生在接受式学习的基础上, 要想提高学习的质量和效果, 还必须再进行思维的深度加工, 无疑这会降低课堂教学效率和加重课后学习负担.

2. 启发式教学

曾有一位企业家问郭思乐教授, 什么是教学? 他说: 如果你告诉学生, 3乘以5等于15, 这就不是教学; 如果你说, 3乘以5等于什么? 这就有一点是教学了; 如果你有胆量说, 3乘以5等于14, 那就更是教学了.

[①] 美国国家研究委员会. 人人关心数学教育的未来 [M]. 方企勤, 叶其孝, 丘维声, 译. 北京: 世界图书出版公司, 1993: 59.

话虽有些偏激，却阐明了一个道理，即教学必须具有一定的启发性．德国教育家第斯多惠曾有名言：教学的艺术不在于传授本领，而在于激励、唤醒和鼓舞．美国国家研究委员会组织编写的《人人关心数学教育的未来》一书中，也曾表达了同样的观点：实在说来，没有一个人能教数学，好的教师不是在教数学，而是能激发学生自己去学数学．大量的论据和事实均表明，好的教学不应是教师简单的"告诉"行为，而是应采取各种方式启发和激励学生来积极主动地进行学习．

就这一意义而言，启发式教学应是任何教学都必须遵循的教学原则，而并非一种具体的教学方式．这里将启发式教学作为一种教学方式，特指这样的含义：教学中仍以教师讲、学生听为主，但教师在讲授中，会不断地提出各种问题，通过短暂停留以启发学生积极思考；对于所提出的这些问题，教师可能自问自答，可能叫个别学生回答，也可能让群体学生应答．在这种教学方式中，教师通过不断提问来启发学生思考，学生则通过不断思考来参与问题解决、建构知识意义．这样，相较于讲授式教学，在启发式教学中，学生在问题的不断驱动下，学习的动机更加明确，学习的主动性得到提高，思维的参与性得以增强．但整个教学仍然以教师"他主"为主，学生自主活动的时间和空间受限，学生的主体性仍未得到充分发挥．

3. 微探究式教学

对于探究式教学的界定，众说纷纭，视角不同，说法各异．但仔细辨析，不难发现其共同点：一是教学应围绕问题来展开，学生头脑中有问题或困惑存在；二是学生能自主参与，独立思考，对问题一探究竟．这两个方面，即是探究式教学的核心要素，它揭示和反映了探究式教学的本质，这就是：所谓"探究"，它不应是一种外在的活动或程序，而是一种内在的精神品质．从"问题提出"的视角来看，启发式教学中的"提问"所提出的问题，往往是"短、平、快"的"小问题"；而探究式教学中所提出的问题，往往是思维含量比较高的"大问题"．从"学生参与"的视角来看，启发式教学中学生的参与，还只是停留在积极主动参与的层面，自主性和独立性还不够；而在探究式教学中，还必须留出一定的时间和空间，给学生自主参与和独立思考的权利和机会.

自主性较强、花时间较多的探究式教学，可以称之为完全探究式教学，其与发现式教学、再创造式教学等，其实本质无异，存在甚少差别. 为此，我们把自主性较弱、花时间较少的探究，称为微探究式教学. 微探究式教学还是以教师的启发式讲解为主，但这种启发式讲解不仅具有师生一起探究的味道，而且还能根据需要适时地留出时空让学生进行自主探究. 与完全探究式教学相比，微探究式教学的特点在于"微"：探究程度较低，探究范围较小，探究时间较短. 所谓探究程度较低，指在探究式教学中，教师需要提供较多帮助与指导，学生不能做到完全自主参与，探究的开放程度较小；所谓探究范围较小，指探究是一种局部探究，包括教学内容和教学环节两个方面，即只是针对某一方面内容展开探究，或只是在教学的某个环节展开探究；所谓探究时间较短，指探究的用时，可以短到一两分钟，长到七八分钟，可以根据教学的实际情况，灵活把控学生自主活动的时间.

4. 发现式教学

发现式教学，就其思想渊源而言，可以追溯到很久，比如古希腊的苏格拉底的"产婆术"教学法，以及近代的卢梭、第斯多惠、斯宾塞等人的教学思想. 作为一种真正意义上的教学法，发现式教学是由美国教育家布鲁纳于20世纪中叶首先提出来的. 撇开人为约定的特指或专指不谈，就其思想实质而言，发现式教学与杜威、施瓦布等倡导的探究式教学并无二致，与费雷登塔尔所提倡的"再创造"教学也并无不同. 它们都是强调一种基于问题的教学法：教师不是将学习内容直接提供给学生，而是为学生创造一种问题情境，让学生在教师的帮助下，通过自主探究、独立思考，自行发现并掌握学科知识的一种教学方法.

与讲授式教学相比，作为对讲授式教学的一种"矫枉"，发现式教学无疑是重要的,特别是在对学生的创造力培养方面. 正如苹果公司 CEO 蒂姆·库克所言:"我不担心机器会像人一样思考,我担心的是人会像机器一样思考." 马云也曾说过,在一个把机器变成人的社会,如果教学还在把人变成机器,是没有出路的. 与微探究式教学相比,发现式教学不仅强调学生的主动参与,更强调学生的自主参与;不仅注重学生的智力参与,也注重学生的行为参与和情感参与;不是部分参与或短时间参与,而是全程参与或长时间参与. 因此,相较于微探究式教学,在发现式教学中,主体参与程度更高,参与面更广,开放性更强,用时更长.

四、理想的教学方式

发现式教学是新课改所倡导的教学方式,在我国新课改之初受到了人们的一致追捧,但在随后的课改实践中越来越被人们所诟病. 其主要原因,除不适合于某些知识的学习、不利于知识的系统学习之外,最主要的问题是用时过多过长,难以完成教学任务,也不符合"学生应该以间接经验学习为主"这一共识. 奥苏贝尔就曾认为,发现式教学并不适合于学校教育,"就个人的正式教育来说,教育机构主要是传授现成的概念、分类和命题,而发现教学法几乎不能成为一种高效的传授学科内容的基本方法"[①].

基于学校教育的特点以及学习的效率,奥苏贝尔认为,学习应该是通过接受而发生,主张有意义的接受学习. 因此他大力提倡讲授式教学,坚持大多数课堂教学都应按照接受学习的路线来进行组织,学习者只要理解和有意义地应用这些原理即可,完全不必独立地发现这些原理. 目前在我国的课堂教学中,讲授式教学仍是教学的主流形式. 但教学绝不是知识的传递,讲授式教学的弊端也显而易见,即容易造成学生的被动接受,学生的自主性难以得到体现,能力培养受到很大限制,这显然与学生本位和能

---

① 奥苏贝尔. 教育心理学[M]. 佘星南,宋钧,译. 北京:人民教育出版社,1994:28.

力本位的现代教学理念不符.事实上,讲授式教学所指向的主要是低阶思维,它只能给予学生认识世界的本领,难以给予学生改造世界的本领和创造性完成任务的能力.要在知识学习中培养学生的高阶思维,必须破除把教学当成一种"告诉"行为的理念,在教学中尽可能给予学生探究和发现的权利和机会.

那么,理想的教学方式应是什么呢?我们认为,它应该是微探究式教学.微探究式教学汲取了讲授式教学和发现式教学的长处和优势,克服了它们各自存在的缺陷和不足,因此在现实的课堂教学中更具有有效性和可行性.在微探究式教学中,强调学生要积极"探究",只要有必要、有可能,都应见缝插针式地让学生参与探究,这符合教学本质论的要求和建构主义的学习理念,顺应了"教学不是一种'告诉'行为"的教学思想;同时,强调这种探究是"微"探究,是小范围、短时间、局部的探究,它更注重思维参与而不是行为参与,它更注重实质探究而不是形式探究,它追求的是探究的"质"而不是"量",因此这种微探究经济高效,更具有可行性和现实意义.

为什么理想的教学方式是微探究式教学,而不是启发式教学呢?这主要是基于以下两方面的考虑:其一,作为一种课堂教学方式,这里所说的启发式教学或微探究式教学,指的是一整节课所采用的主要教学方式,在一整节课中,我们认为还是应留出一定时间和空间让学生进行微探究,仅仅通过教师的启发式讲解和学生的积极思考还是不够的;其二,即使是在微探究式教学中,并非师生一直在"微探究",也包含了许多启发式教学的成分,也具有启发式教学的一般特征,比如通过不断提出问题以引导学生思考等,只不过与一般的启发式教学相比,微探究式教学更强调了学生参与的自主性和独立性,因此就这一意义而言,启发式教学与微探究式教学之间是一个连续的"谱",两者之间难有一个清晰的界限.

因此,在我们的心目当中,理想的教学画卷应该是这样的:课堂上教师边讲边问、边问边讲,在讲解中通过循循善诱地不断提问,以激发和引导学生积极思考;对于所提出的这些问题,教师可能自问自答,也可能让个别或群体学生回答，这些回答可能是即时性回答，但只要有必要和有可能，教师就会适时地运用停顿的艺术进行"留白"，让学生略加思考，延迟后再进行回答，甚至专门留出更多时间让学生进行思考和探究后再进行回答．这里需要说明的是，教师在采用这种方式进行教学时，必须要树立"同理心"，要善于进行换位思考，通过稚化自己的思维，思学生之所思，难学生之所难，惑学生之所惑，以时刻与学生保持"同体观"的关系，这样所提出的问题才会契合学生的思维，才不会出现教学越位和教与学脱节的现象．正如波利亚所告诫我们的："像他们自己提问的那样由你去提出这些问题……像他们自己给出的那样由你去给出解答."[1]

最后需要指出的是，以上所论仅仅是就一般情况而言，具体到不同学科、特定内容应有所差别，具体到不同学校、不同学生也应有所不同．在选择和应用教学形式时，不应教条化和机械化，还应做到因"材"施教、因"才"施教．

---

[1] （美）乔治·波利亚. 数学的发现（第二卷）[M]. 刘景麟，曹之江，邹清莲，译. 呼和浩特：内蒙古人民出版社，1981：179.

§4 数学教学应"讲道理"
——以"向量及其运算"教学为例

教师在教学中"讲道理",应是教学的常识,但在应试教育背景之下,"讲道理"似乎变成了一种奢望. 在中学听课过程中经常发现,数学教学中不讲道理的现象普遍存在,新知教学多快好省地注入式灌输,重结果、轻过程,重记忆、轻理解,课堂教学大量时间花在了习题操练上. 究其原因,表面上看与"应试"高压有关,实则可能还是与教师对数学教学的认识以及教师的数学学科素养有关. 以下阐述对数学教学中"讲道理"重要性的认识,并以"向量及其运算"教学为例,谈谈在数学教学中怎样才能做到"讲道理".

一、数学教学中"讲道理"的重要性

首先,从认知心理学的角度来看,"讲道理"的教学才能促进有意义学习的发生. 奥苏贝尔曾把学习分为有意义学习和机械性学习,所谓有意义学习是指"符号所代表的新知识与学习者认知结构中已有的适当概念能够建立起非人为的、实质性的联系".[①] 那么什么是非人为的、实质性的联系呢? 这就是指新知识与认知结构中有关概念不是任意的、字面上的联系,而是具有某种合理的或逻辑基础上的本质性联系,并且要让学生产生建立这种联系的心向. 在教学中"讲道理",就是要求教师要循序渐进地引导、循循善诱地启发,激发学生具有主动学习的心向,并通过揭示新旧知识之间的连接点,打通新旧知识之间的逻辑通道,从而在新旧知识之间建立起各种纵横联系,这样才能真正促进有意义学习的发生;否则,填鸭

---

① 邵瑞珍. 教育心理学 [M]. 上海:上海教育出版社,1988:64—65.

式地被动接受、囫囵吞枣式的机械学习的发生，就不可避免了.

其次，从数学学科本身的特点来看，数学的产生与发展是自然而然的、合情合理的，数学知识之间是逻辑严谨的、天衣无缝的，因而更应该"讲道理"、更容易"讲道理". 正如人教版高中数学教材在"主编寄语"中所言"……数学概念、数学方法与数学思想的起源与发展都是自然的. 如果有人感到某个概念不自然，是强加于人的，那么只要想一下它的背景，它的形成过程，它的应用，以及它与其他概念的联系，你就会发现它实际上是水到渠成、浑然天成的产物，不仅合情合理，甚至很有人情味"[1]. 新课程标准明确指出，数学既要讲推理，更要讲道理. 所谓"讲道理"，简单来讲，就是让学生不仅要知其然、还要知其所以然，即不仅要知道每一个数学概念和结论是什么，还要知道它们是怎么来的，它们之间有什么联系，它们有什么用处等.

再次，从目前我国数学教育的现状来看，通过"讲道理"的教学可以有效解决"会而不懂"的现象. 为了应对升学考试，"对题型，套解法"的机械刷题现象很普遍，由此出现了一种"会而不懂"的可怕现象，即学生会做题、但不懂数学，甚至不懂数学也往往不影响做题. 一线教师更多关注并着力解决"懂而不会"现象，甚少关注和解决"会而不懂"现象，由此产生的恶果显而易见. 丘成桐先生曾在杭州与一群高考数学尖子生见面，结果令他大为失望，他一针见血地指出："大多数学生对数学根本没有清晰的概念，对定理不甚了了，只是做习题的机器. 这样的教育体系，难以培养出什么数学人才."[2] 我们在数学教学中强调"讲道理"，就是要求学生要把"会"建立在"懂"的基础之上，先"懂"再"会"，在"会"中不断深化"懂"，从而做到既"懂"又"会"，不能"懂"而不"会"，更不能"会"而不"懂". 这就要求我们必须做好数学概念、公理、定理、

---

[1] 编写组. 普通高中课程标准试验教科书·数学（必修1）[M]. 北京：人民教育出版社，2004.

[2] 姜澎. 学生成解题机器：数学家称如此难培养出真正大师[DB/OL]. http://tech.china.com，2005-07-08.

公式和法则等新知的教学工作.

二、"向量及其运算"教学中如何"讲道理"

1. "向量的概念"片段教学设计

（1）传统教学指瑕

在高中向量概念的教学中，几乎所有的教师都是结合生活实例，并通过如下导语来引入向量概念的："我们之前学习的量叫数量，数量只有大小、没有方向；今天我们新学习的量叫向量，向量不仅有大小，而且还有方向."

采用这种方式进行导入，就把数量与向量人为地进行了割裂，认为数量和向量是两个完全不同的概念，它们之间没有任何联系. 聪明的学生就会想到：之前在学习有理数时，为了表示相反意义的量，我们引进了负数."相反"不就有方向的含义吗？怎么说数量没有方向？

其实，数量也是有方向的，只不过数量是从一维角度来考虑方向，从本质上看，实数可视作一维向量. 在一维数轴上，如果让一维向量起点与原点重合，则向量终点就会对应数轴上唯一一个点和实数，实数的绝对值就是一维向量的模长，实数的符号就是一维向量的方向，于是就可以在一维向量与实数之间建立起一一对应关系. 因此可以说，平面向量就是实数的推广，而且在推广中，其大小、方向、数乘运算等都是一脉相承的，其本质均保持不变.

（2）教学设计改进

问题 1：为了表示大小、多少等，我们引入了数量，并抽象出数的概念. 最开始我们学习了正数，其后为了表示相反意义的量，我们引入和学习了负数. 你能在数轴上解释正负数的意义吗？

分析：正负数的绝对值表示大小，体现了"数"的特征；正负数的"符号"表示方向，体现了"形"的特征. 所以说对于"数量"，即一维向量而言，它也是集数和形为一体的量，只不过它是在两种特定的方向——相反方向上来考虑方向的. 通过让学生结合数轴解释正负数的意义，让学

35

生深刻领悟数量的大小特征和方向意义.

问题2：正负数的概念从一维角度体现出了数量的方向性.除了在直线上研究数量的方向性,是否可以从平面上研究数量的方向性?你能从生活中举出一些具有方向性的数量吗?

分析：通过列举物理学中的力、速度、位移等矢量,学生认识到还有一种带有方向性的量,它无法通过正反两个方向来区分,其方向在平面上具有不确定性.我们把这种在平面上既有大小又有方向的量,叫做平面向量,简称向量.由此顺利实现了从数量学习到向量学习的迁移.

2."向量的加法"片段教学设计

（1）传统教学指瑕

翻阅大量教案不难发现,对于向量加法运算的教学,几乎所有教师均采取了如下教学方式：基于物理学中的位移模型,抽象出向量加法的三角形法则；基于物理学中力的合成模型,抽象出向量加法的平行四边形法则；再根据数学中自由向量的特点,结合实例说明两种法则的等价性.即其教学逻辑为：位移情境→向量加法的三角形法则；力合成情境→向量加法的平行四边形法则⇒两种法则的等价性.

采用这种方式来教学,学生难免会产生疑惑：为何仅仅根据一个位移模型的物理学实例,就可以强行抽象出一个三角形法则?为何仅仅根据一个力的合成的物理实验,就可以强行抽象出一个平行四边形法则?向量加法法则的合理性在哪里?其数学意义是什么?更退一步讲,究竟什么是向量的加法?向量加法与以往的数量加法有何区别与联系?

学生的数学观是长期逐渐养成的.如果教师在教学中经常不讲道理,习惯于照本宣科式的填鸭式灌输,那么学生便会逐渐丧失质疑问难的精神,从而采取理所当然的态度,习惯于拿来主义和被动接受,认为数学先天这样、本来如此,只管照搬和接受即可.显然,这种数学观的危害是极大的,也是造成目前"会而不懂"现象的根源.

（2）教学设计改进

问题3：对于两个数，依据运算法则，可以进行加减乘除等各种运算．对于两个向量而言，是否也可以进行类似的运算呢？我们先从最简单的加法运算来展开研究．

分析：类比是数学学习的重要方式．数量和向量都是关于"量"的概念，可运算是它们的共同特征，因此这里采取类比方式来导入，便是自然而然的事情了．

问题4：对于在平面上既有大小又有方向的两个向量而言，什么是它们的"加法"？该怎样把它们"加"在一起呢？让我们不妨先从两个特殊的向量——共线向量来开始研究．

分析：通过前面的学习，学生知道了向量既有大小又有方向，并且它的大小和方向可以用有向线段来表示．对于这种用几何方式表示的量，什么是它的教法、该如何进行相加，这是学生面临的新挑战．为此，从特殊情形开始探究，这是我们惯用的研究思路．

问题5：对于共线的两个向量，又可分为方向相同的共线向量和方向相反的共线向量，对于这样的两个特殊向量，分别应该如何相加呢？

分析：结合生活实例不难发现：当两个共线向量的方向相同时，就可以不考虑方向，把两个向量的模长直接相加，和向量的方向保持不变；当两个共线向量的方向相反时，和向量的大小应是这两个向量模长的差的绝对值，和向量的方向与模长较大的向量的方向保持一致．可以发现，这时两个向量的相加完全类似于初中有理数（实数）的相加，或者说它们的相加就转化成了有理数（实数）的相加，从而很容易利用已有知识和经验实现对新知识的同化．

问题6：你能应用几何表示概括出两个共线向量相加的运算法则吗？

分析：如果令$\overrightarrow{AB}=a$，$\overrightarrow{BC}=b$，当A，B，C在同一条直线上时，无论向量a与b的方向相同还是相反，这时都有$\overrightarrow{AB}+\overrightarrow{BC}=\overrightarrow{AC}$，这便是特殊情形下的三角形法则，为下一步一般性地概括出向量加法的三角形法则做好了铺垫．

问题7：对于不共线的两个向量a与b，当它们首尾相接时，令$\overrightarrow{AB}=$

$\boldsymbol{a}$，$\overrightarrow{BC}=\boldsymbol{b}$，这时它们的相加是否仍满足 $\overrightarrow{AB}+\overrightarrow{BC}=\overrightarrow{AC}$ 呢？让我们从物理学中位移的合成来开始研究．

分析：根据物理学中位移的合成，两次位移 $\overrightarrow{AB}$，$\overrightarrow{BC}$ 的结果等效于 $\overrightarrow{AC}$，用 $\overrightarrow{AB}+\overrightarrow{BC}=\overrightarrow{AC}$ 来进行表示．在得到向量相加的三角形法则的同时，让学生体会向量相加的含义，即把两个向量共同作用的结果称之为两个向量的和向量，求两个向量的和向量的过程叫做两个向量的加法运算．

问题 8：以上是通过物理学实例概括得到的两个向量相加的三角形法则．你能从数学角度解释向量相加的三角形法则的合理性吗？

分析：两个共线向量相加，本质上就是两个数相加．对于两个不共线向量，由于方向不同，无法直接相加．一个自然的想法是，能否转化成两个共线向量相加呢？事实上，如图 1，要计算 $\overrightarrow{AB}+\overrightarrow{BC}$，由于向量 $\overrightarrow{AB}$ 在直线 AC 上的投影向量是 $\overrightarrow{AD}$，向量 $\overrightarrow{BC}$ 在直线 AC 上的投影向量是 $\overrightarrow{DC}$，显然 $\overrightarrow{AD}+\overrightarrow{DC}=\overrightarrow{AC}$，因此通过投影把两个不共线向量转化成共线向量，这时便可以相加了．这体现了数学中常用的化归转化思想．物理学的具体实例，只是提示我们应该向哪条直线上作投影．①

图 1

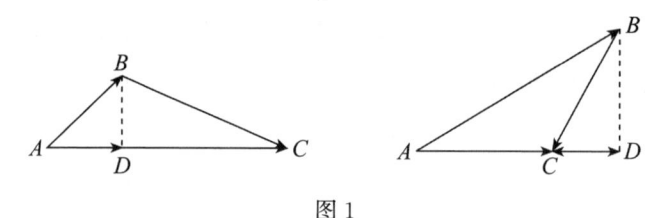

问题 9：物理学中除位移的合成之外，还有力的合成、速度的合成等，它们是否也遵循向量相加的三角形法则呢？

分析：不能仅仅通过一个实例，就强行一次性归纳出运算法则，还必须至少再举出一个以上的实例来进行归纳和概括．以力的合成为例，物理学实验的等效原理表明，力的合成遵循平行四边形法则，由此引发学生的认知冲突与困惑．

---

① 尽管这里尚未学习投影向量的概念，但把该概念前置，提前使用它，并不会造成理解困难．

问题 10：向量相加的平行四边形法则与三角形法则是否等价？向量相加的平行四边形法则的合理性又是什么呢？

分析：由于数学中的向量是自由向量，因此通过向量的平移，发现向量相加的平行四边形法则与三角形法则是等价的，只是适用条件和范围不同. 如图 2，要计算 $\overrightarrow{AB}+\overrightarrow{AD}$，由于向量 $\overrightarrow{AB}$ 在直线 AC 上的投影向量是 $\overrightarrow{AE}$，$\overrightarrow{AD}$ 在直线 AC 上的投影向量是 $\overrightarrow{AF}$，且 $\overrightarrow{AF}=\overrightarrow{EC}$，因此向量 $\overrightarrow{AB}$ 与 $\overrightarrow{AD}$ 的和向量 $\overrightarrow{AC}$ 仍是等于它们的投影向量之和. 不难发现，对于不共线的两个共起点向量相加，仍然是通过投影向量转化成两个共线向量相加，只不过此时是投影到了以 AB 和 AD 为邻边的平行四边形的对角线上.

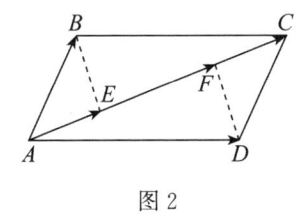

图 2

3."向量的数量积"片段教学设计

（1）传统教学指瑕

对于"向量的数量积"的教学，无论是各版本教材也好，还是各教学设计也罢，无一例外地均采用的是"力对物体做功"的实例，即当力的方向与位移方向不一致时，通过对力在位移方向的分解来求功，由此引出了两个向量的数量积的定义.

这里学生同样会产生困惑：为何仅仅根据一个物理学实例，就可以抽象概括出一个数学概念？可以举出更多实例来进行归纳和抽象吗？如果不能，那么这样定义两个向量数量积的合理性在哪里？其数学意义是什么？它与两个实数相乘有何区别与联系？

实际教学中，几乎所有教师在通过一个物理学实例一次性归纳、强行抽象出向量数量积的定义之后，都未能从数学角度解释定义的合理性，特别是从联系角度来认识向量数量积定义和实数乘法定义之间的关系，显然这非常不利于学生形成对数学的整体性认识. 2017 年修订之后的人教版高中数学教材明确引入了投影向量的概念, 这为我们重新建构对向量数量积概念的认识提供了极大方便.

（2）教学设计改进

问题 11：类似于实数的运算, 向量与向量之间除有加减法运算之外, 是否也存在乘法运算呢？如果存在的话, 又该如何定义向量的乘法呢？

分析：实数作为一维向量, 通过与此类比引出向量的乘法运算合情合理. 这是因为, 尽管向量的乘法运算较为复杂, 它又可分为数量积运算和向量积运算, 但本节课要学习的数量积运算与实数的乘法运算存在内在的关联与一致性.

问题 12：类似于向量的加法运算, 同样我们先从两个特殊向量——共线向量开始研究. 如果两个向量共线, 它们应该如何相乘才比较合理？这时向量的乘法运算与实数的乘法运算存在本质上的差异吗？

分析：从特殊到一般是解决问题的常用策略. 当两个向量共线时：如果是同向的两个共线向量相乘, 只要把模长相乘, 所得结果为正数, 本质上就是实数运算中的"同号相乘得正"；如果是反向的两个共线向量相乘, 只要把模长相乘, 所得结果为负数, 本质上就是实数运算中的"异号相乘得负". 这样两个共线向量的数量积运算, 就化归成了一维向量的乘法运算, 其本质上就是两个实数的乘法运算.

问题 13：如果是不共线的两个向量, 这时它们在平面上的方向既不相同、也不相反, 因此无法"直接"相乘. 在这种情况下, 应如何定义两个向量的乘法才比较合理呢？

分析：小学在学习数的乘法运算时, 遇到的数只有大小、没有方向, 因此两个数可以直接相乘；初中在学习有理数的乘法运算时, 遇到的数不仅有大小, 而且还有了方向相同或相反的区分, 但相乘的结果只要用正负就可以区分了. 如果是平面上带有方向的数, 该如何相乘呢？这是学生从未遇到过的最大障碍, 最棘手的是如何定义"方向"的运算规则才比较合理.

问题 14：让我们先看一个物理学实例. 一物体在力 F 的作用下产生的位移为 s. 当力 F 与位移 s 的方向一致时，力对物体所做的功为多少？当力 F 与位移 s 的方向不一致时，设力 F 与位移 s 的夹角为 θ，这时力对物体所做的功又为多少呢？

分析：根据物理学常识知道：当力 F 与位移 s 的方向一致时，力对物体所做的功为 $W=|F||s|$，即功等于力的大小与位移的大小直接相乘；当力 F 与位移 s 的方向不一致时，力对物体所做的功为 $W=|F||s|\cos\theta$，即这时功的大小变小，力的功效出现了损耗. 两种不同情形，正是引导学生从实数乘法运算过渡到向量数量积运算的典例.

问题 15：当力 F 与位移 s 的方向不一致时，真正使物体前进的力是什么？它的大小是多少？它的方向具有什么特征？你能给出 $|F|\cos\theta$ 的物理意义吗？

分析：当力 F 与位移 s 的方向不一致时，通过对这种情况的进一步分析，让学生体会到对力在水平方向进行分解的目的，认识到水平方向分力的大小和方向特征，从而为学生下一步更好地理解投影和投影向量的概念，进而理解向量数量积定义的合理性做好铺垫.

问题 16：力和位移都是向量，功是由力和位移两个向量来确定的，如果我们把"功"看作是两个向量"相乘"的结果，受此启发，我们是否可以给出两个向量相乘的定义？

分析：受物理学实例启发进行类推，由此给出两个向量的数量积的定义便显得合乎情理了，因为这样定义某种程度上符合了事物的客观规律. 但学生仍会存在一定的困惑：还可以举出更多实例吗？如果不能，那么这样定义的数学意义是什么？一般情形下的合理性体现在哪里？

问题 17：平面向量在平面上，不仅有大小，还有方向. 因此定义两个向量相乘的运算法则，关键是解决"方向"问题. 你能从数学角度解释这样定义向量数量积运算的合理性吗？

分析：当两个向量不共线时，由于方向不相同或相反，因此无法直接相乘，这时把其中一个向量投影到另一个向量所在直线上，于是所得投影

向量与后一向量就变成了共线的两个向量，这时它们就可以相乘了，相乘方法完全类似于两个实数的乘法运算. 具体来讲，当两个向量 a 和 b 的夹角 θ 为锐角时，投影成方向相同的两个共线向量，这时 $a \cdot b = |a'||b|$，而 $|a'| = |a|\cos\theta$，因此 $a \cdot b = |a||b|\cos\theta$（如图 3 所示）；当两个向量 a 和 b 的夹角 θ 为钝角时，投影成方向相反的两个共线向量，这时 $a \cdot b = -|a'||b|$，而此时 $|a'| = |a|\cos(\pi-\theta)$，因此 $a \cdot b = |a||b|\cos\theta$（如图 4 所示）.

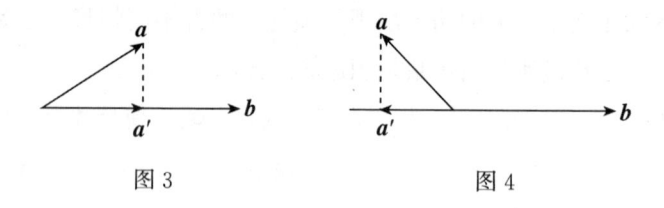

图 3　　图 4

问题 18：两个向量的数量积运算与两个实数的乘法运算之间，有什么区别与联系？从中我们能得到哪些启示呢？

分析：通过向量的投影和投影向量，把非共线向量转化成了共线向量，把二维平面向量的数量积转化成了一维共线向量的数量积，而一维共线向量的数量积运算本质上就是实数的乘法运算，由此实现了问题的转化与化归，体现了数学中的降维思想.

三、数学教学中怎样才能做到"讲道理"

1. 深入理解数学

在数学教学中，"教什么"比"怎么教"更为重要，因为前者关涉教学内容，后者关涉教学形式，而内容决定形式. 一位数学教师如果没有良好的数学素养，没有对数学知识及其结构体系的通透理解，是不可能真正做好数学教学工作的. 章建跃先生曾提出"三个理解"的重要性，即要理解数学、理解学生、理解教学，在这三者当中，无疑"理解数学"更为重要，它是"理解学生"和"理解教学"的基础. 正如美国数学家赫斯所言："问题并不在于教学的最好方式是什么，而在于数学到底是什么；如果不正视数学的本质问题,便解决不了关于教学的争议."①

要真正理解数学,不仅要从微观上准确把握每一数学概念、原理的来龙去脉以及本质特征,还要从宏观上把握数学知识的纵横联系以及结构体系;不仅要揭示数学知识的显性联系、把握数学知识结构之形,还要揭示数学知识的内在关系、领悟数学知识结构之神. 单墫教授曾建议学好数学要经历几个"会"——首先要"学会",其次要"领会",最后是"融会".所谓的"融会",就是要能做到触类旁通、举一反三,如此方能讲出道理,并运用自如.

如果任课教师不清楚学科内容的研究对象和方法、研究思路和线索,不清楚学科知识的来龙去脉、横纵联系、背景和意义、地位和作用,那么教学就会具有一定的盲目性和机械性,更勿论在教学中给学生讲清道理了. 比如在本部分内容的教学中,如果教师把"数"和"向量"的概念割裂开来,认识不到两者内在的关联性和一致性,就难以在向量运算学习中采用"降维"思想进行转化与化归,从而就会影响到后续学生对运算法则的合理性的理解.

2. 善于稚化思维

教学既不能"浅入深出"或"浅入浅出",也不能"深入深出",而是要做到"深入浅出". 能否"深入",取决于教师的学科知识水平;在"深入"的基础上,能否做到"浅出",则取决于教师的教学水平. 优秀教师在教学中必须要善于悬置自己已有知识,设身处地地站在学生角度进行换位思考,设想自己在"一无所知"情况下面临新的问题情境时,会怎样思考问题、分析问题和解决问题. 概括来讲,也就是要"思学生之所思""难学生之所难""错学生之所错",这样教师思维与学生思维才不会出现脱节或错位,教师所讲道理才容易被学生理解和接受,有意义学习才可能真正发生.

---

① (英) Paul Ernest. 数学教育哲学 [M]. 上海:上海教育出版社,1998:349.

要做到稚化思维，一方面要求教师应准确把握学生的认知基础，即认清学生头脑中已有的知识和经验是什么，新知识的生长点和固着点是什么，新旧知识之间存在怎样的联系和落差，应如何给学生搭建认知"脚手架"；另一方面要求教师要善于揣摩学生可能的思维方式，即学生面对陌生问题在寻找解决策略时，可能采取的思维方式和问题解决策略有哪些，可能会存在哪些认知困难，应如何引导学生寻找合理的思维方式和问题解决策略.① 在稚化思维的基础上设置引导性问题，那么教学就不会出现越位现象了.

　　在向量运算的教学中，无论是教学向量的加法运算，还是教学向量的数量积运算，当学生面对一个"平面上既有大小又有方向的量"的陌生问题时，引导他们采用从特殊到一般的问题解决策略，便是减少思维落差、化解教学难点的方法，因为共线向量的加法运算和数量积运算更靠近学生的认知起点，它是连接数的运算和向量运算的桥梁，因而更容易被学生所同化和接受. 基于这一认识来提问并引导学生思考，便符合了稚化思维的教学理念，所讲的道理才更容易被学生所接纳. 正如波利亚所言："让你的学生提问题，要不就像他们自己提问的那样由你去提出这些问题；让你的学生给出解答，要不就像他们自己给出的那样由你去给出解答."②

---

　　① 龚彦琴，李祎. 刍议稚化思维的数学教学策略［J］. 数学通报，2013（10）：6－9.

　　② （美）乔治·波利亚. 数学的发现（第二卷）［M］. 刘景麟，曹之江，邹清莲，译. 呼和浩特：内蒙古人民出版社，1981：179.

§5　别被理念绑架教学

数学新课改已推进十几个年头,然而在当下的数学教学实践中,仍经常发现不少因理念而出现的问题. 这些问题,有的是对理念的误读和误解所致;有的是为理念而理念,教学被理念绑架所致. 这些理念,有的涉及教学内容,有的涉及教学形式. 现概括为五个方面,细述如下,以警示数学教学.

一、情境教学之殇

在国内,情境教学最早发端于语文学科,其目的是通过创设具有一定情绪色彩的、以形象为主体的生动具体的场景,使学生如临其境,如见其人,如闻其声,受到情绪的感染,引起情感的共鸣,以情入理,情理交融,从而帮助学生理解教材. 数学教学自新课改以来,在课改理念"数学教学要紧密联系学生的生活实际,从学生的生活经验和已有知识出发创设生动有趣的情境"的召唤下,情境教学一时成了许多一线教师追求的"时尚". 许多教师绞尽脑汁地创设各种情境,包括生活情境、问题情境、故事情境等,似乎不创设情境,便显得自己的教学落伍. 甚至经常出现为情境而情境的现象,煞费苦心地用情境刻意包装教学,数学教学俨然被这一理念所"绑架",这不得不引起我们的警惕.

数学与现实世界存在紧密联系,在教学中适当联系实际是有裨益的. 然而,情境创设只是手段、不是目的,用情境联系生活不是一种时尚. 单墫教授认为,"数学课的主要任务是教数学、学数学,是解决数学问题,而不是解决实际问题,将实际问题化为数学问题,这并不是数学的主要任务"[1]. 片面联系生活实际,一味地强调情境创设,可谓体用倒置、逐末舍本. 事实上,并不是每节数学课都能够创设情境,也不是每节数学课都需要创设情境,更不是每节数学课所创设情境都能起到良好效果. 对于许多数学课,特别是高年级的数学课而言,从学科知识本质或联系的角度进行课堂导入,或采取开门见山、单刀直入的方式来引入,能取得更好的教学效果和更高的教学效益.[2]

即使是创设情境,也不能为情境而情境,取情境之"形"而忽视内容之"实". 马克思曾言:"如果形式不是内容的形式,那么它就没有任何价值了."[3] 教师在创设情境时,首先需要明确,情境与教学目标是否具有关联性,情境与新知识之间能否建立起有效联系. 无论创设怎样的情境,其首要功能是必须抽象或提取出数学问题,并为教学内容提供服务. 如果仅仅是为了激发兴趣、增强应用而牵强附会地建立联系,则必然导致所创设的情境脱离问题属性,无法直接为数学新知识的学习提供有力支持,不能为学生对特定内容的理解提供有效帮助,这样的情境就成为教学中的"累赘"了.

针对数学教学过分注重生活化的现象,香港科技大学的项武义教授曾发出警告,认为中国内地的数学教学有"去数学化"的倾向,数学教学只讲"教育学""心理学"规律,而忽视对数学实质的揭示.[4] 因此针对我国数学教学曾长期忽视应用的现象,数学新课改适当强调联系实际是对的,但也要注意不能矫枉过正,从一个极端走向另一个极端. 无论如何,数学教学始终应立足学科特点,凸显学科本质,在教学中以数学问题为载体、以思维发展为主线,在知识掌握和能力培养的过程中,促进学生的数学核心素养的提升. 即使有时创设数学教学情境,也首先应考虑情境的数学认

---

[1] 单墫. 数学课应当讲数学[J]. 中学数学研究,2006(11):30-31.
[2] 李祎. 另眼看导入[J]. 数学通报,2018(8):13-16+26.
[3] 马克思恩格斯全集(第1卷)[M]. 人民出版社,2014:179.
[4] 张奠宙,赵小平. 当心"去数学化"[J]. 数学教学,2005(6):封底.

知价值以及与教学目标的关联性,谨防出现剑走偏锋、片面联系实际的现象发生.

二、貌合神离的探究

自主探究是新课程理念所主张的重要学习方式. 于是,为了符合这一新理念,数学教学中经常可见以下现象:有的教师凡教学必探究,即使无法探究或不宜探究的内容,也组织学生展开探究,教学方式浅层化、庸俗化,教学效果自不待言;有的为探究而探究,徒有其形而无其神,学生有活动却没体验,外在活动的热闹无法掩饰内在思维的贫乏;有的探究成为部分学生的"发现",更多学生是盲目认同或一知半解的"附和";有的探究是被"驯服"了的结构化探究,学生按照教师设计的方案,探究教师提出的问题,执行教师规定的步骤,生成教师预设的结论. 凡此种种,数学教学完全被这一理念所绑架,继续下去,必将越来越远离新课程理念的精神.

其实,探究是人在遇到感兴趣的问题时所产生的一种探求其答案的欲望和伴随而来的一系列思维和行为方式. 探究学习的实质是在思维层面,即个体在面临问题或困惑时,能积极主动地对问题进行反复的思考和探索. 有问题或困惑存在,学生能积极主动地参与思考,并能得到教师的适当指导,就构成了探究学习的核心要素. 因此,探究学习主要不是一种外在的活动或程序,而是一种内在的精神品质. 苏霍姆林斯基曾说:"教室里一片寂静,学生都在进行紧张地思考,教师要珍视这样的时刻. 课堂上应当经常出现这样的寂静."[①] 所以,无论采用何种数学教学方式,课堂教学所追求的不是"发言热闹的教室",而是"寂静思考的课堂"以及"相互用心倾听的教室".

与自主探究紧密相连的是合作交流的学习方式. 所谓合作学习是指

---

① 苏霍姆林斯基. 给教师的建议 [M]. 杜殿坤,译. 北京:教育科学出版社,1984.

"学生在小组或团队中为了完成共同的任务,有明确的责任分工的互助性学习"[1].但对于数学学科而言,尤其是高年级的数学学习,一般并不适宜开展合作学习.因为学生学习数学的过程是一个具有连续意义的整体,具有不可分割性与替代性,通常无法进行任务分工与合作.比如,作为数学教学重要组成部分的解题教学,对于数学题意的理解、解题方法的寻找、解题思路的形成和解题过程的完成,并不能机械切割与分解,无法进行任务分工与责任分配.因此,数学学习也就无法实现真正意义上的合作学习.

我们日常所谓的数学合作学习,其实是数学交流,数学交流仅仅是数学合作学习中的一个环节,并非数学合作学习的全部.数学交流的实质是信息沟通、思想共享和意义生成,其根本作用在于通过取长补短、博采众长,促进学生的数学认知与理解.然而需要特别注意的是,由于"数学是思维的科学",思维的培养既不能传递、也无法代替,因此有效的数学交流必须以个人独立思考和深层次认知参与为前提.学生只有通过独立思考和深入探究,形成了个人认识和见解,这时与同伴交流才能产生良好效果.否则,表面的"热闹"和"繁荣"背后,掩盖着的很可能是学生数学认知的表层和浅化,"对话"不过是成了缺少思考价值的问与答,这样无疑难以达到数学交流的目的.[2]

三、技术的滥用

自新课改以来,随着信息技术的迅猛发展,越来越多的教师开始使用现代教育技术进行教学.然而,在实际数学教学中不难发现,现代教育技术在给师生带来便利的同时,也带来了诸多新的问题.比如:有的教师为技术而技术,认为不用信息技术,就显得自己的教学落伍;有的教师认为信息技术的使用,可有效减轻教师的劳动强度,而忽略了教学的实际效

---

[1] 王坦.合作学习论[M].北京:教育科学出版社,1994:18.
[2] 李祎,涂荣豹.实施数学合作学习需要明确的几个问题[J].学前教育研究,2007(1):27—28.

果；有的教师对技术产生了依赖，离开现代信息技术，在教学中便感到无所适从. 凡此种种，均有教学被技术绑架之嫌，其实质是对理念的盲目崇拜或对技术的误解误用所致.

以教师使用频率最高的 PPT 课件为例. PPT 课件只是教学活动的辅助手段，过多地借助辅助手段，会弱化学生在学习中的主体地位，剥夺学生探究新知和发展能力的主动权. 其实，从 PPT 课件的产生来看，它只是一个为讲座而设的软件，其本身存在一些先天性的缺陷. 比如，与课堂教学相比，讲座强调简洁明了的结果呈现，信息流通基本是单向的；课堂教学则更注重丰满的过程，信息流通是双向甚至多向的. 正因此，若 PPT 课件内容呈现太多，则便成了信息的单向轰炸；若 PPT 课件内容呈现太少，则只可容纳重点式表达，但这并不符合教学的要求.

特别是数学是以计算和推理为主的一门学科，在思路分析、推理论证等过程中，板书的教学效果往往要明显优于 PPT 课件. 板书的优势在于教师可以根据师生讨论的进程在黑板上完成问题的分析过程. 由于教师板书的速度和学生理解的速度相近，教师在黑板上呈现问题信息的同时，自然地给学生留出了思考时间，这种"天然契合"，使教学节奏几近完美. 而且由于学生思维的多样性，教师可以随时补充修改相关内容，从而从容应对教学中的不确定性. PPT 演示文稿的内容，系课前编辑完成，课堂直接播放，过程相对呆板，难以相机灵活应对不确定性，会使教学变得单一、线性和刻板.

斯坦福大学的计算机系雄冠全球，学校教室的现代化教学设备应有尽有，但据称，这里很多学科的教学完全不用计算机，仍然坚持传统的教学方式. 这样说，并非要否定现代教育技术的积极作用. 其实，传统教学手段有其长处，现代教学技术也有其优势，两者不能互相替代，而只能取长补短、优势互补. 既不能因其传统而否定，也不能因其现代而一哄而起. 面对当下汹涌而至的信息化热潮，我们需要牢记的是，信息技术的使用并非上好优质课的必要手段，是否使用信息技术不应成为评判教学优劣的标准. 教师要继承和坚守传统教学方法的优势和长处，谨防被现代教育技术所劫持和绑架.

四、异化的数学文化

《普通高中数学课程标准（实验）》及其修订版，均把"体现数学的文化价值"作为高中数学课程标准的重要理念之一，强调"数学文化是贯穿整个高中数学课程的重要内容"．故新课改伊始，数学文化一度成了研究的热点．但目前对于数学文化的理解，却存在一种浅薄化的倾向，认为数学文化就是一些文化素材，比如数学史、数学应用、数学美等，它们与数学知识是分离的．这种把数学文化当成数学知识的外在附属品，对数学知识和数学文化进行割裂式的理解，是对数学文化的曲解和误读．以这种曲解和误读来践行数学文化，是与数学文化教育的理念相背离的．

特别是近几年来，高考考试大纲提出要关注数学文化，高考中编制的数学试题，除了要实现对知识和能力的考查之外，还应当注重对数学文化的考查．但把数学文化的考查等同于用数学史料等包装数学问题的情况较为普遍，似乎只要在数学试题中添加一些"文化"的佐料，便可以达到对个体数学文化素养的考查．更有不少研究者从数学历史、数学精神、数学应用、数学之美、数学语言、数学游戏等多个方面，对高考数学中涉及数学文化的试题进行分类赏析，试图把数学文化可能出题的方向一网打尽，为备考数学文化提供清晰的复习方向．这种对数学文化的庸俗化、简单化的理解，异化了数学文化的内涵，窄化了数学文化的外延，不仅没有触及数学文化的精神实质，难以达到对数学文化的真正考查，无形之中还会增加学生的学习负担．

数学文化是数学学习后的一种沉淀，是学生数学素养养成的结果体现．数学知识是数学文化的载体，没有这个载体就无以确定什么是数学文化．数学文化与数学同在，只要有数学，就一定有数学文化．文化者，以文化人也．数学的文化特征不仅在于数学的历史性和美学价值，数学文化的核心是数学的理性精神，是在对具体问题、结论或方法的探究、质疑、猜想、论证、反思等理性思维活动中，所获得的数学精神和数学品格．数学名师张齐华说得好:"数学真正的文化要义在于,它可以最大限度地张扬数学思考的魅力,并改变一个人思考的方式、方法、视角. 数学学习一旦使学生感受到思维的乐趣,使学生领悟到了数学知识的丰富、数学方法的精巧、数学思想的博大、数学思考的美妙,那么,数学的文化价值必显露无遗."[1] 事实上,无论何时何地的数学的学、教与考,我们都可以触摸到数学文化的脉搏,因为拥有了数学思考和数学的理性精神,便拥有了数学文化的力量.

所以,数学文化的诉求不应从数学之外去找寻,数学最内在的文化特性就是数学本身,只要体现了数学的知识属性特征,彰显了数学的思维属性魅力,那么数学的文化特征便会得到充分的体现. 践行数学文化的教育,要避免工具主义倾向,不是在教学中或考试时安放几个文化素材便了事,而是应在充满理性思维的数学天地里,在探究数学规律、掌握数学知识的过程中,感受数学魅力,领会数学精神,受到文化感染,产生文化共鸣,体会文化品位. 唯此,今后不管从事什么工作,深深铭刻在头脑中的数学精神、思维方式等文化烙印,才能随时随地发生作用,使人受益终身. 这样的数学文化教育,才能真正做到以"文"化人,从而体现出数学文化的精髓和要义,真正彰显出数学文化的魅力和张力.

五、被核心素养包装的教学

目前举国上下热议"核心素养",尽管学界对这一概念的看法,众说纷纭、莫衷一是,但这似乎并不影响其在实践中大行其道. 具体到数学教学领域,同样如此. 当下我们经常看到,大会、小会言必称数学核心素养,论文、课题高度聚焦数学核心素养,教研课、示范课也都被冠以数学核心素养的旗号. 似乎不贴上核心素养的标签,不足以说明先进和进步.

事实上,早在 2003 年出版的《普通高中数学课程标准(实验)》中,

---

[1] 张齐华. 一咏三叹,且行且思——关于"数学文化"的三次探索、实践与思考[J]. 江苏教育,2006 (1):31—34.

就明确指出要"提高空间想象、抽象概括、推理论证、运算求解、数据处理等基本能力""提高数学地提出、分析和解决问题（包括简单的实际问题）的能力". 修订之后的《普通高中数学课程标准（2017年版）》指出："数学核心素养是具有数学基本特征的、适应个人终身发展和社会发展需要的人的思维品质与关键能力. 高中阶段数学核心素养包括：数学抽象、逻辑推理、数学建模、直观想象、数学运算和数据分析."前后对比不难发现，"数学核心素养"的新提法，就其内容而言，并无实质性的改变，只是在措辞方面略有差别. 其更重要意义在于修订后的课标中，对六大数学核心素养的内涵和表现做出了清楚界定，并基于六大数学核心素养给出了学业质量评价的水平划分.

从学术研究的角度来看，我们需要冷静思考：该不该提"数学核心素养"？到底什么是数学核心素养？存在非数学核心素养吗？数学核心素养与一般核心素养究竟是什么关系？数学核心素养培养与数学素质教育有何区别与联系？数学核心素养与"三维目标""数学四基"是怎样的关系？基于数学核心素养的学习评价，其试题在题型、立意、考点等方面，与之前的试题应具有怎样的差异？等等. 理论认识上的含混不清，必然导致实践中的盲从与盲动，于是简单地用核心素养"贴金"数学教学的现象，也就不可避免了.

从教学实践的角度来看，要让新理念不是停留在口号或观念层面上，而是落实在具体的教学行动中，需要在内容和方法方面进一步思考：在数学核心素养的目标之下，"教什么"究竟会与以往教学呈现出怎样的差异？"怎么教"究竟会与以往教学呈现出什么样的不同？如果不对这两个根本问题做出清楚交待，就有"换汤不换药""新瓶装旧酒"之嫌，那么"穿新鞋走老路"也就在所难免了. 要让数学核心素养真正成为我国数学教学变革的有效路径，必须对操作层面的具体策略展开深入研究和探索，要谨防为理念而理念，用核心素养简单包装教学、甚至绑架教学的现象发生.

§6　别被定义遮蔽概念

在数学教学中,普遍存在"重解题教学,轻概念教学"的现象,追求概念教学的最小化和解题教学的最大化. 为此,许多学者呼吁要重视数学概念教学,并已逐步引起人们的重视. 但深入一线进行调研不难发现,许多教师把概念教学混同于定义教学,用背诵定义代替概念理解,用定义的外在形式遮蔽概念的内涵实质,从而经常导致学生"学而不会""会而不懂"的现象. 因此,澄清数学概念与数学定义的关系,并在教学中正确处理两者之间的关系,对于提高数学概念教学质量至关重要.

一、概念定义不同于概念本身

概念是反映客观事物本质属性的思维产物. 所谓本质属性,就是该类事物共有和特有的稳定属性,也可以说,本质属性就是事物变化之中保持不变的属性. 数学是研究数量关系和空间形式的科学,因此,数学概念就是从数量关系和空间形式两方面反映和揭示客观事物的本质属性的思维产物.

一个新的数学概念的建立,可以极大地压缩和简化语言. 比如定义了"平行四边形",即可用它来代替"两组对边分别平行的四边形". 因此数学概念的建立,加快了数学思维的速度,有助于思维向纵深发展. 正如哲学家金岳霖先生所言:"如果不引入任何新概念,只是由原始概念和公理来建立一门理论,尽管在理论上可行,实际上却是难以想象的麻烦."[①]

每个概念都有内涵和外延,数学概念也不例外. 概念的内涵是对概念

---

① 金岳霖. 形式逻辑[M]. 北京:人民出版社,1979:41—58.

"质"的描述,往往具有内隐性、抽象性的特点;概念的外延是对概念"量"的刻画,往往具有直观性、表象性的特点.掌握数学概念就是要明确其内涵和外延,概念定义就是揭示概念的内涵或外延的逻辑方法.揭示数学概念内涵的定义叫内涵式定义,揭示数学概念外延的定义叫外延式定义.因此,数学定义不同于数学概念,数学定义是借助于文字语言或符号语言,对数学概念的质或量的外在表达.

对数学概念下定义时,采用的基本方式是"种差+属概念",即把某一概念包含在它的属概念中,并揭示它与同一属概念下其他种概念之间的差别.比如以四边形为属概念,可以分别对平行四边形和梯形来下定义.但对于同一数学概念,可以有不同的定义方式.比如对于平行四边形,既可以定义为"两组对边分别平行的四边形",也可以定义为"一组对边平行且相等的四边形".

需要说明的是,尽管"种差+属概念"是对数学概念下定义的基本方式,但并非最好的方式.比如,实数是有理数的"属",有理数是整数的"属",整数是自然数的"属",若按照这种方式定义,应该先定义实数,再定义自然数,即自然数是"用以计量事物的件数或表示事物次序的实数",但这不仅与数的历史发展相悖,也不符合学生的认知规律.因此在数学学习中,"种差+属概念"并非理想的定义方式.

正因此,考虑到学生的可接受性,教材中的不少数学概念最初都没有严格定义,只是通过描述性方法来让学生认识数学概念的特征,把握其内涵所揭示的实质或外延所涉及的范围.随着学生知识的丰富和认识力的提升,有些数学概念才逐步给出严格定义.所以对数学概念下定义时,要综合考虑科学上的逻辑要求和学习中的认知规律,正确处理好"逻辑序""历史序"和"心理序"的关系,针对不同阶段的学生采用不同的定义方法,通过循序渐进的方式来逐步完善对数学概念的认识.

二、概念定义未必能揭示出概念本质

首先必须明确的是,数学中并非每一个概念,都可以给出明确的、严谨的定义. 美国学者赫尔斯将概念分为易下定义的概念（well-defined）与难下定义的概念（ill-defined）.[①] 易下定义的概念是本质性特征明显，易用某种方式揭示出其特征的概念；难下定义的概念是本质性特征不明显，不易用某种方式揭示出其特征的概念. 数学中的原始概念，比如点、直线、平面等，便是难以下定义的概念，只能用描述性语言对其进行刻画. 有些数学概念即使可以给出严格的定义，比如面积、体积等的公理化定义，但考虑到学生的可接受性，在中小学教材中也并未给出严格定义，只是给出一些解释性说明或描述性刻画，比如将"面积"概念描述为"物体的表面或围成的图形的表面的大小"等.

其次，即使是可以下定义的数学概念，但概念的定义未必能反映出概念所包含的全部本质属性. 这是因为，一方面，有些数学概念的定义采用的是外延式定义法，这样便难以仅仅根据定义来把握概念的本质. 比如对于"实数"的定义，我们把"有理数和无理数统称为实数"，便属于这种情况. 另一方面，一个数学概念的本质属性往往不是单一的，对概念下定义时，只能给出其最显著、最基本的本质属性，其他本质属性要通过推理才能获得. 比如"对边相等"也是平行四边形的本质属性，但这一属性并未在其定义"两组对边分别平行的四边形"中直接显现. 此外，有些数学概念本质的把握，还必须结合知识产生的实际问题背景，仅仅依靠定义分析是不够的. 比如完全依靠定义"在一个特定的随机试验中，称每一个可能出现的结果为一个基本事件"，就难以获得对"基本事件是绝对的还是相对的"的认识[②].

再次，数学概念的定义具有人为性，定义方式不当，便难以反映出概念的本质属性. 比如，在小学对"角"的概念通常是这样定义的：具有公共端点的两条射线组成的图形叫做角. 在这个定义中，把"角"定义为一种图形，并未能反映出角的本质. 角的本质并非体现在可见的"图形"

[①] 陈琦，刘儒德. 当代教育心理学［M］. 北京：北京师范大学出版社，1998：141.

[②] 李祎. 刍议教师理解数学的几个维度［J］. 数学通报，2014（6）：6-10.

上,而是体现在不可见的"张口大小"上;而且"射线"也并非体现角的本质的关键属性,线段也未尝不可. 因此,我们认为对"角"的定义需要进行优化和改进,比如可以改进为"从一个顶点出发的两条射线或线段所张开的口的大小". 史宁中教授曾指出,角的大小是由角所对应的单位圆的弦长或弧长决定的,我们画角时所标记的小弧线,可以理解为具有单位圆的弧长的特质,它旨在揭示角是由具有公共端点的两条线所夹的部分决定的.① 这一解释是借助于"长度"来刻画"角度",揭示了这两个几何量的内在联系,深刻反映了角的本质,颇具新意.

又如,小学教材中对"比"的概念是这样定义的:"我们把两个数相除又叫做两个数的比". 显然,这一定义经不起推敲,学生很容易质疑:既然两数相除就是这两个数的比,为何还要多此一举,引出比的概念呢?因此将"比"定义为除法运算,并未能揭示出"比"的本质. 其实,比的产生源于度量的需要. 生活中有些量是可以直接进行度量的,比如长度、角度、面积、体积、质量等;但有些量却难以直接度量,比如形状、浓度、速度、价格等. "比"就是通过比值来对难以直接度量的量进行度量而建立起来的一个概念,具体又分为同类量之比(如形状、浓度)和异类量之比(如速度、价格). 为了揭示"比"这一概念的本质,台湾某数学教材中引入了"对等关系",认为"比是两个量的对等关系". 所谓"对等关系",是指两数量之间由于某种原因而产生的一种配对关系,并将这种关系分为"组合关系""母子关系""交换关系""密度关系"等四种不同关系. 而为了方便比较和运算,将对等关系量化后的结果,称之为"比值". 这里的对等关系及其量化的过程,其本质上就是度量的过程.

三、会背定义并不意味着掌握了概念

正因为概念定义未必能揭示出概念本质,因此会背定义并不一定意味着掌握了概念. 然而这只是问题的一方面. 更重要的是,即使概念定义能

---

① 史宁中. 基本概念与运算法则[M]. 北京:高等教育出版社,2013:56—57.

反映出概念本质,但数学定义仅仅是通过语言对数学概念的形式表达,尽管概念本质的揭示离不开语言形式表达,但仅靠语言进行说文解字、记忆背诵是不够的,因为作为概念外壳的语言无法显现概念意义,无法自动呈现概念本质,概念的意义和本质只能通过思维来理解和建构.但在课堂观察中不难发现,目前在中小学数学教学中,特别是在低年级阶段,教师过分倚重定义的叙述,只注重揭示概念的外部特征,将教学重点简化为关键词的记忆,让学生齐声朗读和背诵定义的现象,屡见不鲜.

例如在初中数学教材中,对于"方程"的概念,普遍将其定义为"含有未知数的等式",但这一干巴巴的定义,并没有反映出方程的本原思想. 比如,据此定义,$x=0$ 应认定为方程,但很显然,它已不具有方程的本原意义,即方程的本意是为了求出未知数;又如,据此定义,$2x-x=x$ 也应认定为方程,但很显然,该式作为一个恒等式,反映的是一种数学运算,这里的"="与方程中的"=",其意义已完全不同. 还有的教材对"方程"采用了其他定义方式,如"方程是具有等式的开语句""方程是求指定字母的值,使已给等式成立的问题"等等. 然而,无论采用何种定义方式,在张奠宙先生看来,"教师在方程定义的黑体字上大做文章,反复举例,咬文嚼字地学习,朗朗上口地背诵,没有实质性的意义. 绝对没有学生因为背不出这句话而学不会方程的."[①] 事实上,在学习方程的过程中,学生能否记住方程的定义并不重要,关键在于理解引入方程概念的意义,并学会如何列方程和解方程. 因此掌握数学概念的本质,既需要静态分析其定义形式,更需要在产生、发展等活动中揭示其内涵. 那种不介绍数学概念产生的背景和意义,仅仅通过字斟句酌分析概念要素、咬文嚼字告知注意事项,偏重于让学生记忆概念外部形式的方式,往往不能使学生对概念产生实质性的理解.

目前在数学学习中存在严重的"会而不懂"现象,即学生能够套用概念定义来解题,但其实他对概念不甚了了,只是做习题的机器. 这种现象

---

① 张奠宙. 关于数学知识的教育形态 [J]. 数学通报,2001 (4):1—2.

究其根源，就在于学生用机械记忆概念定义来代替对概念实质的领悟，用模式化的解题训练来代替对概念的理解和应用．比如对于导数概念，仅仅记住其形式定义 $f'(x)=\dfrac{f(x+\Delta x)-f(x)}{\Delta x}$ 是不够的，机械记住它只能套用其形式来计算具体函数的导数．要能够运用导数概念成功解决某些实际问题或非良构型问题，必须要理解导数概念产生的背景和意义、解决问题的思路和方法．这即是：要解决"某一点"的问题（瞬时变化率），但停留在这一点无法求出，为此对该点进行"否定"（给增量），否定的结果是得到"另一点"，并由此得到一个小区间；在这个区间上先求出近似值（平均变化率），之后再对"另一点"进行否定（令增量趋于 0），由此把平均变化率转化为瞬时变化率．经过两次辩证否定，原问题成功得以解决．无论是求切线斜率还是求瞬时速度，在此都不难发现，需要解决的问题类型相同，解决问题的思路和方法相同，得到的数学模型结构相同，由此抽象概括出导数概念．事实上，只有在数学活动中以过程体验取代形式记忆，以内涵理解取代语言分析，这样才能真正克服和解决"会而不懂"的现象．

  从教师专业发展的角度来看，为避免用概念定义遮蔽概念内涵，有些数学概念的深刻理解还离不开高观点的支持．这是因为对概念下定义时所采用的语言表达，往往具有简约性特征，这就不免会给概念理解带来障碍，即有时会产生一定的模糊性、歧义性．比如对于概率的统计定义，教材中通常是这样进行描述的：在大量的重复试验中，如果事件 A 发生的频率 μ_n/n 会稳定在某个常数 p 附近，那么事件 A 发生的概率 $P(A)=p$．在该定义中，什么是"稳定"？"稳定"是否意味着"随着试验次数的增加，频率越来越接近概率"？"是否频率的极限就是概率"？单从定义来看，很难做出判断和回答．事实上，依据大学概率统计知识得知，定义中的频率稳定于概率，并非说频率的极限就是概率，而是频率依某种收敛意义趋于概率，即满足大数定律．大数定律表明，随机实验次数 n 越大，频率与概率发生较大偏差的可能性越小，但仍然有可能发生．概率的统计定义反映了随机事件发生频率的随机性和规律性的特点,对于这一特点的深刻理解,显然仅靠概念的文字表征和定义记忆是不够的.

四、理解概念需要处理好过程与结果的关系

数学概念是人们对事物的数形特征认识到一定阶段的思维产物,数学概念的定义体现了人们对此认识的结果,而理解数学概念还离不开对其认识过程的把握. 但"传统的方法就是将数学当作是一个已经完成的现成的形式理论. 教师从定义出发,介绍它的符号、表达方式,再讨论一系列性质,从而得出各种规则、算法. 教师的任务是举例、讲解,学生的任务则是模仿".[①] 这种教学彰显了数学的学术形态,呈现出的是"简洁的、冰冷的形式化美丽",追求的是数学知识的结果. 然而,数学不仅有学术形态,还有教育形态. 教育形态则要求教师要焕发学生"火热的思考",注重数学知识的过程性. 以往的数学概念教学,"一个定义,几项注意",过分重视定义的文字叙述,对定义咬文嚼字、字斟句酌,忽视了概念建立的背景和意义,有意无意减缩思维过程,用结果分析代替过程领悟,由此经常导致"食而不化"现象,从而降低数学概念教学的质量.

首先,要让学生了解数学概念产生的背景和意义,引导学生经历数学概念生成的来龙去脉,掌握数学概念所涉及前后知识之间的内在联系. 比如在初中阶段,"锐角三角函数"的概念是教学难点之一,其主要表现在:之前研究的都是三角形中角或边的直接关系,而本节课研究的是角与边的比值之间的关系,属于角与边之间的间接关系;之前研究的都是三角形的角或边之间的大小数量关系,但本节课反映的是角与边的比值之间的一种直接对应关系. 在实际教学中我们发现,许多教师不讲解概念产生的背景、过程,只是让学生从表面记住概念的形式定义,致使学生无法真正理解概念的本质,教学难点也未能得到有效突破. 其实,对锐角三角函数概

---

① 张奠宙,唐瑞芬,刘鸿坤. 数学教育学[M]. 南昌:江西教育出版社,1991:214.

念的探究，应从三角形相似讲起．即由两个三角形相似，得到对应边成比例，这时发现比值是不变量；再让一个角固定下来（比如取直角），研究其中一个角与边的比值之间的关系，这时发现它们之间存在某种对应关系，即角一旦确定则边的比值唯一确定，而且这个比值还可以具体求出来（比如取特殊角）；比值只与角的大小有关，而与三角形的大小无关．只有这样在知识的前后联系当中学习概念，才能真正克服学生对概念定义的机械记忆，有效促进学生对概念内涵的实质性理解．

其次，要让学生经历从具体概念到定义性概念的发展过程．教育心理学家加涅把概念分为具体概念和定义性概念．所谓具体概念，是指其关键特征通过对概念例证的观察而获得的概念；所谓定义性概念，是指通过下定义方式来习得的概念．[1] 然而对于一个具体数学概念而言，两者并不是非此即彼的关系，往往是先通过例证的观察而形成具体概念，再通过下定义来得到定义性概念．因此，让学生经历数学概念的生成过程，其重要含义之一即是指，要让学生经历从具体概念到定义性概念的思维建构过程．比如对于函数单调性的概念，初中通过对函数图象的观察和感知，已获得函数图象上升或下降的直观特征，并且用定性的文字语言描述了这种特征（如"x 增大时 y 随之增大"），这时初中生已掌握关于单调性的具体概念．高中则是在此基础上，通过符号语言的定量刻画，给出了关于单调性的严格定义，这里要求学生掌握的便是关于单调性的定义性概念．在高中阶段的教学中，不仅要让学生明白单调性特征符号化的意义，还要让学生经历图象特征符号化的过程，而不能直截了当地分析或记忆单调性概念的形式定义．从具体概念到定义性概念，体现了数学概念发展的认识论特征，揭示了数学概念学习的认知规律．但在实际教学中我们发现，从函数图象特征的描述向形式化的符号表示转化的过程中，多数教师的过程性特征还体现得不够充分，许多教师把教学重心放在了细枝末节的强调、解题程序的

---

[1] R·M·加涅，W·W·韦杰，K·C·戈勒斯，J·M·凯勒. 教学设计原理[M]. 皮连生，王小明，庞维国，陈保华，汪亚利，译. 上海：华东师范大学出版社，2018：46—80.

归纳和证明技巧的训练上，这是极为不妥的.

再次，要让学生认识到数学概念是过程与结果的辩证统一的特征. 美国的杜宾斯基等人创立了数学概念学习的 APOS 理论模型，认为学生学习数学概念要经历活动（Action）、过程（Process）、对象（Object）和图式（Schema）四个阶段.① 活动和过程阶段体现了概念的过程性特征，对象阶段就是对过程的内化和压缩，通过赋予形式化的定义及符号，使其成为一个思维中的具体对象，在以后的学习中以此为对象进行新的活动. 就这一意义而言，任何数学概念都是过程和结果的统一体，认识到这一点对概念理解非常重要. 比如对于"函数"这一概念：从过程来看，它表示从自变量到因变量的一种对应过程，即 $f: x \to y$；从结果来看，函数作为一个数学对象，可以直接参与数学运算，如 $f(x)+g(x)$ 等. 又如对于"对数"这一概念：从过程来看，对数 $\log_a b$ 是在 $a^N=b$ 中，求指数 N 的一种运算，通过运算可求得结果，如 $\log_2 8=3$；从结果来看，对数 $\log_a b$ 本身就是一个实数，可以把它当作操作对象直接参与运算. 因此在某课堂小结环节，面对老师"对数是什么"的提问，有的学生回答"对数就是一个数"，有的学生回答"对数就是一种运算"，看似截然不同的两种回答，其实是揭示了对数概念作为"过程"与"结果"辩证统一的特征. 在这里，那种"唯结果"或"唯过程"的回答，都是形而上学的、错误的，其错误根源，正如马克思所言"在看出有差别的地方就看不见统一".②

五、掌握概念需要处理好内容与形式的关系

内容与形式是辩证法的一对基本范畴. 内容是事物的内在诸要素的总和，形式是这些内在诸要素的表现形式.③ 任何事物，既有内容，也有形

---

① Lerman S. Encyclopedia of Mathematics Education [M]. Dordrecht：Springer Netherlands，2014.
② 马克思恩格斯选集（第 1 卷）[M]. 北京：人民出版社，1972：172.
③ 王鹏令. 内容是事物的内在要素与内部形式的统一 [J]. 国内哲学动态，1982（10）：17—20.

式，内容决定形式，形式服务于内容．对于数学概念而言，其名称、定义等语言形式是概念的外壳，反映了数学概念的形式；这些语言所表达的意义，才揭示了概念的实质，反映了数学概念的内容．对于数学概念的学习和掌握，需要从以下几方面处理好内容与形式之间的关系．

首先，对于数学概念而言，并非其定义形式越严谨、越精确，越有利于把握其内容实质，还必须考虑到学生的可接受性．比如对于基本初等函数，其严格定义是采用公理化方法，但显然对中学生而言，这样定义是不合适的．特别是对于抽象程度较高的数学概念，学生接受起来比较困难，这时为了更好地帮助学生掌握概念的实质，需要适度淡化概念的形式定义．比如在高中数学教材中，对于导数概念和定积分概念的呈现，均采用了这样的处理方式，即为了让学生理解导数和定积分的本质，避免极限概念成为学生认识的拦路虎，对这两个概念的定义采取了非严格的处理，即舍弃严谨的 $\varepsilon\text{-}\delta$ 语言，用"趋近于""无限变小"等通俗易懂的语词对变化过程进行描述，这将有利于学生把更多精力放在对导数和定积分本质的理解上．这正是新课程理念所主张的"强调本质，注意适度形式化"，即对数学概念处理允许适度非形式化．

其次，要避免对概念定义中的非实质性内容进行纠缠．早在三十年前，陈重穆、宋乃庆教授就曾指出，中小学数学教师在教学中，在形式上和细微处理上孜孜以求，出现了形式和繁琐的倾向，冲淡了实质，不利于学生能力的培养．[①] 然而时至今日，仍有人尚未深刻领会这一理念，总喜欢在一些无关大体的细枝末节上纠缠，而没有把有限的时间和精力真正用在刀刃上．比如在教学"轴对称"概念之后，抓住定义中"对称轴为直线"这一非本质内容进行辨析和训练，如让学生判断"圆的直径是圆的对称轴"等．其实，轴对称的本质是"对折后两边能完全重合"，至于对折时沿着的是线段还是直线，无关紧要．又如前文提到的角的概念，有些教师在教学中针对"角"的定义进行咬文嚼字地分析，强调角的两边必须为

---

① 陈重穆，宋乃庆．淡化形式，注重实质［J］．数学教育学报，1993（2）：4—9．

射线，但显然"射线"并非角的本质属性. 若将此定义当成"真理"来较真，甚至可以得出三角形的三个角不能称作角的荒谬结论（因为三角形的边是线段）. 在这些细节方面进行纠缠，不仅无助于对概念实质的把握，而且对学生的思维发展也毫无益处.

再次，要尽量避免对涉及形式与实质的问题进行争辩. 在数学教师培训中，经常有初中教师会问"$\frac{x}{2x}$是不是分式"，高中教师会问"$y=2\log_3 x$ 是不是对数函数"等诸如此类的问题. 前者通常会做出肯定回答，因为它符合分式的形式定义，即"如果 A、B 表示两个整式，且 B 中含有字母，那么式子 A/B 叫做分式"，即判断依据的是化简之前的形式，属于形式判断；后者通常也会给出肯定回答，因为尽管 $y=2\log_3 x$ 形式上并非"$y=\log_a x(a>0$，且 $a\neq 1)$"，但由于"$y=2\log_3 x=\log_3 x^2=\log_{\sqrt{3}} x$"，因此其实质上是对数函数，即判断依据的是化简之后的形式，属于实质判断. 这样就极易使学生犯糊涂：究竟是看化简之前，还是看化简之后？是看形式，还是看实质？其实，这类问题涉及形式与实质、过程与结果的关系，只要你不持二元对立思维，在约定条件下认识和讨论它就不会有任何争议，关键是对所讨论对象的实质进行理解，对此进行争议是典型的教条主义和机械论的表现.

最后，要防止学生用概念的具体形式来代替对数学概念的实质性理解. 心理学研究表明，数学概念的心理表征在多数情况下并非相应的形式定义，而是由多种成分组成的复合物，其中包括丰富的、鲜活的各种概念意象.[1] 特别是面向中小学生的教材，考虑到学生的可接受性，一些数学概念并未给出严格定义，只是通过具体事例或现象给出了描述性定义，这样就容易出现概念教学不到位的现象，即用个体的概念意象来代替对概念本质的理解. 比如对于前文中提到的"基本事件"概念（即基本事件是相对的还是绝对的），教材是先通过举例，然后再给出描述性定义，但若学

---

[1] 王秀明，王家铧，李忠海. 寓"理解"于数学概念[J]. 数学教育学报，2005，14（2）：26－28.

生对概念的理解一直停留在"掷一枚硬币或骰子"的认识,当遇到"连续掷两枚骰子,求向上的点数之和为偶数的概率"的问题时,对能否把"(奇,偶),(奇,奇),(偶,奇),(偶,偶)"当成基本事件,就会存在理解上的障碍.因此在教学中要注重概念意象与概念本质的有机整合,切勿用概念的具体形式来代替对概念实质的理解,概念意象只有建立在对概念本质的正确理解之上才会更可靠,概念本质的把握因为有了概念意象的支撑而变得更加丰满.

§7 另眼看教学难点

数学教学难点具有消极性和积极性双重性特征，传统教学理论过分夸大了教学难点的消极作用．从认识论的角度来看，应深入挖掘数学教学难点的价值，不回避了事，不避重就轻，积极发挥教学难点的育人作用；从教学实践的角度来看，针对有重要价值的数学教学难点，教师不应轻易对其进行突破，要强化学生在难点化解中的主体作用，让学生在亲身经历难点的过程中，获得能力提升和智慧发展，从而使教学难点的价值最大化．

一、数学教学难点及其教育价值

数学教学难点是相对于学生接受而言的，是指学生学习时不易理解、难以接受的数学知识，或难以解决的数学问题、难以完成的数学任务．苏联心理学家维果斯基提出了"最近发展区理论"，认为学生的发展有两种水平：一种是学生的现有水平，另一种是学生可能的发展水平，两者之间的差异就是最近发展区．最近发展区理论揭示了教学难点产生的原因，即学生的认知难度超出了最近发展区范围．从发生认识论的角度来看，教学难点往往源于认知加工中的顺应过程．即当学习者不能用原有知觉理解和思考方式来同化新知识时，便要对其加以修改或重建以适应新知识的需要，这就是顺应的过程．顺应过程中经常会遇到各种障碍和困惑，这时就会形成教学难点．

数学教学难点本质上是针对特定数学任务的认知加工的障碍，因此教学难点的确定应基于学生需要学习的特定数学内容，来分析完成任务所应具备的认知基础和所需经历的认知活动，根据已有水平和需要水平的差异确定学习当前内容的困难所在．一般而言，常见的数学教学难点，主要有以下几种类型：一是抽象性难点，即数学内容的抽象性与学生的理性认识不足的矛盾所产生的难点；二是复杂性难点，即知识容量大、问题综合性强与学生的认知结构方面有欠缺的矛盾所产生的难点；三是生疏性难点，即内容跨度大、思维跳跃性强给学生带来的思维方式上的障碍；四是其他类型的难点，比如过于隐蔽导致的认知障碍、易发生错误所导致的难点等.

在对数学教学难点的认识上，传统教学理论把传授知识当作教学的首要任务，过分夸大和强调教学难点的消极作用，在对教学难点的认识上和实践中，往往走向两个极端. 其一是"避重就轻"：或视而不见、回避了事，或蜻蜓点水、浅尝辄止，使学生思维得不到长足发展，难点积少成多，以致困难重重，造成后继学习的困难. 其二是"单纯追求化难为易"：学生在教师填鸭式的灌输下，囫囵吞枣，食而不化，对知识体会不深、理解不透，知识目标难以实现；或是教师把知识切碎了、嚼烂了，再通过简单方式喂给学生，学生细嚼慢咽，看似顺畅地完成了知识目标，实则学生的思维没有得到发展，能力没有得到提升，后继学习就会出现食不下咽的现象.

现代教学理论认为，数学教学的根本任务在于发展学生的思维，因此对于数学教学难点，我们必须认识到其双重性特征——消极性和积极性，既要认识到难点在数学教学过程中的消极作用，更要注意到难点在深化知识、发展思维和提高能力方面的积极意义. 教学难点的出现，既是挑战，更是机遇. 从某种意义上讲，数学教学难点正是培养学生高层次思维的重要资源，也是发展学生数学创造力的良好契机. 同时学生在经历和克服难点的过程中，不仅可以领悟知识和锤炼思维，还可以磨炼意志品质，激发探索兴趣，培养创新精神.

二、勿轻易突破数学教学难点

在实际数学教学中，教学难点是造成学生数学成绩差异的分化点，也是检验和磨砺数学教师教学水平的试金石. 因此对于如何处理数学教学难点,一直备受一线教师的关注.传统教学理论认为难点是学生学习数学知识的障碍,在难点处理方面往往采取了不恰当的态度和做法.

具体来讲,有的教师面对教学难点,整堂课采用"详解式教学法",通过平铺直叙的方式进行事无巨细的讲解,虽然精心地着力于通过磨平"棱角"来排除教学中的一系列难点,但是整堂课却未能有效启发学生的思维.如在数学解题学习中,很多学生对新题型望而生畏,即使是熟题的简单变化和重组,也令一些学生望而却步.出现这种状况的根本原因,就在于教师在进行解题教学时,对解题教学的难点——解题思路探寻,处理不当所致.问题表征对于解题来讲极其重要.面对稍有难度的数学问题,有的教师常常句句解读,通过列表画图等手段帮助学生表征问题,甚至急不可耐地直接将解题思路和策略一股脑地抛出.从"就题论题"的角度来看,看似暂时突破了教学难点,但长此以往,却留下了更大隐患:学生只会"举三反一",不会"举一反三".这里,教师未能作为教学"向导"有效地突破教学难点,而是在难点突破方面"越俎代庖"了.这样的过度介入和教学越位,使得学生产生严重的学习依赖,也让探索活动的智力参与变得平淡无奇,学生难以形成主动学习的心向,也极易滋生思维的惰性.

又如有的教师在难点突破方面总是"技高一筹",通过采用一些特殊手段,往往轻易地就把难点突破和化解了.如在立体几何教学中,为了化抽象为具体,有的教师利用几何画板的直观呈现和动态演示等功能,一味地使知识直观化、形象化,让学生看得见、摸得着.然而心理学研究表明,过分依赖直观形象材料,把一切抽象问题都形象化,不利于思维从具体到抽象、从感性到理性的过渡.多媒体的演示只是帮助学生思考,而不能代替学生思考;缺乏思考性的直观演示,实则过分强调了具体思维而弱化了抽象思维的发展.相反,面对类似问题,有的教师结合多媒体的图形直观演示,通过恰当提示帮助学生思考,从而取得了良好的教学效果.比如一个按钮设计成"隐藏""显示"键,中间留给学生思考的空间;也可以设计成"拆分"和"复原"键,让学生从图形对比中得到启发;还可以设计成"提示""分析""反思"键,学生利用这些按钮能得到不同的帮助.

像这样,无论是通过事无巨细的讲解来化解难点,还是简单地采用媒体技术等特殊手段来突破难点,其目的都是人为地磨平困难"棱角",看似帮助学生降低了认知难度,但无形之中却剥夺了学生独立开展深层次思维的机会,这种越俎代庖的做法对学生思维发展有百害而无一利. 处理难点不是消磨困难棱角,也不是对知识降低要求. 张奠宙先生曾打过一个生动的比方:那种对知识降低要求的做法,就像有人觉得奶粉不易消化,从而不断地用水稀释,营养成分少了,长期喝这样的牛奶,不利于身体健康.[①] 而且从非认知的角度来看,这种做法还会给学生造成一种假象,似乎教材中没有任何困难的内容,不需要特别努力就能掌握好,从而使学生产生消极懈怠的学习情绪.

因此在对数学教学难点的处理中,既要考虑化难为易的效果,更要注意化难为易的方法. 针对有重要价值的数学教学难点,教师不能简单地强调化难为易,轻易帮助学生突破认知难点,而是要在教学方法上工于设计,帮助学生自己去攻克难点,让学生在经历难点的过程中,获得能力提升和智慧发展,从而使教学难点的价值最大化.

三、让学生经历数学教学难点

在实际数学教学中,不同知识类型的教学,其教学难点是不同的. 一般来讲,概念教学的难点是对概念的深刻理解,定理教学的难点是对定理结论的发现,解题教学的难点是对解题思路的探寻. 无论是哪种类型的教学难点,均不应回避了事,或避重就轻,应积极挖掘教学难点的教育价值;针对有重要价值的教学难点,应尽量由学生来思考和突破,让学生在亲身经历难点的过程中,深化对数学知识的理解,提高自己的数学能力.

下面以数学概念教学——"函数的奇偶性"为例,来对教学难点的处

---

① 刘爱云. 初探中学数学教学难点确立依据与突破策略 [J]. 中学数学(高中版),2013(7):31—33.

理进行解析.[1]

对于客观事物的认识,人们一般是先通过感觉、知觉等进行感性认识,在这个基础上,经过比较、分析、综合、抽象、概括等一系列思维活动,认识事物的本质属性,从而形成事物的概念. 数学概念是现实世界中空间形式和数量关系及其本质属性在思维中的反映. 数学概念的学习同样要经历从感性到理性的思维活动,其教学难点是对概念本质特征的抽象概括和深刻理解.

对于"函数的奇偶性"这一概念而言,其本质特征有两个侧面:"形"的特征和"数"的表示. 前者表现为图象特征的描述,后者表现为函数性质的形式化表达. 前者属于"感性的具体",是建立概念的基础,对于高一学生而言,这一意义建构在小学和初中业已完成. 本节课的教学重点是,如何依靠思维的加工,把"形"的特征符号化、形式化,从而获得"理性的抽象",并最终说明以下事实:$y=f(x)$的图象关于原点对称(关于 y 轴对称)⇔函数满足关系 $f(-x)=-f(x)[f(-x)=f(x)]$. 这对于高一学生而言,并不是件轻松的事情,因而这一教学重点也成了本节课的教学难点.

但在实际教学中,翻阅大量教案不难发现,多数教师一贯的典型做法是,分别从学生熟悉的具体函数 $f(x)=x$、$f(x)=\frac{1}{x}$ 和 $f(x)=x^2$、$f(x)=|x|$ 入手,在观察函数图象特征的基础上,通过自变量和因变量的取值对应表,发现当自变量的取值互为相反数时,$f(-x)$ 与 $f(x)$ 之间存在的数量关系. 于是通过图象观察和运算检验,经抽象概括,得出函数奇偶性的定义. 实际课堂教学多以此思路为主来推进,并大多采用了"讲解—接受"式的教学方式.

我们认为这里对教学难点的处理上,存在以下两方面的问题:一是内容设计"避重就轻",存在演绎证明的缺失;二是教学策略运用不当,存

---

[1] 编写组. 普通高中课程标准实验教科书(数学1)[M]. 北京:人民教育出版社,2007:33—36.

在学生探究的缺位. 下面以"奇函数"为例进行具体解析.

1. 演绎证明的缺失

一方面是用具体分析代替形式论证. 仅仅通过特殊函数分析、具体数值检验, 由此抽象概括出函数奇偶性的定义, 这是不够的. 高中数学不仅注重合情推理, 更强调演绎推理. 引导学生利用对称性定义一般性论证依靠归纳获得的结论"$y=f(x)$的图象关于原点对称$\Rightarrow$函数满足关系$f(-x)=-f(x)$", 可以发展学生的逻辑思维能力, 有助于学生养成严谨的科学态度. 其论证过程难度适宜, 在学生的最近发展区范围之内: 若函数$y=f(x)$的图象关于原点对称, 则在其图象上任取一点$P(x,f(x))$, P关于原点的对称点为$P'(-x,-f(x))$; 根据图象对称性的定义, $P'(-x,-f(x))$也在$y=f(x)$的图象上, 而横坐标为$-x$的点其对应的纵坐标应为$f(-x)$, 由此得$f(-x)=-f(x)$.

另一方面是用单向转化代替等价转化. 教学中仅仅通过从特殊到一般、从具体到抽象, 由此从"形"的特征转化为"数"的刻画, 这是不够的. "数"与"形"的转化应是双向的等价转化, 在由"形"转化到"数"的基础上, 还要反向说明如何从"数"转化到"形", 即还应引导学生一般性论证"函数满足关系$f(-x)=-f(x)\Rightarrow y=f(x)$的图象关于原点对称". 这一论证过程与上述论证的难易程度相当: 若函数满足关系$f(-x)=-f(x)$, 则在$y=f(x)$的图象上任取一点$P(x,f(x))$, 点P关于原点的对称点为$P'(-x,-f(x))$; 根据$f(-x)=-f(x)$, P'点的坐标即为$P'(-x,f(-x))$, 显然该点也在$y=f(x)$的图象上, 由此得$y=f(x)$的图象关于原点对称.

2. 学生探究的缺位

在函数奇偶性的实际教学中, 通过教学观察我们发现, 用教师讲解代替学生探究是普遍存在的现象: 具体函数的图象由教师呈现, 图象观察的视角和结论由教师给出, 由"形"到"数"转化的方法由教师提供, 从特殊到一般获得的结论由教师概括. 于是，本节课的教学难点之———抽象概括的过程，被教师所包办替代，难点在教师看似自然的分析中，不经意间被磨平和滑过，教学难点的价值基本丧失殆尽.

我们认为，学生的积极思考是化解教学难点的关键. 面对难点教师先不要越位"开讲"，也不要轻易采用特殊手段化解难点，而是应先引导学生进行自主探究. 在探究中当出现思维障碍而无法排除时，教师再适时启发、适度点拨，以此来启迪学生思维. 启发和点拨的关键是认知提示语的构建.

就本节课的学习而言，教师需要在对教材内容深入解构的基础上，立足学生的思维特点和规律，提炼和概括可操作的系列提示语，提示语可围绕以下基本问题来生成：为什么需要研究函数图象的对称性？函数图象的对称性特征为何要符号化？函数图象的对称性如何转化为点的对称性？点的对称性如何转化为点的坐标之间的关系？如何用函数自身的语言刻画这种对称性？如何一般性论证经归纳概括得出的这一"结论"？如何反向论证这一"结论"的逆命题也是成立的？

基于这些基本问题生成的教学提示语，就是当学生的思维受阻时教师对学生进行点拨的工具. 如同植物生长需要通过适时"灌溉"和"施肥"获得养分，教师应用提示语对学生进行点拨同样应适时和适度. 点拨一定要"精准"，要在学生处于"愤""悱"状态时，通过点拨使其茅塞顿开；点拨一定要"含蓄"，要"含而不露，指而不明，开而不达，引而不发"，不急于告诉方法，不轻易揭示答案，给学生探索的空间和时间. 如当学生通过对变量取值对应表的观察，仍一时无法发现存在的规律时，教师就可进行如下设问：函数刻画的是两个变量之间的相互依赖关系，当自变量在变化中的取值具有某种特殊关系时，对应的函数值之间是否也会呈现出某种特殊关系？等等.

从以上两方面的分析可以看出，演绎证明的缺失和学生探究的缺位，会使得本节课的教学难点被架空. 只有在教学中从这两方面进行加强，教学难点才能得到真正突破，学生思维才能得到充分展开，学科问题才能得到彻底解决.从教学实践中获得的有力明证之一是:对函数奇偶性的教学采用改进的教学方式之后,学生在课后解决有关函数一般性对称问题,如函数图象关于某点 $P(a,b)$ 或某直线 $x=l$ 的对称问题时,就会表现出明显的优势,表明学生的近迁移能力得以提升.其实,今后还会从方程角度研究线面等对称问题,远迁移能力的提高也有望可及.

总之,教学难点的价值不容小觑,不可轻易忽视或盲目突破.在对数学教学难点的处理中,要注重挖掘难点的教学价值,讲究化难为易的方法和策略.要强化学生在难点化解中的主体作用,学生只有经历难点的化解过程,才能获得能力水平的提高,体会到成功学习的快感,从而激发起强烈的学习愿望.

§8　另眼看课堂导入

一、传统教学导入的局限与弊端

教学导入是课堂教学的重要环节，也是教师必备的教学技能．对于教学导入的重要意义，人们多从沟通师生情感、引起学生注意、激发学习兴趣、明确学习目标、启迪学生思维、产生学习动机等不同方面来进行阐述．具体而言，人们经常论及的导入方法，主要有情境导入法、开门见山导入法、以旧引新导入法、数学史料导入法等．特别是新课改以来，尤以情境导入法最为常见，又将其细分为生活情境导入法、故事情境导入法、实验情境导入法、游戏情境导入法等，而较少从学科知识角度来思考教学导入的意义和方法．即使从学科知识的角度来阐述教学导入，也仅仅局限于"新旧知识的联结"等浅层认识，并未从学科知识角度揭示出教学导入的深层意义．

马克思曾言："如果形式不是内容的形式，那么它就没有任何价值了."教师在设计教学导入时，首先需要明确，无论采用何种方式导入，它始终是为教学内容服务的．教学导入时脱离或弱化了学科内容的本质属性，过分注重导入的外在形式和非认知因素功能，看似激发了兴趣，集中了注意，强化了动机，实则往往削弱了导入的认知因素功能，并不利于知识的意义建构．针对过分强调创设情境导入、片面联系实际等现象，单墫教授曾直言不讳地指出，数学课要讲数学，数学课的主要任务是教数学、学数学，是解决数学问题，而不是解决实际问题．眼下的一些数学课，片面联系实际,可谓体用倒置,舍本逐末[①]. 香港科技大学的项武义教授也认为,新课改以来,中国大陆的数学教育有"去数学化"的倾向,数学教育只讲"教育学""心理学"规律,而忽视了对数学实质的揭示. 这种现象在教学导入环节体现得尤为明显.

为此,本文提出应注重从学科角度来进行教学导入,并着眼于学科知识的不同方面,给出了从学科角度进行导入的四个不同视角.

二、从学科知识方面进行教学导入的视角

1. 从学科知识本质角度进行教学导入

揭示数学知识本质是数学教学的灵魂. 在进行数学教学导入时,要在直抵知识本质方面多花时间,削枝强干,去伪存真,淡化对非本质问题的讨论,这样才有利于学习从表面趋向本质. 由于教材通常以简约形式来呈现教学内容,因此教师在进行导入设计时,要结合具体内容进行二度开发和设计,通过解读教材背后内容形成的背景及缘由,以帮助学生理解和把握知识的本质.

比如对于"函数的单调性"的教学,其教学导入多是从具体实例出发,如炮弹发射或气温变化曲线,直接引出对图象的升降趋势进行符号刻画. 此时学生的学习带有很大的盲目性和机械性:对什么是函数性质、函数的单调性意味着什么、为何要进一步研究函数的增减性等本原性问题缺乏深刻认识. 若着眼于知识本质按如下方式导入,则可有效地克服这一问题.

案例1 "函数的单调性"的教学导入

在数学中学完一个概念之后,往往要接着研究其性质. 什么是事物的性质呢?"变化当中保持不变的规律"就是事物的性质. 我们在前面学习了函数的概念,从函数定义来看,函数的基本研究对象是事物的"变化",而事物变化最简单的情形就是变大或变小(还有变快或变慢等),即当自

[①] 单墫. 数学课应当讲数学 [J]. 中学数学研究,2006 (11):30—31.

变量增加或减少时，因变量是增加还是减少．从函数图象来看，观察并比较几个具体函数的图象，发现函数图象千变万化，但无论如何变化，图象经常会呈现出升降趋势．在初中的学习中已从直观上认识了函数的这一性质，但直观的观察并不可靠．比如，函数 $y=0.001x+1$ 的图象是升是降，从图象观察并不明显；又如，有的函数图象如 $y=\dfrac{1}{x}$ 是无限延伸的，其在远端变化趋势不得而知；再如，有的函数图象如 $y=x+\dfrac{1}{x}$ 难以画出，其升降判断无法依赖图象．因此本节课我们从量化角度研究函数的这一性质，用符号语言对函数图象的升降特征进行精确刻画，并据此实现数学中的严密的推理和演算．

对数学学科知识本质的把握，既涉及到从整体上认识数学对象产生的背景、缘由等，也涉及从微观上揭示数学对象的本质属性．因此立足于知识本质进行导入时，既可以着眼于追溯知识生成背景和本原思想，也可以着眼于挖掘知识内在本质和根本特征．

比如对"任意角三角函数"概念的教学，常见的导入方式有两种：一种是采用"以旧引新"进行导入，即通过复习锐角三角函数来引入任意角三角函数，但由于初中是从几何角度研究三角函数，引入该概念的目的是为了研究直角三角形中的边角关系，因而通过这种方式导入难以让学生建立起函数观念；另一种是采用创设"摩天轮旋转"等问题情境进行导入，但由于情境中信息的复杂、冗余等，无法让学生立即抓住任意角三角函数概念的本质．若立足学科知识本质，采用单刀直入的方式按如下方式进行导入，则更容易实现对概念本质的有效把握．

案例2 "任意角三角函数"的教学导入

在前面的学习中，我们把锐角推广到了任意角，任意角是一条射线绕端点旋转生成的．在角的旋转过程中，终边上的点都绕着端点作圆周运动．圆周运动体现了客观世界"周而复始"的变化现象，而函数是描述客观世界变化规律的数学模型，那么如何用函数反映这种运动变化现象呢？我们知道，函数研究的是运动变化现象中的数量及其关系．在角的终边上任取一点，那么在该点所作的圆周运动中，你能发现有哪些数量？它们是怎样变化的？它们之间具有怎样的关系呢？

2. 从学科知识意义角度进行教学导入

许多教师在导入教学时，往往平铺直叙，对知识意义没有充分重视．即使有时强调知识的意义，但更多关注的是其在解决实际问题中的作用，或在后续学习中在解决数学问题时的应用，而忽视了在导入环节从知识内生逻辑的角度，对所要学习的新知识意义进行揭示，这就不可避免地使学习具有一定的机械性．

比如在讲解"平行四边形的判定定理"时，多数教师沿用教材中的引入方法，即"……平行四边形的对边相等、对角相等、对角线互相平分．反过来，对边相等、对角相等、对角线互相平分的四边形是平行四边形吗……"．这样的引入揭示了性质定理和判定定理的联系，但并未真正反映出判定定理的根本意义．而以下的导入方式，着眼于几何问题研究的基本思路，揭示出了判定定理学习的意义，更具有认识论的价值和方法论的意义．

案例3 "平行四边形的判定定理"的教学导入

我们学习了平行四边形的定义，根据定义可以判断一个四边形是否为平行四边形．但平行四边形的定义中反映的是边与边的位置关系，位置关系通常不好判断，能否转化为用边的数量关系来判断一个四边形是否为平行四边形呢？……除过用边的数量关系，是否也可用角的数量关系来判断一个四边形是否为平行四边形呢？

知识意义往往以内隐形式存在于教材中，要让学生理解知识意义，需要教师通过深入挖掘使其从显性知识背后浮现出来．而且对于数学知识意义的揭示，不仅要从微观上把握知识的内涵和实质，还要从宏观上对知识联系有通透的认识和理解，这就对教师的数学素养提出了更高要求．

比如对于"方程的根与函数的零点"的教学，多数教师从熟悉的方程与函数入手进行导入，重在使学生理解方程与函数之间的联系，而忽略了高屋建瓴地引导学生认识新知识学习的意义. 比如: 为何要引入函数零点的概念? 为何要把方程的根的求解问题转化为求函数的零点? 以下的教学导入着眼于代数的基本思想和核心问题, 充分揭示了本节课知识学习的意义, 更有助于学生从整体上实现对知识的意义建构.

案例 4 "方程的根与函数的零点"的教学导入

我们知道, 代数的基本思想是用字母符号表示数. 当用符号表示的数为未知数时, 为了把未知数求出来, 往往需要寻找和建立包含有未知数的数量关系, 由此得到了方程的概念. 因此, 解方程便成了代数的核心问题. 然而我们知道, 多数方程没有求根公式, 其根的准确值无法求出. 那么, 能否求出方程的根的近似值, 使近似程度满足实际问题的需要呢? 这便是下面要学习的内容, 即把方程的根的求解问题, 转化为求对应函数的零点, 通过采用逼近方法求函数零点的近似值, 从而求得方程的根的近似值.

3. 从学科知识联系角度进行教学导入

学习者学习新知识的过程, 就是从已有认知结构中提取与新知识有联系的旧知识, 对新知识加以"固定"或"归属"的动态过程. 教师在对新知识的学习进行导入设计时, 可以依照教材本身内在的逻辑关系, 设计出既能联系旧知又能提示新知的导语, 从而使新旧知识通过有机联系和相互作用, 最终形成一个相互关联的有序整体.

比如对于"函数的奇偶性"的学习, 常规教学基本都是从具体函数图象入手, 通过直接观察函数图象的特征进行导入. 这种导入未能考虑知识螺旋上升的"序", 并不利于知识意义的整体建构. 由于函数奇偶性本质上是图形的对称性, 因而着眼于知识分层次、分阶段渐进式推进的特征, 从之前的学习中寻找知识生长点, 按照以下方式进行教学导入, 能更好地促进新旧知识的联系和知识意义的建构.

案例 5 "函数的奇偶性"的教学导入

我们在小学低年级就认识了美丽的对称图形, 小学高年级在方格纸上研究了轴对称图形的特征，在初中又学习了轴对称图形和中心对称图形的性质．前面我们学习了函数，函数既然有图象表示，那么其图象也可能是轴对称图形或中心对称图形．当函数图象呈轴对称或中心对称时，其解析式应具有怎样的特征呢？如何用符号语言严谨地刻画这种对称性特征呢？

数学知识的学习，不仅是从感性到理性、从具体到抽象的过程，也是从单一到多元、从简单到复杂的过程．因此，从学科知识联系进行导入时，既要重视对教材内容的螺旋上升的特征进行分析，又要重视对学生头脑中的相关知识经验进行有序梳理，通过寻找新知识的生长点，使新旧知识通过相互作用，最终形成一个多层次、多类型的有机整体．

比如对于"正弦定理"的教学导入，可以立足于学生的已有知识基础，着眼于知识的前后联系——三角形的各种性质来进行导入．这样导入的好处是，有助于学生把各知识点串连起来进行理解，通过抓住统率数学内容的基本线索——边和角的各种关系，从而实现对知识理解的"由厚到薄"的转换．具体的导入方式可参考如下：

案例 6　"正弦定理"的教学导入

在三角形中，存在着边和角的各种关系，如边与边、角与角、边与角之间的各种相等或不等关系，它们反映了三角形所具有的基本性质．在小学和初中，我们曾经学习过：角与角之间存在的等量关系，如三角形的三个内角和等于 $180°$；边与边之间存在的不等关系，如三角形的任意两边之和大于第三边，任意两边之差小于第三边；边与角之间存在的不等关系，如在同一个三角形中，大角对大边，小角对小边．那么，对于一般三角形的边与角之间的关系，除存在不等关系之外，是否还存在准确的等量关系呢？

4. 从学科知识生成线索角度进行教学导入

无论是数学知识的历史序、逻辑序，还是教科书实际呈现出来的教材序，它们均表明知识生成具有一定的线索．为了更好地促进学生对知识意义的建构，教师需要在把握历史序和逻辑序的基础上，立足教材序，并依据学生的心理序,对教学内容进行二次开发和设计.特别是对新课的导入而言,不能仅仅关注知识点的复习与铺垫,还应注重在问题研究的思路与策略方面为学生铺路搭桥,以使学生对知识生成线索形成清晰的认识.

比如对于"对数"概念的教学,我们通常采用问题驱动方式来进行导入.但在问题驱动导入之前,若能从运算角度对研究线索进行梳理,则能帮助学生在头脑中清晰地生成以"运算"为核心概念的认知图式,即:加法的逆运算——减法,特殊的加法——乘法,乘法的逆运算——除法,特殊的乘法——乘方,乘方的逆运算——开方,乘方、开方的统一与一般化——指数幂运算,指数幂运算的逆运算——对数运算.具体的导入方式可参考如下:

案例7 "对数的概念"的教学导入

我们在小学以加法运算为基础,可以生成"加、减、乘、除"四则运算,并在初中学习了特殊的乘法运算——乘方运算,以及乘方运算的逆运算——开方运算.前面我们又学习了乘方、开方运算的推广和一般化——指数幂运算.在前述的式子$a^b=N$中:已知a、b求N,即为指数幂运算;已知b、N求a,我们也并不陌生,比如n次方根运算,其本质上也是指数幂运算;如果是已知a、N求b,即已知底数和幂的值来求指数,那么这样的指数b是否存在,这样的运算又该称作什么运算呢?

教学导入的设计与有意义学习存在紧密联系.为了促进有意义学习的发生,奥苏贝尔提出了先行组织者策略.即如果原有认知结构中缺少同化新知识的上位观念,则有必要先于学习内容呈现一个引导性材料.如果说以旧引新的导入属于知识同化型导入,那么从知识生成线索角度进行导入则应属于知识顺应型导入,其中导入语相当于先于学习内容而呈现的引导性材料,其好处是有助于学生顺畅地把新知纳入到有关该主题知识的认知框架之中.

比如对于"平行四边形的性质"的教学导入,若直截了当地给出平行四边形的各种性质及其证明,学生所收获的仅仅是"鱼";若在授之以鱼的同时能授之以渔——研究平面图形性质的基本思路和主要线索,则会有助于学生从整体上实现对知识的统整和意义建构．具体的导入方式可参考如下：

案例8　"平行四边形的性质"的教学导入

在数学中学习一个概念之后，往往要研究其特征或性质．前面学习了平行四边形的概念，那么平行四边形具有什么性质呢？所谓平面图形的性质，主要指构成平面图形的各要素之间的关系．平行四边形的基本构成要素是四条边和四个角，那么其边与边、角与角、边与角之间，具有怎样的位置关系或数量关系呢？（引出第一条性质）……若把平行四边形的边与角称为它的基本要素，则可把平行四边形的对角线称为它的派生要素．那么，平行四边形的对角线之间又具有怎样的关系呢？（引出第二条性质）

三、从学科知识方面进行教学导入的价值

1．有助于从微观上明确数学知识的意义

在目前的数学教学中，存在一种"会而不懂"现象，即学生往往会机械做题，但不太理解数学意义，数学学习演变成了无意义的解题训练．要让学生既"会"又"懂"，把"会"建立在"懂"的基础上，就必须在进行教学导入时，注重从学科知识角度揭示新知识的意义．

比如在教学"添括号的法则"的内容时，许多教师沿用教材中的方法来导入，即"前面学过去括号法则，即……反过来，就得到添括号法则……"．接下来便是大量的解题训练．这样的导入方式，学生感受不到学习的必要性，完全是把数学强加于人的，难以取得好的教学效果．相比较而言，以下的导入方式则能让学生体会到添括号的意义．

案例9　"添括号的法则"的教学导入

前面我们学习了完全平方公式，即$(a+b)^2=a^2+2ab+b^2$和$(a-b)^2=a^2-2ab+b^2$．如果现在要计算三个数的和或差的平方，比如$(a+b+c)^2$或$(a-b-c)^2$，这时又该如何计算呢？能否转化为两个数的和或差的平方呢？

2. 有助于从宏观上形成对知识的通透理解

华罗庚先生曾言"既要能把书读厚，又要能把书读薄"．读厚，就是要把每一逻辑关系、每一个细节，搞清楚、想明白；读薄，就是能抓住课程的主线和基本脉络，抓住课程的内在联系，形成整体认识．布鲁纳也认为，"不论我们选教什么学科，务必使学生理解该学科的基本结构．"[①] 所谓学科基本结构，是指知识的整体性和普遍联系．按照"整体—局部—整体"的认识规律，对于学科知识结构的把握，不仅仅在于回顾性的总结阶段，还在于学习起始、特别是导入阶段对知识内在联系的揭示和基本结构的呈现．

比如在"直线的倾斜角和斜率"的教学中，作为高中解析几何内容的起始课，若在导入阶段不介绍解析几何的基本思想，不交代一次函数与直线方程的研究思路的差异，而是一头扎进具体知识细节的学习中，那么学生就难以建构和形成良好的认知结构体系．在导入阶段对解析几何的基本思想进行介绍，并着眼于知识的联系和过渡，对一次函数与直线方程的研究思路的差异进行交代，使学生发现知识之间盘根错节又浑然一体，有助于学生从宏观上整体建构对数学的认知．具体的导入方式可参考如下：

案例 10　"直线的倾斜角和斜率"的教学导入

以前在几何问题研究中，我们基于长度、角度、面积、体积等度量性质，通过对几何图形中各种构成要素的数量关系或位置关系的研究，获得了几何图形的各种性质．今天开始学习另一种研究几何图形性质的方法：坐标法．坐标法是以坐标系为桥梁，把几何问题转化为代数问题来研究几何图形性质的方法．我们先研究坐标平面内最简单的图形——直线．在初中的学习中已经知道，一次函数的图象是一条直线，但是它研究问题的思路是：先有"数"后有"形"．在下面的学习中，我们是先有"形"，然后

[①] （美）布鲁纳．教育过程［M］．邵瑞珍，译．北京：文化教育出版社，1982：37.

根据形的特征,再来确定"数".为此,我们先来探索确定直线位置的几何要素.

四、结语

巴班斯基曾说道:"最有效而万能的方法,现在没有,将来也不可能有.因为每一种教学方法,从本质上说,都是辩证的,每一种方法都有自己的优势和不足之处,在教学中都能有效地完成某些任务,而不能有效地完成所有任务,都能达到某些特定目的,而不能达到所有目的."[1] 对于教学导入也是如此."导入有法,导无定法".不同的导入方法有不同的作用,强调从学科知识角度进行教学导入,并非要完全否定其他的导入方法.各种教学导入方法应是相辅相成的,只有根据具体情况进行恰当选择或有效组合,才能取得较好的教学效果.但在新课改之后的教学导入中,过分强调实际问题情境的创设,的确应引起我们的高度警惕.

---

[1] 李定仁. 巴班斯基教学方法体系述评 [J]. 比较教育研究,1983 (6):13—17.

§9 数学解题需要套路吗

问题是数学的心脏，解题是数学的特点．"要学好数学，提高解题能力，那就必须要多做题"，这一点似乎已成为当代数学家与教育家的共识．如今无论是教材还是教辅资料，均包含大量的数学习题，这些习题不仅能巩固知识，还能提高解题能力．同时也表明，学生解题能力的提高并非一蹴而就的，而是一个长期累积的过程．在此过程中，许多中学教师将目光锁定在解题"套路"上，试图在千变万化的解题方法中，寻求一把以不变应万变的钥匙．然而，数学解题存在套路吗？数学解题需要套路吗？解题套路一定威力无穷吗？

一、"套"以为优

"套路"是指在解题过程中，使用程序化的解题步骤进行数学表达的方法．单墫教授在《解题研究》一书中将数学问题分为两类，其中一类便是常规题，即有固定套路可循，可以借助套路模板解决的问题[1]．学生面对此类题目，并不需要有太多创造性的想法，只需在题目中找寻关键词，然后套入合适的模板即可解决问题．像这种固定化的数学套路在教学中屡见不鲜，如列方程解应用题的过程可简化为"审、设、列、解、验"的固定程序；又如基本不等式问题中"一正，二定，三相等"的口诀等．总体而言，借助这样的解题套路，学生可以快速获得问题的答案．

从斯根普的研究来看，上述程序性的解题模式就是将学生对知识的理

---

[1] 单墫. 解题研究［M］. 上海：上海教育出版社，2016.

解归于工具性层面①. 从工具性理解的角度来看,解题套路易使学生对新知产生简单的记忆和应用,为学生解决问题提供了"易上手、易效仿、易记忆"的机会,为学生探索标准性问题的答案提供了捷径,促使学生逐步形成"理解—记忆—应用—再理解"的良性循环. 此外,由于解题套路可以帮助学生快速获得问题答案,并逐步使学生建立起愈发稳固的自信心,故而能够在一定程度上提升学生的学习成绩,促使教学获得立竿见影的效果.

从行为主义的视角来看,学习是刺激与反应的联结,而联结的稳定程度和强弱程度又受训练次数的影响. 因此,学生在"题海教学"下获得的解题套路训练,将使得自身的数学技能愈发强健,数学技能逐步由"自发执行"转向"自动执行". 学生对知识的理解将演变为具体的解题步骤. 因此解题套路有助于引导学生踏上一条提高学习成绩的"正轨",进而在学习成绩上获得立竿见影的效果.

二、熟能生"笨"

习惯使用解题套路的学生,往往已熟悉解题步骤. 在思想上,学生会误认为"学习知识的目的在于获得一种在相似情境下,解决同类问题的技能",自身的心理也会对解题套路产生强烈依赖. 在行为上,学生会基于条件反射的作用,习惯性地将某种固定不变的方法应用于处理各式各样的情况. 而这种方法是一种万能的良策吗?

所谓"万能"是指学生不论面对何种问题时,均可使用具体的解题套路解决问题. 但在现实中,存在不少数学问题无规律可循,不能对其简单地套用原来的解决方法. 这便是单墫教授提到的另一种问题类型,即非常规、结构不良的题型,这类题型往往没有固定的套路可循,需要解题者发挥自己的创造性思维②. 此外,还有部分问题源自对常规题的合理变式,

---

① 马复. 试论数学理解的两种类型——从 R. 斯根普的工作谈起 [J]. 数学教育学报,2001,10(3):50—53.
② 单墫. 解题研究 [M]. 上海:上海教育出版社,2016.

此类问题虽外形酷似常规题,但其解决方法却与常规题的解题套路大相径庭.

例如在基本不等式的最值问题中,学生会习惯性地对某类最值问题的解法产生较强的心理倾向,进而忽视问题变化所带来的解题策略变化,具体如图 1 所示.

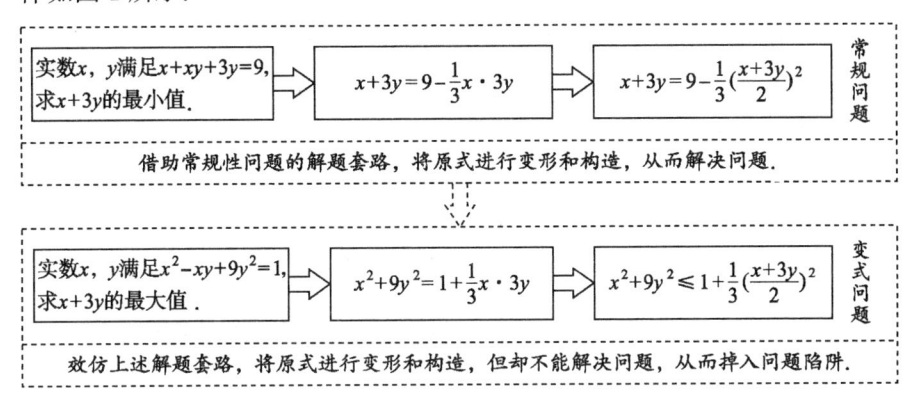

常规问题:实数 x, y 满足 $x+xy+3y=9$,求 $x+3y$ 的最小值. $\Rightarrow$ $x+3y=9-\dfrac{1}{3}x\cdot 3y$ $\Rightarrow$ $x+3y=9-\dfrac{1}{3}(\dfrac{x+3y}{2})^2$

借助常规性问题的解题套路,将原式进行变形和构造,从而解决问题.

变式问题:实数 x, y 满足 $x^2-xy+9y^2=1$,求 $x+3y$ 的最大值. $\Rightarrow$ $x^2+9y^2=1+\dfrac{1}{3}x\cdot 3y$ $\Rightarrow$ $x^2+9y^2\leqslant 1+\dfrac{1}{3}(\dfrac{x+3y}{2})^2$

效仿上述解题套路,将原式进行变形和构造,但却不能解决问题,从而掉入问题陷阱.

图 1

上述变式题目在题型特点上并非以往的套路型问题,但学生普遍对此类问题形成了思维定势,习惯于不假思索地将解题方法进行生搬硬套. 倘若常规性问题的解题套路成为了解决问题的习惯性方式,那么学生便难以跳脱解题套路的固有模板而寻求新的思考方式. 当然,对于更为一般的非常规性问题,学生在陌生的问题情境中更会感到无从下手.

根据格式塔心理学家的研究,用固定的程序解题与有意义的解题存在明显区别,后者旨在厘清问题本质的基础上解决问题. 故学生一味地运用解题套路只是在强化自身所掌握的解题程序,忽视对问题本质的探索将会阻碍学生数学思维的锻炼与提高. 此类现象表明套路虽可为学生的解题带来捷径,但学生对解题套路的过分熟悉,会使得自身在面对形形色色的问题时表现出笨拙的特点.

至于"良策",即指在解决问题时所应用的好办法. 就常规问题而言,虽然应用套路可以解决问题,但其一定是解决该问题的最佳方法吗? 显然未必. 但由于学生普遍能娴熟地应用解题套路,习惯于将数学解题视为无意识的、重复操作的过程,导致学生在面对许多可以一题多解的题目时,忽视了对最优解法的探寻.在此过程中,学生扮演着解题套路的搬运工,只知对解题步骤进行回忆和模仿,忽视对问题进行深层次的探究与创新.因此,学生对解题套路的熟悉致使其不知灵活变通,由此产生熟能生"笨"的情况[①].

比如在解三角形问题时,学生会面临使用正弦定理或余弦定理的选择.学生通过对问题的观察,根据问题的表征,从而习惯性地作出判断.基于这样的解题套路,学生或许能够解决问题,但却无法获得更为简便的方法,具体如图 2 所示.

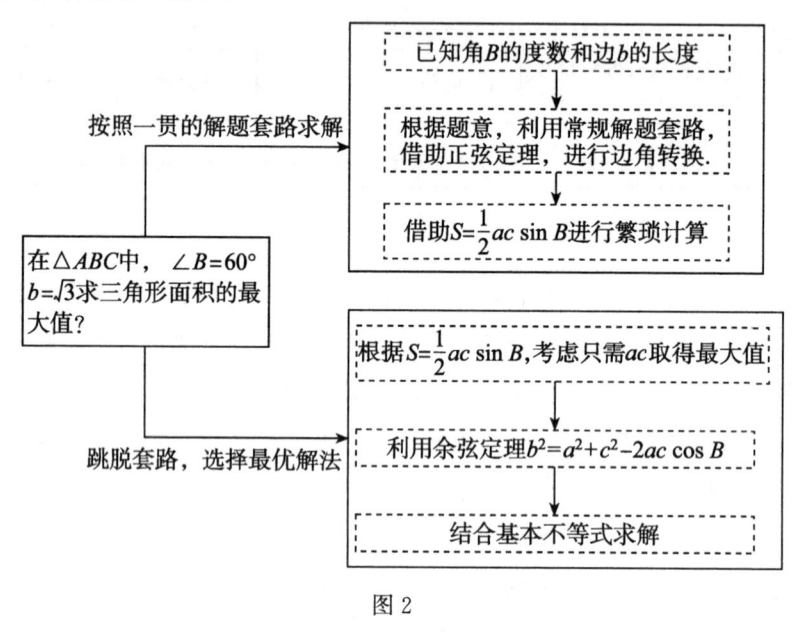

图 2

在这一问题的解决中,学生若习惯于使用套路解题,则会将问题复杂化,从而不能将其迅速而精准地求解.久而久之,学生在解题的灵活性方面就会得以弱化,逐渐将自身局限于解题套路的思维半径之内.换句话

---

① 李士锜. 熟能生笨吗?——再谈"熟能生巧"问题[J]. 数学教育学报,1999,8(3):15—18.

说，学生盲目地使用解题套路，甚至会走上解题"弯路"．其主要原因就在于，学生往往只关心用套路"怎么做"，常常忽略思考"为什么这样做"，以及套路之外"还可以怎么做"．这既不利于学生在陌生情境中开展知识迁移，更不利于发展学生的数学能力．

三、"思"则有路

针对以上对解题套路的优缺点分析，教师应辩证看待套路教学，并贯彻因"题"施教原则，从而有效提高学生的数学解题能力．以下从解题套路、思路及思想等三个层次进行分析．

1. 探索套路，知其然

"套路"在数学教学中被定义为处理某一类问题的方法和技巧，这些方法与技巧往往被描述为一系列的操作步骤，其最大特点便是程序性和可操作性，因此易被学生所掌握和应用．在解题套路的引导下，学生能够对问题"知其然"，明确"如何做"，从而快速地解答某一类型的问题．

基于解题套路的优点，教师在日常教学中，应针对部分内容开展解题套路教学．根据建构主义学习理论，教师是教学过程的组织者，应充分发挥学生学习的主观能动性，因此在解题教学中，教师应转变自身角色，由"讲解套路"的传授者，转变为引导学生"探索套路"的组织者．在具体教学中，教师应围绕问题为学生创造观察、联想、抽象问题的机会，从而使学生在手脑并用的过程中，感悟解题魅力，提炼出解题套路[①]．

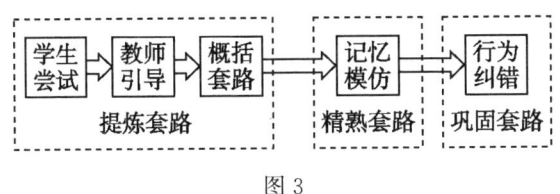

学生尝试 → 教师引导 → 概括套路 → 记忆模仿 → 行为纠错
提炼套路　　　　　　　　　　精熟套路　巩固套路

图 3

---

① 罗增儒．数学解题的四个水平 [J]．中学数学教学参考，2020（14）：7-9+36．

如图 3 所示，在提炼出解题套路之后，教师还应为学生创造精熟套路和巩固套路的机会. 为让学生精熟套路，教师需为学生设计丰富多样的同类问题，让学生从回忆套路的思维层面逐渐转向模仿套路的行为层面. 记忆是要求学生能够流畅而完整地输出信息，为开展具体的实践活动提供前提保障，而模仿则是解决问题的开始. 巩固套路则是基于"木桶效应"原理. 由于解题套路是一系列的操作步骤，故解题的每一环节都十分重要. 倘若学生在某一解题环节上薄弱，那么学生也不易借助套路而成功解决问题. 因此，教师需在学生应用套路解题的过程中，对学生的行为进行及时纠正，以此帮助学生巩固解题套路.

2. 凝练思路，知其所以然

"授之以鱼，不如授之以渔"，其虽深深地影响着教师的日常教学，但教师绝不能将"渔"单一地视为"解题套路". 大量的解题套路虽可提高学生的解题能力，但其绝非学生解决问题的万能之策. 根据以上对解题套路的不足与缺陷的分析，并考虑到学生需要面对形形色色的问题，故教师对学生解题能力的培养不能停留在套路水平，应让学生在"知其然"的基础上，做到"知其所以然". 一方面，教师在与学生共同提炼套路的过程中，应不断引导学生理清解题技巧与方法的缘由，明白相关解题套路的内在原理. 另一方面，教师还应锻炼学生将问题与套路进行匹配的能力，学生能够基于问题做出精准判断与选择，从而凝练出解题思路. 针对后者，举例分析如下.

问题 1：已知 $a \in \mathbf{R}$，设函数 $f(x) = \begin{cases} x^2 - 2ax + 2a, & x \leqslant 1 \\ x - a\ln x, & x > 1 \end{cases}$，若关于 x 的不等式 $f(x) \geqslant 0$ 在 $\mathbf{R}$ 上恒成立，则 a 的取值范围为 _____.

本题要求学生首先要弄清不等式的性质，从而得出函数 $f(x)$ 的最小值恒大于等于 0，进而利用函数的单调性来求解最值. 在此过程中，学生还应注意导函数在极值点处的导数为 0，即发现 a 为极值点，从而展开分类讨论. 因此，教师为帮助学生凝练解题思路，需在解题过程中层层设问，逐步引导学生根据问题选择正确的知识与方法，并对方法的可行性做出判断，进而在大脑中勾勒出解题思路. 为让学生"知其所以然"，可设计如图 4 所示的教学过程.

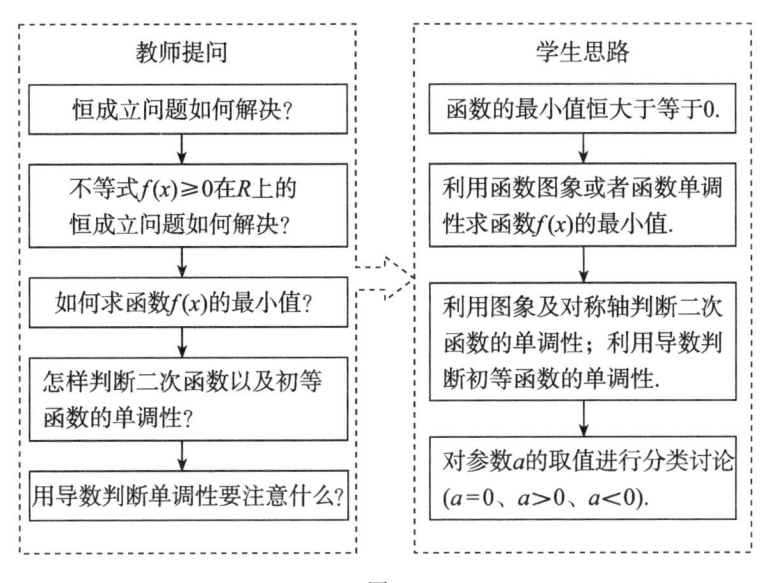

```
教师提问                          学生思路
┌─────────────────┐           ┌─────────────────┐
│ 恒成立问题如何解决？│           │ 函数的最小值恒大于等于0.│
└────────┬────────┘           └────────▲────────┘
         ▼                             │
┌─────────────────┐           ┌─────────────────┐
│不等式f(x)≥0在R上的│ - - - - - │利用函数图象或者函数单│
│恒成立问题如何解决？│           │调性求函数f(x)的最小值.│
└────────┬────────┘           └────────▲────────┘
         ▼                             │
┌─────────────────┐           ┌─────────────────┐
│如何求函数f(x)的最小值？│       │利用图象及对称轴判断二次│
└────────┬────────┘           │函数的单调性；利用导数判│
         ▼                   │断初等函数的单调性.│
┌─────────────────┐           └────────▲────────┘
│怎样判断二次函数以及初等│                 │
│函数的单调性？       │       ┌─────────────────┐
└────────┬────────┘           │对参数a的取值进行分类讨论│
         ▼                   │(a=0、a>0、a<0).│
┌─────────────────┐           └─────────────────┘
│用导数判断单调性要注意什么？│
└─────────────────┘
```

图 4

3. 领悟思想，知其何以所以然

通过让学生亲历解题，探索解题套路，从而使学生在套路中生长出解题思路. 这样的教学模式虽为学生提供了强化解题能力的途径，但其终究是一种以知识为基础，以方法为手段的教学，并不能满足学生的发展需要. 因此，学生解题的目的也不应局限于借助知识和方法获得答案，更应在问题解决的过程中，埋下套路的种子，生长出思路的茎叶，从而孕育出思想的花朵. 数学思想是数学的灵魂[①]，是学生将知识融会贯通的基础，是学生提高自身数学素质的关键. 因此，教师应注重数学思想在日常教学中的渗透，在引导学生探索解题套路、形成解题思路的同时，让学生领悟问题背后的数学思想，促进学生的思维由低阶向高阶发展，从而进一步促

---

① 李祎. "病态"数学教学解析 [J]. 当代教育科学，2007（3）：36－39.

进学生的自身发展.

　　如问题 1 所示，教师通过层层设问启发学生思考，让学生亲身经历由存疑到解惑的解题过程，进而帮助学生总结其中的数学思想. 从整体看，教师通过引导学生将单一的复杂问题逐步转化为多个较为简单的问题，即化未知为已知，化繁难为简单，向学生渗透化归与转化的思想. 从局部看，教师为让学生找寻函数恒成立的关键点，通过图象来表示代数关系，向学生渗透数形结合的思想；教师应用方程思想，引导学生分析函数求导后的数量关系，让学生求出极值点；对参数 a 的取值范围的讨论，还渗透了分类讨论思想. 可见，教师通过一题即可向学生渗透多种数学思想，从而使学生对问题有更加深入的理解. 当然，教师还可从多个类型的题目中，总结提炼出同一数学思想，帮助学生对知识形成更加系统的理解.

　　总之，数学解题需要套路，但又不能止于套路，教师应在解题套路的探索中，引导学生提炼解题思路，在解题思路的提炼中，引导学生领悟解题思想，从而使学生的数学解题，从浅层走向深层，从自发走向自觉，以此提高数学解题教学的效率和效益.

§10 数学教学勿"想当然"

人类的思维，容易受经验的束缚，受直觉的欺骗．"想当然"式思维就是一种凭借经验和直觉，通过潜意识来进行主观臆断的思维方式．也就是说，个体凭借个人主观推断事物本该如此，应当怎样……其特征在于凭经验、凭感觉、凭直觉、凭思维定式等，并表现出对自我判断和估计的绝对相信．

现代大数学家冯·诺伊曼指出：数学的概念来源于经验，但数学不是一门经验科学．经验和直觉不能代替数学，如果没有严格的证明和计算，一不小心就可能被直觉所误导．在数学研究和数学学习中，不经过客观、理性的思考，缺乏正确的数学思维意识，凭"想当然"进行主观臆断，极易导致错误发生．

一、"想当然"的常见形式：凭借直觉做出错误判断

在数学解题中，特别是解决涉及函数图象或几何图形的问题时，经常会出现解题者凭借直观和直觉，便想当然地做出错误判断的现象．究其缘由，主要是由于解题者缺乏慎思和深思，被表面现象所迷惑，单凭直观所见便草率得出结论，体现了个体思维的片面和肤浅.

这样的例子不胜枚举，以下列举几例.

比如，误以为函数与其反函数的图象，其交点一定在直线 $y=x$ 上．但事实上，这一认识是错误的．只有一个函数为单调递增函数，且其图象与它的反函数的图象有交点时，此交点才一定在直线 $y=x$ 上．如果一个单调递减函数存在反函数，则它与其反函数的图象的交点未必都在直线 $y=x$ 上．

又如，在同一坐标系中作函数 $y=\sin x$ 和 $y=\tan x$ 的图象时，有人想当然地认为它们的图象在区间 $\left(-\dfrac{\pi}{2}, \dfrac{\pi}{2}\right)$ 内有三个交点．但实际上，$x\in\left(0, \dfrac{\pi}{2}\right)$ 时，$\tan x > \sin x$，$x\in\left(-\dfrac{\pi}{2}, 0\right)$ 时，$\sin x > \tan x$，所以它们的图象在该区间内其实只有一个交点，即坐标原点．

再如，在解决有关圆锥的问题时，有人想当然地认为圆锥的轴截面是最大截面，但其实这一结论是错误的．一般地，当轴截面顶角不大于 90°时，轴截面为最大的截面；当轴截面顶角大于 90°时，以顶角为 90°的截面为最大．

甚至在数学史上，由于在作图时，想当然地把三角形顶角的平分线与对边的垂直平分线相交于三角形之内，从而证明出"任意三角形都等腰"这一荒谬的结果．其实对于任意三角形而言，三角形顶角的平分线与对边的垂直平分线，均相交于三角形之外．

以上所举各例均是在数学解题中，由于凭借几何直观和错误直觉，想当然地得出了一个错误结论．除此之外，在数学教学中，还存在其他形式的"想当然"．

二、另一种"想当然"：想当然地否定常规思路

在数学公式或定理的证明教学中，我们有时会出现不深入思考和大胆尝试，仅仅凭借直觉和经验，便想当然地否定自然想法和常规思路，轻易放弃一个本可以成功的念头．以下列举几例进行说明．

例 1 点到直线的距离公式的推导

如图 1，设点 $P(x_0, y_0)$，直线 l 的方程：$Ax+By+C=0$．

解析：对于该公式的推导，常规的思路和方法是：先求出直线 PQ 的方程，再与直线 l 的方程联立，求得交点 Q 的坐标，再用两点之间的距离公式求解．但许多老师经过初步尝试后认为，采用这一惯常思路求解较为复杂，想当然地轻易放弃了这一念头，从而采用了教材中的"等积法"（指人教版教材，下同）．

其实，注意到运算对象的结构特点，常用常规方法来进行求解，一点也不比"等积法"复杂，相反，还有助于训练学生对运算对象结构特点的观察，培养学生对不同算法的判别和选择能力，从而有效提升学生的数学运算素养.

当 $A \neq 0$ 且 $B \neq 0$ 时，此时直线 PQ：$y - y_0 = \dfrac{B}{A}(x - x_0)$

联立方程组：

$$\begin{cases} Ax + By + C = 0, \\ y - y_0 = \dfrac{B}{A}(x - x_0) \end{cases}$$

则其解便是交点 Q 的坐标 (x, y).

注意到方程组的解满足方程的特征，因此：

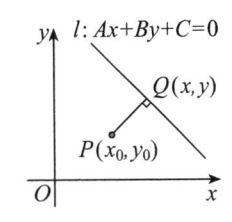

$$d = \sqrt{(x-x_0)^2 + (y-y_0)^2} = \sqrt{(x-x_0)^2 + \left[\dfrac{B}{A}(x-x_0)\right]^2}$$

$$= \dfrac{\sqrt{A^2 + B^2}}{|A|} |x - x_0|.$$

图 1

因此，此时只要通过方程组求得 x 即可.

不难解得 $x = \dfrac{B^2 x_0 - ABy_0 - AC}{A^2 + B^2}$，$x - x_0 = -\dfrac{A(Ax_0 + By_0 + C)}{A^2 + B^2}$，

所以 $d = \dfrac{|Ax_0 + By_0 + C|}{\sqrt{A^2 + B^2}}$.

例 2 椭圆的标准方程的推导

解析：当我们以经过两定点 $F_1(-c, 0)$ 和 $F_2(c, 0)$ 的直线为 x 轴，线段 F_1F_2 的垂直平分线为 y 轴建立直角坐标系后，在讲到如何对等式 $\sqrt{(x-c)^2 + y^2} + \sqrt{(x+c)^2 + y^2} = 2a$ 进行化简时，通常都会认为两边直接平方会很复杂，因此需要先移项、再平方，化简整理后，再一次对两边平方，由此化简整理得到椭圆的标准方程.

事实上，这一认识也有些"想当然". 对等式的两端直接平方后，若在进行化简时，注意到运算式子的代数结构特征，适时运用平方差公式，

则可以大大简化运算量,并不比移项后再平方的化简方法复杂多少.

对上述等式两边直接平方后整理得:

$$x^2+y^2+c^2+\sqrt{[(x-c)^2+y^2]\cdot[(x+c)^2+y^2]}=2a^2,$$

移项整理得:

$$\sqrt{[(x-c)^2+y^2]\cdot[(x+c)^2+y^2]}=2a^2-(x^2+y^2+c^2),$$

再次对等式两边同时平方,注意到等式左边可化成平方差公式的形式:

$$[(x^2+y^2+c^2)-2cx]\cdot[(x^2+y^2+c^2)+2cx]=[2a^2-(x^2+y^2+c^2)]^2,$$

展开后整理得:

$$(a^2-c^2)x^2+a^2y^2=a^2(a^2-c^2),$$

令 $a^2-c^2=b^2$,即得 $\dfrac{x^2}{a^2}+\dfrac{y^2}{b^2}=1$.

例3 线面平行的判断定理的证明

解析:对于线面平行的判定定理,现行教材中并未给出证明,而是通过动手操作的"翻书"实验,让学生通过自主探究和直观观察,来思考以下两个问题:(1)如果平面 α 外的直线 a 平行于平面 α 内的直线 b,那么这两条直线共面吗?(2)直线 a 与平面 α 相交吗?前一问的答案,显而易见;而对于后一问,要获得令人信服的回答,其实离不开对该定理的证明. 教材中的这两条设问,其实启示着以下的证明方法(证法1).

证法1:如图2,设平行直线 a,b 确定的平面为 β,有 $a\subset\beta$,$\alpha\cap\beta=b$. 若 $a\cap\alpha=A$,则 $A\in\alpha\cap\beta=b$,得 A 是 a,b 的公共点,与 $a//b$ 矛盾,所以 $a//\alpha$.

而在新课改之前的旧版教材中,对于该定理的证明,同样采用的是反证法.

证法2:如图3,假设 $a//\alpha$ 不成立,则 $a\cap\alpha=A$. 由 $a//b$,知 A 不在直线 b 上. 故可在 α 内,过点 A 作 $c//b$,根据公理4,得 $a//c$,这与 $a\cap c=A$ 矛盾,故 $a//\alpha$.

图2   图3

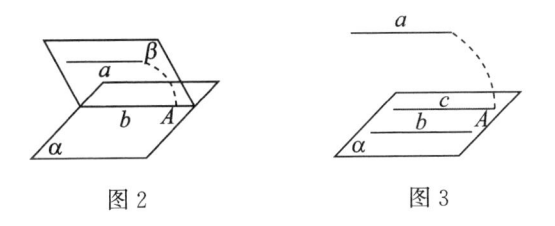

以上两种证法，简洁明了，并没有多大难度，可用来培养学生的逻辑推理素养．但无论采用哪种证法，都是反证的方法，对此许多教师通常给出的理由是：要证明直线与平面平行，根据定义，就是要证明它们没有公共点，但由于直线与平面都是无限延伸的，因此很难直接证明它们没有公共点，正难则反，因此我们采用反证法．

但事实上，这一看法有些"想当然"——证明直线与平面没有公共点，只要说明平面上任一点都不在直线上，或者直线上任一点都不在平面上．[①] 以前一种思路为例，要说明平面上任一点都不在直线上，只需说明平面上任一点都落在与该直线平行的直线上即可，由此不难得到对该定理的直接证法（证法3）．

证法3：如图3，任取 $A\in\alpha$，若 $A\in b$，则由已知 $a//b$，得 A 不在 a 上；若 $A\notin b$，则在 α 上，过 A 作 $c//b$，仍据 $a//b$ 及公理4，得 $a//c$，所以 A 不在 a 上．按照线面平行的定义，可知 $a//\alpha$．

三、再一种"想当然"：想当然地接受既有事实

在数学教学中，特别是在数学新知识的学习中，还经常出现一种"想当然"：认为数学本来如此，想当然地接受既有事实；认为教材千真万确，想当然地接受现成结论．前者涉及正确数学观的确立，与认识论有关；后者涉及正确教材观的确立，不仅与认识论有关，也与方法论有关．

从认识论的角度来看，不少教师认为数学知识"铁板一块"——它天

[①] 罗增儒．中学数学课例分析[M]．西安：陕西师范大学出版社，2001：25—26．

生这样、本来如此,它只能这样、不能那样,在教学中想当然地接受既有事实,毫无条件、毫无保留地接受现成结论,不引导学生进行追问和质疑,不引导学生进行理性思辨,这既不利于学生的正确数学观的形成,也不利于学生的质疑精神和批判性思维的培养. 比如对于集合概念教学中"三性"的教学(详细分析见"§13 高水平教师应树立的数学观"),以及对于函数概念教学中"单值对应"的强调(详细分析见"§14 数学理解的'五视角'").

从方法论的角度来看,正是由于持有绝对主义的数学观,对数学真理性的笃信不疑,因此在教学中对待教材往往也采取了不恰当的态度和做法,即认为教材就是绝对的权威,不可越雷池一步,只能无条件地服从、想当然地接受,教学就是"教教材","用教材教"只是停留在口头上,这其实是不符合新课程理念的.

比如在等差数列前 n 项和公式的教学中,许多教师采用教材中的思路来教学,即利用高斯求和直接引出倒序相加法. 但仔细分析不难发现,两者之间存在不小的鸿沟——高斯求和实质是配对求和,假如对一般的等差数列也采用配对求和,则需要根据 n 的奇偶性进行分类讨论;若想从配对求和过渡到倒序相加,还离不开教师的启发和引导. 如果在教学中直接搬用教材中的思路,想当然地接受教材中的做法,显然会出现思维的断裂,机械性学习的发生则是不可避免的了.

又如在教学几何概型时,不少教师直接搬用教材,采用以下方式进行教学——在现实生活中,常常会遇到试验的所有可能结果是无穷多的情况,这时就不能用古典概型来计算事件发生的概率了. 在特定情形下,我们可以用几何概型来计算事件发生的概率……下面我们通过例子来说明相应概率的求法:图中有两个转盘(如图4),甲乙两人玩转盘游戏. 规定当指针指向B区域时,甲获胜,否则乙获胜. 在两种情况下分别求甲获胜的概率是多少?若任课教师不认真对该问题进行分析,轻易地认可了教材

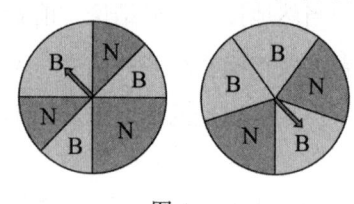

图4

中的看法，想当然地认为无法当成古典概型来进行计算，则不免产生片面认识，甚至失去了一次深入理解教学内容的机会：就本问题而言，我们关注的是指针落在圆盘的哪个区域，而不是关心落在圆盘的哪个具体位置．因此，左图中若把落在 N 区域当成一个基本事件，则落在 B 区域就是另一基本事件，显然满足古典概型的条件；右图中若把落在每一区域当成一个基本事件，显然它可看作是一个含有 5 个基本事件的古典概型．因此就这一意义而言，一个概率模型究竟为古典概型还是几何概型，是相对而言的，而不是绝对的，它取决于人们的观察视角．

总之，数学是一门理性的学问，不仅在数学解题教学中需要防止"想当然"，在数学新知识学习中同样需要克服"想当然"．"想当然"不仅涉及解决问题和处理教材时的方法论问题，也涉及理解数学和认识教材时的认识论问题．在数学教学中防止和克服"想当然"，既是优化学生思维品质和培养学生质疑精神的需要，也是建立正确的数学观和教材观的需要．

§11 "病态"数学教学问诊

不知从何时起,数学教学不知不觉地受到了"病毒"的侵袭,于是呈现出形态各异的"病态". 这些"疾病"吞噬着数学教学的机体,扭曲着数学教学的灵魂. 如不及时"诊治",必将对数学教学实践产生极大的危害.

一、"越俎代庖"式数学教学

在教学中,教要"到位",但不能"越位". 教师是教学的"主导","主导"意即主要的"向导",或者说是"向导"的主角. 这样,教师"主导"教学的过程,就是引导学生生疑、质疑、解疑的循环往复过程,是启发学生思考、探究、发现、创造的过程,是促使学生想学、乐学、会学、学会的过程. 教师在教学中的"主导",务必立足于"学为主体"之上,教师绝不能"喧宾夺主";"主导"重在"授之以渔",教师绝不能"越俎代庖". 因为教学不是教"书本",也不是教"学生",而是要教"学生学". 真正的教学活动应是"不教而教""无为而为",教师表面上有形的"不教"和"无为",隐含着实质上无形的"教导"和"有为".

具体到数学教学中,同样也不例外. "数学是思维的科学"[①],数学教学更不能喧宾夺主,越俎代庖. 这是因为学生数学思维的发展,既不能代替也无法传递,数学知识的累积也不必然导致思维的发展. "实在说来,没有一个人能教数学,好的教师不是在教数学,而是能激发学生自己去学数学……只有当学生通过自己的思考建立起自己的数学理解力时才能真正

---

① 单墫. 数学是思维的科学 [J]. 数学通报,2001 (6):1—3.

学好数学."① 教育家罗杰斯也认为,凡是可以教给别人的东西,相对来说都是无用的,即对人的行为基本上没有什么影响,能够影响一个人行为的知识,只能是他自己发现并加以同化的知识. 所以,教师要尽可能地调动学生主动参与数学知识的建构,在亲身经历和体验"数学化""再创造"的过程中发展数学思维. 数学教师的使命和职责就在于启发和引导学生获取数学知识,循序渐进地发展学生的思维力、提高认识力. "告诉学生如何解决二次方程并指定一批作业供学生熟悉这一方法——采用这种办法使学生获得的知识是不能持久的."②

然而在现实的数学教学中,教师的"主导"往往异化成为教师的控制和主宰,学生成了教学过程的被动参与者和机械接受者;教师的角色常常由"导演"异化成为"演员",学生则成了忠实的"听众"和"看客". 通常是教师事先把数学知识切碎、嚼烂了,再通过简单的灌输方式喂给学生,把学生数学知识的主动建构"转换"为知识的被动接受,把学生数学思维方面应有的训练"转嫁"给"机械记忆". 这种做法是地地道道的教学"越位",严重限制了学生独立思考、自主活动的时空,完全背离了"学为主体,教为主导"的宗旨. 教师"主导"的"教学程序"和"学习步骤",某种程度上成了课堂生命活力焕发的羁绊;教师"主导"的"解题途径"和"标准答案",一定意义上成了扼杀学生创新思维的枷锁.

曾经有一位企业家问郭思乐教授,什么是教学? 他说:"如果你告诉学生,3乘以5等于15,这就不是教学. 如果你说,3乘以5等于什么? 这就有一点是教学了. 如果你有胆量说'3乘以5等于14',那就更是教学了. 这时候,打瞌睡的孩子睁开了眼睛,玩橡皮泥的学生也不玩了:'什么,什么? 等于14?!'然后他们就用各种方法来论证等于15而不是

---

① 美国国家研究委员会. 人人关心数学教育的未来 [M]. 方企勤等,译. 北京:世界图书出版公司,1993:58.

② 美国国家研究委员会. 人人关心数学教育的未来 [M]. 方企勤等,译. 北京:世界图书出版公司,1993:60.

14."[1]郭教授的回答生动地说明了"应然"教学的基本特征,即学生的学习不应是简单地接受外来的事实、机械地记忆现成结论的过程,而是积极、主动地调动自身思维来参与知识建构的过程.这就意味着教师不应只教给学生现成的知识,不应低估学生的能力而事事包办,而应教给他们获取知识的方法,传给他们打开知识宝库大门的钥匙."记问之学,不足以为师"(《学记》).对学生而言,可以说"记问之学,不为真学".以下案例就充分地说明了这一事实.

案例1

一位高中数学教师在一个班上教"差角余弦公式"这课时,中间把证明步骤给忘掉了,只好抱歉地请同学们自己看;第二节课在另一个班,同样是上这节课,该老师吸取了教训,把课备得很细,讲授十分顺利.课后,他向教导主任汇报了两节课的情况,并且说自己的第二节课上得好.但是,富有经验的教导主任却说不一定,他请别的老师命题,对这两个班就这个内容考查了一下,结果居然是第一个班的情况好很多.

为此,教师在教学中要特别注意以下两个问题.一是教学中应充分地给学生提供独立思考、自主参与的时空.即使是以教师讲解为主,也必须通过适当地"重复""停顿"等手段,给学生一定的思考时间."教学是为了使人产生有活力的思想,而形成有活力的思想需要时间."(海墨特)在西方教育心理学中,也有所谓的"时间等待理论",包括"第一等待时"和"第二等待时"."第一等待时"是指教师提出问题后,要等待足够的时间,不马上重复问题或指定学生回答;"第二等待时"是指学生回答问题之后,教师也要等待足够的时间才能评价学生的答案或提出下一个问题.二是教学要遵从学生数学认知的规律,顺应学生数学思维的特点,让鲜活的数学思想自由地流淌到学生的脑海中,让数学知识从学生的认知网络中自然地生长出来.通过"生吞活剥""囫囵吞枣"的方式获得的数学知识,不仅不能有效地培养和发展学生的数学思维,对数学知识的运用也往往只

---

[1] 郭思乐.教育走向生本[M].北京:人民教育出版社,2001:80.

能是生搬硬套和机械模仿. 也许正是出于上述考虑,所以波利亚曾告诫我们:"让你的学生提问题,要不就像他们自己提问的那样由你去提出这些问题;让你的学生给出解答,要不就像他们自己给出的那样由你去给出解答."[①]

二、"目中无人"式数学教学

在数学教学实践中,经常可以发现这样的事实:有些教师教材钻得滚瓜烂熟,教案写得详尽周密,课上讲得头头是道,但最后教学效果并不令人满意. 究其缘由,其中一个很重要的原因,就是教师在教学中常常"目中无人",忽略了对教育对象——学生的研究. 在数学教学设计中,许多教师把"设计"视为一种单纯的技术行为,忽视了其作为人文、艺术的一面,于是不仅教学目标不能更改变动,教学过程必须环环相扣,甚至连每个环节用时多少、什么时候提什么问题都预先规定;在数学教学过程中,教师总是牵着学生沿着预定的"标准思路"展开教学,如果出现偏离这条思路的"非标准思路",甚至与之完全相反的情况,他们往往会将这些视为不和谐的"噪音",想办法予以消除,以便使学生沿着"标准思路"继续前行. 这样的教学设计和教学过程,忽视的是教学中最重要的因素——人的因素和最重要的目标——学生的发展. 它把教师和学科凌驾于教学之上,凌驾于学生之上,在教学中以教师为中心、以学科为本位,在课堂上"见物不见人""见师不见生". 这种"唯教师独尊""唯学科至上"的"目中无人"式教学,从根本上偏离了教学的基本性质,违背了教学的神圣使命,失却了教学的本真意义.

案例2

师:前面学习了等差数列和等比数列,今天我们来学习新的内容……

生:老师,我有一个问题:既然有等差数列和等比数列,那么,有没

---

① (美)乔治·波利亚. 数学的发现(第二卷)[M]. 刘景麟,曹之江,邹清莲,译. 呼和浩特:内蒙古人民出版社,1981:179.

有等和数列、等积数列呢？

师：(愣了一下)这不属于高考内容，没必要浪费时间研究这个问题.(师继续着原定的教学进程)

在这一简短的教学片段中，这位学生成了"半路上杀出来的程咬金"，给了教师一个措手不及的"意外". 这位教师"熟视无睹"、一带而过，继续按预定的教学方案组织教学，按部就班地完成了教学任务. "不针对学生的思想的讲授是不会有什么效果的，教师讲的和听的应该一样多"[1]. 但在目前的数学课堂教学中，类似的教学情境可谓屡见不鲜，"目中无人"的现象比比皆是. 尽管在理论中和口头上经常说要"备学生"，可在具体教学实践中，一旦出现与课前教学预设相左的情况，或者发生"意外"教学事件，教师往往要么生拉硬扯到既定的教学思路上，要么束手无策、草草收场. "学生在课堂活动中的状态，包括他们的学习兴趣、积极性、注意力、学习方法与思维方式、合作能力与质量、发表的意见、建议、观点、提出的问题与争论乃至错误的回答等等，无论是以言语，还是以行为、情绪方式的表达，都是教学过程中的生成性资源."[2] "目中无人"式的数学教学，以"教师"为中心，以"教授"为目标，对课堂中学生的认知状况视而不见，对教学中的生成性资源漠然处之，这样的教学即使"完成"教学任务，也不具有高效教学的基本特征.

与上述教师不同，面对课堂中的生成性资源，下面这位教师采取了迥然相异的做法.

案例 3[3]

在复习了乘法的分配律后，有学生就提出了有没有"除法分配律"这个问题，学生当即展开了争论. 有些说老师只教过乘法分配律，哪有除法分配律？有学生说乘法有这样的性质，说不定除法也有这样的性质……学

---

[1] 美国国家研究委员会. 人人关心数学教育的未来 [M]. 方企勤，等译. 北京：世界图书出版公司，1993：59.

[2] 叶澜. 重建课堂教学过程观 [J]. 教育研究，2002 (10)：24—30.

[3] 郑金洲. 生成教学 [M]. 福州：福建教育出版社，2005：161.

生争论一番后,都把眼光投向了教师,希望老师给个说法.对于这个学生非常感兴趣的问题,何不让学生自己去探究一番呢?"对于除法分配律,老师一时也说不清,还是请同学们去验证这个猜想吧!"学生们自由组成了探究小组,对这个问题展开探究.在巡视小组合作学习时老师发现,学生已经列举了大量的实例进行了证明,在汇报时也是"论据"充分,有些小组还用字母进行表示:$(a+b)\div c=a\div c+b\div c$……由此看来,学生的这个探究过程也是十分有效的.

进一步分析,我们认为,对于人的发展和完善而言,其主体性的发挥应是最为主要的决定因素,因为内因是事物发展的根据,外因是事物发展的条件,而"目中无人"式数学教学正是忽视了学生的主体性发挥.在教学设计中,它通常把学生当成等待灌输的容器,从教师的主观假想或知识体系出发进行设计,很少从学生的角度考虑问题;在教学过程中,试图以片面的外部灌输作为促进学生发展的根本动因,很少考虑学生的主观愿望和认知需求,因而在很大程度上禁锢了学生的思想活力,窒息了学生的自主性和创造性.著名教育心理学家奥苏贝尔曾说过:"假如让我把全部教育心理学仅仅归结为一条原理的话,那么,我将一言以蔽之曰:影响学习的唯一最重要的因素,就是学习者已经知道了什么.要探明这一点,并应据此进行教学."[1] 所以,教师在数学教学中,应顾及学生的数学认知需要,深入了解学生的学情,认真分析学生的个性差异,根据学生的实际情况来确定教学内容、选择教学方法和组织教学过程,真正做到"目中要有人""有的才放矢",这样才能取得令人满意的教学效果.

三、"以点代面"式数学教学

在数学课堂教学中,经常可以听到教师这样的发问:"谁会解这道题""谁知道这是为什么"等,一旦教师找到这样的"代言人",往往就意味着

---

[1] (美)奥苏贝尔.教育心理学——认知的观点[M].余星南,等译.北京:人民教育出版社,1994:194.

教学即将暂时告一段落. 仔细分析不难看出, 这其实是用一些人的思维代替另一些人的思维, 用个别人的理解代替全体学生的理解, 这样极易导致对学生群体认识上的片面与偏向. 这种"以点代面"式的数学教学, 仅是满足于问题解决本身和使教学得以顺利进行, 而不是着眼于全体学生的认知发展. 它把预定计划的顺利实现作为课堂教学的主要目标, 把学生"默契"配合完成教学任务作为课堂教学的关键环节, 这样教师在教学中, 只要找到"合适"的学生配合教学就可以了. 于是, 教学的表面繁荣往往掩盖着的是学生认识的表层和浅化, 造成诸多学生对数学知识的"假性理解". 这种"假性理解"掩盖了学生的真实认知状态, 造成学生数学认知的"泡沫发育", 最终会贻误学生的数学学业和个人成长.

数学教学中这种"以点代面"现象的存在, 主要有以下几方面的原因. 一是教师在课堂上通常只关注自己偏爱的学生, 把这类学生的认知状况作为衡量教学的"标尺", 没有确立起"教学面前人人平等"的观念. 于是在数学教学中, 往往不自觉地把应然的"以点带面", 异化成实然的"以点代面", 结果是表面上顺畅地完成了"教"的任务, 实质上没有达到"学"的要求. 二是教师认识上的片面和误区, 即教师总以为学生"一懂百懂""一会百会", 于是对知识的理解往往"初尝辄止", 从而在教学中出现"以偏概全"的不良现象, 导致教师"只见树木不见森林"的认识误区. 三是许多教师受"知识本位"和"应试趋向"的影响, 在数学课堂上往往采用的是"大容量""高密度"的教学策略, 于是为了抢时间、赶进度, 教师经常在课堂上"不得不急匆匆赶路", 这样在对待学生的数学认知方面, 往往要么"以点代面""见好就收", 要么既不顾"点", 也不顾"面". 对个别学生的了解和关注, 也仅是为了让学生配合教师"圆满"完成教学任务.

事实上, 如同自然界没有完全相同的两片树叶一样, 学校和班级里也没有两个完全相同的学生. 不同的学生对同一个数学概念和命题有着不同的认识和理解, 不同的学生对同一道数学题的解答有着不同的思考. 教师在教学中既要关注、研究学生的"特殊性", 又要十分注意学生的"共同点",要把学生的"特殊性"和"共同点"辩证地统一起来."只见森林,不见树木"固然不对,这样就不可能真正做到"因材施教""有的放矢"和"对症下药".但是,如果教师总是"只见树木,不见森林",这样就极易出现"以偏概全"的现象.所以,教师在数学课堂上,一方面要"眼观六路,耳听八方",尽可能广地了解和获取信息,防止"一叶障目"或"以点代面",造成对学生认识的整体"失真";另一方面,教师对学生数学认知的了解和把握,应以中等水平的学生为基准,同时兼顾水平较高和较低的学生,创设出适合不同类型、不同特征学生的教学流程.

四、"本末倒置"式数学教学

教学的主要功能是为学生的成长服务,教师要在本真的教学历程中培养和发展学生.但在现实中,有些数学教学却是"本末倒置"的,"教为学存在"往往被异化成"学为教服务","以学定教"通常被演化成"以教论学".这种数学教学,从"教"出发,以"教"为主,为了达到预设的"教"的目标,完成预定的"教"的任务,教师不得不提前精心编制"教案剧";为了真情演绎预成的"教案剧",体现"剧本"的完美和教师的演技,教师在课堂中通常"目空一切",以教代学,"学""教"倒置;为了避免意外事件的"干扰",消除不和谐的"噪音",教师经常用静态预设性的"教",代替动态生成性的"学",致使课上"教"课后"学",先"教"后"学","学""教"分离.

我国著名教育家陶行知先生一再强调:"教的法子要根据学的法子",然而"从前的先生,只管照自己的意思去教学生;凡是学生的才能兴味,一概不顾,专门勉强拿学生来凑他的教法,配他的教材"[1].陶先生这里所批评的"学生配合"式的教学,其实是"教师中心论"的一种翻版,是"本末倒置"式教学的具体体现.执著于"学生配合"的教师,就会自觉或不自觉地把自己当作天经地义的课堂教学的主角,学生则是配合教师演

---

[1] 方明.陶行知教育名篇[M].北京:教育科学出版社,2005:2.

绎教学过程的配角. 于是, 从数学教学设计伊始, 教师就把自己想象成全知、全能、全方位地凌驾于学生之上的"超人", 并根据自己成人式的假想逻辑一厢情愿地编制着虚拟的教学方案. 在数学教学过程中, 学生围着教师转, 学生为着教师学. 为了顺利地实现预定的"教"的计划, 教师常常无视学生的主体性, 抑制教学的创生性; 为了配合教师完成预定的"教"的任务, 学生经常需要"懂装不懂"式的发问或"讨好迎合"式的配合, 在廉价的赞美声中揣摩教师的"教"的意图. 殊不知, 这样的数学教学, 其实是在异化着教师角色, 扭曲着教学行为, 背离着教学的本性, 极大地降低了数学教学的效率.

如果说日常教学尚保留着教学的"朴实"与"纯真"的话, 那么不少公开课可谓是地地道道学与教的"本末倒置". 所谓示范课、竞赛课、优质课等不同类型的公开课, 相当多的已成为包装过的"表演课". 为了"演出"的无懈可击和尽善尽美, 教师事前不得不精雕细琢、精益求精. 于是在数学课堂上, 经常可以看到教师声情并茂、几近夸张的表演, 学生准确而近乎完美的回答, 师生之间堪称经典的精妙配合. 整堂数学课给人的是天衣无缝、精彩绝伦的感觉, "惟妙惟肖"的表演结束之后, 自然是溢美之词不绝于耳. 这样的数学课堂, 已经退化成了教师表演作秀的舞台, 卖弄技巧的场所, 追逐功名的阶梯, 学生则成了教师演出的道具, 教学表演的陪衬; 这样的数学教学, 缺乏教学的真实性和自然性, 扭曲了教学的本来面目, 背离了教学的本真意义, 偏离了教学的根本宗旨. 长此以往, 它不仅会误导课堂教学结构, 把表演课的模式化的结构作为标准型进行推广, 把课堂教学搞成"千堂一面"的僵化固定的程式, 而且更为主要的是, 它异化了课堂教学的功能, 将"学"与"教"主次颠倒, 本末换位.

下面是一次"两角和与差的余弦公式"的公开课后, 任课教师与他的一位同事的真实对话.

案例 4

师 A: 今天的公开课上得糟糕透了, 有好几次学生都是"答非所问",

出乎我的预料.

师 B：你昨天不是已经上过一次了吗，怎么就没想到这些问题？

师 A：昨天是在另外一个班上的，今天我是借班上课，结果课前的许多准备都被搅乱了.

的确，教学是一门艺术，是艺术就需要别人鉴赏，所以就有了各种各样的公开课. 但不能忘记，教学首先是一门科学. 纯艺术的表演是再现演员行为，在舞台上不需要考虑观众的认知和情感；而教师的表演是充满理性的行为，需要密切关注对方，需要和学生有效交流与互动. 以上这种精心准备的"表演课"，欲以"精致"的不变应对"粗糙"的万变，于是便出现了"郑人买履""刻舟求剑"的现象. 这种变味的数学公开课，颠覆了教学的精神，阉割了教学的灵魂，自然不会取得令人满意的教学效果. 所以，应把公开课从天上拉到地上，缩短公开课与日常课之间的距离，去掉公开课的"包装"，挤掉公开课的"水分"，让公开课回归教学的本真状态，真正让其发挥应有的导向作用和辐射效应.

§12　数学教学问题面面观

数学教师的学科教学素养（即 MPCK）如何，最终会体现和反映在数学课堂上，课堂观察便是了解和透视数学教师素养的一扇重要窗口．通过近些年参加中学数学教研活动以及师范生教育实习活动的观察，发现数学教师或准教师在教学中普遍存在一些共性问题，这些问题一定程度上折射出目前数学教师学科教学素养的现状．

一、不善于对教材进行深入挖掘和剖析

数学教师要形成和具备较高的数学素养，就必须经常善于深入挖掘和剖析教材，仔细揣摩，深及精髓，反复琢磨，穷根究底，力求获得对教材的透彻理解，形成对所教内容的深刻感悟，切实把握教材内容的内涵与外延．只有钻得深，才能站得高，才能讲得透．浮光掠影，浅尝辄止，一知半解，不求甚解，这样是无法很好地驾驭教材的．

例如，在讲到指数函数 $y=a^x$ 时，为什么要规定 $a>0$ 且 $a\neq 1$，对于 $a>0$ 的解释，不少实习生认为是为了使 $x\in \mathbf{R}$，甚至有些教师也是这么解释的．这显然是没有深入思考而做出的一种错误判断．那么，为什么在幂函数 $y=x^a$ 的学习中，并没有为了使幂函数的定义域为 $\mathbf{R}$，而对幂指数 a 作出限制呢？其实，对指数函数 $y=a^x$ 规定 $a>0$，是因为当自变量 x 连续变化时，若 a 是负数，比如 $a=-3$，那么 $y=(-3)^x$ 具有太多的不确定性．有时有意义，如 $(-3)^2=9$，有时没意义，如 $(-3)^{\frac{1}{2}}$（在实数范围内）；有时是正数，如 $(-3)^2=9$，有时是负数，如 $(-3)^3=-27$，有时还根本不知道它究竟是什么，如 $(-3)^{\sqrt{2}}$ 是正数还是负数？是有理数还是无理数？是实数还是虚数？再者，如果 $a<0$，$y=a^x$ 就不是一个连续函数了．

对于一个不连续、充满无穷个间断点的函数,研究起来就会麻烦,甚至无法研究,为了研究方便,则必须规定 a 的范围.

又如,在讲到函数 $y=f(x)$ 的反函数为 $x=f^{-1}(y)$,为什么要把 x 和 y 互换时,教材上以及多数教师的解释是由于"习惯上",这样的解释就不够到位,没有揭示出深层次的原因. 其实,把 x 和 y 互换的根本目的,是在研究函数与其反函数的关系时,使得函数与其反函数有共同的参照系,即都用 x 表示自变量,用 y 表示因变量,这样在同一直角坐标系作出的两函数图象,才会关于直线 $y=x$ 对称,否则将会是同一个图象.

二、不能有效揭示出数学结论的本质特征和属性

《普通高中数学课程标准(实验)》指出,数学教学要"返璞归真",揭示数学的本质,"要推理,更要讲道理",通过典型例子的分析,理解数学概念和方法.[①] 数学本质揭示的过程,也就是概念的形成过程、结论的推导过程、方法的思考过程、问题的发现过程、思路的探索过程、规律的概括过程等. 照本宣科、机械性地讲解,是不能揭示出数学结论的本质的. 例如,张奠宙先生曾举例强调,方程的定义"含有未知数的等式叫方程",并没有反映方程的本原思想. 教师在方程定义的黑体字上大做文章,反复举例,咬文嚼字地学习,朗朗上口地背诵,没有实质性的意义. 绝对没有学生因为背不出这句话而学不会"方程"的. 方程的实质是"为了寻求未知数,在已知数和未知数之间建立起来的一种等式关系". 在数学学习中,学生能否记住方程的定义并不重要,关键在于领会其基本思想,并能够进行灵活地应用.

然而在教学中发现,不能较好突显数学结论本质的类似现象,经常发生. 比如关于高一函数定义的教学,教师常常习惯于反复强调"要素说",即函数是由三个要素组成:定义域、对应法则、值域. 其实这种提法不太科学,最好不要提要素,而应该将重点放在函数概念的本质特征上. 因为

[①] 普通高中数学课程标准(实验)[M]. 北京:人民教育出版社,2003:4.

要素并未完全反映本质特征. 函数概念的本质特征是两条：一条是"随处定义"，一条是"单值对应". 在初中的函数定义中，本质就是这两条："对于 x 在某一个确定的范围内的每一个确定的值（随处定义），y 都有唯一确定的值与它对应（单值对应）."这两条缺一条就不成为函数了，所以强调本质特征比强调要素明确得多.

　　数学概念学习就是要揭示一类事物的本质属性，而事物的本质属性常常"隐蔽"在非本质属性之中. 由于主、客观各方面的原因，学生们在学习中经常因不能正确剔除事物的非本质属性，而造成形式多样的错误认识. 解决的根本办法，就是保持事物的本质属性不变，不断改变事物的非本质属性，从中概括和提炼出事物的本质属性. 例如，有的实习生在讲解"数列"的概念时，所举实例均是无限项数列的例子，非本质属性的泛化，就可能使学生错误地把"无限"这一特征，抽象概括为数列的本质属性之一. 因而举例时一定要注意普遍性和典型性. 对于"数列"概念的学习，既要举有限项数列的例子，又要举无限项数列的例子；既要举有规律数列的例子，又要举无规律数列的例子. 又如，对于"集合"概念的学习，既要举数集的例子，又要举非数集的例子；既要举有限集合的例子，又要举无限集合的例子；既要举元素可列举的集合的例子，也要举元素不可列举的集合的例子.

三、不善于对教材进行质疑和批判

　　书本尤其是教材如同"圣经"，具有绝对至上的权威地位，不少教师通常不敢越雷池一步. 对书本顶礼膜拜的结果，是教师和学生想象力的贫瘠、创造性的不足和批判意识的严重缺失. 其实，书本并非完美无瑕，出现错误有时也在所难免，关键是师生不能拘泥于各种"权威"，对课本应该用批判的眼光审视，有保留地、选择性地接受，而不能一味地全盘照搬.

　　比如在教材中第 28 页，对"函数单调性"的定义是："如果对于定义

域 I 内某个区间 D 上的任意两个自变量的值 x_1，x_2……"[1]，该定义使用了"某个区间 D"，没有考虑到定义域的其他情形，显然是一种不周全的定义．比如自变量离散变化的情形（例如在数列中），或定义域为并集的情形［例如 $y=x^2$ 在$(0,1)\cup(1,2)$ 上单调递增］等，而如果改用"数集 D"，就能克服以上缺陷和不足，就比较准确和科学了．

又如对于"函数"的定义，新教材采用区别于以往旧教材的思路，从特殊到一般，先讲函数，再讲映射，这是有一定道理的．但在对"函数"下定义时，仍然采用以往教材的定义方式，出现了"设 A、B 是非空的数集，如果按照某种确定的对应关系 f……"[2]．这里，A 为函数的定义域是无任何疑问的．说值域是集合 B 的子集，那么集合 B 究竟是怎样的集合？它在函数定义中究竟有什么作用呢？先学映射再学函数，这是容易解释清楚的．反之，学生就会产生疑惑，心里就会犯嘀咕．而如果采用以下定义方式，就可以避免这一问题："设 A 是非空的数集，如果按照某种确定的对应关系 f，使对于集合 A 中的任意一个数 x，都有唯一确定的数 $f(x)$ 和它对应，那么就称 f 为定义在集合 A 上的一个函数．"或者在现行定义中，直接取 B 为函数的值域，学习映射后，再来解释函数的特殊性（即除 A、B 为非空数集外，还要求为"满射"）．

四、过于注重细枝末节而致舍本逐末

《普通高中数学课程标准（实验）》指出："在数学教学中，学习形式化的表达是一项基本要求，但是不能只限于形式化的表达，要强调对数学本质的认识，否则会将生动活泼的数学思维活动淹没在形式化的海洋里．"[3] 然而在教学过程中发现，不少教师过分地热衷于形式化的探究，过

---

[1] 普通高中课程标准实验教科书·数学1（A版）[M]．北京：人民教育出版社，2007：28．

[2] 普通高中课程标准实验教科书·数学1（A版）[M]．北京：人民教育出版社，2007：16．

[3] 普通高中数学课程标准（实验）[M]．北京：人民教育出版社，2003：4．

分地钟情于细枝末节的追究与拷问．比如，$y=x^0$ 是否是幂函数？$-\sqrt{a}$ 是否是根式？

特别是在指数函数与对数函数的学习中，在给出指数函数与对数函数的定义之后，他们都要专门出一些练习题，让学生进行辨别式地训练．我们认为，适当地进行强调是对的，但把过多时间和精力放在这些方面，就非常没必要了．其实，尽管定义的学习非常重要，但定义是一种人为的约定，对具体定义要进行具体分析．比如，对于"函数"的定义，必须进行实质性的理解，或称作概念式的把握；而对于"指数函数"或"对数函数"的定义，只需要名称式的把握即可．像诸如"$y=3^{-3x}$ 是否是指数函数"的争论，其实对于数学理解没有任何意义，且不会影响到后续内容的进一步学习．类似的问题，都是考试考出来的知识点，过于注重这些细枝末节，就会主次颠倒，或逐末舍本，因而确实应该寿终正寝了．更有甚者，有的教师还强调"π^{-1} 一定要写成 $\frac{1}{\pi}$""$\pi^{\frac{1}{3}}$ 一定要写成 $\sqrt[3]{\pi}$"，如此等等，过分强调枝节与规范，由此可见一斑．

对细枝末节的过分强调，还表现在推理和运算的技巧性方面．《普通高中数学课程标准（实验）》中指出："应删减繁琐的计算、人为技巧化的难题和过分强调细枝末节的内容，克服'双基异化'的倾向."[1] 但在数学教学中，有些教师还是对一些非本质的细枝末节的地方，过分地作了人为技巧性方面的训练．例如，对集合中"三性"的过于细微的训练，对于函数中求定义域的过于人为技巧的训练．我们认为训练应适度，因为训练不单纯是为了熟练技巧，更重要的是使学生通过训练，来进一步理解数学知识的实质，学会数学地思考问题，而过于人为技巧的训练则达不到此目的．

五、不能抓住教学中的重点或难点来组织教学

每一节数学课都有教学的重点．犹如中枢神经支配着人体组织一样，

---

[1] 普通高中数学课程标准（实验）[M]．北京：人民教育出版社，2003：4．

教学的重点往往统率着一节课的全部内容，是一节课全部内容学习的基石．抓住了教学的重点，可以有效带动其他内容的学习，便可以达到"纲举目张"的效果．同样，每一节数学课都有教学难点．只有准确地把握教学难点，教学过程中才能抓住关键，从而采取有效措施，有的放矢地突破难点．如果对难点把握不准，或模糊不清，甚至颠倒了难点与非难点，那么就难以真正实现教学目的.

比如，函数的单调性是一个符号化特征很强的数学概念，这样的概念高一学生是第一次接触．如何让学生理解这种抽象的数学语言，参与函数单调性特征的符号化过程，是本节课教学的重点，同时也是教学的难点．然而在教学中，大多是对图象的直观分析之后，就多快好省地直接把形式化的定义呈现出来，其余的更多时间，便是咬文嚼字式的强调，细枝末节的提示［如 $y=\dfrac{1}{x}$ 的单调区间不能写成 $(-\infty, 0) \cup (0, +\infty)$］，解题程式的归纳（证明单调性的三步骤），题海式的训练．重点没凸显，难点没突破，教学更多体现的是一种"告诉"行为，教案中的重点和难点成了文字摆设，三维目标中的"过程与方法"也成了一种贴标签式的点缀.

我们认为，在函数单调性的教学中，教学设计的重点和难点，就在于要着眼于学生的学习，让学生经历函数单调性概念由图象直观特征，到自然语言描述，再到数学符号描述的过程．即从"从左往右看图象上升或下降"，到"当 x 增大时 y 随之增大或减小"，再到"对任意 $x_1 < x_2$，均有 $y_1 < y_2$ 或 $y_1 > y_2$"．这是一个逐步形式化、符号化和数学化的过程，教学的重点是让学生充分参与用严格的数学符号语言刻画函数单调性的全过程，让他们亲身体验数学概念从直观到抽象、从文字到符号、从粗疏到严密的建构过程．这一过程与方法掌握好了，对后续的函数的其他性质的学习，都能起到很好的铺垫作用．甚至还可以迁移到其他概念的学习，比如大学中极限的 ε-N、ε-δ 语言的描述．因为就其实质而言，两者具有内在的一致性：它们刻画的都是自变量变化时，相应的因变量的变化趋势；都是要把直观的、定性的语言描述，进行抽象化、符号化和定量化.

六、不能有效稚化自己的思维来引导学生展开探究

在教学中，教要"到位"，但不能"越位"．教师是教学的"主导"，"主导"务必立足于"学为主体"之上，教师绝不能"喧宾夺主"；"主导"重在"授之以渔"，教师绝不能"越俎代庖"．为此，教师在进行教学设计时，应学会"稚化"自己的思维，有意识地退回到与学生相仿的思维态势，通过"心理换位"，对自身的思维进行必要的加工和处理，使教学设计中呈现的教学思路贴近学生的实际．同时，要通过自己的独立思考、探索、研究等一系列创造性活动，尽可能地将书本知识活化，"恢复"数学知识的"原初"认知过程，使数学知识恢复到具有内在生命力的鲜活的状态．正如张奠宙先生所主张的，教师的责任在于把写在教科书上的冰冷的学术形态，恢复为学生易于接受的火热思考的教育形态[1]．然而在教育实践中我们发现，教师的"主导"往往异化成为教师的控制和主宰，通常是教师事先把数学知识切碎、嚼烂了，再通过简单的灌输方式喂给学生，把学生数学知识的主动建构"转换"为知识的被动接受，把学生数学思维方面应有的训练"转嫁"给"机械记忆"．

比如，在"方程的根与函数的零点"这一节课中，许多教师都是简单呈现符合定理要求的函数图象，据此直接分析和概括出定理的内容．其实，教学的重点应是启发学生发现零点附近图象可能的代数特征，即函数值异号（＋－；－＋）与函数值同号（＋＋；－－），研究零点两端函数值的符号与零点的存在性的关系．一旦放手让学生展开探究，这时便可以发现，除可以获得课本中定理的结论外，围绕以下一系列问题，还可能获得许多丰富的认识成果．比如，若 $f(a)f(b)>0$，函数 $y=f(x)$ 在区间 (a,b) 上一定没有零点吗？若 $f(a)f(b)<0$，函数 $y=f(x)$ 在区间 (a,b) 上只有一个零点吗？怎样才能使函数在区间 (a,b) 内仅有一个零点？若 f

---

[1] 张奠宙，王振辉．关于数学的学术形态和教育形态——谈"火热的思考"与"冰冷的美丽"[J]．数学教育学报，2002，11（2）：1－4．

$(a)f(b)<0$，则函数 $y=f(x)$ 在 $(a，b)$ 上零点个数一定有限吗？等等．

正如弗赖登塔尔所指出的，不应该将教的数学内容作为一种现成的产品强加给学生，应当将教的数学内容作为一种活动特别是作为一种学的活动来分析．数学活动的再现应该这样进行，使它好像就是接受者自己的产物．学一个活动的最好方法是做，重点是从教转向学，从教师活动转向学生活动．普通常识要提炼凝聚成新的知识，要依赖于个体自身在活动中的作用．[①] 例如，不能由 $(-x)^2=x^2$、$(-x)^3=x^3$ 就得出奇偶函数的概念，这仍然是把奇偶函数的概念强加给学生的做法．应当引导学生在研究 $f(x)=x^2$、$f(x)=x^3$ 的图象的对称性以及研究具有同样对称性的更一般的函数的图象活动中，寻找这种对称性的代数刻画，在奇偶函数的概念的"再创造"活动中获得奇偶函数的概念．

七、不注重思想方法的提炼与数学文化的渗透

数学教材中往往有许多隐含的内容，如知识产生的背景、数学思想方法、教材的人文底蕴等，需要教师在教学中加以挖掘，从而使教材为学生的学习发挥更大作用．以往的《高中数学教学大纲》在陈述教学目标时，就提到了"数学思想方法""辩证唯物主义的世界观"等隐形目标．本次制订的《普通高中数学课程标准（实验）》，更加强调了数学教学中人文因素的挖掘与渗透，不仅包含了思想方法、辩证因素等，还从文化的视角出发，强调了数学的美学意义、科学价值、应用价值和文化价值等．但这些目标能否得到有效落实，完全取决于教师的素质与态度．比如：对立统一规律——加法与减法是对立的，引进负数以后，它们又是统一的；乘法与除法是对立的，引进分数以后，它们又是统一的；极限中的过程与结果、有限与无限、近似与精确，都是既对立又统一的．又如：否定之否定规律——可导函数的每个可导点处都存在导数（"肯定"），但无法直接求

---

① 弗赖登塔尔．作为教育任务的数学［M］．陈昌平，等译．上海：上海教育出版社，1995：102—112.

出其值（准确值），必须先求出一个区间（对点的"否定"）内的平均值（平均值即近似值，它否定了准确值），然后通过取极限，又回到原来的点（点又"否定"了区间，同时准确值否定了近似值）．

以数学思想方法为例，教材中蕴涵了丰富的思想方法，如化归思想、类比思想、数形结合思想等，但这些并没有明确地写在教材上．如果说显性的数学知识是写在教材上的一条明线，那么隐性的思想方法就是潜藏其中的一条暗线．明线容易理解，暗线不易看明．教师只有深刻领悟了数学思想方法，才能从整体上、本质上理解教材；只有深入挖掘出教材中的数学思想方法，才能科学地、灵活地设计教学过程．比如在"对数函数及其性质"一节的教学中，包含了许多数学思想方法：通过图象研究函数的性质——数形结合思想；通过具体函数的性质归纳出一般函数的性质——从特殊到一般的归纳思想；区分 $a>1$ 和 $0<a<1$ 两种情况来讨论函数的性质——分类讨论思想；通过与指数函数的对比来研究对数函数——类比的思想方法；对数概念引出及对数性质应用实例——数学模型思想方法．这些思想方法看不见、摸不着，只有教师有意识地使用一些提示语，才能使数学思想方法显性化，才能使思想方法的学习和掌握，从自发走向自觉，从无意识默会走向有意识习得．但在数学教学中，普遍对此挖掘不够，他们往往满足于陈述性知识的剖析，抑或程序性知识的归纳，而对更深层次的策略性知识——数学思想方法，通常是"视而不见"．

八、不善于运用启发的策略来引导学生展开探究

教师要具有讲深讲透的能力，但千万不要养成讲深讲透的习惯．教师的主要作用在于通过引导来帮助学生探究性地学习，而引导主要是通过启发性的帮助来实现的．启发是教师教学的基本功，启发的技巧和水平可以有高低，但是无论如何启发都是必需的．然而在教学中我们发现，许多教师不善于应用启发性的语言来组织教学，不善于运用启发的策略来引导学生展开探究．

首先，教师的启发应适度．启发不能过于直白，也不能过于含蓄．过

于直白的启发,学生不用费力便能解决问题,达不到思维培育的目的. 考虑到教学的时效和学生的认知特点,启发也不能过于含蓄. 但从实际教学过程来看,多数启发仅是停留于表层的形式启发,诸如"是不是啊""对不对啊"之类的问题,或直接触及具体内容的直白性启发,如"能否通过对数换底公式来解决这一问题呢". 所以,为了提高学生的思维强度,特别强调启发应注意适度远离目标. 如果这样的启发过于笼统,多数学生仍没有思路,再离目标近些进行启发,如此由远及近来逐步引导学生进行思考.

其次,教师的启发要适时. 即当启处启,当发处发,"启"在关键处,"发"在要害处,防止超前启发和滞后启发. 然而在听课过程中经常发现,不少教师急于学生给出正确答案,不断地打断学生,不停地提示;或不待学生深入思考,就赶紧"启发":"首先是不是该……呢?""接下来是不是……呢?""然后是不是……呢?"这是一种极不适时的启发,学生尚未尽力,更未"心愤愤,口悱悱",教师便去积极施教,这便是典型的教学越位. 这种所谓的"启发",割裂了学生的思维过程,完全背离了启发式教学的宗旨.

最后,启发后要留给学生思考的时间. 如果不思考或思考时间太短,学生对问题缺乏充分的感知和足够的思考,必要的心理过程还没有完成,那么学生的思维就得不到充分的锻炼. 然而在教学中发现,许多教师在提出问题之后,为了赶进度、省时间,往往不待学生深入思考,便自问自答或找优秀学生"代言",留给学生的思考时间很少,这样启发的效果自然就不会好.

九、不善于抓住课题进行深入分析与研究

教学研究也是教师的工作任务之一. 不少教师不善于寻找和发现与数学教学联系紧密的学术研究课题,只是在学校推荐的一些宏观研究层面的课题里打圈子. 其实,只要用心观察与思考,随时都可以发现有价值的研究课题.

比如，某位教师在教学中发现，在做"集合与函数"月考试题"已知 $A=\left\{x \mid y=\sqrt{1-2x}+\dfrac{1}{\sqrt{x+2}}\right\}$，$B=\{y \mid y=x^2-2x-3, x\in[0,3)\}$，求 $(\complement_R A)\cap B$"时，学生错误率很高，甚至有三分之二的学生认为，无法求 $(\complement_R A)\cap B$，或答案为空集。

我建议把它作为研究课题，在全面调查和了解的基础上，进行深入分析和研究，并提供了研究的基本框架和设想。比如，分析问题产生的可能原因：代表元素的符号不同；元素代表的意义不同。进行多视角理论分析：(1) 迁移理论：这是典型的负迁移，可分析导致负迁移的原因，如小学的不同单位量不能相加，初中的不是同类多项式的项不能进行合并，等等。(2) 形式与实质：就元素的代表符号而言，符号是形式，运算强调的是其实质，即每个元素所代表的数值；就元素代表的意义，即定义域或值域而言，运算强调的是形式运算，而与数字的具体属性无关。(3) 反思理论：从教师角度来看，要反思是自己怎样的教学，才导致了学生这些错误的发生；从学生角度来看，要研究如何教会他们学会反思，通过反思途径怎样获得正确的认识。寻求问题解决的办法：比如，改用集合的列举法解题，学生就会顺利地获得题目的解答。

这样的研究，紧密结合数学的教与学，课题比较具体和微观，通过"小题大做"，能反映出教与学当中存在的深层次问题，有助于对学习特点的认识和学习规律的把握，有助于教学方式的改进和教学质量的提高，具有很好的研究意义和价值。

§13 高水平教师应树立的数学观

数学知识观是指一个人对数学及其本质的看法. 人总是在一定的观念下指导或影响自己的行为,因而数学知识观在很大程度上决定了以何种方式从事数学教学活动. 并且由于教师长期和学生相处,在潜移默化之下,教师的数学知识观也会影响学生的数学知识观的形成. 长期以来,许多数学教师认为,数学是先天业已存在的客观知识,是确定无疑的真理集合,是不容更改的知识体系,因而教学中只能照本宣科地讲解,即使探究,其路线必须高度地靠拢教材思路,其结果必须一致地收敛于教材内容. 这一看法和做法,对于学生的正确数学知识观的形成,是非常有害的.

一、认识数学发展的两面性

1. 数学既是经验科学,也是演绎科学

十九世纪以前,人们普遍认为数学是一门经验科学,因为那时的数学与现实之间的联系非常密切. 最古老的算术和几何学产生于日常生活、生产中的计数和测量,这已是不争的历史事实. 之后,人们应用已有的数学知识在解决生产和科学技术提出的新的问题的过程中,通过试探或试验,发现或创造出解决新问题的具体方法,归纳或概括出一般的概念、公式和原理,形成一套经验知识. 因而这时的数学对象与客观实际是非常接近的,人们能够很容易地找到数学知识的现实原型,这样自然地认为数学是一门经验科学.

十九世纪中叶以后,随着数学研究的不断深入,数学是一门演绎科学的观点逐渐占据主导地位. 这是因为数学对象的特殊性决定了数学认识方法的特殊性,即它不能像自然科学那样仅仅使用观察、归纳和实验的方法，还必须应用公理法或演绎法．因此，伴随着非欧几何、抽象代数等的产生，特别是现代数学向抽象、多元、高维发展，人们的注意力集中在这些抽象对象上，数学与现实之间的距离越来越远，这时不少数学家认为数学是人类思维的自由创造物，是研究量的关系的科学，是关于模式的学问．这种观点在布尔巴基学派的研究中得到发展，他们认为数学是研究抽象结构的科学，一切数学都建立在代数结构、序结构和拓扑结构这三种母结构之上．于是，逻辑演绎与推理证明在数学研究中占据了重要地位．

1931 年，歌德尔不完全性定理的证明，宣告了公理化逻辑演绎系统中存在的缺憾，这样，人们又想到了数学是经验科学的观点．之后越来越多的数学家认为，数学本质上是经验性和演绎性的辩证统一．比如，著名数学家冯·诺伊曼就认为，数学兼有演绎科学和经验科学两种特性．数学认识的基本过程应是：在解决一个又一个实际问题的过程中，需要发现或发明新的方法，这时数学中经验性的一面表现得比较突出；在对积累得越来越多的数学进行系统化时期，数学中演绎性的一面又表现得比较突出．经验—演绎—经验……不断地循环往复，每一次都比前一次达到一个更高的层次，每一次转化都是对数学发展的推动，反映了数学本质上是数学知识的经验性与演绎性在实践基础上的辩证统一．[①]

2. 数学既是发现的，也是发明的

发现是指本来就有的东西而被人们所找到，发明是指本来没有但后来创造出来的东西．数学知识是发现的，还是发明的，其争论由来已久．

"发现派"认为，数学概念和定理不是他们自己创造的，而是大自然固有规律的反映．比如，柏拉图主义者就认为，数学的对象是数、量、函数等数学概念，而数学概念作为抽象一般或"共相"是客观存在着的．数学家得到新的概念不是创造，而是对这种客观存在的描述．换句话说，数学是客观存在的真理，而真理只能发现而不能发明．

---

① 林夏水．论数学的本质 [J]．哲学研究，2000 (9)：67—72．

"发明派"则认为，整个数学都是人类大脑思维的产物，是人类依据需要的主体创造的. 如四元数以及各种超复数的引入就是例证，它们似乎已是数学家的自由发明与创造. 各种非欧几何的出现，也有力地印证了这一观点. 而逻辑的无矛盾性即是数学家自由创造应遵循的准则. 比如，德国数学家莱布尼茨在其所创建的唯理论的哲学中就认为："全部算术和全部几何学都是天赋的，是实际存在于我们自身之中的. 只要我们细心加以思考，就可以在心中找到它们."

要回答数学知识是发现的，还是发明的，还是先来看看什么是知识. 按照辩证唯物主义认识论，知识是人脑对客观世界的属性及其联系的能动反映. 一方面，知识是对客观世界的反映，是对大自然固有规律性的描述，就这一意义而言，知识理应是发现的. 但另一方面，人脑不是对客观世界的被动、简单而直接的反映，而是人在实践活动中根据自己的需要，有选择性地、能动地创造各种工具，在解决问题的过程中建构知识体系，就这一意义而言，知识只是适应和体现主体经验的结果，因而知识又具有发明与创造的属性.

作为特殊知识形态的数学，更具有特定的具体含义.

一方面，一些数学专家认为，数学的主题性内容是由数学家发现的，而数学的工具性部分则是由数学家发明的. 犹如木工发现木材可以造船，木材及其性质是被发现的，木工的工具和制作木器的技术则是发明的.

比如，以正整数的产生为例. 1 是任意所指之物，而当找到与 1 相类同的另一个 1 时，便不能数为 1、1，这样容易引起混乱. 而"1＋1＝2"却是人们的逻辑规定，也是硬性规定. 正是规定了"1＋1＝2"，才进一步引申出了"1＋1＋1＝1＋2＝3". 进而数 4、5、6……以至无穷都由这个原初的规定"1＋1＝2"推导出来. 这里，事物的数量特性是客观存在的，但对其揭示和反映的形式和方法，却是由人类发明和创造的.

另一方面，数学发展史表明，数学作为一种经过严密的逻辑推理而形成的系统化的知识体系，它既反映了人们对"现实世界的空间形式和数量关系"的认识，又反映了人们对"可能的量的关系和形式"的认识. 也就是说，数学既可以来自现实世界的直接抽象，也可以来自人类思维的劳动创造．因而，数学既可以是发现的，也可以是发明的．

二、认识数学人为的约定性

数学是一种文化，文化是人类创造的文明的总和．这就肯定了作为文化的数学，对于人类创造活动的直接依赖性．数学对象终究不是物质世界中的真实存在，而是抽象思维的产物，是一种人为约定的概念系统和规则系统，认识到这一点对于搞好数学教学是非常重要的．

1. 数学概念的人为约定性

首先，对于"直接从对客观事物的空间形式或数量关系的反映而得到"这一类概念，恩格斯曾指出，数和形的概念不是从其他任何地方，而是从现实世界中抽象得来的．离开了客观存在，离开了从现实世界中得来的感觉经验，数学概念就成了无源之水、无本之木，变成主观自生的靠不住的东西．

然而，为什么要对这类事物进行抽象，而不对那类事物进行概括和抽象，则取决于认识主体，是人为适应和体现主体的经验，做出的一种人为的选择．比如对于"鸢形"："两组邻边分别相等的四边形叫做鸢形."中国内地的数学教材对此没有进行介绍，或者说"没有"对此类事物进行概括和抽象，而台湾的数学教材则将其列为必修内容来进行研究．所以说，数学概念是"为人"的，也是"人为"的．

其次，数学中大多数概念都是在原始概念的基础上形成的，并采用逻辑定义的方法，以语言或符号的形式使之固定下来．这样使得数学概念离现实更远，即抽象程度更高．同时，正因为抽象程度愈高，与现实的原始对象联系愈弱，才使得数学概念应用愈广泛．

然而，采用逻辑的方法，为什么要这样定义，而不是那样定义，则又是由人决定的．数学家根据研究问题的需要，或基于研究共同体交流的便利，对不同类的事物作出不同的抽象与概括，从而形成一种一致性的人为约定——数学概念. 比如对于函数定义中的"单值对应"就是一种人为的规定.

2. 数学规则的人为约定性

数学中的多数定理、公式和法则，都是采用公理化方法严格推导出来的，因而其准确性毋庸置疑. 所谓公理化方法，就是指从尽可能少的原始概念和不加证明的原始命题（即公理、公设）出发，按照逻辑规则推导出其他命题，建立起一个演绎系统的方法.

然而，数学中的有些内容，很像学习下象棋，那些走棋的规则，输赢的判定，都不是来源于现实，而是人们之间的一种约定. 作为一种约定的数学，在很大程度上是人的主观思维的产物，在约定时往往具有一定的随机性和选择性，但这一约定又必须是合情、合理的，因而又具有一定的必然性.

案例 1 为什么要先乘除后加减？

"先乘除，后加减"是数学运算中的一项规定. 如果规定"先加减，后乘除"行不行呢？首先从解决实际问题的需要说明这个规定的作用.

例 1 某化肥厂要生产 4000 吨化肥，如果每天生产 150 吨，生产了 12 天，还剩多少吨没有完成？

根据题意，这个问题应该是先乘、后减. 如果我们规定了"先乘除，后加减"，那么算式就不要加括号：$4000-150\times 12$；如果我们规定"先加减，后乘除"，那么算式就必须加括号：$4000-(150\times 12)$.

例 2 三年级同学要浇 300 棵树，已经浇了 180 棵树，剩下的分 3 次浇完，平均每次要浇多少棵树？

根据题意，这个问题应该先减、后除. 如果规定"先乘除，后加减"，那么算式就必须加括号：$(300-180)\div 3$；如果规定"先加减，后乘除"，算式就不要加括号：$300-180\div 3$.

以上两例说明，在解决实际问题时，既有需要先乘除后加减的问题，也有需要先加减后乘除的问题；再者是解题列式时要不要加括号，取决于所规定的运算顺序.

然而,从乘法的起源来看,加法是数量变化的低级形式,是四则运算中最基本的运算,减法是加法的逆运算,后来人们在实践中摸索到更为高级的运算——乘法,用乘法计算相同加数的和可以大大提高计算效率,使计算简便. 因此,在遇到形如"$x+a+a+\cdots+a$(b 个 a)"的计算问题时,自然就会想到先用乘法算 b 个 a 的和($a\times b$),然后再加 x. 由此可见,人们之所以规定"先算乘法",归根结底是缘于计算的简便. 这种规定并非依据生活同类实际问题的多少,更不是数学家们的主观意向,而是根据数学运算本身的特点而确定的,它产生于人们解决问题时的一种"求简"的本能.[①]

案例 2　分数为什么要这样相加减?

在小学数学教材中,分数相加减的规则是:两个同分母分数相加减,分母不变,分子相加减;异分母的分数相加减,则需要通分,变成同分母后相加减.

为什么要这样定义分数加减法呢? 合理的解释是:因为自然数以"1"为标准,"1"是自然数的单位,所以任何两个自然数都可以直接相加减. 但是,不同的分数有着不同的分数单位. 同分母分数,因为它们的分数单位相同,所以能直接相加减. 异分母分数,因为它们的分数单位不同,所以不能直接相加减. 为了使它们能够相加减,就要把它们化成相同的单位,这就需要通分.

然而,在解决实际问题当中,经常也会遇到这样的情形:两个分数相加减,将它们的分子、分母分别相加减. 比如,甲乙两个队踢足球,第一场 2∶3,第二场 1∶2,总的比赛结果就是 $\dfrac{2+1}{3+2}$. 又如,假设在每 50 名男性中,患胃病的人有 13 人;在每 50 名女性中,患胃病的人有 8 人. 此时,

---

① 陈德华. 为什么规定先算乘法 [J]. 数学学习与研究(教研版),2010(3):69—70.

男性患胃病的比例为 $\frac{13}{50}=26\%$，女性患胃病的比例为 $\frac{8}{50}=16\%$．现在需要描述总体患病率，那么只能是 $\frac{13+8}{50+50}=\frac{21}{100}=21\%$．

看来，分数相加减的规则，也是一种人为的约定．那么，人们约定的分数加减法的规则，为什么是前者而不是后者呢？仔细分析不难发现，后者这个加减法的规则，比如 $\frac{1}{2}+\frac{1}{3}=\frac{2}{5}$，其缺点是不能和自然数的加减法相容．例如，2+3=5 是自然数加法．但是 2 就是 $\frac{2}{1}$，3 就是 $\frac{3}{1}$，按照该规则 $\frac{2}{1}+\frac{3}{1}=\frac{5}{2}$，这就矛盾了．

所以，分数的加减法其实有两种，前者我们称之为分数的数量加减法，后者我们称之为分数的比例加减法．通常的加减法之所以规定为数量加减法，是为了使之能够和自然数的加减法兼容．

总之，很多数学规定从产生到被普遍认可都有一个曲折而漫长的过程，怎样规定更合理都有其内在的原因．了解规定背后的背景、想法，了解规定本身的建立，了解规定的局限、改进和变通，都是很重要的．在数学教学中，当学生有可能理解某一规定背后的原因时，不妨给学生创造条件，让学生更好地认识和理解这样的规定，体会规定的合理性与必然性．

三、不同的数学约定，可形成不同的知识体系

公理化的知识体系最先是由欧几里得创立的．所谓公理本意是指人们公认的、无需证明的道理．正因为如此，欧几里得的几何学一度被认为是绝对真理．但非欧几何的出现改变了人们关于公理的观念，他们摒弃了旧的公理观念，不再把公理看作不证自明的道理，而把它们当作不同理论体系的逻辑出发点．所谓一个公理化体系必须满足三个条件，这就是体系的相容性、独立性和完备性．相容性指的是体系内部的不矛盾性；独立性要求各公理之间不能相互证明；完备性则要求体系内的任何命题都能被证明

或证伪. 约定的数学命题只要满足这三个条件,便能形成一个独立的知识演绎体系.

拉卡托斯也曾指出,数学是假设—演绎的和拟经验的,数学由一系列的假设性理论组成,而每种理论都试图导出对假设的证明.[①] 这样,数学就变成了人为规定的一套语言、符号系统,只是作为人为约定的前提假设须满足一定的条件,即满足相容性、独立性和完备性. 举例来说,如果你规定"1+1=3",在此基础上去建构出一套体系,并且能自圆其说,或许一个新的数学分支就诞生了. 当然,个人的创造需要接受实践的检验,并为数学共同体所接受,这样,才能最终实现由"主观的思维创造"向相对独立的"思维对象"的转化. 数学史上不乏这样的先例. 如伽罗瓦的群论、康托尔的集合论等,那时出现在数学家们的眼前时,并不为大家所认可. 但事实证明,这些是非常重要的数学内容.

案例3 欧氏几何与非欧几何

古希腊数学家欧几里得的《几何原本》提出了五条公设:①由任意一点到任意一点可作直线. ②一条有限直线可以继续延长. ③以任意点为心及任意的距离为径可以画圆. ④凡直角都相等. ⑤同一平面内一条直线和另外两条直线相交,若在某一侧的两个内角的和小于两直角,则这两直线经无限延长后在这一侧相交.

第五公设称为平行公理,后人证明它同下面命题等价:通过一个不在直线上的点,有且仅有一条不与该直线相交的直线. 长期以来,数学家们发现第五公设和前四个公设比较起来,显得文字叙述冗长,也不那么显而易见. 因此,一些数学家提出,第五公设能不能不作为公设,而作为定理?能不能依靠前四个公设来证明第五公设?

十九世纪二十年代,俄国数学家罗巴切夫斯基在证明第五公设的过程中,提出了一个和欧氏平行公理相矛盾的命题,用它来代替第五公设,然后与欧氏几何的前四个公设结合成一个公理系统,展开一系列的推理. 他

---

① 邓杨杨. 拉卡托斯数学哲学观述评 [J]. 管理观察,2009(7):83—84.

在极为细致深入的推理过程中，得出了一个又一个在直觉上匪夷所思，但在逻辑上毫无矛盾的命题．最后，罗巴切夫斯基得出两个重要的结论：第一，第五公设不能被证明；第二，在新的公理体系中，得到了一系列在逻辑上无矛盾的新的定理，并形成了新的理论．这个理论像欧氏几何一样，是完善的、严密的几何学，这种几何学被简称为罗氏几何．

罗巴切夫斯基几何的公理系统和欧氏几何体系不同的地方，仅仅是把欧氏几何平行公理用"从直线外一点，至少可以做两条直线和这条直线平行"来代替，其他公理基本相同．由于平行公理不同，经过演绎推理引出了一连串与欧氏几何内容不同的新的几何命题．

从罗巴切夫斯基创立的非欧几何学中，可以得出一个极为重要的、具有普遍意义的结论：逻辑上互不矛盾的一组假设都有可能提供一种几何学．紧接着，第五公设用"过直线外一点，不能做直线和已知直线平行"来代替，便推演出了另一种形式的非欧几何——黎曼几何．三种几何各自所有的命题都构成了一个严密的公理体系．

树立这样的数学知识观，对于搞好中小学数学教学，也是至关重要的．

案例 4 *集合的基本性质*

在"集合"概念的教学中，在给出集合的概念之后，通常是介绍集合的三个特性，即"确定性""互异性"和"无序性"．显然，这三个性质不是从集合定义中推导出来的，而是人为做出的某种规定性．那么，是否一定要做出这种规定性？不这样进行规定行吗？绝大多数教师都几乎不会这样进行追问．教学中总是很"乏力"地反复强调集合的三个特性，而始终说不出所以然来．其实，中学讲的集合属于朴素集合论的范畴，它具有确定性的特征；不具有确定性特征，也可以定义集合，这就是模糊数学中模糊集的概念．同样，不满足互异性和无序性特征，也可以定义集合，这就是组合数学中多重集和有序集的概念．

什么是模糊集呢？用来表达模糊性概念的集合，叫作模糊集．对模糊性的数学处理是以将经典的集合论扩展为模糊集合论为基础的．普通的集合是指具有某种属性的对象的全体．这种属性所表达的概念，应该是清晰的、界限分明的．因此，每个对象对于集合的隶属关系，也是非常明确的，非此即彼．但在人们的思维中还有着许多模糊的概念，例如年轻、很大、暖和、傍晚等，这些概念所描述的对象属性，不能简单地用"是"或"否"来回答，模糊集合就是指具有某个模糊概念所描述的属性的对象的全体．由于概念本身不是清晰的、界限分明的，因而对象对集合的隶属关系也不是明确的、非此即彼的．从纯数学角度看，集合概念的扩充使许多数学分支都增添了新的内容．例如模糊拓扑学、不分明线性空间、模糊代数学、模糊分析学、模糊群、模糊图论、模糊概率统计、模糊逻辑学等．

什么是多重集呢？元素可以多次出现的集合，叫作多重集．在多重集中，某元素出现的次数，叫作该元素的重复数．在表示一个多重集时，应表明元素的重复数．比如，给定多重集 $S=\{\lambda_1 \cdot x_1, \lambda_2 \cdot x_2, \cdots, \lambda_n \cdot x_n\}$，对于元素 x_i，重复数的值可以是某个正整数，也可以是 0 或 ∞．如果 $\lambda_i=0$，则认为元素 $x_i \notin S$；如果 $\lambda_i=\infty$，则认为 S 中有无穷多个 x_i．可以看出，一般集合就是 x_i 只能取 0 或 1 的多重集．多重集是构建组合数学知识体系的基本概念之一．

什么是有序集呢？对集合 A 中任意两个不同元素 a、b，如果可以按照某种规则确定它们的先后次序，并且满足下列条件：(1) a 在 b 之先时，b 不在 a 之先；(2) a 在 b 之先，b 在 c 之先，则 a 在 c 之先．此时，则称集合 A 为有序集．比如，集合数列如果看成特殊的函数，是一个有序映射，可记为 $a_i=f(i)$，$i \in \{1, 2, 3, \cdots, n\}(n \in \mathbf{Z})$（有穷数列）或 $i \in \{1, 2, 3, \cdots, n, \cdots\}(n \in \mathbf{Z})$（无穷数列）．其定义域 $\{1, 2, 3, \cdots, n\}$ $(n \in \mathbf{Z})$或 $\{1, 2, 3, \cdots, n, \cdots\}(n \in \mathbf{Z})$是按照顺序排列的，值域 $\{a_1, a_2, \cdots, a_n\}$ 或 $\{a_1, a_2, \cdots, a_n, \cdots\}$ 也是有顺序的，这就是有序集．

四、数学知识是可误的，或可具有争议性

英国学者欧内斯特从认识论角度，把数学观分为绝对主义数学观和可误主义数学观．绝对主义数学观认为，数学是由确定的、无异议的真理所

构成，代表着可靠知识的领域．绝对主义数学观在历史上相继产生了诸多流派，如"三大主义"（形式主义、直觉主义和逻辑主义）以及布尔巴基学派等，但都各自出现了无法弥补的缺陷而相继宣告失败，由此便形成了可误主义的数学观．

可误主义数学观认为，数学知识不是绝对真理，它没有绝对的有效性，数学真理是相对的，数学知识是可误的、发展的、可以纠正的，随着严密性的标准变化，或新的问题、新的意义的产生，需要重新商榷．于是对数学基础的研究，经历了从基础主义到可误主义或拟经验主义的转变．对数学认识从绝对主义"确证"到"数学确定性的丧失"，数学哲学研究逐渐走向不同范式．

树立易缪主义或可误主义的数学观，对于正确认识数学中的某些问题，是非常有帮助的．

案例5　关于无限的争议

认真考察无限在数学中的发展历程，可以注意到在对无限思想的认识中，一直存在着两种观念：实无限思想与潜无限思想．

所谓潜无限思想，是指把无限看作永远在延伸着的，一种变化着、成长着被不断产生出来的东西来解释．它永远处在构造中，永远完成不了，是潜在的，而不是实在的．比如，阿基里斯悖论：跑得最快的阿基里斯永远追不上爬得最慢的乌龟．大意是说甲跑的速度远大于乙，但乙比甲先行一段距离，甲为了赶上乙，须超过乙开始的 A 点，但甲到了 A 点时，乙已进到 A_1 点，而当甲再到 A_1 点，则乙又进到 A_2 点……依此类推，直到无穷，两者距离虽越来越近，但甲永远在乙后面而追不上乙．

所谓实无限思想，是指把无限的整体本身作为一个现成的单位，是已经构造完成了的东西，换言之，即是把无限对象看成可以自我完成的过程或无穷整体的观念．早期牛顿、莱布尼兹创立的微积分学是以实无限为基础的，在其理论中，无穷小量被看作一个实体，一个对象，正因此，早期微积分又被称为"无穷小分析"．

那么，无限到底是实无限，还是潜无限呢？

其实，两种无限思想在数学上经历过此消彼长与往复更迭后，已在现代数学中日趋合流，现在数学中早已是既离不开实无限思想也离不开潜无限思想了．标准分析与非标准分析的使用表明：用两种不同的无限思想为依据，采取不同的方式，可以得出完全相同的结果．

为此，越来越多的人认为，对无限的认识只能是"既是实无限，又是潜无限"，无限本身就是一个矛盾体，它既是一个需无限趋近的过程，又是一个实体，一个可研究的对象．在这一矛盾体中，矛盾的一方是实无限，另一方是潜无限，而无限正是这矛盾双方的对立统一．事物并非只是"非此即彼"的，而是可以"亦此亦彼"的．[1]

即使对于中小学数学知识而言，认识也并非完全取得了一致，有些个别知识点也是各持己见，具有一定的争议性的．

案例6 关于绝对值的争议

对于绝对值的概念是有争议的，有人并不认为绝对值就一定是正数，而应是无符号的数．比如，如果把向南走1公里记为+1，把向北走1公里记为-1，对-1求绝对值，结果就成了向南走了1公里？显然这里是有问题的．问题在于无论是正数还是负数，都是相对数，不是绝对数，所以相对数求绝对值后得到的应是无符号的数，而不是正数．所以，无符号的数不只是一个零，应该还有其他的无符号数！所以有$|-1|=|+1|=1$，这里1不是正数，而是与0一样的无符号数！

再比如说三个人，不说男性，也不说女性，我们只说人，那么用什么符号来表示呢？显然不可以用符号来表示，这里的3只可以是无符号的数，假如记为3（注意，这里的3与+3是不同的，+3是有符号的数，而3是无符号的数）．这样，当我们问，三个男性（假设记为+3）加三个女性（假设记为-3），一共有几个人的时候，就必须用绝对值相加，也就是$|+3|+|-3|=6$，也就是六个人．这里的6就是无符号数．如果按照以往的数学观念，把这里的6理解为正数就不对了，因为这样就变成了六个男

---

[1] 韩雪涛．数学无穷思想的发展历程［J］．语文新圃，2006（3）：30-31．

性了.

这说明数学也是在不断发展之中的,我们见到的数学只是历史过程中的一个阶段,所以难免会出现解释不清或显得幼稚,但只要我们摒弃"铁板一块"的知识观,不要拒绝新的思考与探索,数学科学就能不断获得成长与进步.

§14 数学理解的"五视角"

一、数学理解的重要意义

数学教学的优劣,应以学生能否学好数学为宗旨.但在目前教师培训和研修中,过分倚重于教学理念和方法,而数学学科知识则受到冷落.许多教师往往对教学方法研究情有独钟:研究教学导入的艺术,研究指导探究的艺术,研究练习设计的艺术……但作为一名数学教师,却唯独忘了研究那些貌似简单却内涵深刻的中小学数学知识.

"木桶效应"表明,一位教师某方面素质的缺失,就会影响其全部能力的发挥.作为一名数学教师,需要不断地反问自己:"我懂数学吗?""怎样成为一名懂数学的数学教师?"以其昏昏,使人昭昭,必然要误人子弟.因为数学教师的数学理解水平,直接决定了学生的数学理解水平,影响到了学生的数学能力的发展.

在目前的数学教学中,存在一种"会而不懂"的现象,即学生会机械做题,但不太理解数学,数学学习演变成了一种形式化的、无意义的、机械式的解题训练.一些学生学习了多年数学,但并没有真正理解数学是什么,心中仍充满许多疑惑:为什么 0 不能作为除数?为什么计算时要先乘除后加减?等等.丘成桐教授曾与一群高考数学尖子生见面和对话,结果却令他颇为失望:"大多数学生对数学根本没有清晰的概念,对定理不甚了了,只是做习题的机器."在他看来,这样的教育体系,难以培养出什么数学人才.

曾在 2001 年获得国家最高科技奖的"杂交水稻之父"袁隆平院士说过:"我最喜欢外语、地理、化学,最不喜欢数学,因为在学正负数的时候，我搞不清为什么负负相乘得正，就去问老师，老师说'你记得就是'；学几何时，对一个定理有疑义，去问，还是一样回答．我由此得出结论，数学不讲道理，于是不再理会，对数学兴趣不大，成绩不好．"数学真的原本就是这样？还是教师的教学使然？答案显而易见．

所以通过提高教师的数学理解水平，克服和解决"会而不懂"现象，势在必行，刻不容缓．数学理解对于教师的重要意义，至少可以表现为以下两个方面．

1. 形成正确认识

教学首先要解决"教得对不对"的问题，再解决"教得好不好"的问题．通过追问鼓励教师积极开展数学知识的补偿教育，不仅仅是补偿以往尚未清楚的数学内容，更是为了养成从数学科学的视角审视数学课程内容的思维习惯，切实避免出现科学性的错误．数学教学中许多看似不是问题的问题，其实是极真实的教学问题，若在不经意间轻轻"滑过"，而不深入回答或澄清这些问题，便会在教师个人素质建构中留下"缺憾"，在数学教学中埋下"隐患"．

例如，在学习了"函数单调区间"的概念之后，不少老师都会举下面的例子：$y=\dfrac{1}{x}$ 在 $(-\infty, 0)$ 上是减函数，在 $(0, +\infty)$ 上也是减函数，但该函数在 $(-\infty, 0) \cup (0, +\infty)$ 上并不是单调递减函数，所以函数 $y=\dfrac{1}{x}$ 的单调递减区间只能写成 $(-\infty, 0)$ 和 $(0, +\infty)$．不少学生，甚至包括个别教师，由此形成一种错误认识：函数的单调区间一定不能写成并集的形式．

其实，之所以在上例中不能写成并集的形式，是因为函数在该数集中（严格讲已不是区间了），不满足函数单调性的定义．那么，是否满足一定条件就可以"并"？若是，这一条件又是什么呢？这样追问之后，稍微做些深入探究，就会发现：函数的两个单调递增（减）区间可以用"并集连起来"，反映在图象上的特征是：后面区间上的函数图象，要比前面区间上的函数图象"高（低）". 用数学语言来刻画，应是：设函数 $y=f(x)$ 在区间 $[a,b]$ 和 $[c,d]$ $(b\leqslant c)$ 上均是单调递增（减）函数，那么当 $f(b)\leqslant f(c)[f(b)\geqslant f(c)]$ 时，$y=f(x)$ 在区间 $[a,b]\cup[c,d]$ 上仍是单调递增（减）函数. 在学习了极限概念之后，其条件也可表述为：函数在前面区间右端点处的极限不大（小）于后面区间左端点处的极限.

又如，不少参考书上认为，在角度制里，三角函数是以角为自变量的函数，对研究三角函数的性质带来不便，引入弧度制后，便能在角的集合与实数集合之间建立一一对应的关系，从而将三角函数的定义域放到实数集或其子集上来. 事实果真如此吗？实际上，任何一种角的度量体制，都相应建立了角的集合到实数集合之间的一一对应. 这一点并不是弧度所独有的性质. 引起这种误解的原因，可能是因为通常用弧度制表示角的时候，总是略去了弧度单位. 这使一些人误将表示角的弧度的弧度数值——度量意义的实数与一般意义的实数混同在一起，出现了不恰当的理解.

其实，无论是角度制还是弧度制，都能在角的集合与实数集合之间建立一一对应关系，但采用弧度制更为方便. 如用角度制度量角，建立角集与实数集之间的一一对应关系时，需要 60 进制换算（例如 $30°15'$ 的角，对应的实数为 30.25），而弧度制为十进制，就不需要换算. 此外，使用弧度制可以简化很多公式. 比如，扇形弧长计算公式和扇形面积计算公式，若用角度制表示，分别为 $l=\dfrac{n\pi R}{180}$ 和 $S=\dfrac{n\pi R^2}{360}$，若用弧度制表示，则分别为 $l=\alpha R$ 和 $S=\dfrac{1}{2}lR$.

2. 获得深层理解

对任何事物的理解，均存在表层理解和深层理解. 对数学知识的理解，也是如此. 比如，对于"自然数"的理解，其含义实际上有两种，即基数含义和序数含义. 当用来表示事物的数量，即被数的物体有"多少个"时，这就是自然数的基数意义；当用来表示事物的次序，即最后被数的物体是"第几个"时，就是自然数的序数意义. 当学习了自然数之后，为什么又要引入负数呢？从数学科学的意义上讲，负数的引入至少包括两个方面：一方面是为了表示一对相反意义的量；另一方面是为了满足数学上的需要，实现数系的又一次扩张，如"2－3"可以进行运算，方程"$x+1=0$"有解，等等．不进行追问、探究和深思，便难以获得对"整数"如此全面和深刻的认识．

特别是在数学中，有一些内容是规定的．数学中的规定如同生活中的规定，比如十字路口红灯停、绿灯行，它保证了数学中的秩序与和谐．尽管是一种人为的规定，但这种规定是以科学性与合理性为基础的．搞清楚规定的科学性、合理性、优越性，对于领会数学具有非常重要的意义．

比如，在"乘除法的认识"的教学中，对于"0 不能做除数"的规定，常说"零做除数没有意义"或"规定零不能做除数"，许多教师往往只是把它当做一个结论来处理，强调"0 做除数，没有意义"．作为教师就应进一步追问，究竟为什么要规定"零不能做除数"呢？其实可从两个方面谈起：(1) 当被除数是零，除数也是零时，可写成 $0÷0=X$ 的形式，求商 X 是多少．根据乘法与除法互为逆运算的关系，被除数＝除数×商，这里除数已为零，商 X 无论是什么数，与零相乘都等于零，即 $0=0×X$，这样商 X 是不固定的．这就破坏了四则运算结果的唯一性．在这种情况下，简单地说："被除数和除数都为零时，不能得到固定的商．"(2) 当被除数不为零，而除数为零时，可写成 $a÷0=X(a≠0)$，求商 X 是多少．商 X 无论是什么数，与除数零相乘都得零，而不会得 a，即 $0×X≠a$．简单地说："当被除数不为零，而除数是零时，用乘除法的关系来检验，是不能还原的．"鉴于以上两种情况，因此说"零做除数没有意义"或"规定零不能做除数"．

又如，对于多项式、分式、根式等，为什么要规定一个最简形式呢？因为人们对所研究的对象，为了突出其本质属性，总要在外形上尽量简化．例如，合并同类项后的多项式叫最简多项式，没有最简多项式这个概念，关于多项式的许多问题就难以研究．如定理"如果两个最简多项式恒等，则它们的对应系数相等"是待定系数法的理论根据．这里"最简"的条件是必不可少的,没有"最简"的条件,本质上完全相同的多项式,在外形上可能会差别很大,讨论起来很不方便.

再如,在"对数函数及其性质"的教学中,对于对数函数 $y=\log_a x$ 中"底数 $a \neq 1$"的规定,一些教师并未深入思考,并作出清楚交待. 作为教师就应追问,究竟在数学教材中,为什么要作出如此规定呢?其实可从两个方面谈起:一方面,对数函数在高中数学中是作为指数函数的反函数引入的,但是当 $a=1$ 时,确定指数函数 $y=a^x$ 的映射,不是一个单射,当然更不是一一映射. 所以当 $a=1$ 时,根据反函数存在的条件,指数函数 $y=a^x$ 根本不存在反函数. 那么在这种情况下,作为它的反函数的对数函数,也就无从谈起了. 另一方面,作为一个函数,其定义域必须是非空的. 然而,如果选取数 1 作为对数函数的底数,则其定义域便会成为空集. 事实上,若取 1 为对数函数的底数,自变量取任何异于 1 的正数,都没有函数值与之对应;若取数 1 作为对数函数的底数,当自变量取值为 1 时,对应的函数值则不确定. 以上事实表明,当对数的底数等于 1 时,自变量无论取什么正数,都没有唯一确定的函数值与之对应,即此时函数的定义域是空集. 所以,对数函数不论作为指数函数的反函数,还是作为一个独立的函数来讨论,其底数都不应该取为 1,所以,在对数函数中规定底数不能等于 1.

二、数学教师理解学科知识的"五视角"

1. 厘清"是什么"

教学首先要解决"教得对不对"的问题,再解决"教得好不好"的问题. 数学教师要善于深入挖掘和剖析教材,仔细揣摩,反复琢磨,穷根究底,深及精髓,力求获得对教材内容的透彻理解,切实把握教材内容的内涵与外延. 只有把握得准、钻研得深,才能站得高、讲得透. 浮光掠影,浅尝辄止,一知半解,不求甚解,这样是无法驾驭教材内容的. 为此,教师要积极开展数学知识的补偿教育,不仅是为了补偿以往尚未清楚的数学内容,更是为了让学生养成从数学科学的视角审视课程内容的思维习惯,切实避免出现科学性的错误.

比如在概率论中,对于基本事件的认识,我们在教研活动中发现,一线教师有两种不同的声音:有的人认为基本事件是绝对的,而有的人认为是相对的.在依照基本事件的定义(在一个特定的随机试验中,称每一个可能出现的结果为一个基本事件)难以获得对基本事件的确切理解的情况下,通过查阅资料和求教专家便不难知道,其实基本事件的确定依赖于样本空间的构造.对于同一个随机试验,分析问题时选取不同的角度,就会得到不同的样本空间,相应的基本事件也会各不相同.比如投掷一枚骰子,求正面出现的点数为奇数的概率.若记事件 A 为"正面出现的点数为奇数",用 $e_i(i\in\{1,2,3,4,5,6\})$ 表示"正面出现的点数为 i"这一基本事件,那么基本事件的空间 $\Omega=\{e_1,e_2,e_3,e_4,e_5,e_6\}$,共包含 6 个基本事件,此时事件 A 包含了 e_1,e_3,e_5 这 3 个基本事件,故 $P(A)=\frac{3}{6}=\frac{1}{2}$. 如果把这一随机试验的结果看成是由"正面出现的点数为奇数"(即事件 A)、"正面出现的点数为偶数"(记为事件 $\bar{A}$)这两个基本事件构成的,此时 $\Omega=\{A,\bar{A}\}$,故 $P(A)=\frac{1}{2}$. 解法不同,但殊途同归. 因此,基本事件是相对的,而不是绝对的.

又如对于概率的统计定义,大多数教材中是这样进行描述的:在大量重复试验中,如果事件 A 发生的频率 $\frac{\mu_n}{n}$ 会稳定在某个常数 p 附近,那么事件 A 发生的概率 $P(A)=p$. 在这一定义中,频率稳定于概率,是否意味着频率的极限是概率?即 $\frac{\mu_n}{n}$ 稳定于 p 是否能写成 $\lim\limits_{n\to\infty}\frac{\mu_n}{n}=p$?实际上,事实并非如此,比如在 n 次实验中事件 A 发生 n 次是有可能的,此时 $\mu_n=n$,$\frac{\mu_n}{n}=1$,从而对 $0<\varepsilon<1-p$,不论 N 多么大,都不可能得到当 $n>N$ 时,有 $\left|\frac{\mu_n}{n}-p\right|<\varepsilon$ 成立. 亦即在某些场合下,事件 $\left(\left|\frac{\mu_n}{n}-p\right|\geqslant\varepsilon\right)$ 是有可能发生的,不过当 n 很大时,其发生的可能性很小. 例如,对上面的 $\mu_n=$

n，有 $P\left(\dfrac{\mu_n}{n}=1\right)=p^n$. 显然，当 $n\to\infty$ 时，$P\left(\dfrac{\mu_n}{n}=1\right)=p^n\to 0$. 故 "$\dfrac{\mu_n}{n}$ 稳定于 p"，是说对任意 $\varepsilon>0$，有 $\lim\limits_{n\to\infty}P\left(\left|\dfrac{\mu_n}{n}-p\right|<\varepsilon\right)=1$，即频率依某种收敛意义趋于概率，满足概率论中的大数定律，而不是说频率的极限就是概率.

2. 追问"为什么"

数学教师要善于经常不停地自觉追问和反思：为什么要提出这一数学概念？为什么要这样而不是那样对概念下定义？为什么要作出这样的数学约定？如此等等. 追问之后不得其解，便要查阅资料、求教专家，从而渐渐发现，问的越多，得到的学问就可能越多；问的越深，认识就必然越透彻、深入. 如此，我们在数学教学中，才可能真正做到"不仅讲推理，更要讲道理".

当对"为什么"的追问作出回答时，不难发现有两种可能情形，一种是无理由的人为约定，另一种是有理由的"为什么".

（1）无理由的人为约定

数学知识不是"铁板一块"，认识到数学的人为特性，对于搞好数学教学非常重要.[①]

比如在函数概念的教学中，任课教师总是不厌其烦地反复强调"对于非空数集 A 中的任意 x，通过对应法则 f，都有唯一的 y 与之对应". 至于为什么要"一对一""多对一"，为什么不可以"一对多"，则几乎不会进行考虑. 数学既然是现实的抽象，那么现实问题的解决中，就不会遇到"一对多"的情形吗？难道函数真的不允许"一对多"吗？站在较高的观点可以发现，中学里所学的函数都是单值函数，大学数学中就有多值函数的概念. 对于多值函数，通常都是分成若干个单值函数来进行研究，因此

[①] 李祎，邱云. 数学知识不是"铁板一块"——谈数学教师应树立的知识观[J]. 数学通报，2011（10）：1－6.

我们主要研究的是单值函数,且除非特别声明,今后所说的函数通常都是指单值函数. 从这一意义来看,"单值对应"并非函数的绝对不变的本质属性. 更一般地来看,"非空数集"也并非函数的一成不变的属性,泛函数中集合的元素就可以是函数. 其实,函数中始终保持不变的本质属性是"对应",没有了元素与元素之间的对应,便不成为函数了. 认识到这一点非常重要. 因而在高一函数的教学中,在"非空数集""单值对应"等方面浓墨重彩,其实无助于更一般函数观念的建立,反而会冲淡函数的实质.

(2) 有理由的"为什么"

数学中的多数"为什么",都能从数学内外的角度出发,作出明确、清晰的回答.

比如,在讲到指数幂时,有的教师强行告诉学生"我们规定 $a^0=1(a\neq 0)$",而不给学生解释为什么要作出这样的规定,这样的规定是逻辑上的要求还是解决问题的需要. 事实上,与其说 $a^0=1(a\neq 0)$ 是规定,不如说它是逻辑演绎的结果,是可以进行逻辑证明的:根据同底数幂的除法运算法则,即 $\dfrac{a^m}{a^n}=a^{m-n}$,当 $m=n$ 时,一方面 $\dfrac{a^m}{a^n}=\dfrac{a^m}{a^m}=1$,另一方面 $a^{m-n}=a^{m-m}=a^0$,由此可得 $a^0=1(a\neq 0)$. 教学中给学生进行解释,不仅是必要的,而且是可行的.

又如在有理数乘法的学习中,对于为何有"负负得正"的运算法则,有人认为这是一种规定,并给出了这样规定的理由;有人认为这是可以证明的结论,并给出了证明的方法. 其实,"负负得正"就是一种规定,这样规定的理由,是为了使数域扩大之后,小学中所学的运算律在扩大之后的数域中能继续保持和适用,所谓的证明"$(-5)\times(-3)=(-5)\times(0-3)=(-5)\times 0-(-5)\times 3=0-(-15)=15$",其中用到了小学中所学的分配律. 换句话说,如果规定"负负得负",那么小学中所学的分配律当数域扩大之后就不再适用. 为了使学生理解这一规定的合理性,对于初中生而言,可以采用"问题模型""归纳模型""相反数模型"等多种方法对这一规定的合理性进行解释。

3. 建构内容联系

学习理论的现代研究表明,理解性学习的关键就是建构知识之间的联系,理解的程度是由联系的数目和强度来确定的. 数学理解的本质就是数学知识的结构化、网络化和丰富联系. 而知识的有机联系与良好组织,是围绕核心概念或"大观点"组织的.① 抓住了核心概念或大观点,就容易实现对学科基本结构的掌握,从而实现对数学知识深层次和本质意义上的理解. 所谓核心概念或大观点,是指通过对一节课或一个单元、一章,乃至一个数学分支中的主要概念进行解构,析出的有共同本质指向的、重要的、不可或缺的基础知识和重要思想.

比如,"对称性"就是数学中的核心概念,围绕这一核心概念进行知识梳理,便可形成关于对称性的知识结构图. 小学便开始对对称性进行直观认识:人教版教材二年级"美丽的对称图形"中,通过"画一画"来认识对称性;五年级"图形的变换"一节中,在方格纸上通过"量一量""数一数",来半定性、半定量地研究对称的特征和性质. 到了初中阶段,在八年级"轴对称"一节中,通过坐标系来定量化地研究对称的特征和性质. 在高中阶段,对于对称性的研究,一是通过函数来进行研究,比如特殊的轴对称——偶函数,特殊的中心对称——奇函数,某函数 $f(x)$ 关于 $x=a$ 对称的量化特征 $f(a+x)=f(a-x)$ 等;二是通过方程来进行研究,主要研究点、直线、曲线关于某点或某直线的对称性,这又包括两个方面,一是研究图形自身呈现出的对称性,如椭圆关于长轴、短轴和中心的对称性,另一是研究两个图形关于某点或某直线的对称性. 围绕定性与定量、轴对称与中心对称、函数与方程等视角,便可建构起较为完整的关于对称性的横纵联系的知识结构图.

---

① (美) 约翰·D. 布兰思福特,等. 人是如何学习的——大脑、心理、经验及学校 [M]. 程可拉,等译. 上海:华东师范大学出版社,2002:38.

又如在"二分法"的教学中，其实具体的二分法，并非教学的重点，"逼近思想"才是这节课的核心思想，也是数学中的重要的基本思想. 教学中要解决的关键问题，就是如何引导学生去进行探究，从而在学生头脑中生成"逼近"这个重要思想. 相对于"逼近思想"，"二分法"倒是次要的，它仅是实现"逼近"的一种具体手段，"三分法""四分法""0.618法"等也未尝不可，之后还要进一步学习牛顿法、弦截法等逼近的方法. 从内容前后联系的角度来看，其教学的思路与线索是：方程求解问题→求函数零点问题→逼近问题→缩小区间问题→二分法问题. 即：多数方程求解不易，从而转化为求函数的零点；函数零点的准确值往往也难以求得，从而通过逼近思想转化为求函数零点的近似值；实现逼近的基本方法是缩小区间；而缩小区间的方法很多，二分法就是其中之一.

华罗庚曾说过，在对书中每一个问题都经过细嚼慢咽，真正懂得之后，就需要进一步把全书各部分内容串连起来理解，加以融会贯通，从而弄清楚什么是书中的主要问题，以及各个问题之间的关联. 这样就能抓住统率全书的基本线索、贯串全书的精神实质，从而实现知识理解的"由厚到薄".

4. 挖掘思想方法

数学知识从总体上可分为两个层次：一个称为表层知识，包含概念、性质、法则、公式、公理、定理等基本内容；另一个称为深层知识，主要指数学思想方法. 基本的数学思想方法犹如灵魂，统率着知识结构体系，要真正理解数学的精髓，必须能透过表层知识认识到其间蕴含的思想方法. 如从小学阶段开始，我们学习了长度、角度、面积、体积等多种几何量，但只要把握了基本的度量思想，即"定义几何量—确定度量单位—简化算法"，就可以看出它们的某种相通性，就能从整体结构上理解图形度量，并进一步研究图形性质.

如果说表层知识可以用文字和符号来记录和描述，那么思想方法只能通过思维来领会和运用. 教学中只有把思想方法与知识技能融于一体，这样，思想方法有载体，知识技能有灵魂，才能真正帮助学生理解数学．而且思想方法不可能经历一次就能正确认识并迁移，需要在长期的教学中，点点滴滴地孕伏，断断续续地再现，若隐若明地引导，日积月累地强化，这样才能使学生达到掌握的程度．比如教师在教授概念、公式、性质的过程中，要引导学生主动参与结论的探索、发现、推导过程，通过不断渗透相关的数学思想方法，从而使学生思维产生质的飞跃．

例如无论是初中对于一次函数、反比例函数性质的研究，还是高中对于函数的单调性和奇偶性、指数函数、对数函数、幂函数等性质的研究，都运用了数形结合、从特殊到一般、分类讨论等思想方法．这些思想方法不依内容而异，呈现出某种相通性．它们看不见、摸不着，要使学生较好地掌握它们：一方面，教师在涉及思想方法的关键处，要多留出时间让学生进行独立分析和思考，尽可能让他们自己寻找和"发现"这些思想方法，"逼迫"他们在面临问题时学会"数形结合"，学会"分类讨论"，学会"从特殊到一般"等，因为具体函数及其性质仅是学习的载体，通过知识学习掌握这些思想方法、具备这种能力，才是教学的重点和关键；另一方面，教师在教学中要有意识地使用一些提示语，使学生在潜移默化地领会思想方法的同时，尽可能使数学思想方法显性化，使学生对思想方法的学习和掌握，从自发走向自觉，从无意识默会走向有意识习得．

教学中不仅要深入挖掘宏观意义的思想方法，也要深刻领会具体解决问题的思想方法．当我们解题时遇到一个新问题时，总想用熟悉的题型来"对题型，套解法"，这其实只是满足于求解出答案，只有对思想方法理解透彻及融会贯通时，才能揭示出问题实质，并提出新看法、巧解法．比如在解题教学中，教师要善于通过"多解归一"的方式，寻求不同解法的共同本质，乃至不同知识类别及思考方式的共性，上升到思想方法、哲理观点的高度，从而不断地抽象出具有共性的数学方法．因为数学知识的巩固主要在于做题，但做数学题不仅要注意"一题多解"，更要注意"多解归一"．"一题"之所以能"多解"，往往就在于这些解法之间是有联系的，这些联系之间是有规律可循的，通过"多解"后的"归一"，让学生能站在系统的高度看问题,进而升华到从哲学的角度认知世界,这样就可以形成强大的认识力,由此获得对数学的通透理解.

5. 寻求多元表征

知识表征是指信息在人脑中的储存和呈现方式,它是个体理解知识的关键. 数学知识表征往往有多种方式,如有通过语义理解而获得知识的本质属性的语义表征,有通过各种样例来归纳和认识事物本质特征的样例表征,有通过实物、模型、图象或图画等来认识和理解数学的形象表征等. 不同的思维方式将导致不同的表征. 在不同的表征系统中建立不同表征形式,并在不同表征系统之间进行转换训练,可以强化学生对数学知识内在本质的认识,促进学生对数学的多角度理解.

比如对于复数的学习,要认识到复数的本质,必须要知道复数是二元数,而实数是一元数. 二元的复数不仅有数量意义,而且还有方向意义. 对复数的"数量加方向"这一本质属性的理解,可以通过多种表征方式来进行:用几何形式表示复数时,它的意义是一个向量,其本质特征是向量的长度和方向;用三角形式表示复数时,在 $z=r(\cos\theta+i\sin\theta)$ 中,r 表示复数向量的长度,θ 表示复数向量的方向;用代数形式表示复数,在 $z=a+bi$ 中,复数向量的长度是" $\sqrt{a^2+b^2}$ "," $\dfrac{b}{a}$ "就表示了复数向量的方向.[①] 在学习中能达到这样的认识层次,就是对复数概念深刻理解的一种标志.

数学的主要表征形式是符号表征和图形表征,努力寻求两种表征方式的转换,是理解数学的一种重要方式.

一方面,数学是抽象的,理解数学的一个层面便是赋予其直观意义. 这里的"直观",主要指"几何直观". 几何直观要借助于图形或图象来实现. 正如张广厚所言:"……抽象思维如果脱离直观,一般是很有限度的.

---

① 涂荣豹,宁连华. 数学概念本质的把握[J]. 数学通报,2001(11):19—20.

在抽象中如果看不出直观，一般说明还没有把握住问题的实质".[①] 比如，对于等差数列前 n 项和公式 $S_n = \dfrac{n(a_1+a_n)}{2}$，不妨设 $a_n > 0$，作如图1所示的几何图形，这时不难发现，S_n 即为 n 条相等的线段的和的一半，这样不仅有助于对求和公式的记忆，也有助于理解倒序相加法的实质. 又如，对于绝对值不等式 $|a|-|b| \leqslant |a \pm b| \leqslant |a|+|b|$，由于 a、b 具有任意性，利用数形结合的思想和动静转换的策略，构造函数 $y=|x|-|b|$，$y=|x \pm b|$，$y=|x|+|b|$，画出其图形，则其大小关系便获得了直观表达.

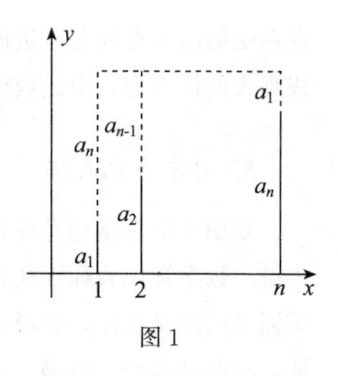

图1

但另一方面，数学学习也不能过分倚重几何直观，符号表征仍然是数学的基本表征. 比如对于椭圆及其性质的学习，仅仅强调通过观察图形而获得其几何性质，是远远不够的，也违背了解析几何的基本思想——用代数方法研究几何问题. 教学的关键就是要通过引导学生从方程的角度出发来研究椭圆的几何性质：当坐标平面上的点 (x, y) 满足方程 $\dfrac{x^2}{a^2}+\dfrac{y^2}{b^2}=1$ 时，点 $(x, -y)$、$(-x, y)$、$(-x, -y)$ 也满足椭圆的标准方程，这种代数上的特点反映出椭圆关于 x 轴、y 轴和坐标原点的对称性. 同样，椭圆的其他几何性质也都可以通过代数方程而获得. 教学中经常存在的误区是用图形表征来代替符号表征，从而不能使学生获得对椭圆性质的深刻理解.

总之，能否把握不同表征形式以及不同表征形式之间的联系，进而认识数学知识的本质特征，从根本上反映了学习者所建构的内在表征的适切性，直接影响着学习者对于数学知识的理解.

[①] 张广厚. 慎重选取与潜心精读——读书浅谈 [C]. 成都：四川人民出版社，1992.

§15 数学素养提升的"六维度"

"教什么"是课堂教学的中心,"教什么"始终比"怎么教"重要. 当"怎么教"凌驾于"教什么"之上时,课堂教学就可能出现"华而不实"的现象. 而"教什么"首先关涉到教师的学科专业素养. 舒尔曼指出,教师怎样理解学科知识对教学十分重要,专家型教师教学的成功,主要基于对学科知识的通透理解,但这一问题被以往的研究者忽视了.[①]

对于中小学数学教师而言,大学数学教育并不能完全支持数学教师的学科素养的发展. 中小学数学教师学科素养的自我研修和提高,我们认为可着眼于高度、深度和广度,从以下六个方面来展开,即:结构性知识和高观点知识(高度)、本质性知识和方法性知识(深度)、拓展性知识和过程性知识(广度).

一、从宏观上对数学知识整体结构的正确把握

数学家华罗庚先生常说"既要能把书读厚,又要能把书读薄". 读厚,就是要把每一逻辑关系,每一个细节搞清楚,想明白;读薄,就是能抓住课程的主线和基本脉络,抓住课程的内在联系,形成整体认识.

美国教育家布鲁纳也认为,"不论我们选教什么学科,务必使学生理解该学科的基本结构."所谓学科基本结构,是指该学科的基本概念、基本原理及其相互之间的关联性,是指知识的整体性和事物的普遍联系,而非孤立的事实本身和零碎的知识结论. 他认为,这种基本结构应该成为教

---

① Shulman, L. S. Those who understand: knowledge growth in teaching. Educational Researcher, 1986, 15 (2): 4—15.

学过程的核心，因为掌握了学科知识的基本结构，就能把握住知识体系的核心和关键，就可以从宏观上理解学科知识，避免"只见树木，不见森林"。

案例1 代数的本质与学科结构是怎样的？

代数的本质是用符号表示数，是字母参与运算．从用符号代表数（代数式），到用符号代表未知数（方程），再到用符号代表变数（函数实质是几何的代数化），代数内容由此生成．

由于事物中的数量关系的不同，字母代表数就会参加各种不同的运算．字母参加乘法、加法——整式，字母参加除法——分式，字母参加开方运算——根式，于是形成了整式、分式和根式这三大类代数式．当然还可以进一步参加其他运算，如字母参加指数运算——指数式，等等．

算术是对已知数进行运算而未知数不能参加运算，代数是未知数也可以参加运算．等式中加入代表未知数的字母，就产生了方程的概念．要讨论方程，首先是如何把实际中的数量关系组成代数式，然后根据等量关系列出方程．所以，初等代数的中心内容就是代数式和解方程．

在初等代数的产生和发展的过程中，通过解方程的研究，也促进了数的概念的进一步发展，将算术中讨论的整数和分数的概念，扩充到有理数的范围，使数包括正负整数、正负分数和零，并进一步扩展到实数和复数的范围内．

由上可知，初等代数的基本内容，就是数式运算和方程求解．"数"主要指不断扩展的有理数、无理数、复数；"式"主要指整式、分式、根式，整式又包含了单项式和多项式；"运算"主要指加、减、乘、除、乘方、开方六种代数运算；"方程"主要指整式方程、分式方程、根式方程和方程组．

围绕代数学的核心内容——解方程：当方程中未知数的个数增加时，一元一次方程就演变成了含有多个未知数的线性方程组，为了解线性方程组，引入了矩阵与行列式的概念，这便是线性代数研究的主要内容；当方程的次数增加时，一元一次方程就演变成了次数更高的多项式方程，研究多项式理论,主要在于探讨代数方程的性质,从而寻找简易的解方程的方法,为此需要学习整除性理论、最大公因式、重因式等,这便是多项式代数研究的主要内容. 大学《高等代数》的主要内容就是线性代数和多项式代数.

围绕高次方程的代数解的问题的研究,数学家提出了"群"的概念,并由此发展了一整套关于群、环、域的理论,开辟了代数学的一个崭新天地,直接影响了代数学研究方法的变革. 从此,代数学不再以方程理论为中心内容,而转向对代数结构性质的研究,这便是大学中《近世代数》学习的主要内容.

类似地,平面几何、立体几何、解析几何、微积分、三角学等分支学科,都有相应的学科结构体系. 作为数学教师,要从纷繁复杂的事实和现象中解脱出来,理清思路,抓住要点,整体系统地构建内容框架,有层次地组织数学教学. 当然,数学知识的整体结构是相对而言的,不仅有宏观层面的知识结构,也有中观层面和微观层面的知识结构,比如某章、某节的知识结构,围绕某知识线索形成的知识结构等.

二、从高观点对中小学数学的居高临下的认识与把握

所谓高观点,是指站在更高、更广的知识体系中,来理解和认识下位知识的思想方法. 所拥有的观点越高,看问题才越有深度和广度,事物才越显简单. 因为许多事物和现象表面上各不相连,但是把它们提高到适当的高度来看,这些事物和现象就会有一种统一的理论串连其间. 如果没有掌握到这种枢纽性的理论,就难以回头用理论来统一一系列繁复多样的实际. 教师只有学到应有的深度,占领"制高点",才能居高临下、一目了然,把数学内容搞得透彻和清楚,才能在教学时抓住本质和精髓,从而真正做到深入浅出.

案例 2 自然数的个数是偶数个数的 2 倍吗?

一位教师教学"自然数按能否被 2 整除分为偶数和奇数"时,让学生按从小到大的顺序列举偶数和奇数,并引导学生探究偶数和奇数的特点.

有的学生便发现,"偶数的个数是无限的,自然数的个数是偶数个数的2倍". 因为"自然数是按一个偶数一个奇数,又一个偶数一个奇数这样的顺序排列的,偶数与奇数的个数一样多,所以说,自然数的个数既是偶数个数的2倍,也是奇数个数的2倍". 于是,这位老师便对学生的"发现"大加赞赏. 表面上看好像偶数集和奇数集中元素的个数各占自然数集中元素个数的一半,其实这种说法是错误的,错误源于教师学科知识的贫乏和应对问题的轻率. 若能多做一些追问与反思,并能及时求教与学习,便可获得一种关于无限中"多少"的高观点.

在大学数学中,把能与自然数集 **N** 建立一一对应的集合,叫做可数集. 如果将可数集的每个元素标上与它对应的那个自然数记号,那么可数集的元素就可以按自然数的顺序排成一个无穷序列 $a_1, a_2, a_3, \cdots, a_n, \cdots$. 例如,全体正偶数的集合是一个可数集,全体正奇数的集合也是可数集,它们与自然数集可以建立一一对应关系. 显然,一个可数集可以含有可数的真子集,反过来,两个可数集也可以并成一个可数集. 整数集与有理数集都是可数集. 按照基数概念,能一一对应的两个集合的基数相同,于是有理数集、整数集、全体正偶数集等与自然数集有相同的基数. 就这一意义而言,这些集合所含元素是"一样多",但这些集合又是一个包含另一个作为真子集,所以又不同于有限集元素的"多少"概念. 值得注意的是,并非所有的无穷集都是可数集,因为康托尔证明了实数集不是可数集,这样,实数集与自然数集有不同的基数,因而说明了无穷集所含元素数量的多少还有某种层次区别.

案例3 为什么复数不能比较大小?[1][2]

从数的扩充原则来看,自然希望把实数之间的大小关系扩充到复数集上去,同时需要保留原来大小关系所具有的通常必备的一些性质. 所谓通常必备的性质,一般是指数的大小与数的运算之间相联系的两条性质,即

---

[1] 王明圣. 序与复数无大小 [J]. 高等函授学报(自然科学版),1998(1):51—52.

[2] 拾叶. 为什么复数不能比较大小 [J]. 数学教学研究,1984(2):30—31.

所谓的单调性：若 $\alpha<\beta$，γ 为任意复数 $\Rightarrow \alpha+\gamma<\beta+\gamma$；若 $\alpha<\beta$，$\gamma>0 \Rightarrow \alpha\gamma<\beta\gamma$. 就前几次扩充数集的结果来看，这两个方面的要求都得到了肯定的解决. 但现在对复数集来说，情形就不完全一样了.

复数集是有序集，可以先后排序. 所谓有序集，是指定义在集合 A 上的关系"<"满足：（1）三分律：若 a，$b \in A$，则 $a<b$，$a=b$，$b<a$ 三者有且只有一种成立；（2）传递性：若 a，b，$c \in A$，$a<b$，$b<c$，则 $a<c$. 则称集合 A 为有序集. 根据以上定义，显然实数集为有序集. 而复数集也可以通过一些规定，使之成为有序集. 例如，对任意的两个复数 $a+bi$ 与 $c+di$，规定：若 $a<c$，则 $a+bi<c+di$；若 $a=c$，但 $b<d$，则 $a+bi<c+di$.

复数集是有序集，可以先后排序，但集合序还不等于大小数目顺序，只有集合顺序在四则运算之下具有保序性时，才称为大小数目顺序，才能比较大小. 所谓具有"数目顺序"，是指满足：（1）加法保序性：若 $a \leqslant b$，对任意 c，都有 $a+c \leqslant b+c$；（2）乘正数的保序性：若 $a \leqslant b$，对任意 $c \geqslant 0$，都有 $ac \leqslant bc$. 复数按规定的"集合序"，不满足乘正数的保序性，因而不具有"数目顺序". 比如，按照上述规定，复数也有正数. 设复数 $Z=(a,b)$，当 $a>0$，或 $a=0$ 且 $b>0$ 时，有 $Z>0$. 因此，i 为"正复数"，即 $i>0$. 对于 i 与 0 应有 $0<i$. 于是，如果乘法具有乘正数的保序性的话，那么就有 $0 \cdot i < i \cdot i \Rightarrow 0 < -1$，这与已知相矛盾.

当然，从高观点来透视中小学数学内容，其目的并非要照搬高观点的内容和方法来教学，而是在高观点的指导下，获得对中小学数学内容的更深刻认识和理解.

三、从微观上对数学知识的准确、深刻理解

数学教师要具备较高的数学素养，就必须善于深入挖掘和剖析教材，仔细揣摩，反复琢磨，穷根究底，深及精髓，力求获得对教材的透彻理解，形成对所教内容的深刻感悟，切实把握教材内容的内涵与外延. 只有把握得准、钻研得深，才能站得高、讲得透. 浮光掠影，浅尝辄止，一知

半解，不求甚解，这样是无法驾驭教材的.

案例 4　为什么斜率要用正切值来进行定义？

斜率是中学数学的一个非常重要的概念. 有了倾斜角的概念，完全可以刻画直线的倾斜程度，但为了建立直线的方程，还需要把倾斜角代数化，所以就引出了斜率的概念. 但为什么定义直线的斜率时，要用 $y=\tan \alpha$，而不是 $y=\sin \alpha$ 或 $y=\cos \alpha$ 呢？

一方面，工程问题中有"坡度"的概念. 顾名思义，"坡度"就是"坡的陡峭程度"，在工程中，是用坡面的铅直高度和水平长度的比来进行刻画的，相当于在水平方向移动一个单位，在铅直方向上升或下降的数值. 这样，坡度越大$\Leftrightarrow \alpha$ 角越大$\Leftrightarrow$坡面越陡，所以 $\tan \alpha$ 可以反映坡面倾斜的程度. 现在我们学习的斜率 k，等于所对应的直线（有无数条，它们彼此平行）的倾斜角（只有一个）α 的正切，可以反映这样的直线对于 x 轴倾斜的程度. 所以，数学中斜率的概念采用倾斜角的正切值，与工程问题中的"坡度"概念是一致的.

另一方面，倾斜角的大小从某种意义上，反映的是直线倾斜的程度，直线倾斜的程度越大，倾斜角应越大. 但当倾斜角是钝角时，情况是相反的，受生活意义上倾斜程度的影响，此时倾斜角越大，倾斜程度反而越小，可此时斜率为负值，进而斜率越大. 因此，不管是锐角变化，还是钝角变化，反映的都是倾斜角越大，斜率越大，而正弦、余弦函数不具有这样的特性.

当然，从后续学习的导数的视角来认识斜率的概念，正切值实际上就是直线的瞬时变化率，这样，采用正切值与导数保持了一致性.

类似的问题还可以提出很多. 比如，为什么集合具有"三性"？函数难道不能"一对多"吗？频率的极限是概率吗？为什么方差要这样定义？为什么简单随机抽样是不放回逐次抽样？等等. "厚积"才能"薄发". 作为一线教师，只有注重平时的学习、积累，通过对教材的不断钻研，形成对知识的精准认识和深刻理解，才能丰厚自己的专业知识，提高自身的本体性知识水平，才能游刃有余地处理教学中的一些问题.

四、对显性知识背后隐性的思想方法的统领性认识

数学问题可以千变万化，而其中运用的数学思想方法，却往往是相通的。不去领悟数学思想方法，只满足于对知识结论的记忆和解题技巧的掌握，这种"重术轻道"的数学教学，难以培养出有创造力的人才。数学学习的根本目的，就在于掌握这种具有普遍意义和广泛迁移价值的策略性知识——数学思想方法。

所谓数学思想，是指人们从某些具体数学内容和对数学的认识过程中抽象概括出来的对数学知识内容的本质认识。数学方法是指人们在数学问题解决过程中所采取的步骤、程序和实施办法。数学思想是数学的灵魂，是数学内容和数学方法的升华与结晶，它支配着数学的实践活动。数学方法是数学思想的表现形式和得以实现的手段，它为数学思想提供逻辑手段和操作原则。数学知识教学只是信息的传递，而数学思想方法的教学才能使学生形成观点和技能。因此，系统掌握数学思想方法对于提升教师的数学素养非常重要。

中小学数学教材中蕴涵了丰富的数学思想方法，但这些思想方法往往并没有明确地写在教材上。如果说显性的数学知识是写在教材上的一条明线，那么隐性的思想方法就是潜藏其中的一条暗线。明线容易理解，暗线不易看明。"明线"直接用文字形式写在教材里，反映知识间的纵向联系；"暗线"反映着知识间的横向联系，常常隐藏在基础知识的背后，需要经过分析、提炼才能显露出来。教师只有在思想方法层面具有较高的数学素养，才能从整体上、本质上理解中小学数学教材内容，才能在教学中更好地抓住教学的重点、难点和关键。

案例 5 "函数的图象和性质"的教学中，蕴含着怎样的数学思想方法？

比如在初中"反比例函数的图象和性质"一节的教学中，包含了许多数学思想方法：通过与一次函数的对比来研究反比例函数——类比的思想方法；通过函数图象研究函数的性质——数形结合思想；通过具体函数的

性质，归纳出一般函数的性质——从特殊到一般的归纳思想；区分 $k>0$ 和 $k<0$ 两种情况，来分别讨论函数的性质——分类讨论思想.

又如在高中"对数函数及其性质"一节的教学中，同样包含了许多数学思想方法：通过与指数函数的对比，来研究对数函数——类比的思想方法；通过函数图象研究函数性质——数形结合思想；通过具体函数的性质，归纳出一般函数的性质——从特殊到一般的归纳思想；区分 $a>1$ 和 $0<a<1$ 两种情况，来讨论函数的性质——分类讨论思想；对数函数概念引出及对数函数性质应用实例——数学模型思想方法.

函数单调性、函数奇偶性、幂函数、指数函数等的教学，同样渗透的是这些思想方法，它们不依内容而异，呈现出某种相通性. 这些思想方法看不见、摸不着，要使学生较好地掌握它们：一方面，最为重要的是教师在这些关键点处，要多留出时间让学生进行独立分析和思考，尽可能让他们自己寻找和"发现"这些思想方法，逼迫他们在面临问题时学会"数形结合"，学会"分类讨论"，学会"从特殊到一般"等，因为具体函数及其性质仅是学习的载体，通过知识学习掌握这些思想方法、具备这种能力，才是教学的重点和关键；另一方面，教师在教学中要有意识地使用一些提示语，使学生在潜移默化地领会思想方法的同时，尽可能使数学思想方法显性化，使学生对思想方法的学习和掌握，从自发走向自觉，从无意识默会走向有意识习得.

五、对中小学数学中某些拓展性、衍生性知识的认知

数学教师的专业知识素养，既要有一定的深度，也要有一定的广度，既要从纵向获得对数学知识的深刻理解，也要从横向拓广自己的数学视野，从而使教师专业知识结构的建构，不仅精深而且广博. 学问广博，学识丰富，不断扩大知识面，达到多闻通达，这样才能在数学教学中，站在更高、更广的角度理解数学，以一种宏观的、联系的、发展的观点去看待数学，才能在实施教学时信手拈来、游刃有余.

案例 6 一元三次方程是否也存在求根公式？

学习了一元一次方程、一元二次方程的求根公式之后，自然就应追问：一元三次方程是否也存在求根公式呢？一元四次以及四次以上的方程又如何呢？追问之后不得其解，自然就会查文献阅资料或求教专家学者，这时就会逐渐学习到不少课本中没有的数学学科知识．原来，解方程是代数学的基本问题．在数学史上，人们首先学会了解一元二次方程，找到了用方程的系数和根式等运算生成的"求根公式"．大家猜想，一元高次方程也应当有这样的求根公式．但是解一元三次方程就很费周折，留下了卡丹与塔尔塔里雅的解一元三次方程大战的神奇传说，留下了一元三次方程求根公式的归属之谜．而得到解一元四次方程的求根公式以后，人类研究一元五次方程求根公式近八十年毫无所获．这才有高人在反思中提出，是否一元五次及以上的方程不存在这样的求根公式．换了一个相反的方向研究，很快就证明了这个结论．即对于五次及五次以上的一元高次方程，没有通用的代数解法和求根公式，这被称为阿贝尔定理．换句话说，只有一元四次及四次以下的方程才有公式解．

下面再看一个例子：

案例7 是否存在等和数列、等积数列？

学习了等差数列、等比数列之后，就应自然想到：有没有等和数列、等积数列呢？有的老师会回答："不属于高考内容，没必要浪费时间研究这个问题．"有的老师就会认真考虑，并引导学生进行分析与探究．仿照等差数列、等比数列的定义，有的教师引导学生分别给出了等和数列、等积数列的定义，并对其性质做了探究[①]：

$a_n + a_{n+1} = d (n \in \mathbf{N}_+)$，$a_n a_{n+1} = d (n \in \mathbf{N}_+)$

例如：2，3，2，3，2，3，2，3，…，就有

$a_n + a_{n+1} = 5 (n \in \mathbf{N}_+)$，$a_n a_{n+1} = 6 (n \in \mathbf{N}_+)$

一般地，有这样的结论：（1）等和数列、等积数列（$d \neq 0$）是周期数

---

① 李士锜，李俊．数学教育个案学习［M］．上海：华东师范大学出版社，2001：16—19.

列，当它们不是常数列时，是周期为2的周期数列．（2）等和数列是等积数列，但等积数列未必是等和数列．比如数列：1，0，2，0，3，0，4，0，5，0，…，它是等积数列，但不是等和数列．

六、对数学知识产生、发展等"来龙去脉"的过程性把握

数学知识的产生和形成有它的客观基础，不顾及数学知识的生成与发展，掐头去尾烧中段，人为地割断数学的外部与内部联系，是违背数学知识发展规律的．数学教师不仅要关注知识的掌握，而且应特别关注掌握知识的过程，包括知识的来龙去脉，结论的背景、产生过程和意义，获取知识的方法等．注重数学知识的过程性，不仅可以避免"知其然而不知其所以然"，而且可以有效把握知识的本质和思想方法．

案例8 为什么要这样定义直线的方向向量与平面的法向量？[①]

在高中数学教材中，定义了直线的方向向量和平面的法向量．为什么要作出这种定义呢？其实，定义直线的方向向量和平面的法向量是为了确定直线的方向和平面的方向．我们把互相平行的直线的方向看成是一致的；同样，如果一些平面互相平行，也说这些平面的方向是一样的．

那么，为什么不定义直线的"法向量"（与直线垂直的非零向量）和平面的"方向向量"（与平面平行的非零向量）？可否分别用直线的"法向量"和平面的"方向向量"来刻画直线与平面的方向呢？答案是否定的．

对于直线而言，如果采用"法向量"，那么与该"法向量"垂直的直线有无数多条，这些直线的方向并不一定相同，因此无法把直线的方向确定下来，但如果任取直线的两个不共线的"法向量"，则可以确定一个与该直线垂直的平面，而与平面垂直的直线的方向是确定的．可见，用与直线垂直的两个不共线的非零向量也可以表示这条直线的方向，但用直线的方向向量只需一个向量就可以确定直线的方向．

---

① 李祎．基于探究学习的数学教学策略研究——"二十四字教学方针"解析[J]．数学通报，2009，48（2）：22-24．

同理，对于平面而言，如果采用"平行向量"，那么与该"平行向量"平行的平面有无数多个，而且平面的方向是多种多样、不确定的，这样无法用一个向量来刻画平面的方向，而必须任取两个不共线的非零向量才能把平面的方向确定下来，但用平面的法向量只需一个向量就可以确定平面的方向.

这一案例充分展现了数学家创建这些概念的思维过程，具体的教学过程可参见本书下篇§12. 其实，对许多数学知识的自觉追问，都会涉及知识产生的过程性. 比如，无理数 e 和 π 是如何产生的？为什么有了角度制还要引入弧度制？为什么要引入指数和对数的概念？先有指数、后有对数吗？导数和定积分的概念是如何产生的？先有导数、后有定积分吗？为什么要引入随机变量的概念？等等. 只有通过这样的追问，才能提高数学知识过程形态的展现水平，才能把"冰冷的美丽"变成"火热的思考".

总之，对数学学科知识的全面认识与深刻理解，是长期的、循序渐进的过程，专门化的培养与培训并不能解决教师面临的所有问题. 只有善于追问，勤于思考，勇于探索，乐于学习，不断修炼内功，逐渐提高数学修养，才能成为一名优秀的数学教师.

下篇　实践论的视角

下篇 实验的构想

§1 高水平数学教学应这样教

——以"函数的单调性"教学为例

在某中小学教师教学技能大赛中,高中数学组的片段教学内容是"函数的单调性". 有的老师认为,该课题内容简单,没有探究性,也难以出彩. 其实,持这一看法的人,没有深刻领悟新课程的理念,更缺乏对教学内容的深度把握. 我们认为,高水平的数学教师,在教教材中显性知识的同时,应能挖掘出其后的隐性知识,教到一些别人教不出来的内容. 这些不易教到的隐性知识是什么呢?这就是数学的本质、过程、思想和结构(联系).[①]

对于函数单调性的教学,有的教师采用"一个定义,几点注意"的方式,将教学重点放在了单调性的强化练习上,试图通过解题训练来加深对概念的理解. 其实,这是一种教学的短视行为,无论是对概念的实质性理解,还是对数学能力的发展而言,这种方式都是得不偿失的. 要真正实现单调性概念教学价值的最大化,必须要引导学生认识"本质"、经历"过程"、领悟"思想"、把握"联系". 显然,这正提供了教学评价的若干新视角.

一、认识"本质"

对一个数学对象本质的把握,既要见"木",也要见"林",既要从微观上揭示和把握数学对象的本质属性,也要从整体上认识数学对象产生的必要和意义.

[①] 李祎. 高水平数学教学到底该教什么[J]. 数学教育学报,2014,23(6):31—35.

从宏观上来看，在数学学习中学完一个概念之后，往往要接着研究其性质．单调性就是函数的重要性质之一．什么是"性质"呢？"变化当中保持不变的规律"就是事物的性质．观察并比较几个具体函数的图象，发现无论函数图象怎么变，都会呈现出某种共同特征，如增减性、对称性、渐近性等，这就是所谓的函数性质．依据这种思维方式，当前来学习函数的一些性质，就成为顺理成章和有意义的活动．

从函数的图象来看，函数图象千变万化，但不管怎么变化，图象总会呈现出上升、下降或有升有降的趋势，单调性刻画的就是函数的这种变化趋势；从函数的定义来看，无论是哪个函数，其研究的对象都是事物的"变化"，而事物变化最简单的情形就是变大还是变小，即当自变量增加或减少时，因变量是增加还是减少，此即函数的"增减性"．这两种思维构造在初中已初步完成，但在高中仍有通过回顾进一步认识的必要．

高中学习单调性概念的困惑就在于：为什么在获得函数图象的直观特征（如"上升"），或定性的文字语言描述（如"x增大时y随之增大"）的基础上，还要进一步学习符号化的定义呢？这可从以下两方面来进行解释：一方面，从数量角度研究空间形式是数学上的要求，符号表示是一种数量关系的表示，目的是准确地表达图象上点与点之间位置关系的规律；同时单调性作为函数自身的一种性质，用函数符号来刻画图象的升降趋势也是一种回归．另一方面，从具体问题来看，有的函数图象是升还是降，从图象中观察并不明显，如$y=0.001x+1$；有的函数图象是无限延伸的，其在远端的变化趋势如何，往往不得而知；有的函数图象不易画出来，如$y=x+\frac{1}{x}(x\neq 0)$，其升降的判断无法依赖于图象．这些都充分说明了进一步量化学习的必要．

从微观上来看，对函数单调性定义中本质属性的把握，应着重从以下两个方面来认识．

首先，不同于函数的奇偶性、最值等性质，函数单调性并不是函数在定义域上的整体性质，它只是针对定义域内的某一部分而言的，因此它是函数的局部性质. 但相对于函数的导数等"真正的"局部性质而言, 单调性又可视作函数在定义域的某部分上的整体性质, 在取值时具有任意性, 不能用特殊值代替. 因此, 在指出一个函数的单调性时, 必须指明其相对应的范围（通常表现为"区间"）.

这里需要指出的是, 有些中学教材对单调性的定义并不严谨, 如某版本教材是这样定义函数单调性的: "如果对于定义域 I 内某个区间 D 上的任意两个自变量的值 x_1, x_2, ……", 该定义使用了"某个区间 D", 没有考虑到定义域的其他情形, 比如自变量离散变化的情形（如"数列"）, 或定义域为并集的情形［如 $y=x+\dfrac{1}{x}$ 在 $(-\infty, 0) \cup (0, +\infty)$ 上单调递减］等, 显然是一种不周全的定义. 如果改用"数集 D", 就能克服以上缺陷和不足, 就比较准确和科学了.

其次是对于定义中自变量取值"任意性"的理解. 这是数学学习中首次明确出现的全称量词, 它是用有限数值刻画无限变化、用静态语言描述动态对象的关键. 为此, 在经历"过程"初步获得概念的形式化定义之后, 教师可引导学生通过如下反例变式进行认知（通过举反例来完成）: (1) 对于函数 $y=f(x)$, 如果存在 x_1, $x_2 \in (a, b)$, 当 $x_1 < x_2$ 时, 有 $y_1 < y_2$, 能否说该函数在区间 (a, b) 上单调递增？ (2) 对于函数 $y=f(x)$, 对任意的 $x \in (a, b)$, 都有 $f(a) < f(x)$, 能否说该函数在 (a, b) 上单调递增？ (3) 对于函数 $y=f(x)$, 对无数个自变量的值 x_1, x_2, x_3, …, $\in (a, b)$, 当 $x_1 < x_2 < x_3 < \cdots$ 时, 有 $y_1 < y_2 < y_3 < \cdots$, 能否说该函数在 (a, b) 上单调递增？通过这样的精致化变式练习, 让学生深刻领会"任取两个"的重要性, 即使是"取无穷多个"也代替不了"任取两个", 从而深化对定义中这一关键属性的意义建构.

二、经历"过程"

"过程"与"结果"同等重要, "过程"不仅是达到"结果"的手段, 也是教学所追求的目标. 因为通过观察感知、抽象概括、归纳猜想等思维过程，更有助于加强数学理解和培养数学能力．但在目前的数学教学实践中，重结果轻过程、重记忆轻理解的现象仍普遍存在，"过程性目标"往往只是作为教学设计中的点缀，教学中总是急不可耐地直奔知识与技能目标，并没有真正让学生去亲身经历、探索和体验．

数学概念教学同样应是一个引导学生经历知识"再创造"的返璞归真的过程．对于函数单调性概念的教学而言，教学重点应是从函数图象特征的描述向形式化的符号表示转化的过程，这一过程可以为发展学生的思维能力提供可能的途径．但从我们对实际教学的观察来看，教学中"经历过程"多数还不够充分，教师依然只注重知识技能目标，而不善于设计、挖掘"过程"本身的价值，"经历过程"往往被压缩和简化．表现在时间的分配上，教师舍不得"浪费"时间在过程中，"过程"流于形式化，而把教学重心放在了细枝末节的强调、解题程序的归纳和证明技巧的训练上．

对于函数单调性的教学，其"过程性"大体上应包含以下四个阶段：

1. 直观感知阶段

首先是通过观察，从几何直观角度进行感知．我们知道，生活中的变化，既有"蒸蒸日上"，也有"每况愈下"，还有"此起彼伏"．作为刻画两个变量变化依赖关系的数学模型，同样不难发现，函数图象从左往右看（这既是一种认知习惯，也是坐标轴方向性特征的要求），有的是一直在上升，有的是一路在下滑，还有的是有升有降．由此初步建立单调性概念：把函数图象上升的性质，称作函数的单调递增性；把函数图象下降的性质，称作函数的单调递减性．图象理解以图形为基础，调动人的视觉活动，形成人的形象化的视觉经验，从而使理解的对象容易被感知和记忆，这种理解具有图形化、动态性和方向性（从左往右看）的特点．在中学对某些函数的单调性无法严格证明的情况下，图象法也成了判断函数单调性的基本方法（如指数函数、对数函数等）．

此乃用图形语言对函数单调性的刻画．

2. 定性描述阶段

教学的困惑来自于进一步学习的必要，即从图象上不难获得图象"上升"或"下降"的直观特征，但为什么还要进一步来研究它呢？这时教师可采用解释和说明的方法，帮助学生解疑释惑，即"上升""下降"是一种图象特征，用图形语言这样描述性质不够准确，特别是无法应用于相关的计算和推理证明，因而需要从图象上的感知转向解析关系上的认知．于是可以进一步启发学生："上升"或"下降"反映的是函数的一种变化特征，而变化特征最简单的体现就是"增减性"（还有"快慢性"等），从而根据函数的意义，即"函数是刻画因变量随自变量变化关系的数学模型"，自然过渡到第二个阶段："上升"意味着 x 增大时 y 随之而增大，"下降"意味着 x 增大时 y 随之而减小．

此乃用文字语言对函数单调性的刻画．

3. 符号化阶段

教学的难点主要集中在符号化过程，即如何用数学符号语言来刻画增减性的特征．也即（以"递增"为例）："x 增大"如何用符号表示，"y 增大"如何用符号表示．此时，让学生从"增大"的词义产生数值"对比"的思想，一种可行的分析思路是："x 增大"反映自变量的动态变化特征，即 x 越变越大，而"动态"变化往往通过一系列的"静态"状态来刻画，所以 x 增大，也就意味着有一系列的 x 的取值，它们一个比一个大，也就是"$x_1<x_2<x_3<\cdots$"；"y 增大"也是同理．同时还必须说明，由于 x 与 y 具有相依关系，因而自变量增大与因变量增大具有伴随性特征，即正是由于自变量 x 的增大，才引起了因变量 y 的增大，此即"$x_1<x_2<x_3<\cdots \Rightarrow y_1<y_2<y_3<\cdots$".[①]（实际授课可以具体函数为载体来进行分析）

---

① 龚彦琴，李祎．刍议稚化思维的数学教学策略[J]．数学通报，2013（10）：6—9．

此乃用符号语言对函数单调性的初步刻画.

4. 精致化阶段

数学是一门追求简洁性的科学,简洁美是数学美的形态之一. 因而接下来的主要任务是说明"任意 $x_1<x_2<x_3<\cdots \Rightarrow y_1<y_2<y_3<\cdots$"与"任意 $x_1<x_2 \Rightarrow y_1<y_2$"的等价性. 这需要说明两个方面: 一方面是"任意 $x_1<x_2<x_3<\cdots \Rightarrow y_1<y_2<y_3<\cdots$"能推出"任意 $x_1<x_2 \Rightarrow y_1<y_2$",此结论显然成立;另一方面是"任意 $x_1<x_2 \Rightarrow y_1<y_2$"能推出"任意 $x_1<x_2<x_3<\cdots \Rightarrow y_1<y_2<y_3<\cdots$",这从实数不等式的顺序传递性,也不难进行解释. 由此得到了教材中对单调性的精确、简明的符号化定义(这时可围绕自变量取值的"任意性"进行反例变式训练).

此乃用符号语言对函数单调性的精致刻画.

在实际教学中,在单调性概念形成的关键节点处,要注意引导学生积极参与讨论、交流. 通过经由直观分析、到定性描述、再到符号刻画,使学生认识到数学研究是从感性走向理性、从粗糙走向精致的过程,由此反映和体现了数学由表及里的理性追求.

三、领悟"思想"

数学思想是对数学事实与理论经过概括后产生的本质认识,是从某些具体数学内容及其认识过程中提炼出的基本观点. 数学教材中蕴涵了丰富的数学思想方法,但这些思想方法往往并没有明确地写在教材上. 如果说显性的数学知识是写在教材上的一条明线,那么隐性的思想方法就是潜藏其中的一条暗线. "明线"容易理解,它直接以显性方式呈现在教材里,反映知识间的纵向联系;"暗线"则不易看明,它往往隐匿在显性知识背后,需要经过提炼与概括方可显露,它反映着知识间的横向联系. 数学教材里到处体现着明、暗线的有机结合. 数学教师在教显性知识的同时,能否教出隐性的思想,既影响到了学习的最终效果,又彰显了教师的教学水平.

在本节课的教学中，包含了许多数学思想方法：

1. 数形结合思想

函数性质的获得，既离不开"形"，更离不开"数"，是数形结合思想运用的结果．往往是先通过"形"的观察获得感性认识，再通过"数"的刻画获得理性认识．但是对于函数单调性的学习而言，又有其特殊性：不同于初中的一次函数、反比例函数等具体函数性质的学习，它反映和揭示的是函数的一般性质，其解析式是抽象的，其图象是未知的，因而数形结合思想的实现，通常还得借助于特殊化的思想．

2. 分类讨论思想

分类讨论思想是数学中常用的一种重要思想，函数性质的研究同样离不开分类讨论思想．学生对此并不陌生：在初中学习一次函数、二次函数、反比例函数的性质时，均要根据系数的不同分情况来讨论性质．因而在画出各种具体函数图象之后，要让学生通过观察，尝试按照某一标准（如增减性），对图象进行归类分析．在此后学习函数的奇偶性以及指数函数、对数函数的性质时，仍然要用到这一思想．

3. 从特殊到一般的归纳思想

数学概念的获得，有概念形成和概念同化两种方式．在采用概念形成方式学习单调性概念时，为了体现归纳思想，防止"一次性强行归纳"，至少应举四个特例，即单调递增和单调递减各举两个特例．由于目前所学函数的类型有限，所以典型的做法是按如下方式举例：一个单调递增的一次函数（如 $y=x+1$），一个单调递减的一次函数（如 $y=-x+1$），一个简单的二次函数（如 $y=x^2$，其中包含了递增和递减两种情形）．从简单、个别、特殊的情况入手，从而归纳出一般的规律和性质，这是数学研究的常用方法．

4. 从具体到抽象的概括思想

在符号化的过程中,对于给出的特殊函数如 $y=x^2$,为了降低思维难度,我们可先从具体入手,经过数学抽象,逐步概括出一般形式.比如,为了说明 $y=x^2$ 在 $(0,+\infty)$ 上是单调递增的,从该函数的"列表法"表示入手,可以发现当 $1<2<3<4<\cdots$ 时,相应地有 $1^2<2^2<3^2<4^2<\cdots$;由此抽象出一般形式:当 $x_1<x_2<x_3<x_4<\cdots$ 时,相应地有 $x_1^2<x_2^2<x_3^2<x_4^2<\cdots$ 在此基础上,进一步概括出简约化的一般表示.这是一个从具体上升到抽象的过程,也是进一步从抽象上升为具体的基础.

5. 从无限到有限的转化思想

以有限把握无限是人类认识的基本方法.在前述教学的"过程性"阶段,在说明"任意 $x_1<x_2<x_3<\cdots \Rightarrow y_1<y_2<y_3<\cdots$"等价于"任意 $x_1<x_2 \Rightarrow y_1<y_2$"时,蕴含了从无限到有限的转化过程,以及用有限刻画无限的基本思想.在对单调性概念进行辨析时,自变量的取值强调"任意性",通过"取值"的"任意性",运用运动与静止、无限与有限的辩证思想,把图象的动态变化转化为任意两个离散点的数值比较,由此成功实现了用有限把握无限的努力.

6. 类比的思想方法

事物的联系性与相似性是类比思想运用的基础.单调递增与单调递减的学习,属于并列学习,两者具有较强的可类比性.因而在实际教学中,若对于单调递增的学习采用的是启发式的讲解,则对于单调递减的学习完全可采用类比的思想方法,放手让学生通过自主探究来获得其形式化的定义.

四、把握"联系"

数学学习的首要目的是实现真正意义上的数学理解,而理解的本质是知识的结构化、网络化和丰富联系.建构主义学习观一再强调:"要对知识形成深刻的、真正的理解,这意味着学习者所获得的知识是结构化的、整合的,而不是零碎的、只言片语的."理解的程度是由知识联系的数目和强度来确定的:新知识结点与其他结点的连线越多,该结点的入口就越多,经由这些通道进入该结点的机会也就越多;在新、旧知识的节点的联系中,本质性的联系越多、准确性越强,这些联系就越紧密和牢固,这样经由其他结点激活该节点的可能性就越大.因而对于函数单调性的学习而言,我们同样应在知识联系的整体观中来实现对其的认知.

其实,在根据定义判断函数的单调性时,判断"当自变量增加时,因变量是随之增加,还是随之减小"时,可变成以下易于操作的计算:考察$f(x_2)-f(x_1)$与x_2-x_1的符号是否相同.进一步,可以转化为判断$\dfrac{f(x_2)-f(x_1)}{x_2-x_1}$的符号.这样一个简单的代数关系的处理,实际上带来一个重要的视角转变,聪明的教师会据此在教学中留下一个伏笔,从而为今后理解"为何可用导数来判断函数单调性"奠定基础(严格的证明要用到大学数学中的拉格朗日中值定理),并且在单调性、斜率和导数等三个不同概念之间建立起内在联系.

因为$\dfrac{f(x_2)-f(x_1)}{x_2-x_1}$即为函数图象上连接任意两点$(x_1,f(x_1))$和$(x_2,f(x_2))$的割线的斜率.所谓直线的斜率,也就是因变量相对于自变量变化的快慢程度,即$\dfrac{\Delta y}{\Delta x}=\dfrac{f(x_2)-f(x_1)}{x_2-x_1}$,它反映和刻画了直线的倾斜程度(由此不难理解为何用倾斜角的正切值来定义斜率).当自变量增加,即$\Delta x>0$时:若因变量也随之增加,即$\Delta y>0$,此时割线斜率$\dfrac{\Delta y}{\Delta x}>0$,函数单调递增;否则,因变量随之减少,即$\Delta y<0$,此时割线斜率$\dfrac{\Delta y}{\Delta x}<0$,函数单调递减.

比值$\dfrac{f(x_2)-f(x_1)}{x_2-x_1}$也是该函数在单调区间的任一子区间上的平均变

化率,通过对平均变化率取极限,割线斜率就转化成了函数在点$(x_1,f(x_1))$处的切线斜率,此即函数在$x=x_1$处的瞬时变化率,亦即导数$f'(x_1)=\lim\limits_{\Delta x\to 0}\dfrac{\Delta y}{\Delta x}$. 根据极限的保号性定理,当$\dfrac{\Delta y}{\Delta x}>0$时,导数非负,这时函数单调递增;当$\dfrac{\Delta y}{\Delta x}<0$时,导数非正,这时函数单调递减.

可以看出,只有打通不同知识之间的壁垒,对知识体系融会贯通,才能在教学时做到左右逢源、游刃有余. 正如特级教师孙维刚所言,融会贯通的过程,使我们透过繁杂现象,抓住了本质,简化了记忆. 更重要的是掌握了一种认识问题的思想方法:从寻找联系入手,把个别现象构造成浑然一体的系统,这标志着能力的提高和素质的发展.

总之,教学时能否利用深邃的目光透过教材中各种数学概念和结论,看到潜隐其中的真实而鲜活的隐性数学内容,应该成为高水平教师与普通教师的分水岭. 这些涉及本质、过程、思想、结构等的隐性知识,也应该成为实现数学知识教学价值最大化的抓手和着力点.

附:"函数的单调性"教学过程设计参考范例

(一) 课堂导入

问题1:如图1,观察函数$y=x$、$y=-x$、$y=x^2$的图象,你可以从几何直观上描述函数图象的变化规律吗?

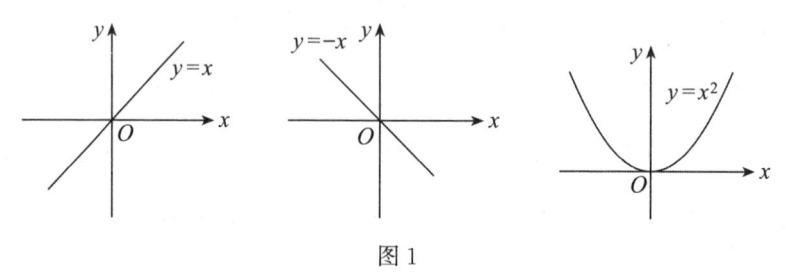

图1

教学预设:从左往右看,$y=x$是"上升"的;$y=-x$是"下降"的;二次函数$y=x^2$在y轴右边是"上升"的,在y轴左边是"下降"的.

师生活动:教师通过引导学生观察熟悉的函数图象,加深学生对图象变化趋势的感性认识，引导学生能用自然语言描述出图象的变化规律.

设计意图：引导学生对函数单调性有图形上的直观认识.

问题 2：如何用函数语言对"上升"或"下降"这种描述来做出进一步刻画呢？

教学预设：上升：随着自变量 x 的增大，函数值 y 是增大的；下降：随着自变量 x 的增大，函数值 y 是减小的.

师生活动：教师说明"上升""下降"这样的词语并不准确，不能精准描绘函数的变化规律，启发学生想到借助函数语言来对升降特征进行刻画：随着自变量 x 的增大，函数值 y 是增大的，则称函数单调递增；随着自变量 x 的增大，函数值 y 是减小的，则称函数单调递减.

设计意图：学生回顾函数单调性的定性描述方式，对函数单调性有一个感性的认识.

问题 3：请大家观察 $y=0.0001x+1$ 的图象，你可以从图象直观的角度来描述这个函数的单调性吗？

教学预设：通过肉眼难以描述，无法判断.

师生活动：教师引导学生观察 $y=0.0001x+1$ 的图象，学生发现该函数的图象究竟是上升还是不升不降，从图象上看得不明显，难以做出判断.

问题 4：对于函数 $y=x+\dfrac{1}{x}$，你可以说出函数图象的单调性吗？

教学预设：我们应该画出函数图象，从函数图象上观察.

追问：同学们可以画出这个函数的图象吗？

教学预设：不能.

师生活动：教师发问，学生思考如何描述这个函数的单调性，发现必须画出图象才可以观察规律；教师继续追问如何画出图象，学生发现该函数的图象难以画出.

设计意图：通过问题 3、问题 4，教师总结从图象上直观定性地观察描述函数图象的变化规律是有缺陷的，从而我们应当寻求一种更精确的函数单调性的定量刻画方式.

（二）新知探究

问题5：我们应当如何定量地刻画函数的单调性呢？以函数 $f(x)=x^2[x\in(0,+\infty)]$ 为例，请同学们完成下面的函数值表（表1）：

表1

x	$x_1=1$	$x_2=2$	$x_3=3$	⋯
$f(x)$				⋯

师生活动：教师提问，学生动手完成表格.

问题6：你发现自变量以及它们的函数值都有怎样的大小变化规律呢？

教学预设：在 $(0,+\infty)$ 上，自变量 $1<2<3<\cdots$ 对应的函数值 $1<4<9<\cdots$.

师生活动：教师引导学生从表格中发现定量的变化规律.

设计意图：旨在引导学生发现可以用符号语言来对变量的变化进行刻画.

问题7：对于 $f(x)=x^2$ 在 $(0,+\infty)$ 上单调递增，可以发现：如果 $x_1,x_2,x_3,\cdots\in(0,+\infty)$，满足 $x_1<x_2<x_3<\cdots$ 那么 $f(x_1)$、$f(x_2)$、$f(x_3)$、⋯之间是什么关系呢？

教学预设：$f(x_1)<f(x_2)<f(x_3)<\cdots$

师生活动：教师引导学生思考问题，发现可以通过比较大小的方式来刻画变量变化规律.

设计意图：进行数学抽象，引导学生发现符号语言可以用来精准刻画单调性.

问题8：对于一般的函数 $f(x)$ 在区间 D 上单调递增，这里 $x_1,x_2,x_3,\cdots\in D$，满足 $x_1<x_2<x_3<\cdots$，那么 $f(x_1)$、$f(x_2)$、$f(x_3)$、⋯之间是什么关系呢？

教学预设：$f(x_1)<f(x_2)<f(x_3)<\cdots$

师生活动：教师引导学生回答问题，学生由具体到抽象进行知识的迁移.

问题 9：于是我们就可以用当 $x_1<x_2<x_3<\cdots$ 时，$f(x_1)<f(x_2)<f(x_3)<\cdots$ 这样的符号语言来粗略地描述函数 $f(x)$ 的单调递增，那么这里自变量 $x_1<x_2<x_3<\cdots$ 的取值可以是有限个吗？如果只取 2 个自变量的值 $x_1<x_2$，满足 $f(x_1)<f(x_2)$，这时函数在区间 D 上单调递增吗？

教学预设：不能，比如 $f(x)=x^2$，$x\in[-1, 3]$，$x_1=-1$，$x_2=2$，$x_1<x_2$，$f(x_1)=1$，$f(x_2)=4$，$f(x_1)<f(x_2)$，但 $f(x)$ 在区间 $[-1, 3]$ 上并非单调递增.

师生活动：教师提问，学生思考，教师引导学生举出反例.

设计意图：说明自变量的取值为有限个是不行的，引导学生把条件加强为无数个.

问题 10：如果有无数个自变量的值 x_1，x_2，x_3，$\cdots\in D$，当 $x_1<x_2<x_3<\cdots$ 时，有 $f(x_1)<f(x_2)<f(x_3)<\cdots$，可以说明 $f(x)$ 在 D 上单调递增吗？

教学预设：不能. 比如 $f(x)=x^2$，$x\in[-1, 3]$，存在无数个自变量的值 $x_1=\dfrac{1}{2}$，$x_2=\dfrac{2}{3}$，$x_3=\dfrac{3}{4}$，$x_4=\dfrac{4}{5}$，$\cdots$，满足当 $x_1<x_2<x_3<\cdots$ 时，有 $f(x_1)<f(x_2)<f(x_3)<\cdots$，但在该区间内 $f(x)$ 并不是单调递增的.

师生活动：教师引导学生加强条件，把条件加强到自变量取无数多个值，通过举反例发现不合理之处，启发学生进一步加强条件.

设计意图：加强条件，学生能够从中意会到"无数个"仍无法取代"任意性".

问题 11：既然取无数多个自变量的值仍然不够，大家观察反例，我们应当进一步把条件加强为什么呢？

教学预设：自变量应当取遍定义域范围内所有的值.

师生活动：教师提问，学生思考.

问题 12：什么叫自变量取遍定义域范围内的所有值呢？

教学预设：自变量取任意多个值.

师生活动：教师提问，学生联想思考.

问题 13：自变量取任意多个值，具体是任意几个呢？任意一个可以吗？比如对于函数 $f(x)$，$\forall x \in (a, b)$ 都有 $f(a) < f(x)$，可以说明 $f(x)$ 在 (a, b) 上单调递增吗？

教学预设：不能，可画图举反例.

师生活动：教师提问，学生思考，教师引导学生画图举反例.

设计意图：加强学生对自变量取值任意性的理解.

问题 14：任取一个不行，应该任意取几个呢？任取两个够吗？

教学预设：已经足够.

师生活动：教师提问，学生思考，教师引导学生理解.

设计意图：加强学生对自变量取值任意性的理解.

问题 15：现在可以完整叙述一下如何定量刻画函数 $f(x)$ 在区间 D 上是单调递增的吗？

教学预设：$\forall x_1, x_2 \in D$，当 $x_1 < x_2$ 时，有 $f(x_1) < f(x_2)$.

师生活动：教师提问，学生思考回答. 教师下定义：对 $\forall x_1, x_2 \in D$，当 $x_1 < x_2$ 时，有 $f(x_1) < f(x_2)$，则称函数 $f(x)$ 在区间 D 上单调递增. 函数 $f(x)$ 在区间 D 上单调递增是函数的局部性质. 如果 $f(x)$ 在它的定义域上单调递增，那么称 $f(x)$ 为增函数.

问题 16：用类似的方式，你可以叙述一下如何定量刻画"随着自变量 x 的增大，函数值 y 随之减小"吗？

教学预设：$\forall x_1, x_2 \in D$，当 $x_1 < x_2$ 时，$f(x_1) > f(x_2)$.

师生活动：教师提问，学生思考回答. 教师下定义：对 $\forall x_1, x_2 \in D$，当 $x_1 < x_2$ 时，有 $f(x_1) > f(x_2)$，则称函数 $f(x)$ 在区间 D 上单调递减. 如果 $f(x)$ 在它的定义域上单调递减，那么称 $f(x)$ 为减函数. 此外，我们把区间 D 叫做 $f(x)$ 的单调区间.

（三）理解应用

问题 17：图 2 是定义在 $[-5, 5]$ 上的函数 $y = f(x)$ 的图象，根据图象说出函数的单调区间，以及在每一个单调区间上函数的单调性.

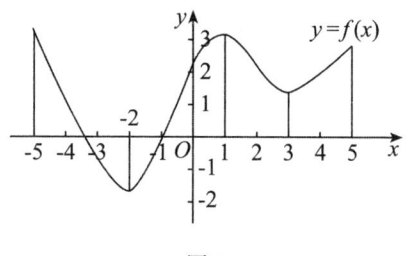

图2

设计意图：通过这道简单例题，巩固所学知识，再次从直观上感受函数单调性，并用所学的规范性的语言和术语来对函数单调性进行描述．

问题18：用函数单调性的定义研究 $y=kx+b$ 的单调性．

设计意图：让学生巩固函数单调性的定义，并且学会运用函数单调性的定义严格验证具体函数的单调性．

问题19：根据定义证明函数 $y=x+\dfrac{1}{x}$ 在区间 $(1, +\infty)$ 上单调递增．

设计意图：让学生巩固函数单调性的定义，并且学会运用函数单调性的定义严格证明具体函数的单调性，并且让学生明白函数单调性的定量刻画可以解决难以直接画出函数图象的函数单调性的判断问题．

(四) 课堂小结

问题20：本节课我们学习了哪些数学知识？接触到了哪些数学思想方法？能够解决哪些问题？有哪些需要注意的地方？

师生活动：

（1）知识梳理：函数单调性的定义，单调递增、单调递减、增函数、减函数、单调区间等概念．

（2）思想方法：数形结合思想，由特殊到一般的思想，由具体到抽象的思想，分类讨论的思想，类比的思想，这些都是研究函数性质经常要用到的思想方法．

（3）问题类型：①描述函数的单调区间与单调性；②用单调性定义证明函数的单调性，其主要步骤为：取值、作差、变形、定号、下结论．

（4）注意事项：① x_1，x_2 的任意性；②一个函数出现两个或者两个以上的单调区间时，一般不能用"∪"连接，要用"和"连接，如问题 17 中，函数 $f(x)$ 在 $[-2，-1]$ 和 $[3，5]$ 上单调递增，不可表述为"$[-2，-1]\cup[3，5]$ 上单调递增".

设计意图：对本节课的重点内容和思想方法进行总结，深化学生对本节课内容的认识.

问题 21：单调性概念的本质就在于：如果自变量与因变量的增减变化一致，则函数单调递增；否则，函数为单调递减. 单调性定义可以等价转化为：在区间 D 上（$D\subseteq I$），$\forall x_1，x_2$，当 $\dfrac{f(x_2)-f(x_1)}{x_2-x_1}>0$ 时，则称函数在 D 上单调递增；$\forall x_1，x_2$，当 $\dfrac{f(x_2)-f(x_1)}{x_2-x_1}<0$ 时，则称函数在 D 上单调递减. 你可以说出这种定义的几何意义吗？

设计意图：试图引出平均变化率的概念，激发学生的思考，为后续学习导数做铺垫.

§2 基于多元表征的数学教学设计
——以"基本不等式"教学为例

一、数学多元表征解析

表征作为认知心理学的重要概念，指外界信息在头脑中的呈现方式，即当某一事物缺席时，指代某种东西的符号或信号．数学表征特指在数学领域中的表征，其主要含义是替代某数学学习对象的符号或信号．[①] 根据表现形式，可将数学表征分为两类：一是数学对象的外在表征，即以文字、符号、图形、动作、情境等形式替代数学对象的表征；二是数学对象的内在表征，即呈现在有机体头脑中难以直接观察的表征，例如有机体的心理活动．在外在表征中，文字表征、符号表征、图形表征依次指将具体问题用文字语言、带有意义的符号和直观图形加以表述；动作表征即借助动作来表示和再现知识，让学生在动手操作中完成对知识的认知过程；情境表征为借助某种具体情境表述问题，以降低知识抽象程度，促进知识理解．

在教育心理学和认知心理学中，多元表征指将一个学习对象用多种形式表征．所谓数学多元表征，即同一个数学学习对象的多种表征形式．在数学教学中呈现同一对象的不同表征形式，能够体现其不同方面的性质，把握其本质属性．通过学习不同表征之间的联系、区别和转换，在不同的表征系统中建立不同表征形式，并在不同表征系统之间进行转换训练，可以强化学生对数学知识内在本质的认识，促进学生对数学的多角度理解．

高中阶段是学生发展数学抽象思维的重要阶段，是培养学生多元表征

[①] 李祎. 刍议教师理解数学的几个维度 [J]. 数学通报，2014（6）：6—10.

能力的关键时期. "基本不等式"作为高中数学的重要内容, 具有丰富的表征形式. 下面以"基本不等式"的教学为例, 谈谈在新课程标准的背景下如何基于多元表征的理念来进行教学设计.

二、"基本不等式"的多元表征

在教学设计之前, 教师应对基本不等式的多种表征进行归纳总结, 以为教学设计提供充分的素材. 之后再根据本节课的教学目标与学生实际情况, 对不同表征及其呈现形式进行对比与筛选.

1. 文字表征

两个正数的算术平均数不小于它们的几何平均数. 算术平均数的本质是"和平均", 几何平均数的本质是"积平均", 因此基本不等式用文字语言也可以表述为"两个正数的和平均不小于积平均". 从知识横向联系的角度来看, 还可以表述为"两个正数的等差中项不小于它们的等比中项". 学会用简洁准确的文字语言表征基本不等式, 不仅能够加深学生对基本不等式的理解, 还能提高学生的数学语言表达能力.

2. 符号表征

$\frac{a+b}{2} \geqslant \sqrt{ab}$ ($a>0$, $b>0$) 或其等价形式 $a+b \geqslant 2\sqrt{ab}$ ($a>0$, $b>0$).
结合几何意义可知, 后者揭示了"直径是圆中最大的弦"这一本质. 用抽象的数学符号对基本不等式进行高度概括, 可以培养学生的数学符号化能力, 培养学生的数学抽象等核心素养.

3. 图形表征

通过组合基本几何图形, 以"形"的直观性来研究"数", 探究基本不等式的几何意义, 渗透数形结合思想. 如图 1—图 3 所示: 图 1 和图 2 的几何解释见教材; 图 3 的几何解释见"动作表征"部分.

图1　　　　　　　图2　　　　　　　图3

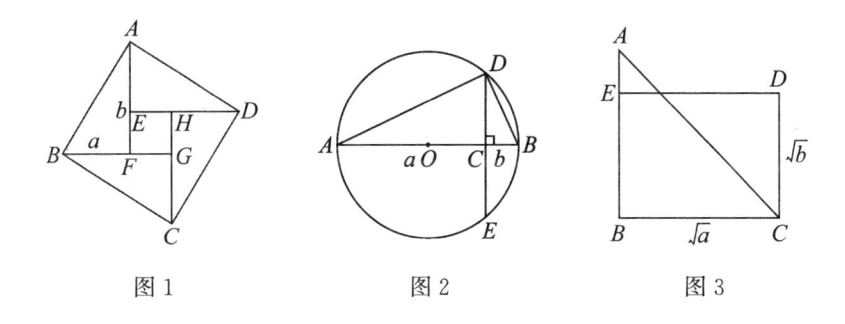

4. 情境表征

学生不是空着脑袋走进教室的，教师要重视运用问题情境来激活、利用学生的已有经验，促进学生对学习对象的初始理解．与实际生活或数学文化相关的问题情境能迅速带领学生参与课堂思考，激发学生的求知欲望，提高学生运用数学知识解决实际问题的能力．例如：

情境①：（天平问题）小明去买猪肉，老板称天平坏了，只有一个备用的两臂长略不等的天平．将猪肉分别放在天平左右两端，称得质量分别为460克和520克，老板说将两次称得的质量平均一下就是小明所购买的猪肉质量．你认为小明会同意老板的做法吗？为什么？

情境②：（提价问题）某服装店决定对某款畅销衣服进行两次提价，有以下三种方案（其中 $p,q>0$，$p\neq q$）：

方案1：第一次提价 $p\%$，第二次提价 $q\%$；

方案2：第一次提价 $q\%$，第二次提价 $p\%$；

方案3：第一次提价 $\frac{p+q}{2}\%$，第二次提价 $\frac{p+q}{2}\%$.

比较三种方案，如果你是顾客，你更希望用哪种方案？如果你是老板呢？

情境③：（造价问题）某游泳馆预计建造一个容积4800 m³、深3 m的长方体泳池为游泳比赛做准备．已知泳池池底的造价是150元/m²，池壁造价是120元/m²，如果你是设计师，为节约成本，应该如何设计泳池？

情境④：（化矩为方问题）历史上的"化圆为方"问题是尺规作图三

大难题之一，那么有没有"化矩为方"问题呢？给定一个矩形，能不能作一正方形，使得其面积等于给定矩形的面积？同样的，能不能作一正方形，使得其周长等于给定矩形的周长？你认为这两个正方形的边长存在怎样的大小关系？

5. 动作表征

知识的获得是主动建构，而不是被动接受．教师应充分认识到学生的主体作用，围绕教学目标设计课堂实践活动，并组织学生亲身参与．化抽象为具体的实际操作，以及从中获得的直接经验，能够有效促进学生对知识的理解，深化对数学知识本质的把握．

动作①：让学生多次任意取两个正数 a、b，借助计算器计算 $\frac{a+b}{2}$ 和 $\sqrt{ab}$，比较二者的大小，猜想 $\frac{a+b}{2}$ 和 $\sqrt{ab}$ 这两个代数式存在怎样的大小关系，从而得到基本不等式．

动作②：让学生准备两张大小不同的正方形纸片，动手将它们沿对角线对折成两个等腰直角三角形，再将这两个三角形拼接成一个矩形（多余的部分折叠）．假设这两个正方形的面积分别为 a、b，比较三角形的面积之和与矩形的面积，得到 $\frac{a+b}{2}$ 和 $\sqrt{ab}$ 的大小关系（如图 3 所示）．

三、基于多元表征的教学设计

人教版旧教材将"基本不等式"内容放置于必修 5 第三章"不等式"部分，而新教材则把"基本不等式"前置到必修第一册的预备知识，强调了基本不等式在高中数学学习中的基础性地位．[①] 基本不等式作为证明不等式、求最值问题的重要工具，具有丰富的表征形式．在数学学习中，对

---

① 普通高中教科书·数学（A版）·必修第一册［M］. 北京：人民教育出版社，2019．

同一数学对象的不同表征的掌握与转化至关重要．在教学中充分利用基本不等式的多元表征，引导学生在不同表征中建立联系，能够加深学生对基本不等式的理解，提高学生灵活解决数学问题的能力．下面具体阐述在不等式教学的不同阶段，应如何选择和安排基本不等式的多元表征形式，以促进学生对基本不等式的理解．

1. 情境导入

教材分析：不同教材对基本不等式的引入方式不同，主要有以下几种引入方式：人教版新旧教材通过介绍赵爽弦图，即比较图形面积大小，从数学史角度引入基本不等式；苏教版教材通过一个两臂长不相等的天平，从物理背景出发引入不等关系；利用数列知识通过比较等差中项与等比中项的大小，也是常用的引入方法之一．这些引入方法各有利弊．赵爽弦图的引入只能得出重要不等式 $a^2+b^2 \geqslant 2ab$，学生对于为何用 $\sqrt{a}$、$\sqrt{b}$ 分别代替 a、b 在理解上存在一定困难；部分物理基础薄弱的同学可能无法充分理解天平引入情境；人教版新教材中，数列的学习在基本不等式之后，因此现已不适合用数列引入．那么能不能从数学背景的角度出发，设计一个存在算术平均数与几何平均数且需要讨论二者大小关系的情境呢？

教学设计：

问题1：历史上的化圆为方问题是尺规作图三大难题之一，那么有没有化矩为方问题呢？如果给定一个长为 a，宽为 b 的矩形，能不能作一正方形，使得其面积等于给定矩形的面积？所作正方形的边长是多少？同样的，能不能作一正方形，使得其周长等于给定矩形的周长？所作正方形的边长又是多少？比较这两个正方形的边长，存在什么样的大小关系？

设计意图：利用情境表征引入，该情境由化圆为方问题引导学生自然想到是否也存在化矩为方问题，激发学生的探究兴趣，渗透了类比思想．化矩为方问题在学生的最近发展区内，学生能充分理解并自主探索出算术平均数与几何平均数的符号表示，从而进一步思考二者之间的大小关系．从矩形和正方形的面积与周长引出代数式的大小比较，能使学生在理解的基础上发展数形结合思想与数学建模思想.

2. 探究活动

教材分析：人教版教材直接将$\sqrt{a}$、$\sqrt{b}$代入重要不等式，由此得出算术平均数与几何平均数及二者的大小关系，这一特殊替换的思维跨度较大，学生很难独立想到. 通过化矩为方的情境表征引入两个平均数，再创设探究性活动，呈现基本不等式的动作表征，组织学生通过折纸实验猜想出二者之间的大小关系，更能促进学生对基本不等式的理解.

教学设计：

问题2：准备两张大小不同的正方形纸片，请同学们动手操作，将它们沿对角线对折成两个等腰直角三角形，再将这两个三角形拼接成一个矩形（多余的部分折叠），假设这两个正方形的面积分别为a、b，从三角形的面积之和与矩形的面积出发，你能得到什么不等关系？

多媒体融入：教师利用几何画板演示操作过程，通过变化小正方形的边长引导学生观察三角形面积之和与矩形面积之间的关系，从而抽象出基本不等式的符号表征.

设计意图：合理利用几何画板等教学软件，动态呈现基本不等式的动作表征、图形表征和符号表征，能让各表征之间的联系与转化更直观易懂. 采用数形结合的方式，通过让学生动手操作，亲身经历知识的形成过程，能够提高学生的课堂参与度，从多角度、多层次认识基本不等式，实现深层次的理解.

问题3：这个不等式可以取到等号吗？何时取得到？不等式中a、b的取值范围是多少？

设计意图：通过对使用前提、取等条件的追问，进一步完善基本不等式的符号表征：$\forall a, b > 0$，有$\frac{a+b}{2} \geqslant \sqrt{ab}$，当且仅当$a = b$时，等号成立. 引导学生经历命题建构与完善的全过程，深化对数学命题的理解.

问题4：$\frac{a+b}{2}$是之前已学习过的a、b的算术平均数，可以将$\sqrt{ab}$称为

正数 a 和 b 的几何平均数. $\dfrac{a+b}{2} \geqslant \sqrt{ab}$ 是基本不等式的符号表示,你能用文字语言来表述基本不等式吗?

设计意图:通过符号语言和文字语言来表示基本不等式,呈现了基本不等式的符号表征和文字表征,培养学生对同一数学对象不同语言的转译能力,帮助学生从不同角度理解知识,渗透了多元表征思想.

3. 推理证明

教材分析:教材中直接给出分析法的证明过程,但学生在此之前并未接触过分析法,通常习惯用作差法证明,因此难以理解为何要学习分析法以及为何要用分析法证明基本不等式,需要教师具体介绍分析法以及它与综合法的异同.

教学设计:

问题 5:能否用不等式性质证明它呢?可以用什么方法证明?

设计意图:学生一般会想到利用作差法比较二者大小,因此先用作差法证明更符合学生的思维习惯. 教师请同学概括证明思路,为引出分析法做铺垫.

问题 6:除了作差法,还有其他方法吗?

设计意图:引发学生思考,从而重点介绍分析法:在解数学题时一般有两种思路,一是从条件出发去推导结论,称为由因导果法,也叫综合法;二是从结论出发不断找能够推导出结论的条件,直到找到一个显然成立的式子,称为执果索因法,也叫分析法. 一般来说,如果由条件容易推导出结论就用综合法,作差法就是综合法的一种;反之,则采用分析法. 通过与综合法的对比,加深学生对分析法的认识,了解学习分析法的必要性,明确分析法的使用条件.

问题 7:对于基本不等式 $\dfrac{a+b}{2} \geqslant \sqrt{ab}$,除了 a、$b > 0$ 外,没有任何条件限制,请同学们考虑能否用分析法证明它?如何证明?

设计意图:引导学生经历分析法的证明过程,比较分析法与综合法的优缺点，扩展学生思维，体会分析法为数学证明提供的新思路，培养学生的数学运算、逻辑推理等核心素养.

教师进一步说明：由于数学书写要求很严格，所以分析法往往一般用于思路寻找，平时证明的书写通常将分析法倒着写，也就是用综合法书写，这样更符合由条件到结论的推理逻辑.

4. 理解深化

教材分析：对于基本不等式的几何意义，教材直接呈现几何模型让学生观察，学生是被动接受而不是主动探索，未引导学生体验几何模型的构造过程，未能真正揭示出基本不等式的几何意义.

教学设计：

问题 8：基本不等式反映了"和平均不小于积平均"的代数本质. 现在请思考一下，能否从形的角度认识它呢？在基本不等式中，a、b 均是正实数，你能不能产生一些几何的联想呢？

设计意图：培养学生以不同表征形式认识和理解数学知识的思维习惯，拓展学生的数学思维，提高数学能力. 通过渗透数形结合思想，深化学生对数学命题的理解.

设计意图：教师引导学生经历基本不等式的几何模型构造过程，并用几何画板呈现图形. 根据学生已有知识储备，不难获得以下思考过程：看到正实数 a、b 以及 $a+b$，就会想到构造长度为 $a+b$ 的线段 AB；看到 $\dfrac{a+b}{2}$ 自然想到了取线段 AB 的中点 O. 到此为止，除 $\sqrt{ab}$ 之外，其余基本量在图形中都得到了体现. 如何得到 $\sqrt{ab}$ 呢？一种思路是过线段 AB 的分点 C 直接作垂线段 CD，并使 $CD=\sqrt{ab}$，利用勾股定理分别求出 AD 和 BD，再利用勾股定理逆定理得知△ABD 是直角三角形，由此获证；另一思路是从线段 AB 的中点出发进行联想，构造以 O 为圆心、以 AB 为直径的圆，引导学生过

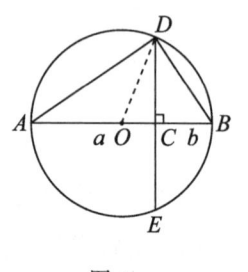

图 4

C 点做 AB 的垂线交圆 O 于 D、E 两点，连接 AD、BD，借助△ACD 与 △DCB 相似，得出 $CD=\sqrt{ab}$．利用前一种思路尽管也可以获得基本不等式的几何解释，但由于没有出现圆，显然无法反映出基本不等式所揭示的更直观的几何事实，即"直径是圆中最大的弦"．

问题 9：通过以上的几何构造，分别找出了不同线段来表示 $\sqrt{ab}$ 和 $\frac{a+b}{2}$，那么如何利用图形来解释基本不等式？基本不等式的几何本质是什么？它反映了怎样的几何事实？

设计意图：连接 OD，根据"直角三角形的斜边大于直角边"，即得 $\frac{a+b}{2}>\sqrt{ab}$．当且仅当 O 点与 C 点重合时，二者相等．借助图形直观理解基本不等式的几何意义：圆的半径不小于半弦．并进一步可得到基本不等式的几何本质：直径是圆中最大的弦．从符号语言、文字语言、图形语言三个方面理解基本不等式，运用和体现了多元表征思想，可以有效地完善学生的数学认知结构．

5．推广应用

教学设计：

问题 10：为什么将这个不等式称为基本不等式？可以推广到 n 元的情形吗？

设计意图：对于为什么将其称为基本不等式，许多学生存在着疑问．因此对基本不等式中的"基本"进行解释：一是表述形式简洁明了；二是涉及最基础的代数量和几何量；三是可以由它推导出许多复杂的不等式；四是可以应用到物理、化学以及生活中的其他领域．另外，作为拓展，引导学生将其推广到 n 元情形，培养学生由特殊到一般、由具体到抽象的推理意识．

问题 11：已知 $a>0$，$b>0$，试证明下列不等式：

(1) $ab \leqslant \left(\frac{a+b}{2}\right)^2$；(2) $ab \leqslant \frac{a^2+b^2}{2}$．

设计意图：基本不等式的教学安排为两课时，第一课时为基本不等式的引入、证明及几何意义，第二课时为基本不等式在最值问题中的应用．由于教材中的两个例题均为最值问题，因此放在第二课时学习．此处选择两个具有代表性的不等式，启发学生用多种方法证明，如利用基本不等式直接推导，将基本不等式中的 a、b 分别用 a^2、b^2 代替，用分析法或综合法证明等，促进学生对概念的内化，体会特殊替换、等价表示等数学思想方法，深化对基本不等式的理解与应用，培养数学探究能力．

问题 12：小王和小李既是同学，又是邻居，他们相约到一家小铺里先后买了两次白糖．假设白糖的价格是变化的，而他们的购买方式又不一样．小王每次总是买1斤白糖，小李每次总是买1元钱白糖．试问：这两种买糖的方式，哪一种比较合算？并说明理由．

设计意图：要知道哪种买糖方式合算，就要看谁花最少的钱、买到了最多的白糖，即算出两人买了两次白糖之后，谁的平均价格最低．假设两次白糖的单价分别是 a、$b(a \neq b)$，则买了两次之后，小王的平均价格是 $\dfrac{a+b}{2}$，小李的平均价格是 $\dfrac{2}{\dfrac{1}{a}+\dfrac{1}{b}}$，根据基本不等式，有 $\dfrac{a+b}{2} > \sqrt{ab} > \dfrac{2}{\dfrac{1}{a}+\dfrac{1}{b}}$．显然小李的购买方式是占便宜的．这一贴近生活的问题，可以极大地增强学生学习的兴趣，让学生体会到数学来源于生活、服务于生活，与日常生活息息相关，同时让学生又一次感受到了基本不等式的情境表征．

四、基于多元表征的教学思考

1. 重视多元表征的选择与呈现

随着多元表征学习理念的应用与推广，越来越多的教师重视在课堂教学中呈现同一数学对象的多元表征．但在应用之前，教师需要明确一个观点：多元表征并不是越多越好．多元表征学习的目的是通过从不同角度认识学习对象，以此来加深理解知识，把握事物本质．然而研究表明，人的短时记忆容量有限，一般为7±2个记忆组块，这意味着学生在一堂课中所能吸收的新知识是有限的，过多的表征形式不但不能促进学生对学习对象的理解，反而会加重认知负荷，给学生的理解增加障碍．因此教师必须重视多元表征的选择，表征形式的应用既能够有效帮助学生理解学习对象，又符合学生的认知发展水平．在本节课中，除文字表征、符号表征和图形表征这三种基本表征形式之外，还用到了情境表征和动作表征．合适的情境表征能激发学生的探究欲望，适当的动作表征能使学生获得易于理解的直接经验，这些均有助于学生深度理解与掌握基本不等式的代数本质和几何本质．

2. 重视培养学生多元表征的意识与习惯

不同学生对同一对象有不同的思维习惯和表征方式，并且大部分学生头脑中的表征形式是单一固定的．单一的表征难以实现对学习对象的深刻理解，因此教师在日常教学中要重视培养学生多元表征的意识和习惯，改变其只习惯于呈现一种表征的思维定势．研究显示，如果学生在一个长期重视并呈现多元表征的环境中学习，则他们在独立思考和解决问题时也更倾向于利用多元表征的方式．[①] 因此教师要创造一个鼓励学生进行多元表征的教学环境，重视在课堂上呈现同一数学对象的多样化表征．在教学过程中，教师应精心设计问题链引导学生对学习对象进行多元表征，并且体会不同表征之间的区别、联系与转化．例如本节课在学习了基本不等式的符号表征后，教师提出问题：从数的角度认识基本不等式后，能不能从形的角度认识？从而引发学生对基本不等式的图形表征的思考与探索．教师可以围绕教学目标，合理借助图表、教具、多媒体等辅助工具开展多元表征教学．特别是借助现代信息技术，它既能够将复杂抽象的证明过程动态

[①] 鲁静华．利用多元表征加深对概念的理解［J］．基础教育课程，2018（12）：45—50．

直观地呈现出来，又能提高学生的学习兴趣，是教师进行多元表征教学的有力工具.

3. 重视培养学生对不同表征的转化能力

同一数学对象不同表征的转译是学生实现深度理解的关键. 各表征形式之间存在着丰富的内在联系，教师要充分利用其联系，培养学生对不同表征灵活转化和结合的能力，从而培养学生的发散思维能力，加深学生对知识的理解. 除了在数学概念、数学命题的教学中呈现多元表征及其转化，教师在解决具体数学问题时也要鼓励学生站在多个角度思考问题，采取多种表征形式进行一题多解，共同讨论对比不同表征的区别与联系. 教师可设计适当的变式题和思考题以重构问题的表征，在表征的转译和变换中打破学生的思维定势，提高学生对不同表征的转化能力，发展创新思维. 在问题解决后，教师要有意识地引导学生总结归纳不同表征的特点，提高学生根据题目选择最优表征形式的能力.

§3 基于核心素养培养的数学教学设计
——以"椭圆及其标准方程"教学为例

一、问题提出

学生数学核心素养培养的主渠道是课堂教学,但在目前的数学课堂教学中,存在以下两方面的问题,它严重阻碍着数学核心素养的培养和发展:一是许多教师以应试为出发点,教学时以本为本,教学内容始终框定在课标、教材范围之内,不愿、不敢越雷池一步,不注重对教材内容的探究、拓展和延伸,忽视了对多元化思路的开发和动态生成资源的利用;二是许多教师在新授课教学中,在多快好省地给出新知之后,大部分时间都用来解题训练,试图通过题海战术来获得解题能力的提高,真正用于新知探究的时间很少,极端膨胀了数学解题的应试技巧训练,存在数学核心素养培养的短视行为.

我们认为在数学核心素养培养的过程中,需要破除囿于课标和教材的狭隘视域,克服数学能力培养的短视行为,在教学观念方面做出彻底转变与革新.在数学课堂教学中,在对教材内容的深入研究和系统把握的基础上,需要对教学设计环节进行精心构思与谋划,从而为数学核心素养的培养和发展创造更大空间、提供更多可能.下面以"椭圆及其标准方程"教学为例,给出具体的分析与评价,并据此得出若干启示和建议.

二、教学设计及其点评

在"椭圆及其标准方程"的教学中,通常都是由教师演示画椭圆的过程,由此归纳出椭圆的定义,然后从定义出发,推导出椭圆的标准方程.事实上,本节课的教学内容探究性很强,蕴含着丰富的多元化思路和可拓展空间，是培养学生的数学核心素养的良好载体．以下从概念形成、方程建立和拓展探究三个方面出发，给出多元化设计思路和可拓展内容，并对其做出点评与反思．

1. 概念形成的教学设计及其点评

椭圆概念形成的教学设计，主要涉及如何进行课堂导入的问题，不同导入方法对培养学生的数学核心素养均有一定作用，需要在实际教学中结合学情进行灵活选择．

方法 1：观椭圆——切割法导入

在一个透明的圆柱形桶内装一定体积的水，将圆柱形桶倾斜放置时，观察圆柱形桶内的水平面所呈现出的几何形状．把这一动手操作实验"数学化"，即用一个平面去斜截一个水平放置的圆柱，那么所得截口曲线是什么？经直观观察和空间想象，不难发现截口曲线是椭圆形曲线．如果改换成圆锥，那么截口曲线还会是椭圆吗？为什么？

利用平面去斜截一个圆锥，当平面不经过圆锥底面时，为何所得截口曲线还是椭圆？这对于学生而言是难以想象的，因为不同圆柱，圆锥上下粗细不均．因此，采用这种方式导入，学生会产生疑惑，但也可由此制造悬念，在学习了椭圆的定义之后，利用丹德林双球模型，再回头进行严格论证．

如图 1，在截面两侧分别放置一个球，使它们都与截面相切，这两个球分别与圆锥的侧面相切，且交线构成两个不同的圆．设点 M 是截口曲线上任意一点，过点 M 作圆锥的母线 PQ，分别交两圆于 P、Q 两点．根据球的切线性质，知 $MF_1 = MP$，$MF_2 = MQ$，故 $MF_1 + MF_2 = MP + MQ = PQ$，即动点 M 到两定点 F_1、F_2 的距离之和为定长 PQ．

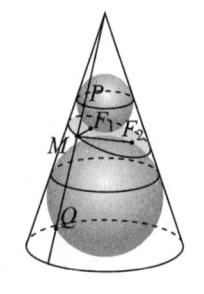

图 1

有的教师基于数学文化史，直接利用丹德林双球模型进行导入，效果往往并不理想．这是因为：一方面，课堂导入应自然，双球模型构思精妙,常人难以想到;另一方面,课堂导入应简洁,双球模型稍显复杂,教学用时过多.但把丹德林双球模型作为一种验证工具,利用它对直观观察所获得的猜想进行严格论证,可以有效地培养学生的直观想象、逻辑推理等核心素养.

方法2:画椭圆——交轨法导入

交轨法是解析几何中求动点轨迹方程的常用方法.选择适当的参数表示两动曲线的方程,将两动曲线方程中的参数消去,得到不含参数的方程,即为两动曲线交点的轨迹方程,这种求轨迹方程的方法叫做交轨法.利用交轨法,不仅可以画出曲线,也可以求出轨迹方程.

教师利用几何画板等信息技术手段,做出两组相交的同心圆,设两组同心圆的半径分别为 r_1,r_2,改变 r_1 和 r_2 的大小让两个交点运动,观察发现,这时两个交点运动所形成的轨迹是椭圆.引导学生观察轨迹为椭圆时的半径变化规律,发现在以上的两个半径的变化中,总是当一个半径变小时,另一个半径变大,其和 r_1+r_2 始终保持不变.

从交轨法画椭圆的过程中,不仅可以抽象出椭圆的定义,也可以据此建立起椭圆的标准方程.在平面直角坐标系中,设两圆心坐标分别为 $(-c,0)$ 和 $(c,0)$,动点 $P(x,y)$,两半径之和为定值 $2a$,则满足 $(x+c)^2+y^2=r_1^2$,$(x-c)^2+y^2=r_2^2$,$r_1+r_2=2a$,消去参数,并令 $a^2-c^2=b^2$,即得 $\dfrac{x^2}{a^2}+\dfrac{y^2}{b^2}=1$.

利用交轨法进行导入,可以将概念形成和方程建立融为一体.通过分析画椭圆的原理,引导学生抽象概括,由此获得椭圆的定义,可以培养学生的数学抽象素养;通过引入两个不同参数,在消参化简的过程中,可以培养学生的数学运算素养.

方法3:做椭圆——折纸法导入

如图2,在圆形纸片内任取不同于圆心 O 的一点 A,将纸片折起,使圆周过点 A,然后将纸片展开,便得到一条折痕.这样继续折下去,得到若干折痕,将每条折痕都用笔标记出来,不难发现这些折痕衬托出了一个椭圆形的轮廓，椭圆就是这些折痕所在直线族的包络，如图 3.

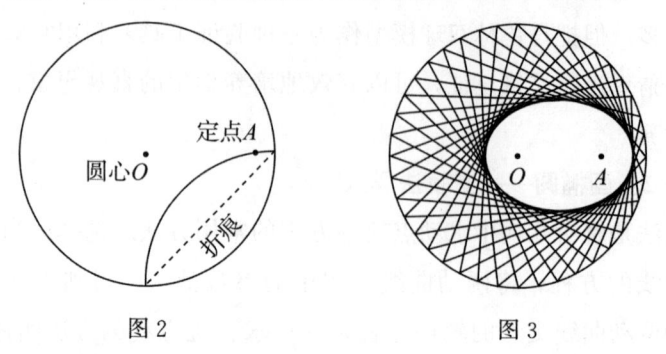

图 2

图 3

折纸活动提供了一种由圆生成椭圆的几何方法，通过折纸实验，可以让学生体会到"做中学"的快乐．但这种导入方式存在明显弊端：其一是真正在动手实验时，可以发现操作起来并非易事，需要大量地进行折叠，这样椭圆轨迹看起来才较为明显；其二是在不知道椭圆定义的情况下，要寻找和发现线段之间存在的数量关系，这对于学生而言并非易事．

因此，如果采用折纸实验进行课堂导入，可以改进如下：一方面是可以利用绘图软件 GeoGebra 等进行演示实验，通过引导学生观察图形特征，以此来培养学生的直观想象能力；另一方面，可把线段之间数量关系的规律探寻置后，在正式给出椭圆定义之后，再回过头来分析折纸实验背后蕴含的数学原理．

事实上，折纸实验设计的背景，也就是高中人教 A 版教材选择性必修第 115 页习题 3.1 的第 6 题：如图 4，圆 O 的半径为定长 r，A 是圆 O 内一个定点，P 是圆 O 上任意一点，线段 AP 的垂直平分线 l 和半径 OP 相交于点 Q，当点 P 在圆上运动时，点 Q 的轨迹是什么？为什么？

图 4

在得到椭圆的定义之后，以此习题为基础，通过引导学生把折纸实验"数学化"，可以有效地培养学生的数学抽象素养；通过引导学生分析动点运动变化的规律，可以有效地培养学生的逻辑推理素养．

方法 4：想椭圆——压缩法导入

按照词典的解释，椭圆也叫"长圆形"，因此通过对圆进行压缩引出椭圆，也就顺理成章了．在课堂导入时，可以构建如下问题链来启发学生思考：①椭圆是生活中常见的图形，椭圆与圆之间是否存在某种联系？②在把圆压扁成椭圆的过程中，是否需要满足什么条件？③在把圆压扁成椭圆的过程中，圆的哪些性质发生了改变？哪些性质没有发生变化？

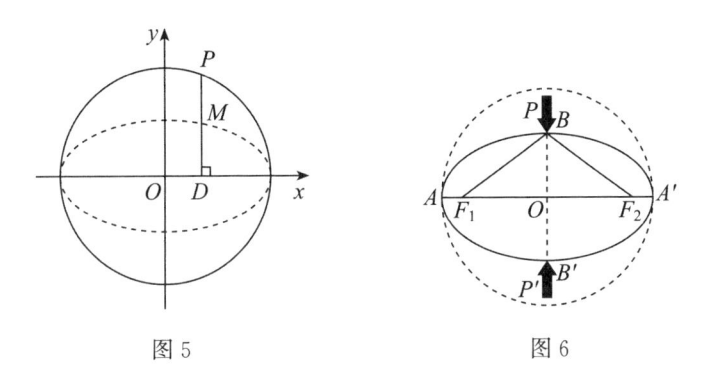

图 5

图 6

采用"椭圆是压扁的圆"的导入方式，揭示了圆与椭圆的联系，顺应了学生已有的知识经验基础，有利于学生利用旧知同化新知；同时为后续定义反映椭圆扁圆程度的离心率奠定了基础，有利于学生理解离心率的本质以及圆与椭圆的实质性联系．从数学核心素养的角度来看，这一过程正是培养学生在"直观"基础上进行"想象"的过程．

对这种导入方式的数学刻画，也就是高中人教 A 版教材选择性必修第 108 页的例 2：如图 5，在圆 $x^2+y^2=4$ 上任取一点 P，过点 P 作 x 轴的垂线段 PD，D 为垂足．当点 P 在圆上运动时，线段 PD 的中点 M 的轨迹是什么？为什么？利用该例可以清晰地阐明压缩过程中需要满足的条件，即"压缩"时必须均匀施加压力，这样才能保证圆上点的纵坐标的成比例变化．

利用该方式导入，其教学难点在于，如何通过压缩得到椭圆定义？如图 6，这需要说明如下几个方面：①在压缩中水平直径 AA' 的长度保持不变；②圆 O 的半径 BO 在压缩中保持长度不变，端点 O 不向下移动，只能

在 AA' 上向左右滑动,由此得到焦点 F_1、F_2;③通过 A、A'、B、B' 等四个点到两焦点 F_1、F_2 的距离之和的分析,由此获得椭圆定义的猜想. 显然,这并不是一件容易的事情.

2. 方程建立的教学设计及其点评

椭圆标准方程的建立过程是培养学生数学运算素养的良好载体. 设椭圆的两焦点 F_1,F_2 的坐标分别为 $(-c, 0)$,$(c, 0)$,动点 $P(x, y)$ 满足 $PF_1 + PF_2 = 2a$. 在根据椭圆定义得到等式 $\sqrt{(x+c)^2+y^2} + \sqrt{(x-c)^2+y^2} = 2a$ 之后,如何对其进行化简是教学的关键,它是训练学生数学运算技能、提高学生数学运算水平的良好契机. 在方程化简过程中,既可以采用通性通法,也可以采用巧解特法;既可以立足于知识内部进行纵向逻辑运算,也可以借助知识横向联系转化后来进行运算. 至于方法的具体选择,在实际教学中需要根据时间和学情来确定.

方法 1:移项平方法

经过仔细观察可以发现,等式 $\sqrt{(x+c)^2+y^2} + \sqrt{(x-c)^2+y^2} = 2a$ 左边的两个被开方代数式,具有一定的对称性,启发学生移项后再平方,这样可以消去很多项,由此简化运算过程. 这种思路是推导椭圆标准方程所采用的常规思路,思路获得必须基于对运算代数式特征的仔细观察.

方法 2:直接平方法

对等式 $\sqrt{(x+c)^2+y^2} + \sqrt{(x-c)^2+y^2} = 2a$ 两边直接平方,

整理后可得 $\sqrt{[(x+c)^2+y^2] \cdot [(x-c)^2+y^2]} = 2a^2 - (x^2+y^2+c^2)$,

再次对等式两边同时平方,注意到等式左边可化成平方差公式的形式,

即 $[(x^2 + y^2 + c^2) + 2cx] \cdot [(x^2 + y^2 + c^2) - 2cx] = [2a^2 - (x^2+y^2+c^2)]^2$,

展开后整理得 $(a^2-c^2)x^2 + a^2y^2 = a^2(a^2-c^2)$,

令 $a^2-c^2=b^2$,即得 $\dfrac{x^2}{a^2} + \dfrac{y^2}{b^2} = 1$.

分析：在本题解答中，普遍认为直接平方化简较复杂，因此选择移项后再进行平方化简. 正是由于"怕麻烦"，我们选择放弃，这与其说是解题者的意志品质不坚定，不如说是对运算对象特征把握还不够. 因此在数学推演中，不能机械运算、盲目推理，必须在认真观察的基础上，善于灵活转换和变形.

方法3：分子有理化法

根据定义有 $\sqrt{(x+c)^2+y^2}+\sqrt{(x-c)^2+y^2}=2a\cdots$ ①

等式左边的分子和分母同乘以 $\sqrt{(x+c)^2+y^2}-\sqrt{(x-c)^2+y^2}$，对该式进行分子有理化，得 $\dfrac{4cx}{\sqrt{(x+c)^2+y^2}-\sqrt{(x-c)^2+y^2}}=2a$，

即 $\sqrt{(x+c)^2+y^2}-\sqrt{(x-c)^2+y^2}=\dfrac{2cx}{a}\cdots$ ②

将①与②联立，解得

$\sqrt{(x+c)^2+y^2}=a+\dfrac{cx}{a}$，$\sqrt{(x-c)^2+y^2}=a-\dfrac{cx}{a}$，

任选一式对两边进行平方，得 $(a^2-c^2)x^2+a^2y^2=a^2(a^2-c^2)$，

设 $a^2-c^2=b^2$，即可推得 $\dfrac{x^2}{a^2}+\dfrac{y^2}{b^2}=1$.

分析："有理化"是数学解题中常用的手段，但我们往往形成了思维定势，即仅局限于对分母进行有理化，而忘却了有理化的本质，忽视了对分子也可有理化的事实. 在本题中，式子 $\sqrt{(x+c)^2+y^2}-\sqrt{(x-c)^2+y^2}$ 称作是 $\sqrt{(x+c)^2+y^2}+\sqrt{(x-c)^2+y^2}$ 的对偶式，通过构造对偶式来解题是数学解题的常用策略之一，分子有理化就是构造对偶式的一种具体方法.

方法4：等差中项法

由 $\sqrt{(x+c)^2+y^2}+\sqrt{(x-c)^2+y^2}=2a$，

可知 a 是 $\sqrt{(x-c)^2+y^2}$ 和 $\sqrt{(x+c)^2+y^2}$ 的等差中项，令其公差为 d，

则有 $\begin{cases} \sqrt{(x+c)^2+y^2}=a+d \\ \sqrt{(x-c)^2+y^2}=a-d \end{cases}$,

两式平方后相减得 $4cx=4ad$，即 $d=\dfrac{c}{a}x$，

将此式代入方程组中的任一式，

得 $\sqrt{(x+c)^2+y^2}=a+\dfrac{c}{a}x$ 或 $\sqrt{(x-c)^2+y^2}=a-\dfrac{c}{a}x$，

将其中的任一式两边平方，并令 $a^2-c^2=b^2$，即可得 $\dfrac{x^2}{a^2}+\dfrac{y^2}{b^2}=1$.

分析：这种解题方法的获得，必须基于知识的横向联系．但该方法的本质是为了引入参数，借助参数进行有理化．因此，也可设 $\sqrt{(x+c)^2+y^2}=t$，则 $\sqrt{(x-c)^2+y^2}=2a-t$，两式平方后相减，解得 $t=\dfrac{cx+a^2}{a}$，将其代入任一式化简即得．显然，这与前述方法形异实同．

方法 5：三角代换法

由 $\sqrt{(x+c)^2+y^2}+\sqrt{(x-c)^2+y^2}=2a$，可设

$\begin{cases} \sqrt{(x+c)^2+y^2}=2a\cos^2\alpha \\ \sqrt{(x-c)^2+y^2}=2a\sin^2\alpha \end{cases}$,

两式平方后相减得 $4cx=4a^2(\cos^4\alpha-\sin^4\alpha)$，

即 $4cx=4a^2(2\cos^2\alpha-1)$，$cx=a^2(2\cos^2\alpha-1)$，

故有 $2a\cos^2\alpha=a+\dfrac{c}{a}x$，

又因为 $2a\cos^2\alpha=\sqrt{(x+c)^2+y^2}$，

由此可得 $\sqrt{(x+c)^2+y^2}=a+\dfrac{c}{a}x$，

两边平方，并设 $a^2-c^2=b^2$，即得 $\dfrac{x^2}{a^2}+\dfrac{y^2}{b^2}=1$.

分析：三角代换的本质仍然是为了引入参数，实质是换元思想的运用，体现了"三角"是数学中的工具的特征，恰当地利用三角代换有助于

培养学生对知识融会贯通的能力.

方法 6：待定系数法

除前述方法之外，也可以采用待定系数法建立方程. 由于椭圆是把圆压缩而生成，结合圆的一般方程，猜想椭圆具有二元二次方程的一般形式 $Ax^2+By^2+Cxy+Dx+Ey+F=0$. 根据所建系特征，由于椭圆关于 x 轴、y 轴及原点对称，因此如果 (x,y) 在椭圆上，那么 $(x,-y)$，$(-x,y)$，$(-x,-y)$ 都在椭圆上，则有

$$\begin{cases} Ax^2+By^2+Cxy+Dx+Ey+F=0 \\ Ax^2+By^2-Cxy+Dx-Ey+F=0 \\ Ax^2+By^2-Cxy-Dx+Ey+F=0 \\ Ax^2+By^2+Cxy-Dx-Ey+F=0 \end{cases},$$

由此可得 $C=D=E=F=0$，故可设 $Ax^2+By^2+F=0$.

由于椭圆与坐标轴的交点为 $(-a,0)$，$(a,0)$，$(0,-\sqrt{a^2-c^2})$，$(0,\sqrt{a^2-c^2})$，

代入上式得 $\begin{cases} Aa^2+F=0 \\ B(a^2-c^2)+F=0 \end{cases}$，解得 $\begin{cases} A=-\dfrac{F}{a^2} \\ B=-\dfrac{F}{a^2-c^2} \end{cases}$，

设 $a^2-c^2=b^2$，代入即得 $\dfrac{x^2}{a^2}+\dfrac{y^2}{b^2}=1$.

分析：该方法没有从椭圆定义出发来建立方程，而是另辟蹊径，从圆与椭圆的联系入手，通过联想、类比与猜想，结合对椭圆性质的分析，并抓住椭圆上的四个特殊点的坐标，由此建立起了椭圆的标准方程. 采用这种方法，可以有效地培养学生的创造性思维能力.

3. 拓展探究的教学设计及其点评

（1）从定义出发拓展与探究

到两个定点的距离之和为定值（大于两定点间距离）的点的轨迹是椭

圆，到两个定点的距离之差的绝对值为定值（小于两定点间距离）的点的轨迹是双曲线．那么，自然就会想到：到两个定点的距离之积为定值的点的轨迹是什么？到两个定点的距离之比为定值的点的轨迹又是什么呢？

事实上，设 $A(-c,0)$，$B(c,0)$，$AB=2c$，$PA\cdot PB=a^2$，动点 $P(x,y)$，则可得 $\sqrt{(x-c)^2+y^2}\cdot\sqrt{(x+c)^2+y^2}=a^2$，化简得 $(x^2+y^2+c^2)^2-4c^2x^2=a^4$，即 $y^2=\sqrt{a^4+4c^2x^2}-(x^2+c^2)$．通过文献检索可知，该曲线是数学史上著名的卡西尼卵形线．利用几何画板进行作图，通过不断改变两个参数的大小关系，可以得到恰似一个细胞分裂成两个细胞的过程图．

同理，设平面上两定点分别为 A、B，则所有满足 $\dfrac{PA}{PB}=\lambda$ 且 $\lambda\neq 1$ 的点 P 的轨迹，是一个以定比 λ 内分和外分定线段 AB 的两个分点的连线为直径的圆．该圆最先由古希腊数学家阿波罗尼斯发现，故称阿波罗尼斯圆，简称阿氏圆．显然，当 $\lambda=1$ 时，动点 P 的轨迹是线段 AB 的垂直平分线．

（2）从例题出发拓展与探究

高中人教版教材选择性必修第 108 页例 3：

设点 A，B 的坐标分别为 $(-5,0)$，$(5,0)$，直线 AM，BM 相交于点 M，且它们的斜率之积是 $-\dfrac{4}{9}$，求点 M 的轨迹方程．答案：$\dfrac{x^2}{25}+\dfrac{y^2}{\frac{100}{9}}=1(x\neq\pm 5)$．

不难想到对该例题进行一般化，由此猜想：与两个定点连线的斜率之积为定值的点的轨迹是否一定为椭圆？经探究不难得出结论：与两个定点连线的斜率之积小于 0 时（不为 -1）点的轨迹是椭圆、斜率之积等于 -1 时点的轨迹是圆；与两个定点连线的斜率之积大于 0 时点的轨迹，便是我们稍后要学习的双曲线（均要去掉两定点）．

事实上，从椭圆的一般方程出发，对方程 $\dfrac{x^2}{a^2}+\dfrac{y^2}{b^2}=1$ 进行变形，得

$\dfrac{y}{x-a} \cdot \dfrac{y}{x+a} = -\dfrac{b^2}{a^2}$，它可以看作是动点$(x,y)$与两定点$(a,0)$和$(-a,0)$连线的斜率之积为$-\dfrac{b^2}{a^2}$的点的轨迹．由此可得椭圆的一条性质：椭圆$\dfrac{x^2}{a^2}+\dfrac{y^2}{b^2}=1$长轴的两顶点$(a,0)$和$(-a,0)$与椭圆上的任一点（这两个顶点除外）连线的斜率乘积为定值$-\dfrac{b^2}{a^2}$．

三、若干教学启示

1. 数学核心素养的培养应基于教材但不能囿于教材

从数学核心素养的培养和发展来看，教材不应成为唯一的教学资源，它只是我们教学的参考和参照．在尊重教材的基础上，根据学生发展需要和课堂教学实情，可以充分挖掘教学中有利于学生发展的要素，灵活地对教材内容进行拓展、调整和优化，这样才能为学生发展提供更宽广的空间．即使是课程标准，它也不是不可逾越的法典，一味地紧盯课程标准不放，围绕着它原地打转，往往会束缚师生手脚和学生发展．这样说，并非主张要超纲学、提前学，而是认为教学应以育人为首要目的和出发点，以此来确定教学目的和选择教学内容，不要让课标和教材成为学生发展的羁绊．美国教育家杜威主张"教学无目的"论，它并非指教学真的没有目的，而是反对强加给教学的外在目的，主张儿童的本能、兴趣、需要所决定的具体教学过程就是教学的目的．[①] 这也就意味着基于课标和教材所预设的教学目的和内容，应具有灵动性和可调整性，而不是刻板的、机械的和一成不变的．

在本节课的教学中，教学目的就是掌握椭圆概念及其标准方程，并在此过程中培养和发展学生的数学抽象、直观想象、数学运算、逻辑推理等

---

① 约翰·杜威. 民主主义与教育[M]. 王承绪，译. 北京：人民教育出版社，2001：122.

核心素养．教师在教学中如果仅仅拘泥于教材内容，那么在椭圆的概念生成和标准方程的建立方面，用时都不会太多，这样多数教师会把更多时间花在解题训练上．然而通过对教材内容的深入挖掘可以发现，本节课的教学内容存在着诸多可拓展的空间，从概念的不同导入到类比联想，从方程的多法化简到变式探究，其中均蕴含着发展学生数学核心素养的重要价值，教师完全可以根据实际学情对探究内容和方向进行灵活调控，对教材实现超越，而不应受制于教材内容的束缚，并一味地在解题训练方面大做文章．局限于课标和教材的狭隘视域来设计教学目的和内容，说到底还是以知识为本位、以应试为目的的思想在作祟，这显然不利于学生的数学核心素养的培养和发展，也不符合杜威"教学无目的"的现代教学理念．

2. 数学核心素养的培养应克服急功近利的短视行为

理想的数学学习应是在探究中完成的，而探究学习的实质是在个体的思维层面，即学习者在面临问题或困惑时，能积极主动地对问题进行反复思考和研究．因此，积极主动地深入思考是有效学习的关键，数学核心素养的培养就是个体在不断地深入思考中完成的．然而在数学核心素养的培养方面，一定要克服急功近利的短视行为．俗话说"磨刀不误砍柴工"，比如在一节新授课中，新知探究往往蕴含着重要的思维训练价值，是培养学生数学核心素养的重要环节，但目前不少教师宁愿把大量时间花在"对题型、套解法"的解题训练上，也不愿在新知探究中投入过多时间．这说到底还是认识问题，他们唯恐花费了时间却又收效不佳，"磨刀"不当反误了"砍柴"工夫，于是干脆放弃了"磨刀"过程，这其实是不明智的做法，从长远看往往是得不偿失的．

在本节课的教学设计中，无论是椭圆概念的生成，还是椭圆方程的建立，抑或是拓展探究的引导，所提供的多元化教学设计思路，其目的都是引发学生对问题的思考，通过引导学生对问题的多向探究和深层思考，在学生思维的深度参与中培养各种数学核心素养．在实际课堂教学中，还可能引导学生提出更多的探索性问题．比如，在以上的方程建立过程中，在采用方法 3 或 4 得到 $\sqrt{(x+c)^2+y^2}=a+\dfrac{c}{a}x$ 或 $\sqrt{(x-c)^2+y^2}=a-\dfrac{c}{a}x$ 之后，顺便引导学生对该式进行变形思考，这样就可以为后续圆锥曲线第二定义的探究做好铺垫. 因此在课堂教学中，只要有条件和可能，就应适时地引导学生深入思考. 只有在持续不断的思考与探究中，数学运算、逻辑推理、直观想象等核心素养才能得到真正的培养和发展. 教学中只重视学生应试知识传授而忽视探究能力提高，只重视学生解题技巧训练而忽视核心素养的全方位培养，无疑是一种鼠目寸光的短视行为.

§4 基于同理心的数学教学设计
——以"余弦定理"教学为例

一、何谓教学设计中的同理心

教学要到位,但不能越位. 什么是教学越位?就是教师把教凌驾于学之上,目中无人,越俎代庖,包办替代,以教代学. 出现教学越位的根本原因,主要在于教师没有确立起学生主体地位的思想,未能在教学中真正做到学为中心、以学定教. 要做到"到位而不越位",其教学策略有很多,但我们认为最重要的策略在于,教师要准确把握学生学情,从而依据学生学情来决定教师教学. 学生学情又包含了多方面的含义,比如知识经验基础、思维发展水平等,其中一个重要方面就是学生的认知心理,即学生面对问题时可能呈现出的思维方式及特点. 教师深入了解和把握学生的认知心理,这是教学到位而不越位的前提和基础.

如何才能更好地把握学生的认知心理呢?这就要求教师必须要树立同理心的思维观念. 所谓同理心(empathy),按照心理学的解释,即为"设身处地理解""感情移入""共感""共情";泛指心理换位、将心比心,亦即设身处地地对他人心理的把握与理解.[①] 具体到数学教学设计中,要求教师在进行教学过程设计时,要善于进行换位思考,思学生之所思,难学生之所难,惑学生之所惑,错学生之所错,这样教师的思维才会契合或顺应学生的思维,做到教与学的无缝衔接,否则便会出现两种思维的错位或脱节. 正如波利亚所言:"让你的学生提问题,要不就像他们自己提问的那样由你去提出这些问题;让你的学生给出解答,要不就像他们自己给出

---

① 车文博. 当代西方心理学新词典 [M]. 长春:吉林人民出版社,2001:145.

的那样由你去给出解答."[①] 此处波利亚的"像他们那样",一语道出了同理心理念的真谛. 那么在实际教学设计中,应如何践行这一理念呢?

二、基于同理心的教学过程设计

任何数学定理或公式的教学,都有一个新知导入、数学探究、推理论证和理解应用的过程. 在每一个环节,教师都需要基于同理心构建问题链,引导学生思考一系列问题. 在"新知导入"环节,需要引导学生思考知识产生的背景、知识的前后联系等,亦即回答"缘何产生"的问题;在"数学探究"环节,需要引导学生思考如何通过观察、类比、归纳等获得猜想,亦即回答"如何发现"的问题;在"推理论证"环节,需要引导学生思考定理和公式等成立的合理性及逻辑依据,亦即回答"为何成立"的问题;在"理解应用"环节,需要引导学生思考定理和公式的意义、功能和作用等,亦即回答"有何作用"的问题(如图1).

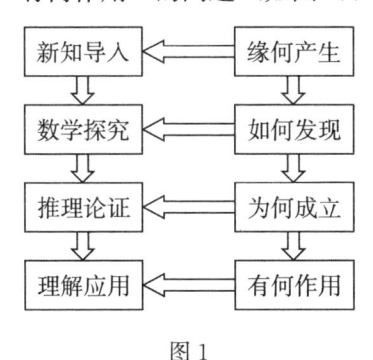

图1

余弦定理是揭示和反映任意三角形边与角之间存在的等量关系的重要定理,通过它实现了"边"与"角"之间的互化,从而使"几何"与"三角"有机地连接在一起,借此可以解决与三角形有关的一切实际问题和数学问题. 对于余弦定理的教学过程设计,同样应遵循如上的数学认知过

---

① (美)乔治·波利亚. 数学的发现(第二卷)[M]. 刘景麟,曹之江,邹清莲,译. 呼和浩特:内蒙古人民出版社,1981:179.

程,并在每一阶段应基于学生的认知心理,循循善诱地渐次提出各种启发性问题,在这一系列循序渐进、层层递进问题的指引下,逐步引导学生完成对余弦定理学习的知识建构.

1. 新知导入:缘何产生

教材分析:人教版旧教材把正弦定理、余弦定理的学习,安排在"解三角形"一章中,先学习正弦定理,后学习余弦定理;基于新课标的人教版新教材,把正弦定理和余弦定理的学习作为平面向量的应用,安排在了"平面向量及其应用"一章中,而且是先学习余弦定理,再学习正弦定理(以下所指教材均为人教版教材).这样,余弦定理学习时的导入,就承担着承上启下的作用,即对于三角形性质的研究,特别是边角关系的探究,我们之前学习过哪些内容,还可能有哪些内容有待探究,这是学生自然而然想到的问题.

教学设计:

问题1:在三角形中,存在着边和角的各种关系,如边与边、角与角、边与角之间的各种相等或不等关系,它们反映了三角形所具有的基本性质.在小学和初中,我们曾学习过"三角形三内角之和等于180°",它反映了角与角之间存在的等量关系;学习了"三角形的任意两边之和大于第三边,任意两边之差小于第三边",它反映了边与边之间存在的不等关系;学习了"在同一个三角形中,大角对大边,小角对小边",它反映了边与角之间存在的不等关系.那么三角形边与角之间的关系,除存在不等关系之外,是否还存在准确的等量关系呢?

设计说明:对于余弦定理学习的导入,大多教师采用的是问题情境导入法,即通过创设"已知两边夹一角,求第三边"的实际问题,由此出发直接推导出余弦定理,学生对知识产生的学科背景、知识的来龙去脉并不清楚,学习具有很大的盲目性和机械性.采用上述导入方式,有助于学生从整体上建构和把握学科知识结构,防止学生"只见树木,不见森林".

问题2:我们知道,对于特殊的三角形——直角三角形而言,边与边之间存在等量关系，即勾股定理；边与角之间也存在着等量关系，即初中所学的直角三角形中的三角比．那么对于一般的三角形而言，边与角之间是否可能存在等量关系？会存在着怎样的等量关系呢？

设计说明：从特殊情况出发考虑问题，这是数学问题解决的常用策略．勾股定理是余弦定理的特例；初中所学的直角三角形中锐角三角函数的概念（称作"三角比"更为合理），本质上是从几何角度揭示了直角三角形中边与角之间的等量关系．勾股定理与三角比，构成了余弦定理学习的基础，为之后的化归转化做好了铺垫.

问题3：根据初中所学的三角形全等的判定定理可知，如果一个三角形中的三边完全确定，或两边夹一角确定，或两角夹一边确定，或两角一对边确定，那么这个三角形就是完全确定的，也就是三角形的其余三个未知要素均可随之确定下来，这也就间接地表明边与角之间一定存在着某种等量关系．那么，究竟存在怎样的等量关系呢？

设计说明：如果说问题1和问题2的提出说明了知识产生的必要性，那么问题3的提出就说明了知识产生的可能性．事实上，除正余弦定理之外，正切定理、余切定理、射影定理等，均表明边与角之间存在着某些等量关系．知识产生的必要性与可能性，让学生深切地感受到了知识产生的合理性.

2. 数学探究：如何发现

教材分析：教材在提出问题"怎样根据三角形已知的两边及其夹角来确定第三边，进而确定其余的角"之后，采用向量方法直接推导出余弦定理．在这一过程中，思维的跳跃性强、跨度大，不符合学生的常规思维，特别是缺少了合情推理的过程，使得结论的获得很突兀．而采用以下方式来展开探究，更自然、更人本，更合情合理.

教学设计：

问题4：我们以"两边夹一角"为例展开探究，即在三角形中已知两边 a，b 及其夹角 C，那么其他元素该怎么求呢？比如第三边的边长 c 等于多少呢？

设计说明：针对 SSS、SAS、ASA、AAS 等四种情况同时展开探究，探究主题过于分散，思维开放性太强，用时过多，难以完成本节课的教学任务. 当然，如果把余弦定理和正弦定理的学习内容进行整合，采用大单元的整体性教学，则另当别论.

问题 5：当 $C=90°$ 时，根据勾股定理，有 $c^2=a^2+b^2$，可求出边长 c；当 C 为锐角或钝角时，即角 C 变小或变大时，你能发现什么规律呢？

设计说明：在规律的探究和发现中，从特殊到一般是经常采用的思维策略. 在"特殊"的基础上，让角运动变化起来，不难发现，角 C 越小、边长 c 越小，角 C 越大、边长 c 越大，它们之间似乎构成函数关系 $c=f(C)$. 特别地，当角 C 为锐角时，显然 $c^2<a^2+b^2$；当角 C 为钝角时，显然 $c^2>a^2+b^2$.

问题 6：要把边长 c 求出来，需要得到包含 c 的等量关系. 那么，c 与 a，b 及其夹角 C 之间，究竟存在怎样的等量关系呢？我们不妨仍然从特殊出发开始探究，比如取 C 为 30°、45°、60°、120°、135°、150°等.

设计说明：选择几组角度让学生展开探究，学生利用现有知识，通过作高线的方法，不难得到 c^2 的表达式，发现它们均具有 $c^2=a^2+b^2+m$ 的共同结构，其中 m 是包含 ab 项的代数式. 通过对代数式的变形并观察规律，引导学生大胆联想和猜想：它们是否具有 $c^2=a^2+b^2-2ab\cos C$ 的关系式呢？在有条件的情况下，还可以利用几何画板对该猜想进行验证.

3. 推理论证：为何成立

教材分析：教材在抛出问题"怎样用 a，b 和 C 表示 c"之后，直接指出"因为涉及的是三角形的两边长和它们的夹角，所以我们考虑用向量的数量积来探究"[①]. 但事实上在具体证明中，很难真正直接从两个向量的数

---

① 普通高中教科书·数学（必修·第二册）[M]. 北京：人民教育出版社，2019：42.

量积出发进行证明，因此一开始就选择用向量法来进行证明并不自然，而采用传统作高线的方法来证明反倒合情合理．事实上，以上针对特殊情形的问题解决，已为下面的一般性证明做好了铺垫．

教学设计：

问题 7：要证明对任意的三角形，均有 $c^2=a^2+b^2-2ab\cos C$ 成立．但目前我们只是知道对于特殊的直角三角形，边和角之间存在着等量关系．那么，能否把一般三角形中边与角之间的等量关系的探究，转换到特殊的直角三角形中来进行研究呢？

设计说明：化归转化思想是数学中重要而常用的数学思想方法，化复杂为简单、化未知为已知、化不熟悉为熟悉，这是我们惯用的解题思维策略．在这一思想的引导下，通过作三角形的高线来构造直角三角形，就显得自然而然、水到渠成了．

问题 8：在作三角形的高线时，我们选择的是过 A 点作底边 BC 的高线．那么，是否可以过 B 点作 AC 的高线，或过 C 点作 AB 的高线呢？

设计说明：如图 2，在采用作高线法证明余弦定理时，按照学生的正常思考，这里会出现选择性和探究性：究竟选择哪一个顶点向对边作垂线呢？以往的教学中，多数教师都是默许采用了正确思路，而对于另外两种情况的合理性并不作分析．其实稍作分析不难发现，选择过点 C 作 AB 的高线的方法并不可行，这是由于它不仅把已知角 C 一分为二、化成了两个未知的角，而且还未能把已知要素尽可能地集中在同一个三角形之中．

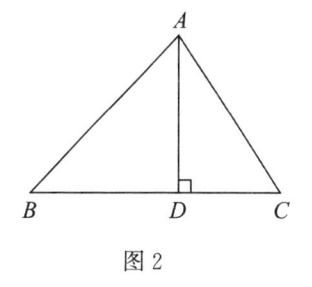

图 2

问题 9：在上述证明中，我们是以角 C 是锐角为例进行了分析．如果角 C 是钝角，这时高线落在了 BC 边的延长线上，对于这种情况又该如何证明呢？

设计说明：学生的思路不可能一开始就做到十分严谨，这时教师引导学生完善证明思路和方法，同时也为下面引出寻找另外的证明方法做好了铺垫.

问题 10：采用这种方法证明余弦定理，需要分情况讨论．那么，有没有一种更简单的方法来证明余弦定理呢？前面我们学习了向量这一重要工具，能否利用向量建立起等量关系，进而来研究三角形的边角关系呢？

设计说明：从要解决的问题或需证明的等式 $c^2=a^2+b^2-2ab\cos C$ 出发，即使联想到了数量积的概念和运算，但还是难以像教材那样直接"联想到数量积的性质 $c \cdot c=|c|^2$，可以考虑用向量 c（即 $a+b$）与其自身作数量积运算"．而更大可能是学生首先想到了向量加法的三角形法则，由此出发来建立起有关向量的等量关系 $a+b=c$．（如图 3）

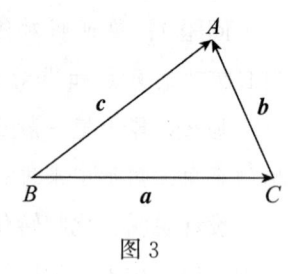

图 3

问题 11：如何把向量关系式转换成数量关系式呢？

设计说明：公式 $c \cdot c=|c|^2$ 是连接向量和数量的纽带，是把向量转换成数量的基本工具．从所要求解的问题出发，利用这一工具在把向量等式 $a+b=c$ 数量化时，可能又会出现两种思路：一种思路是 $c^2=(a+b)^2$，另一种思路是 $c^2=a \cdot c+b \cdot c$．从后一思路出发，并不能证明余弦定理，而是推得了射影定理，但这也合乎常理．

问题 12：对于余弦定理的证明，除以上方法之外，还有一些其他方法，感兴趣的同学可以课后自行进行探究．

设计说明：以上两种方法是最重要、最基本的方法，这是因为：几何法是通法，它不仅适用于余弦定理，也适用于正弦定理，且证明思路自然而合情合理；向量法不仅是通法，也是优法，它避免了对三角形形状的讨论，使得证明过程简洁明了．除让学生掌握以上具有代表性的两种证明方法之外，还可以引导学生课后探寻其他证明方法，以开拓学生的思维和视野．这里需要说明的是，尽管解析法也是一种重要的证明方法，它所揭示的建系思想非常重要，但一方面修订后的新教材把解析几何后移到了选择性必修，另一方面解析法与几何法形异实同，因此这种方法并不宜过度渲染.

4. 理解应用：有何作用

教学设计：

问题 13：勾股定理的几何意义是，以直角三角形两直角边为边所作的正方形的面积之和等于以斜边为边所作的正方形的面积．作为勾股定理的推广，余弦定理的几何意义又是什么呢？

设计说明：这是学生自然而然会想到的一个问题．从直观的角度揭示和解释数学结论的意义，这在数学知识的表征和理解中非常重要．如图 4，△ABC 为锐角三角形，在三边外侧分别作正方形 ACDE、ABFG 和 BCHI，分别从三个顶点向对边作垂线，垂足分别为 M、K 和 N，与正方形另一边的交点分别为 P、L 和 Q，有 $S_{MCDP} = b(a\cos C) = ab\cos C$，$S_{NCHQ} = a(b\cos C) = ab\cos C$．因此 $c^2 = a^2 + b^2 - 2ab\cos C$ 的几何意义，即表示正方形 ABFG 的面积等于长方形 AMPE 和长方形 BNQI 的面积之和．事实上，不难证明 $S_{AMPE} = S_{AKLG}$，$S_{BNQI} = S_{BKLF}$，由此也可获得余弦定理的另一几何证法．

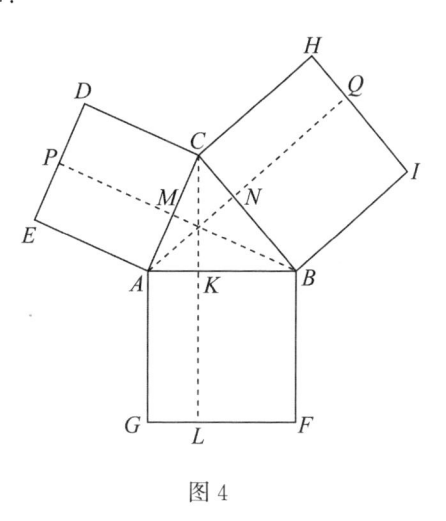

图 4

问题 14：利用余弦定理，我们可以解决哪些类型的问题呢？

设计说明：余弦定理是对任意三角形"边、角、边"问题进行量化分析的结果，将三角形全等的定性定理转化为可计算的公式．因此，利用余弦定理的三种形式及其变形，可以解决"已知两边和它们的夹角，求第三边和其他两个角"的问题；利用余弦定理的三种变形形式，可以解决"已知三边，求三个角"的问题．除此之外，学习了正弦定理之后，还可以解决"已知两角与一边，求其他两边和一角"和"已知两边和其中一边的对角，求其他的边和角"的问题．因此本节课就数学应用先做初步梳理，这样就为之后学生系统、全面地认识和掌握有关"解三角形"的问题奠定了坚实基础.

其后是有关例题教学、习题演练、课堂小结等的设计,余略.

三、基于同理心的教学设计的注意事项

1. 准确把握学生的认知基础是教学设计的前提

教育心理学理论研究表明,学生原有的知识经验、认知水平是影响新知学习的最重要的因素. 数学课程标准也曾指出:"数学教学活动必须建立在学生的认知发展水平和已有的知识经验基础之上."基于同理心的教学设计,首先应尊重学生的知识经验和认知水平,准确把握学生的学习起点,以生为本,以学定教,顺学而导,释其所疑,这样才能使教学更具有针对性和有效性. 为了能准确把握学生的认知基础,教师必须摒弃"以教材为中心""以教师为中心""以预设为中心"的错误观念,在教材研读和学情调查的基础上,探明学生已知什么、未知什么,已知到什么程度、未知距离学生有多远,哪些是直接的认知基础、哪些是间接的认知经验,等等. 如果把握不准学生的知识经验基础,出现学习起点过高或过低等错位现象,那么便会出现教与学的脱节的现象. 比如在本节课中,小学和初中所学的三角形性质、本章所学习的向量知识等就是学生的相关知识基础;特别是直角三角形中锐角三角函数的概念,以及向量与向量数量积的概念、性质与运算等,构成了余弦定理学习的直接知识基础. 这些知识基础,有的间隔时间较长,学生有所生疏,有的新近学习,学生不太熟练,因此需要教师据此采取针对性教学策略.

2. 用心揣摩学生的思维方式是教学设计的关键

学生可能的思维方式是教师开展教学设计的重要依据. 教师能否把握好学生的思维心理和思维特点,能否对学生接受知识的思维状态做出切合实际的判断,是教师设计"思维情境"的关键所在. 知名数学教育专家涂荣豹教授认为,好的教师是"想给学生听""想给学生看",而差的教师是

"做给学生看",或让好学生做给差学生看.这里所说的"想",不是教师原生态的"想",而是学生可能的"想",教师只是作为学生身份的化身,思学生之所思.因此,教师基于同理心在进行教学设计时,在准确把握学生认知基础的情况下,关键是要用心揣摩学生可能的思维方式.比如面对一个问题,学生最初可能会怎么想,后来可能又会怎么想,在想的过程中可能会遇到哪些疑难困惑等.在本节课中,在定理的探究发现阶段,从特殊到一般思考问题,即先考虑直角三角形的情形,再考虑两边夹角为30°、45°、60°的锐角三角形或两边夹角为120°、135°、150°的钝角三角形,这就是学生常规的思维方式.在定理的推理论证阶段,采用化归转化方法,化未知为已知,把一般三角形中边角关系的探究转换到特殊的直角三角形当中,同样符合学生的思维习惯;在从三角形顶点向底边作高线时,学生通常不可能一蹴而就,而是往往需要在探索和尝试中做出判断和选择,因此这一设计也符合常理和实情.

3. 善于悬置知识和稚化思维是教学设计的保证

苏霍姆林斯基说过:"教师必须在某种程度上变成孩子."[1] 教育心理学也指出:要使学生接受你的观点,你就必须同学生保持"同体观"的关系——即"自己人的效应",这样才能拉近师生双方的心理距离.因此为了防止在教学中出现教学越位,教师首先必须要善于"悬置"自己已有的知识,即如孔子在《论语·子罕》中所言:"吾有知乎哉?无知也.有鄙夫问于我,空空如也."[2] 教师所能做的只是"叩其两端而竭焉",因为教学不应是一种简单的"告诉"行为;其次教师还要善于稚化自己的思维,把自己的思维降格到学生的思维水平上,通过想学生之所想,来达到师生思维的同频和谐共振,这样,就容易拉近师生情感距离,顺应学生思维,降低学生认知难度.在本节课的"推理论证"环节,在采用向量法证明余

---

[1] (苏)苏霍姆林斯基.育人三部曲[M].毕涉芝,等译.北京:人民教育出版社,1998.

[2] 论语·子罕[M].程昌明,译注.呼和浩特:远方出版社,2004:87-88.

弦定理时，如果受教材的先在影响，因循教材思路直接从数量积展开联想，学生未必能找到证明思路；而将此"搁置"后，启发学生联想向量相加的三角形法则，这种思路更靠近学生的最近发展区，更符合学生的常规思维．因此，在准确把握学生学情、认真揣摩学生思维的基础上，善于采用悬置知识和稚化思维的策略来构建环环相扣、层层递进的问题链，是提高教学有效性的重要策略，也是基于同理心来开展教学设计的有效保证．

§5 基于理解性学习的数学教学设计
——以"向量的数量积"教学为例

一、什么是理解性学习

在实际课堂教学过程中，一些教师急功近利，忽视概念、定理等的形成过程，没有给学生充分的时间与机会来探究、概括其中的本质特征，经常导致学生对数学本质认识不清，难以理解和"吃透"知识．学生对教师传授的知识更多地采取记忆和模仿手段，而这样获得的知识容易被遗忘，同时学生对这样的知识缺乏深入理解，无法融会贯通，难以将其迁移到现实生活中解决问题．数学知识只有被深刻理解，才具有迁移和应用的活力，才能成为支撑学生今后发展的有效资源．

如何才能让学生更好地掌握数学知识呢？数学理解性学习不失为一个良策．理解性学习是和机械学习、死记硬背的学习相对立的概念，指学习者运用先前知识从新信息中创生意义，在头脑中呈现概念知识结构，以及用已知的知识去创造性地思考和实作[①]．数学理解性学习是学生在理解基础上的数学学习，它不仅能够将新知识与已有知识联系起来，在原有知识网络的基础上积极有效地纳入新知识，从而构建一个更为完整、丰富的知识网络，而且能将新知识网络中的知识、方法、思想等灵活地迁移与应用．

二、基于理解性学习的教学设计

理解性学习并非一种具体的学习方式，其更多是一种体现价值内涵的

[①] 陈家刚．促进理解性学习的课程和教学设计原则[J]．全球教育展望，2013，42（01）：53—61．

理念取向. 理解性学习追求学习历程中对知识理解的不断深入与拓展, 要真正达到理解并非一蹴而就, 而是一个需要逐步改进与完善的层级递进的发展过程. 因此, 为了将数学理解性学习真正落实到课堂上, 有学者提出了数学理解性学习层级发展的过程模型[①] (如图 1 所示).

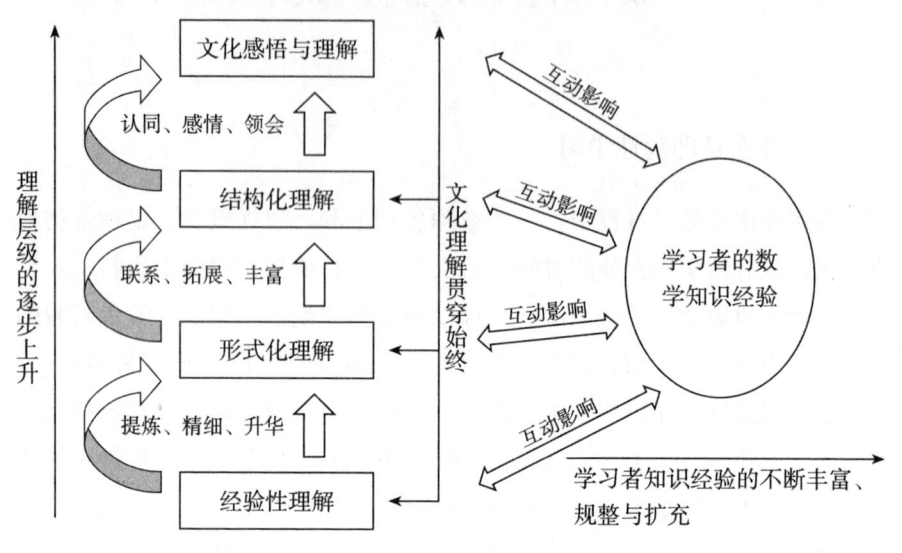

图 1 数学理解性学习的层级发展的过程模型

数学理解性学习的发展, 经历经验性理解、形式化理解、结构化理解直至文化感悟与理解的过程, 其中理解的层级逐步上升, 且文化理解贯穿始终. 经验性理解是指学生基于自身经验对学习对象的起始性理解. 从经验性理解上升到形式化理解, 意味着学生对自身知识经验已经进行了抽象性的整理、组织、概括与重新表征, 但此时学生的关注点往往局限于单一数学概念或单一的其他类型知识, 没有把知识同与其有各种关联的其他知识联系起来. 若学生能够在知识的关系脉络中把握相关知识的内涵和实质, 则可以认为学生对知识已有了结构化理解. 数学理解的最高境界是在结构化理解的基础上, 上升到文化层面来认识和理解数学.

---

① 吕林海. 数学理解性学习与教学研究 [D]. 华东师范大学博士学位论文, 2005.

在教学设计的过程中，基于数学理解性学习的发展层级来设置问题串，可以使学生在一系列层层递进的问题中逐渐地理解和掌握数学知识的本质．下面以人教A版高中数学必修第二册教科书中的"向量的数量积"第一课时为例，谈谈数学理解性学习理论指导下的教学设计的应然状态．

1．探究向量数量积

问题1： 在前面的学习中，我们学习了平面向量的加法、减法和数乘运算．类比数的运算，你认为我们接下来还可以研究向量的什么运算？

设计说明： 人教A版教材中将"向量的数量积"和"向量的线性运算"整合为"平面向量的运算"，这样的设计有利于建立向量的运算体系，强化学生对向量运算通法的研究．在教学中可以引导学生类比数的运算，引出本节课的学习内容应为"向量的乘法"．若有学生质疑"'向量的数乘'不就是'向量的乘法'吗"，教师可以向学生解释此处的"乘法"指的是向量间的运算，简要说明"数乘"与"乘法"的不同，待探究出乘法的概念后再从本质上说明．此外，要有意识地引导学生总结研究向量运算的基本思路（物理背景—概念—性质—运算律—应用），有方向性地研究向量的乘法，体会数学内容之间的相互联系，感受学习数学运算的一般思路，启发学生在遇到新的问题情境时，可以联想类比、迁移应用．

问题2： 向量及其线性运算都有明确的物理背景，在你学习过的物理知识中，除了位移的合成、力的合成，还有没有关于两个矢量间的其他运算？如图2，物体分别在水平向右、竖直向上与位移方向的夹角为 θ 的力 F 的作用下发生了位移 S，求物体做的功分别为多少？观察功的表达式，功的运算与哪些量有关？力、位移及其夹角分别是矢量还是标量？功是矢量还是标量？

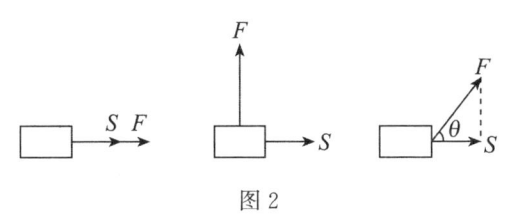

图2

设计说明：根据先前总结的研究向量运算的基本思路，要研究向量的乘法，首先应从物理背景出发. 教材中直接讨论最一般的做功情况，但为了让学生能够更加直观地感受到决定求功运算的量，此处先设计了两种特殊的做功，让学生体会功不但与力和位移的大小有关，还与它们之间的夹角有关. 然后再过渡到一般情形，通过力的分解，得到功的具体表达式. 这里让学生写出不同情况下的功的表达式，以及对相关量进行分析研究，让学生明确物理中的矢量就是数学中的向量，物理中的标量就是数学中的数量，功是力与位移的大小及它们夹角余弦的乘积，使学生从实际情况中感受向量的乘法，基于物理知识基础对向量的数量积形成初步认识.

问题 3：物理中功的运算，是位移 F 与力 S 两个向量间的运算. 如果用两个一般的非零向量 a 和 b 来替换 F 和 S，那么"做功运算"能一般化成什么样的数学运算？

设计说明：学生通过实际问题感受向量的乘法后，教师引导学生从具体事物中舍弃事物的一切非数学属性，舍弃具体原型的物理意义，抽象出其中的数量关系，启发学生可以把功看成两个向量相乘的结果，在舍弃力和位移的物理属性后，就可以看成是一般的两个向量，从而可先粗略地对数量积用文字语言表述如下：已知向量 a，b，它们的夹角为 θ，我们把数量 $|a||b|\cos\theta$ 称为向量的数量积，记作 $a \cdot b$，即 $a \cdot b = |a||b|\cos\theta$. 此时，学生的经验性理解就在对数量积的粗略认识中逐渐形成了.

问题 4：根据物理中功的相关知识，我们知道当力 F 作用在物体上时，只有力 F 沿位移 S 方向的分力才会做功. 你能仿照分力的做法，作出向量 a 在向量 b 方向上的"分向量"吗？

设计说明：在该问题提出后，教师应引导学生进行如下操作：如图 3，为研究方便，在平面内任取一点 O，作 $\overrightarrow{OM} = a$，$\overrightarrow{ON} = b$，过点 M 作直线 ON 的垂线，垂足为 M_1，得到 $\overrightarrow{OM_1}$，我们称这种变换为向量 a 向向量 b 投影，$\overrightarrow{OM_1}$ 叫作向量 a 在向量 b 上的投影向量. 我们把 $|a|\cos\theta$ 叫做向量 a 在

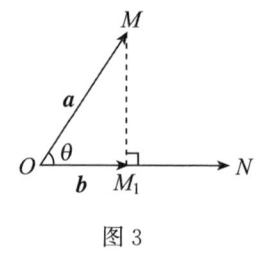

图 3

向量 b 方向上的投影，显然 $|\overrightarrow{OM_1}| = |a|\cos\theta$. 向量的投影对于学生而言是一个难点，要突破此难点，还是应该从功的物理背景出发，类比物理学中分力做功，探究投影和投影向量的定义，同时有利于学生理解引入投影向量的合理性. 与教材相比，此处提前引进投影的相关知识，目的是为后续进一步加深学生理解数量积定义的一般意义提供研究"工具"，让学生后续有条件探究"不共线向量"的乘积.

问题5：向量 a 在向量 b 上的投影向量如何表示？

设计说明：教师引导学生观察投影向量的位置，发现投影向量与向量 b 是共线的，进而产生用向量 b 表示投影向量的想法. 随后，教师指出为了更方便地表示投影向量，引入与向量 b 同向的单位向量 e，这时 $\overrightarrow{OM_1} = \lambda e$. 通过对向量共线基本定理的应用，让学生积累运用向量运算解决问题的经验. 引入与向量 b 同向的单位向量 e，为学生后续研究 $|a|\cos\theta$ 的几何意义打下基础.

问题6：观察图4，我们知道 $2 \times 3 = 6$，若此时我们规定：数轴上正数的方向与数轴的正方向相同，负数的方向与数轴的正方向相反，那么数轴上的数被赋予了方向，即可看作是特殊的"共线向量". 类比数轴上的数的乘法，易知图5中共线向量 $\overrightarrow{OA} \cdot \overrightarrow{OB} = 6$. 由此我们发现：当两个向量方向相同时，向量的乘积即为其模的乘积. 那么当两个向量不共线时，如图6，$\overrightarrow{OA}$ 和 $\overrightarrow{OB}$ 的模长分别为 2 和 3，它们之间的夹角为 θ，它们的乘积怎么表示呢？

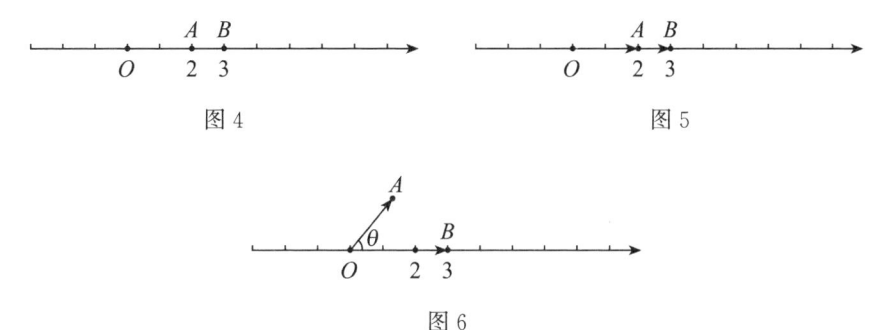

图4

图5

图6

设计说明：教材以及大部分的教学设计关于数量积的导入，往往只有物理做功一个例子，但数量积是一个较为抽象的概念，案例不够丰富容易使学生质疑定义的一般性．因此，此处在学生基于物理做功对数量积有了初步认识后，联系数轴上数的乘法，引导学生结合投影的相关知识再次抽象出数量积的定义，使学生进一步理解数量积的概念．同时，从共线向量到不共线向量，通过从特殊到一般的过程，让学生能够自然地发现，夹角在数量积的定义中占有不容小觑的地位，为后续对夹角的研究作好铺垫．

问题7：在以上表述向量的数量积时，提到了两个向量的夹角的概念，它究竟代表什么意义呢？向量加法的三角形法则要求两向量首尾相接，向量加法的平行四边形法则要求两向量共起点．那么确定"向量的夹角"在向量的位置上有何要求？为了使两个向量的位置关系和夹角的范围建立起一一对应关系，向量夹角的范围应该规定为多少呢？

设计说明：在学生对数量积有了进一步认识之后，教师应带领学生不断地完善数量积的定义．教师应先组织学生阅读教材，明确夹角的定义，再引导学生注意其位置要求，思考夹角范围．关于夹角范围的确定，可以借助几何画板进行演示：一个向量不变，另一个向量沿着公共起点旋转，让学生观察夹角的变化情况，并结合题设要求的"一一对应关系"合理地探究出夹角的范围．这样的设计帮助学生养成认真阅读教材的好习惯，培养学生的阅读理解能力，同时培育学生善于思考、严谨求实的科学精神．

问题8：我们发现，向量的夹角定义中的向量皆是非零向量，并且向量夹角是有范围的，那么你觉得"向量的数量积"的文字表述是否精确、严谨呢？

设计说明：教师带领学生进一步将向量的数量积表述为：已知两个非零向量 a，b 的夹角为 θ（$0 \leqslant \theta \leqslant \pi$），则称数量 $|a||b|\cos\theta$ 为向量 a 和 b 的数量积，记作 $a \cdot b$，即 $a \cdot b = |a||b|\cos\theta$．教师引导学生给出数量积的严谨定义之后，要提醒学生注意向量数量积的写法，掌握决定数量积大小的因素，能够区分向量的数量积与其他线性运算．在学习过程中，学生先基于原有的物理知识对向量的乘法达到一种经验性理解，在此基础上进一步探究，对知识进行整理、组织、完善、概括和重新表征，虽然一开始

对数量积的认识不是很严谨，但主要目的在于通过粗略的文字表述，让学生对向量的乘法有一个大致印象，再在后续学习中不断完善细节，一步一步走向规范化、严谨化，以循序渐进的方式让学生逐渐对形式化符号语言产生本质性认知，使学生对向量的数量积达到形式化理解.

问题9：数量积的定义中要求向量一定是非零向量，但是学习向量的概念及其表示时，我们知道向量也包括零向量，那么零向量与任意向量的数量积是多少呢？

设计说明：一般情况下，教师在给出定义时会直接补充结论"零向量与任一向量的数量积为0"，但实际上可以利用数学与实际的联系来解决这个问题，通过它们之间双向转换更能有效促进学生的理解性学习. 零向量的模是0，学生很容易根据数量积定义判断零向量与任一向量的数量积等于0，但是定义是对两个非零向量而言的，不能用定义计算，因此对于如何认识零向量与任一向量的数量积，就会引发学生的思考. 教师应先让学生小组讨论合作探究，再引导他们将这个数学问题放回物理背景中，可以发现如若力或位移为零，则功为零. 因此可以直接规定：零向量与任意向量的数量积为0.

2. 探究数量积的几何意义

问题10：平面向量的加法、减法、数乘运算都有几何意义，那么数量积的几何意义是什么呢？我们先来思考这样一个问题：如图7，与向量 b 方向相同的单位向量为 e，向量 a 与向量 b 的夹角为 θ，$\overrightarrow{OM_1}=\lambda e$，这里的 λ 如何确定？

设计说明：教师引导学生列举出两向量夹角的不同情形，包括锐角、钝角、直角以及两向量共线的情况，如图7至图10，分析当 θ 在区间 $[0,\pi]$ 上变化时，投影向量的模的表示以及与向量 b 方向的关系. 之后，师生共同完善并得到最终结论：对于任意的 $\theta\in[0,\pi]$，都有 $\overrightarrow{OM_1}=(|a|\cos\theta)e$. 让学生体会到在研究两向量夹角的有关问题时，常常要根据夹角的不同情况进行分类讨论，培养学生分类讨论和数形结合的思想.

图 7

图 8

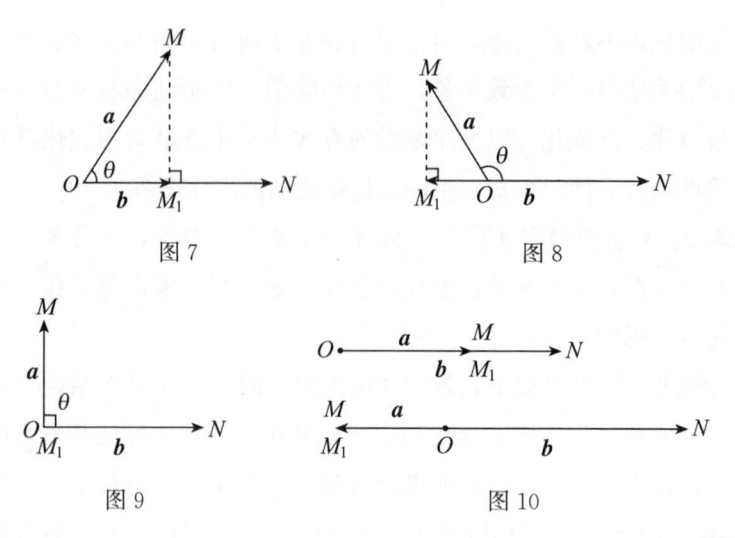

图 9

图 10

问题 11：如图 11 所示，作向量 a 在向量 b 方向上的投影向量 $\overrightarrow{OM_1}$，将投影向量 $\overrightarrow{OM_1}$ 逆时针旋转 $90°$ 得到 $\overrightarrow{OP}$，以 $|b|$ 为长、$|\overrightarrow{OP}|$ 为宽构造矩形. 规定：当向量 a 在向量 b 方向上的投影为正时，定义落在向量 b 逆时针方向的矩形面积为正；当向量 a 在向量 b 方向上的投影为负时，定义落在向量 b 顺时针方向的矩形面积为负. 利用几何画板观察变化过程，你有何发现？

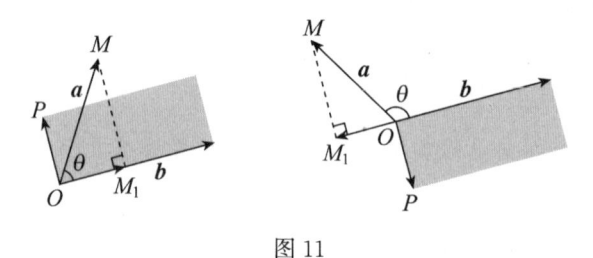

图 11

设计说明：教师借助几何画板向学生展示变化过程，引导学生发现：当向量 a 在向量 b 方向上的投影为正时，随着向量 a 与向量 b 的夹角 θ 逐渐增大，矩形越来越小直至变成一条直线，也即面积越来越小直至为 0；当向量 a 在向量 b 方向上的投影为负时，随着向量 a 与向量 b 的夹角 θ 逐渐增大，矩形越来越大，但面积却越来越小. 在教学过程中，教师不应仅强调严谨规范的推理过程，也不应以任何一种思维形式作为教学的硬性规定，应当从各个方面为学生的自由发挥提供必要的条件，包括努力培养他们的思维转换能力[①]. 前面带领学生对数量积的几何意义进行了严谨的探究, 学生可能会应用, 但未必能够真正理解. 因此, 此处尝试结合面积给学生一个关于数量积的直观认知: 通过矩形的运动变化, 使学生能够对数量积取得最大值、0、最小值的时刻以及正负的变化有一个深刻的认识.

问题 12: 经过以上的探究过程, 你能说出 $|a|\cos\theta$ 的几何意义吗? 能进一步说出 $a \cdot b$ 的几何意义吗?

设计说明: 教师提醒学生注意当 θ 在区间 $[0, \pi]$ 上变化时, $|a|\cos\theta$ 会出现正数、零、负数三种结果, 并引导学生观察对应的投影向量与向量 b 的位置关系. 学生经讨论后得出 $|a|\cos\theta$ 的几何意义, 即当投影向量与向量 b 同向时, $|a|\cos\theta$ 是正数; 当投影向量与向量 b 反向时, $|a|\cos\theta$ 是负数. $|a|\cos\theta$ 为向量 a 在向量 b 上的投影的大小. 由此, 可以得出以下结论: 数量积 $a \cdot b$ 等于向量 a 在向量 b 上的投影的大小与向量 b 的模长的乘积. 学生经过合作讨论得出结论的过程, 就是掌握研究图形与图形、图形与数量之间关系的基本方法的过程. 以上设计让学生学会借助图形性质探索数学规律, 从而掌握数形结合的思想, 体会几何直观的作用和意义; 给出明确的数量积运算的几何意义, 与前面学习向量的线性运算过程保持一致, 同时对学生理解数量积运算也是有帮助的. 至此, 把数量积与投影的相关知识联系在一起, 借助投影知识来帮助学生把握数量积的内涵和实质, 形成对向量的数量积的结构化理解, 对数学知识本质的理解也更加深刻和完善.

3. 探究数量积的性质

问题 13: 向量是一个既有大小又有方向的量, 根据已有的研究经验, 你认为可以从哪些角度研究向量数量积的性质?

设计说明: 如果该问题学生无从下手, 教师可以引导学生从向量的两要素——大小关系和位置关系展开研究. 具体来说就是研究单位向量、相等向量以及两向量共线和垂直时数量积有何特性. 学生讨论交流后, 教师

---

① 郑毓信. 多元表征理论与概念教学 [J]. 小学数学教育, 2011 (10): 3-7.

展示完整系统的理论知识：

设 a，b 是非零向量，它们的夹角是 θ，e 是与 b 方向相同的单位向量，则：

(1) $a \cdot e = e \cdot a = |a|\cos\theta$；

(2) $a \perp b \Leftrightarrow a \cdot b = 0$；

(3) 当 a 与 b 同向时，$a \cdot b = |a||b|$；当 a 与 b 反向时，$a \cdot b = -|a||b|$. 特别地，$a \cdot a = |a|^2$ 或 $|a| = \sqrt{a \cdot a}$.

此外，由 $|\cos\theta| \leqslant 1$ 还可以得到：

(4) $|a \cdot b| \leqslant |a||b|$.

问题 14：学习了向量数量积的性质，思考其应用价值是什么？

设计说明：教师引导学生从几何角度分析，合作完成下列表格：

运算性质	作用
$a \cdot e = e \cdot a = |a|\cos\theta$	向量 a 在向量 b 上的投影的大小
$a \perp b \Leftrightarrow a \cdot b = 0$	向量垂直的条件
$a \cdot a = |a|^2$ 或 $|a| = \sqrt{a \cdot a}$	计算向量的模
$|a \cdot b| \leqslant |a||b|$	数量积的范围

教师通过引导学生展开合理的研究活动，加深对数学概念内涵的理解. 对特殊位置关系的两个向量数量积进行研究，从一般到特殊，让学生感受向量的数量积与几何的联系，即能够表述一些几何的结果，如线段长度、直线垂直等，从而使学生体会向量数量积运算的强大功能，感受向量数量积的广泛运用，增强学生学好数量积的信心.

其后是有关例题讲解、习题演练、课堂小结等的设计，余略.

三、基于理解性学习的教学设计的注意事项

1. 教学过程要联系学生生活实际

从丰富的生活经验中抽象概括出数学知识的过程符合学生的认知规律，从易到难，从特殊到一般，能够有效地促进学生的理解. 因此在教学

设计时要注重创设适当情境，联系有助于反映相应数学内容本质特征、有助于学生理解数学的生活实际，使学生经历数学知识的发生、发展和形成过程，促进学生的数学理解．比如在本节课中，先是从实际的物理做功情况让学生感受向量的乘法，再引导学生抽象、概括、重新表征，用数学语言描述出向量的数量积；关于零向量与任意向量的数量积的教学设计，没有如往常一样直接抛出结论，而是联系实际，引导学生将数学问题再次放回物理背景中看待，不仅加深学生对该规定的记忆，同时也促进了学生对数量积的理解．

2. 教学设计要注重学生的主体参与

理解性学习能够开启学生的数学思维，让学生从机械性学习转移到有意义的学习．因此在教学设计时，要真正确立学生的主体地位，并将学生的理解视为重要的关注点，不仅要在宏观上有机整合各种资源，系统考虑教学过程，而且在知识的关键点处也要进行精细设计，帮助学生全面理解和认识数学，有效突出重点、破解难点．本节课在探究数量积定义的过程中，没有直接从实际情况中抽象概括出严谨的定义，而是先让学生粗略地对数量积进行文字表述，发现夹角的重要性，从而自然地对夹角展开研究，一步步地深化认识，引导学生不断地改进表达，使得数量积的定义走向精确、严谨，也使得学生对数量积的理解更加深刻．

3. 教学设计要呈现知识的形成过程

数学教学要让学生体验知识自然的、水到渠成的形成过程．那种不经过任何铺垫就直接给出概念，搞"一个定义、三项注意"的概念教学是行不通的．教学要按照知识的逻辑顺序和学生的心理顺序来设计．例如，在人教版教材中，直接给出投影及投影向量的定义，这不符合学生的学习心理，学生理解起来会有一定困难．因此关于这部分内容，我们从生活实际入手，由物理的分力到数学的"分向量"，自然地进行类比迁移，如此一来，使符合学生的认知规律，有助于学生对相关概念的认识与理解．

§6 数学学科德育的实践
——以"辩证思维"培养为例

课程思政作为一种育人理念，其根本目的是为了实现立德树人，即不仅强调知识学习，还强调思想塑造，注重教书与育人的有机统一．但在现实的课程教学中，由于受传统教育观念的影响，教学仍主要停留在知识传授上，过于强调公理、定理、公式、法则、定义的灌输和记忆，忽视将其中所蕴含的思想因素挖掘出来，出现了知识学习与思想塑造的人为割裂．课程思政正是对这两者重新统一的一种回归．所谓数学课程思政，就是结合数学学科特点，充分挖掘数学中的思政因素，将知识学习与思政元素融为一体，最大限度地发挥数学课程的育人价值．

辩证思维是唯物辩证法在思维中的反映，联系、发展的观点是辩证思维的基本观点，对立统一规律、质量互变规律和否定之否定规律是唯物辩证法的基本规律．恩格斯曾精辟地指出："数学，辩证的辅助工具和表现形式．"数学的思维和方法本质上都是辩证的，数学教学中应充分挖掘各种内在的辩证因素，指导学生学会用辩证的观点和方法去观察、分析、解决问题，不断提高学生的辩证思维水平．这既是数学课程思政的重要内容，也是在数学教学中践行立德树人理念的主要途径．

一、利用辩证思维理解数学概念

唯物辩证法告诉我们，任何事物和现象都是由相互矛盾着的两个方面构成的，它们相互分离，相互排斥，而又相互依存，相互融合，并在一定条件下相互转化．因此，矛盾的双方不仅是对立的，而且是统一的．数学的产生和发展是客观世界量的矛盾对立统一的结果，有限与无限、变量与常量、偶然与必然等之间的对立统一，催生了各数学分支博大而精深的理论体系.在中小学数学教学内容中,同样包含着大量对立统一的概念与关系,教学中应通过对这些对立统一、辩证否定等内容的分析,正确理解数学中的某些重要概念,培养学生的辩证思维能力,更好地驾驭数学内容和方法.

比如在数学运算的学习中,数学运算及其对象之间,各种数学运算之间,既有差异又有联系,研究数学运算如何从简单到复杂、从低级到高级进行发展,以及它们之间存在着怎样的辩证联系和相互转化的途径,是把握数学辩证性质的一个重要方面.例如加法和减法是两种互逆运算,它们是对立的;引进负数之后,加法和减法之间就可以互相转化,它们又是统一的.将加数相同的加法运算转化为乘法,乘法和除法是两种互逆运算,它们是对立的;引入倒数之后,乘法和除法之间就可以互相转化,它们又是统一的.将乘数相同的乘法运算转化为乘方,乘方和开方是两种互逆运算,它们是对立的;学习指数幂之后,乘方运算和开方运算就可以统一为指数幂运算.再来考虑指数幂运算的逆运算,由此便得到了对数运算.正如恩格斯所言:"从一个形式到另一个相反的形式的转变,并不是一种无聊的游戏,它是数学科学的最有力的杠杆之一,如果没有它,今天就几乎无法进行一个比较困难的运算."[①] 数学辩证思维策略的核心是重视事物的数量、形式和结构的内在矛盾,在思想方法上用联系、渗透和转化的观点来处理和解决数学问题.

又如对于导数概念的学习,仅仅记住其形式定义 $f'(x)=\lim\limits_{\Delta x\to 0}\dfrac{f(x+\Delta x)-f(x)}{\Delta x}$ 是远远不够的,必须要让学生理解运用辩证思维解决问题的思路和方法.这即是:要解决"某一点"的问题(瞬时变化率),但停留在这一点无法求出,为此对该点进行"否定"(给增量 Δx),否定的结果是得到"另一点",并由此得到一个小区间 $[(x, x+\Delta x)$ 或 $(x+\Delta x, x)]$;在这个区间上,先求出近似值 [平均变化率 $\dfrac{f(x+\Delta x)-f(x)}{\Delta x}$],之后再对"另一

---

① 恩格斯.自然辩证法 [M].北京:人民出版社,1985:266.

点"进行否定（令 $\Delta x \to 0$），由此把平均变化率转化为瞬时变化率. 静止地停留在这一点无法解决的问题，经过两次辩证否定，原问题得以成功解决. 在这里，一方面，对于任意的增量 Δx，平均变化率均不是瞬时变化率，反映了过程与结果、近似与精确对立的一面；另一方面，随着变化过程的进行，平均变化率又转化为瞬时变化率，反映了过程与结果、近似与精确统一的一面.

所以在数学教学中，教师应善于运用辩证思维分析教学内容，充分挖掘和揭示数学概念中所蕴含的辩证思想，根据学生的实际水平和能力，适度地从哲学角度剖析学习内容，运用对立统一等规律分析和解决问题，引导学生将单一、封闭、静态的形式逻辑思维提高到多维、开放、动态的辩证逻辑思维上来，从而让学生感受到静态与动态、过程与结果、具体与抽象、有限与无限等相结合的重要性，掌握从不变认识万变、从量变认识质变、从近似认识精确的思维策略，使学生获得对数学概念的深刻理解与系统把握，更好地促进学生对辩证思维方法的领会和掌握.

二、利用辩证思维加强数学联系

形而上学用孤立的、片面的、静止的观点看世界. 与形而上学相反，唯物辩证法认为，世界是普遍联系的，整个世界都是一个相互联系的统一整体，任何事物都处在这个统一联系的整体之中，各个对象或现象互相有机地联系着、依赖着、制约着. 科学世界是这样，数学科学同样如此. 看似迥异的数学内容，实则可能存在着内在紧密的联系. 正如大数学家希尔伯特所言："数学科学是一个不可分割的有机整体，它的生命力正在于各个部分之间的联系，尽管数学知识千差万别，我们仍然清楚地意识到：在作为整体的数学中，使用着相同的逻辑工具，存在着概念的亲缘关系，同时在它的不同部分之间也有大量的相似之处."[①] 在数学教学中善于运用联

---

① 袁小明，胡炳生，周焕山. 数学思想发展简史 [M]. 北京：高等教育出版社，1992：205.

系观点认识和分析问题，这对于学生从整体上建构和理解数学非常重要，不仅有助于学生获得融会贯通的知识，还有助于学生左右逢源地来解决问题．

比如在高中向量知识的教学中，在学习向量概念时，几乎所有的教师都是这么讲的：我们之前所学习的量叫数量，数量只有大小、没有方向；今天我们新学习的量叫向量，向量不仅有大小，而且还有方向．这样就把数量与向量人为地进行割裂，认为数量和向量是两个完全不同的概念，它们之间没有任何的数学联系．聪明的学生就会想到：之前在学习有理数时，为了表示相反意义的量，我们引进了负数．"相反"不就是说方向吗？谁说数量没有方向？其实，从联系的观点来看，实数就是一维向量．在数轴上，让这个一维向量的起点与原点重合，则向量终点就会对应数轴上的一个点和实数，于是就可以建立起一一对应关系．实数的符号就是一维向量的方向，实数的绝对值就是一维向量的模长．因此可以说，平面向量就是数量的推广，而且在推广中，其大小、方向、数乘运算等都是一脉相承的，其本质均保持不变．

认识到向量与数量之间的这种联系性，那么我们在高中教学向量的加减运算和数量积运算时，便可以采取完全不同的教学策略．比如对于两个向量的加法运算，教学时我们可以先从两个特殊向量——共线向量入手，又分为方向相同的共线向量和方向相反的共线向量两种情况，无论是哪种情况，它们的相加完全类似于有理数的相加，或者说它们的相加就转化成了有理数的相加；对于不共线的两个共起点向量，它们不能直接相加，必须转化成共线向量才可以相加，该如何转化呢？由于它们的方向完全不同，因此相加后向量的方向只能"折中"——走"中间路线"，物理学的实验研究表明，它遵循"平行四边形法则"，即相当于把这两个向量投影到对角线所在的直线后，变成共线的两个投影向量后再来相加．对于两个向量的数量积运算，同样如此．当这两个向量不共线时，由于方向不同无法直接相乘，这时把其中一个向量投影到另一个向量所在的直线上，于是这个投影向量与后一向量就变成了共线的两个向量，它们的相乘完全类似于两个有理数的乘法运算.

于是,通过向量的投影和投影向量,把非共线向量转化成了共线向量,把向量的加减运算和数量积运算转化成了类似于有理数的加减运算和乘法运算,由此实现了问题的化归转化.这种用辩证思维观点和联系性思维来指导数学学习,有利于理解数学知识的联系性和系统性,有利于帮助学生提高辩证分析能力.这种数学整体性认知修养的提升,不仅可以帮助学生获得数学结构性知识,还可以逐步让学生获得有关数学的哲学观点.

三、利用辩证思维破解教学疑点

辩证思维通常被认为是与逻辑思维相对立的一种思维方式.在逻辑思维中,事物一般是"非此即彼""非真即假";但在辩证思维中,事物可以在同一时间"亦此亦彼""亦真亦假",而无碍思维活动的正常进行.特别是在大多数人的心目中,数学是确定无疑的绝对真理的集合,因此在认识和把握数学对象时,更容易采用二元对立思维,犯绝对主义的错误,而采用辩证思维认识和处理这类问题,则可以有效地破解这些教学疑点.

比如经常有教师会问到"$\frac{x}{2x}$ 是不是分式""$y=2\log_3 x$ 是不是对数函数"诸如此类的问题.前者在初中通常会给出肯定回答,因为它符合分式的形式定义,即"如果 A、B 表示两个整式,且 B 中含有字母,那么式子 $\frac{A}{B}$ 叫做分式",即判断时依据的是化简之前的形式;后者在高中通常也会给出肯定回答,因为尽管 $y=2\log_3 x$ 不满足对数函数的形式定义"$y=\log_a x$",但由于"$y=2\log_3 x=\log_3 x^2=\log_{\sqrt{3}} x$",因此其实质上是对数函数,即判断时依据的是化简之后的形式.这样就很容易使学生犯糊涂:究竟是看形式,还是看实质?是看化简之前,还是看化简之后?其实,对于这类涉及形式与实质、过程与结果的关系的问题,只要我们不持"非此即彼"的二元对立思维,在约定条件下认识和讨论它就不会有任何争议.比如,我们可认为 $x+\frac{1}{2y}$ 在化简之前不是分式,但在化简之后可以变成分式．教学中关键是对认识对象的实质进行理解，对此进行争议是典型的教条主义和机械论的表现，在考试中更是不宜作为考题来对学生进行考查．

事实上，按照唯物辩证法，任何事物的内部都是一分为二的，矛盾双方都是对立统一的．由矛盾论所提供的思维方法，叫做二元思维法．因为在认识矛盾的过程中，思维的对象始终是两个，而不是一个或多个．科学的辩证法，不仅承认"一分为二"，承认矛盾的对立性，更承认"合二为一"，承认矛盾的统一性．认识到这一点，并采取相应的思维方式，这对于理解许多数学概念，都是非常重要的．

比如对于"对数"这一概念：从过程来看，对数$\log_a b$是在$a^N=b$中，求指数N的一种运算，如$\log_2 8=3$；从结果来看，对数$\log_a b$本身就是一个实数，可以把它当作操作对象直接参与运算．因此在某课堂的小结环节，面对老师"对数是什么"的提问，有的学生回答"对数就是一种运算"，有的学生回答"对数就是一个数"，看似截然不同的两种回答，其实揭示了对数概念作为"过程"与"结果"辩证统一的特征．若真要较真"对数究竟是什么"，那便犯了教条主义的错误．又如对于"函数"这一概念：从过程来看，它表示从自变量到因变量的一种对应过程，即$f: x \rightarrow y$；从结果来看，函数作为一个数学对象，可以直接参与数学运算，如$f(x)+g(x)$等．因此，函数概念同样是"过程"与"结果"的统一体．在这里，那种"唯结果"或"唯过程"的回答，都是形而上学的、错误的，其错误根源，正如马克思在批评形而上学的错误时所指出的那样："在看出有差别的地方就看不见统一"[①]．

四、利用辩证思维解决数学问题

相关研究表明，学生辩证思维的发展，在初中阶段处于较低水平；初高中过渡时期，处于迅速发展阶段；高二开始，学生的辩证思维已占据优势地位．掌握了这一认知发展规律，我们不仅可以利用辩证思维理解数学

---

① 编译局．马克思恩格斯选集（第1卷）[M]．北京：人民出版社，1995：172．

知识，还可以利用辩证思维解决数学问题.

比如，对于绝对值不等式$|a|-|b|\leqslant|a\pm b|\leqslant|a|+|b|$，由于$a$、$b$具有任意性，利用动静转换策略和数形结合思想，我们把a看作变量x，把b当作常量，针对不等式的三端，分别构造函数$y=|x|-|b|$，$y=|x\pm b|$，$y=|x|+|b|$，画出它们的图象，得到该不等式的直观表达，则其大小关系便一目了然. 在这里，一方面，依据唯物辩证法，静止和运动是相对而言的，常量与变量具有相对意义，因此它们是可以相互转化的，我们既可以以静制动、把变量当成常量来处理问题，也可以化静为动、把常量看成变量来处理问题，这里对a和b的处理便体现了这后一思想. 另一方面，这里的a、b都是数，数当然不是形，形也不是数，这是不同点；但数与形在一定条件下又可以相互转化，这体现了数与形的关系也是一种对立统一的关系.

掌握了以上辩证思维的规律和方法，我们就可以以此来解决更复杂的数学问题. 比如[①]：

解不等式：$\sqrt{x^2-6x+13}+\sqrt{x^2+6x+13}\leqslant 8$.

分析：此题若应用常规方法进行求解，即平方、移项、合并同类项等，其复杂性是显而易见的. 但若注意到不等式左边的结构特点，即其可化为：

$$\sqrt{(x-3)^2+2^2}+\sqrt{(x+3)^2+2^2}\leqslant 8.$$

这时化静为动，将常量2看作变量y，即：

$$\sqrt{(x-3)^2+y^2}+\sqrt{(x+3)^2+y^2}\leqslant 8,$$

它可以看作是动点(x,y)到两定点$(-3,0)$和$(3,0)$的距离之和不大于8的点的轨迹. 根据椭圆定义，如图1所示，这是一个$a=4$，$c=3$的椭圆内部区域，即：

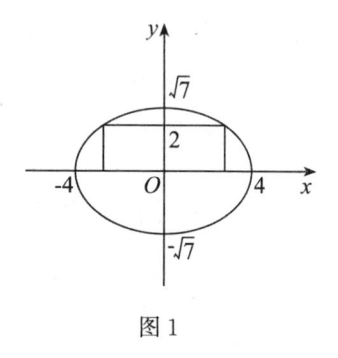

图1

---

① 李祎. 论数学解题创新的教学原则与策略[J]. 数学通报，2002（8）：23—25.

$$\frac{x^2}{16}+\frac{y^2}{7}\leqslant 1.$$

再以静制动，令 $y=2$，便可得原不等式的解为：

$$-\frac{4\sqrt{21}}{7}\leqslant x\leqslant\frac{4\sqrt{21}}{7}.$$

在以上解答过程中，灵活运用了常量与变量的辩证转化：一方面，化常量为变量，通过变量来研究常量；另一方面，令变量取特定值，再化变量为常量．通过"常量→变量→常量"的辩证否定，即否定之否定，使原问题获得解决．在这一过程中，通过化数为形，以形辅数，数形结合，数形互化，解题难点得到有效突破．

总之，在数学课程思政改革中，应当学会用辩证观点来研究教材，从数学内容和方法中发现辩证因素，有目的、有意识地渗透和运用这些观点，通过课堂教学这个主渠道，使学生在理解和掌握知识的同时，领会和感悟辩证思维因素，达到思政内容与数学知识的整合，实现知识学习与育人目标的有机统一．

§7 数学结构化教学的理解与实施

在数学教学中,无论从教师教学角度来看,还是从学生学习角度来看,对知识内容的把握均强调"见木又见林"的重要性. 与此相关的研究也成了近几年数学教学研究的热点. 然而在具体研究中,不仅表述不同、名称各异,如单元整体教学、大单元教学、结构化教学等,而且在内涵理解方面也存在差异,在操作层面更是缺乏系统性认识. 为此,本文结合丰富的数学实例,就数学结构化教学的理解与实施,陈述个人一孔之见,以供参考与交流.

一、数学结构化教学的内涵诠释

1. 数学理解的本质是知识结构化

根据认知主义的一般观点,理解的过程便是知识意义建构的过程,而意义建构过程就是在新旧知识之间建立各种联系的过程,包括新旧知识之间的文外联系和新知识与新知识之间的文内联系[1]. 知识结构的形成就是基于联系的建立,因此数学理解的本质便是知识的丰富联系和结构化. 正如数学家希伯特所言:"一个数学的概念、方法或事实是理解了,是指它成了内部网络的一部分……而理解的程度是由联系的数目和强度来确定的."[2] 数学理解涉及微观和宏观两个层面,微观层面的数学理解是从心理意义上来认识知识的联系性和结构化,而宏观层面的数学理解则是从教学

---

[1] 马向真. 论维特罗克的生成学习模式 [J]. 华东师范大学学报(教育科学版),1995 (2):73—81.

[2] D. A. 格劳斯. 数学教与学研究手册 [M]. 上海:上海教育出版社,1999:134—136.

角度来认识知识的联系性和结构化. 本文所指的数学结构化教学是就后一意义而言的.

事实上，无论是教育心理学家、数学家，还是一线数学名师，无不从宏观角度强调了数学理解与结构化认知的重要性. 布鲁纳认为："不论我们选教什么学科，务必使学生理解各门学科的基本结构."[1] 华罗庚先生曾指出，既要能把书读厚，又要能把书读薄. 读厚，就是要把每一逻辑关系和细节搞清楚、想明白；读薄，就是能抓住课程的主线和脉络，抓住课程的内在联系，形成整体认识. 数学名师孙维刚先生曾说过："要使学生发现知识之间盘根错节，又浑然一体，而到后来，知识好像在手心里，了如指掌，不再是一堆杂乱无章的瓦砾、一片望而生畏的戈壁滩."[2] 因此在数学教学中注重知识结构化教学，对于数学理解具有非常重要的意义.

2. 数学知识结构化的类型

根据知识特点和结构形成方式的不同，可以把数学知识结构分为宏观知识结构与微观知识结构、显性知识结构与隐性知识结构、纵向知识结构与横向知识结构等三种不同类型.

（1）宏观知识结构与微观知识结构

宏观知识结构是指某分支学科结构或某知识单元结构，它从宏观层面揭示了某分支学科的研究对象和内容、研究思路和方法等，或从宏观层面揭示了某知识单元中知识之间的内在联系和逻辑关联. 微观知识结构是与宏观知识结构相对而言的，通常指某些知识点之间的具体联系，或围绕某一核心概念生成的概念图等.

宏观知识结构方面，比如初等代数的学科知识结构. 初等代数主要是研究数式运算和方程求解的一门学科. 数包括实数和复数两种数；式主要包括整式、分式和根式三种式；运算主要包括加、减、乘、除、乘方和开

---

[1] （美）布鲁纳. 教育过程［M］. 邵瑞珍，译. 北京：文化教育出版社，1982：37.

[2] 孙维刚. 孙维刚初中数学［M］. 北京：北京大学出版社，2005：8—9.

方等六种运算,以及进一步拓展出来的指数幂运算和对数运算;方程主要包括整式方程、分式方程、根式方程和方程组等四类方程.围绕代数的基本思想,即"用字母表示数",从代数式(符号表示数),到方程(符号表示未知数),再到函数(符号表示变数),代数研究的内容在不断拓展;围绕代数研究的核心问题,即"解方程",从一元一次方程、一元二次方程到进一步探究次数更高的方程,从二元一次方程组、三元一次方程组到进一步探究含有未知数更多的方程组,由此分别延伸出多项式理论和线性代数,初等代数遂过渡到了高等代数.

微观知识结构方面,比如四个"二次"之间的逻辑联系.以二次函数为中心,以判别式为手段,可以把看似不同的四个概念,即二次三项式、一元二次方程、二次函数、一元二次不等式等,用函数观念统一起来,形成有关四个"二次"的知识关系结构:把二次三项式 ax^2+bx+c 中的 a、b、c 看作常量,把 x 看作自变量,把该式看作整体变量,便得到了二次函数 $y=ax^2+bx+c$;围绕二次函数中因变量 y 的取值或取值范围的求解问题,便得到了一元二次方程 $ax^2+bx+c=k$ 或一元二次不等式 $ax^2+bx+c>k(<k)$;而在实数范围内,该二次三项式是否可进行因式分解,该二次函数是否与 x 轴有交点,该一元二次方程是否有根,以及该一元二次不等式的解的情况,又主要是由判别式来决定的(一元二次不等式的解的情况还要考虑 a 的符号).

(2)显性知识结构与隐性知识结构

知识之间的联系,既有显性联系,又有隐性联系.从狭义上来讲,通常所指的知识结构是显性知识结构,它揭示和反映了数学概念、公理、定理、公式、法则等之间的内在联系.广义的知识结构,除显性知识结构之外,还包括了隐性知识结构,即体现了知识生成的线索和方法,反映了知识建立的思想脉络,这类知识结构也称作思想方法结构.知识与方法、明线与暗线通常交织在一起,形成一个有血有肉的丰满的知识结构.

比如对"三角形"的研究,其研究思路和线索是:三角形实例→三角形图形→三角形概念→三角形分类→三角形性质.在初中阶段,对"三角形"研究又遵循以下研究思路：先研究一般三角形，再研究特殊三角形；先研究一个三角形，再研究两个三角形的关系．对"三角形"展开研究，重点是研究其性质，所谓"性质"是指要素之间的关系：先研究基本要素的关系（三条边、三个角），再研究相关要素的关系（高线、中线、角平分线、中位线、外角等）；"关系"分为位置关系和大小关系，位置关系又包括相交、平行、重合、对顶角、同位角等，大小关系又包括相等关系和不等关系等．由此，三角形研究脉络跃然纸上．

在数学学习中，既要把握显性的知识联系，即掌握数学知识结构之形，又要把握隐性的脉络关联，即领悟数学知识结构之神．显性的知识联系反映了知识的表层结构，隐性的脉络关联反映了知识的深层结构．只有从表层结构延伸到深层结构，真正做到"形神兼备"，才能透彻地把握数学知识结构．

（3）纵向知识结构与横向知识结构

通过知识纵向联系形成的结构叫纵向结构，所生成的知识称之为条状知识；通过知识横向联系形成的结构叫横向结构，所生成的知识称之为块状知识．在数学学习中，既要认识和掌握数学知识纵向发展的线性结构，也应认识和掌握数学知识横向联系的平面结构，这样才能在头脑中建立起数学知识的网状结构、立体结构．

比如，围绕着"轴对称"这条主线进行梳理，便可形成关于轴对称的纵向知识结构：从小学低年级通过直观感知方式认识轴对称图形，到小学高年级在方格纸上研究轴对称图形，再到初中研究轴对称图形的性质和应用，最后在高中阶段通过函数和方程两条主线从量化角度研究图象或图形的轴对称性质．数学知识的这种纵向发展和纵深联系，体现了认识循序渐进、螺旋上升的特点和规律．

又如，通过平面中的等角定理，即"如果一个角的两边分别平行于另一个角的两边，那么这两个角相等或互补"，从寻找联系入手，运用平移变换方法，可以把分散在课本里的6条定理、定义（两直线平行则同位角相等、内错角相等、同旁内角互补，角相等定义，平角定义，对顶角相等）统一起来. 即这1条定理是那6条定理、定义的联合推广；那6条定理、定义则是这1条定理的特例. 于是看似无关的数学知识，通过知识的横向联系，实现了数学知识的融会贯通.

3. 数学结构化教学的理解

从认识论的角度来看，人类思维有两类：一类是"实体性思维"，即对知识本身的思维；另一类是"关系性思维"，即对知识关系的思维. 要把握数学知识结构，必须要采用关系性思维，着眼于数学知识之间的各种联系，从整体、系统、全局的观点来认识问题.

所谓数学结构化教学，就是采用关系性思维来认识数学问题，并注重数学知识的联系性和结构化的教学. 具体而言，数学结构化教学具有以下特点：首先，数学结构化教学是一种注重整体的教学，它强调站在知识整体和全局的高度来统领、统揽教学内容；其次，数学结构化教学是一种注重理解的教学，它强调数学知识的纵横联系，注重知识的触类旁通、融会贯通；再次，数学结构化教学是一种注重思想的教学，它强调知识生成的思路和线索，注重知识内生的逻辑和思想.

目前数学教学中存在一种"会而不懂"现象，即学生表面上会做题，但根本没有真正理解数学. 究其原因，与教学内容"碎片化"有关. 许多学生尽管学习了大量数学知识，但根本不清楚每个知识单元的研究对象、研究方法、研究思路和研究线索，不清楚知识产生的背景和意义、知识的地位和作用、知识的来龙去脉、知识的纵横联系，缺乏对数学知识的结构化认知和整体性把握，由此导致所学知识僵化而缺乏迁移活力.

实施数学结构化教学，要求教师基于对知识的深度分析，立足于整体和全局的视野，不仅要"求通"，做到瞻前顾后、前延后续、上通下达；也要"求联"，做到左顾右盼、东张西望、左右逢源；还要"求变"，做到由此及彼、触类旁通、举一反三. 要遵循数学知识内生的逻辑，梳理数学知识的"源"与"流"，把握数学知识的"木"与"林"，对教学内容进行高观点驾驭、关系性统领、思想性包摄，形成连贯一致的数学知识体系，实现对数学知识的结构化认知和通透性理解.

二、数学结构化教学的实施策略

数学结构化教学的实施，并无固定套路与流程，其形式可以多样化，其本质就在于实现对教学内容的全局性和整体性的把握、对数学知识的联系性和结构化的认知. 下面给出结构化教学实施的七种具体策略，以供教师在教学时参考和借鉴.

1. 注重单元整体教学设计

在传统教学模式下，教师都是以单一知识点为载体，以课时为单位孤立进行教学设计. 单一课时设计难以引导学生构建单元大观念，一定程度上割裂了知识之间的联系，不利于建立单元内容间的有机关联，也容易导致教学平均用力，难以有效落实单元教学目标.《义务教育数学课程标准（2022年版）》指出，应改变过于注重以课时为单位的教学设计，推进单元整体教学设计，体现数学知识之间的内在逻辑关系. 要整体分析数学内容，确定单元教学目标，整体设计，分步实施，促进学生对数学内容的整体理解与把握[1]. 单元整体教学设计就是站在系统高度，根据课标、教材和学情，从整体出发，系统规划，统筹兼顾，关联衔接，把每一个单独的知识点放到完整的系统架构中去理解，将"点"上的课时内容放置于"面"的知识体系进行设计，使教学更加体现数学知识之间的内在逻辑关联，从整体角度促进学生构建系统化、结构化的数学知识体系.

单元整体教学设计通常以"章"为单位，比如"圆锥曲线"单元教学设计. 单元整体教学设计也可能是以某一节或某几节内容为单元进行设计，比如在"三角函数"一章的教学中，以单位圆的对称性为线索对"诱导公式"开展单元教学设计. 单元整体教学设计还可能是跨章节的大单元

---

[1] 教育部. 义务教育数学课程标准（2022年版）[M]. 北京：北京师范大学出版社，2022：86.

教学设计，比如初中的"方程"主题类单元教学设计，高中的"函数"主题类单元教学设计，这类教学设计通常应用于复习课的教学设计.

作为新授课的单元整体教学设计，不仅是为了获得对知识的整体性把握，更是为了基于此对教学做出优化和改进. 比如在对"直线与方程"进行单元教学设计时，从与初中的"一次函数"联系入手，首先让学生意识到研究思路的差异，即"函数"问题是从"数"到"形"、数形结合来展开研究，"方程"问题则是从"形"到"数"、数形结合来展开研究. 其次考虑确定直线的基本条件，即"一个点"再加上"倾斜程度"可唯一确定一条直线，而刻画直线的倾斜程度，既可以用之前所学的"方向向量"，也可以用"倾斜角"，还可以用"斜率"，由此引出不同概念，并根据不同条件来建立不同的直线方程. 据此开展教学，基于教材又不拘泥于教材，不仅实现了结构化教学的目标，也践行了"用教材教"的理念.

2. 注重"瞻前"和"顾后"

数学知识的教学，既要注重"瞻前"，又要注重"顾后". "瞻前"是为了明白知识的"生长点"，"顾后"是为了清楚知识的"延伸点". 通过"瞻前"和"顾后"，加强数学知识之间前后的纵向联系，掌握数学知识的"来龙"与"去脉"，可以让学生感受到知识的整体性和连贯性，促使学生获得结构化的数学知识.

比如在高中教学"函数的单调性"时，不仅要"瞻前"，即要给学生解释：为什么在初中已获得函数图象的直观特征（如"上升"）或定性的文字语言描述（如"自变量增大时因变量随之增大"）的基础上，还要进一步学习函数单调性的符号化定义；而且还应"顾后"，即在本节课结束之际，还可以为后续利用导数来研究函数单调性的学习打下埋伏：函数单调性的本质是当自变量增加时因变量随之增加或减小，而这可以转化为考察 $f(x_2)-f(x_1)$ 与 x_2-x_1 的符号是否相同，进一步可转化为判断比值 $[f(x_2)-f(x_1)]/(x_2-x_1)$ 的符号. 这样就为后续学生理解用导数判断函数单调性奠定了基础. 因为，该比值就是函数在单调区间的任一子区间上的平均变化率,即函数图象上任取两点的割线的斜率;通过对平均变化率取极限,割线斜率转化成了切线斜率,平均变化率转化成了瞬时变化率,这样就沟通了单调性、斜率和导数三个不同概念之间的联系.

又如对于高中数学必修第一册"函数的应用(二)",在教学"函数的零点与方程的解"和"用二分法求方程的解"之前,很有必要从知识前后联系的角度,先给学生介绍教学内容展开的思路与线索:方程求解问题→求函数零点问题→逼近问题→缩小区间问题→二分法问题. 也就是:解方程是代数的核心问题,但多数方程求解不易,从而转化为求函数的零点;函数零点的准确值往往也难以求得,从而通过逼近思想转化为求函数零点的近似值;实现逼近的基本方法是缩小区间;缩小区间的方法很多,二分法就是其中之一,除此之外还有其他方法. 通过这样的"瞻前"和"顾后",不仅与初中代数的核心问题"解方程"进行知识对接,还为后续进一步学习牛顿切线法、弦截法等其他求函数零点的逼近方法做好了铺垫.

3. 注重研究思路和线索

数学问题研究的思路和线索,也有人称之为"研究套路",它反映了事物发生发展的基本规律. 章建跃先生非常强调"研究套路"的重要性,认为应该以研究数学对象的基本套路为指导,发挥"一般观念"的指导作用,构建研究数学对象的基本路径[①]. 数学研究的基本路径,既可能是宏观层面的,比如解析几何研究问题的思路和线索;也可能是微观层面的,比如圆锥曲线研究问题的思路和线索. 既可以是回溯性的,比如在"分式"起始课引导学生回顾分数知识学习路径,在"余弦定理"起始课引导学生回顾三角形性质研究路径,从而起到策略方法迁移或研究思路贯通的作用;也可以是前瞻式的,比如在"一元一次方程"起始课为学生介绍方

---

① 章建跃. 学会用数学的方式解读内容设计教学[J]. 数学通报,2019(1):8-12+15.

程知识学习路径，在"数列"起始课为学生介绍数列问题研究路径，从而为学生提供认知脚手架，起到先行组织者的作用.

从宏观层面来看，数学研究对象多种多样，但研究思路和方法却是如出一辙. 无论是代数研究对象还是几何研究对象，其研究路径大体遵循"背景→概念→表示→分类→性质→特例→联系→应用". 比如对"函数"这一研究对象，教材内容呈现的基本顺序为"生活实例→函数定义→函数表示→函数性质→特殊函数→函数与方程→函数应用". 研究路径是事物发生发展的基本规律，抓住数学对象的基本研究路径，相当于掌握了数学研究的一般观念，从而既有利于从整体和全局理解数学，有助于结构化数学知识的生成，也有利于形成系统化数学思维，有助于解决问题策略和方法的迁移和运用.

从微观层面来看，任何数学概念、原理和方法的教学，只要有必要、有可能，都需要给学生介绍知识的"来龙去脉"，让学生掌握知识生成的思路和线索. 比如在教学"对数"概念时，可以先引导学生回顾数学运算发展历程，让学生体会数学运算如何从简单到复杂、从低级到高级发展，以及它们之间存在怎样的辩证联系和相互转化途径. 具体而言，从加法运算出发，寻找其逆运算，得到减法运算；加法和减法是对立的，引进负数之后它们又是统一的. 将加数相同的加法运算转化为乘法运算，寻找乘法运算的逆运算得到除法运算；乘法和除法是对立的，引入倒数之后它们又是统一的. 将乘数相同的乘法运算转化为乘方运算，寻找乘方运算的逆运算得到开方运算；乘方和开方是对立的，学习指数幂之后乘方和开方又可以统一为指数幂运算，再来考虑指数幂运算的逆运算，这就是今天要学习的对数运算[①].

4. 注重教学内容的重组

所谓教学内容的重组，是指在深入研读课标、教材、教参、教辅等教

---

① 李祎，黄勇. 数学课程思政：发挥辩证思维的教学价值[J]. 教育研究与评论，2022（2）：16—20.

学资源的基础上,根据学生实际以及教学内容特点,打破教材编排的固化格局,重建符合学生学情和认知规律的教学内容结构和教学实践样态. 教学内容重组是对教材"二次加工"的一种有益探索和尝试,其目的是为了整体构建数学教学内容,从而让学生获得主题明确、逻辑连贯、思想一致、方法普适、思维系统的数学知识体系.

比如在初中教学"整式的乘法"这一知识单元时,按照单节内容来教学,需要分"同底数幂的乘法""幂的乘方""积的乘方""同底数幂的除法"等四节课来学习,容易导致知识内容的碎片化. 但从整体性出发,把"幂"作为研究对象来研究它的"加、减、乘、除、乘方"运算,就可以自然而然地导出这些内容,这样就可以从宏观架构上把握"幂的运算",从而使学生获得对本知识单元的整体认知.

又如在高中教学"数列"这一知识单元时,依照教材顺序,分别为"数列的概念"(包括数列的概念、通项公式、递推公式)、"等差数列"(包括等差数列的概念、通项公式和前 n 项和公式)和"等比数列"(包括等比数列的概念、通项公式和前 n 项和公式)等三大知识板块. 但从知识结构化视角出发,对内在关联性强、共性特征显著的内容进行整合,可以把教学内容重组为"数列、等差数列、等比数列的概念""数列、等差数列、等比数列的通项公式"和"等差数列、等比数列的前 n 项和公式"等新三大板块来实施教学.

5. 注重知识的拓展和延伸

知识的拓展和延伸是培养学生的发散思维和探究能力的一种手段,同时也是形成知识结构框架、构建知识网络体系的一种重要方式. 所谓知识的拓展和延伸,主要是指从一个知识点引出更多与之相关的知识,其中知识拓展注重的是知识的广度,知识延伸注重的是知识的深度. 学生所掌握的数学知识,只有既有广度又有深度,才能增加知识容量,丰富知识联系,增强知识结构的功能.

比如在学习了等差数列、等比数列之后,自然就应想到:有没有等和数列、等积数列呢？学习了正弦定理、余弦定理之后，自然就应想到：有没有正切定理和余切定理呢？学习了"到两个定点的距离之和为定值（大于两定点间距离）的点的轨迹是椭圆""到两个定点的距离之差的绝对值为定值（小于两定点间距离）的点的轨迹是双曲线"，自然就应想到：到两个定点的距离之积为定值的点的轨迹是什么？到两个定点的距离之比为定值的点的轨迹又是什么呢？善于从数学角度追问是提升数学学科素养的基本途径，通过类比和联想来提出问题，进而对这些问题展开探究，就可以实现对知识的横向拓展，从而形成结构化的数学知识体系.

又如在学习了一元一次方程、一元二次方程的求根公式之后，自然就应追问：一元三次方程是否也存在求根公式？一元四次及四次以上的方程呢？追问之后不得其解，自然就会查阅文献或求教他人，这样就会获得以一元高次方程求解问题为核心的结构化知识．在高中学习了双曲线和抛物线之后，自然就会想到：初中所学的函数图象，为何反比例函数的图象是双曲线？为何二次函数的图象是抛物线？运用旋转变换或平移变换公式，既可以让学生认识到两者之间内在的一致性与统一性，也可以让学生体会到函数与方程研究问题时思路与方法的差异性，从而在函数与方程之间建立起结构化的知识体系．这样，通过知识的"上伸"或"下探"，知识不仅得到了延伸和丰富，也有助于实现知识的融会贯通.

6. 注重知识的梳理和统整

在初高中数学新教材中，在每章的章末均安排有知识"小结"．章末"小结"是对本章主要内容和方法的总结，充分发挥"小结"功能，有利于学生梳理知识，建立知识框架，形成研究问题的思路与方法，从而使所学知识变得完整、系统．除利用教材章末"小结"对知识进行梳理之外，还可以根据教学内容的具体特点，采用一些其他特殊方法对知识进行梳理和统整，以使学生在知识之间建立起联系，获得具有内在关联的结构化的知识体系.

比如在"指数函数和对数函数"的章末复习课中，可以从 $a^b=N(a>$

0 且 $a\neq 1$)入手，对三类基本初等函数进行总结，形成对幂函数、指数函数和对数函数的结构化认识：①当 a 固定时，考察 N 随 b 的变化而变化，产生了指数函数；②当 a 固定时，考察 b 随 N 的变化而变化，产生了对数函数；③当 b 固定时，考察 N 随 a 的变化而变化，产生了幂函数；④当 b 固定时，考察 a 随 N 的变化而变化，发现此时仍是幂函数．自然还会有，当 N 固定时：a 随 b 的变化而怎么变化呢？b 随 a 的变化而怎么变化呢？从而为一般初等函数概念的学习做好铺垫．

又如在"圆锥曲线"的章末复习课中，可以以椭圆为例，对圆锥曲线定义进行拓展和梳理，让学生认识到不同定义之间的内在联系，从而形成以椭圆概念为中心的结构化知识体系：依据教材的建系和设点方式，根据椭圆第一定义有 $\sqrt{(x+c)^2+y^2}+\sqrt{(x-c)^2+y^2}=2a$，使用"分子有理化"法构造对偶式解方程组，或引入参数使用"消参法"，可解得 $\sqrt{(x+c)^2+y^2}=a+\dfrac{cx}{a}$，$\sqrt{(x-c)^2+y^2}=a-\dfrac{cx}{a}$，引导学生对该式进行变形，这样就可得椭圆的第二定义；对该两式的任一式化简并代换后，得到椭圆的标准方程 $\dfrac{x^2}{a^2}+\dfrac{y^2}{b^2}=1$，对该方程进行变形可得 $\dfrac{y}{x-a}\cdot\dfrac{y}{x+a}=-\dfrac{b^2}{a^2}$，它可以看作是动点 (x,y) 与两定点 $(a,0)$ 和 $(-a,0)$ 连线的斜率之积为定值 $-\dfrac{b^2}{a^2}$ 的点的轨迹，由此可得椭圆的第三定义．

7．注重专题式和主题式教学

专题式教学是指从纵向和横向两个维度、显性和隐性两个层面出发，对教学内容进行整理、归并、提炼与升华，将一个阶段所学的教学内容进行系统整合，使相关知识内容纵横勾连，把握所学数学知识的脉络，为学生搭建以专题为单位的知识框架，实现对知识和方法的整体把握．比如在"数列"专题的复习课教学中，单一罗列知识和逐一讲解例题的教学往往高耗低效，不能整合知识之间的逻辑联系，不能帮助学生形成上位的整体认知，学生的数学理解水平淹没在题海之中．为此，有教师挖掘和提炼出数列知识之间的逻辑主线，从以下两个方面整体上构建了知识的逻辑架构[①]：一是函数视角，即数列是以"数"为研究对象的特殊函数，应始终以函数视角来审视数列性质，包括数列的通项公式和求和公式；二是运算视角，即采用合适的运算方法来研究数列中的各种运算，比如求数列通项公式的累加法、累乘法等，数列求和的倒序相加法、错位相消法、裂项相消法等．

主题式教学是指基于某一确定主题，对教材中内在关联性强、共性特征显著的数学内容进行整合与重组，特别是将分散在教材不同章节的核心概念进行整合，形成相对完整的教学单元．通过主题式教学，实现对知识的整体把握，帮助学生形成完整的知识网络．比如"距离"是几何研究的核心概念，以"距离"问题为主题可开展结构化教学[②]．从平面上两点间的距离、点到直线的距离、两条平行直线间的距离，推广到空间中两点间的距离、点到直线的距离、点到平面的距离、两条异面直线之间的距离、直线到与它平行平面的距离、两平行平面的距离；从平面上动点到定点的距离为定值、空间中动点到定点的距离为定值，到平面上动点到两定点的距离之和为定值、动点到两定点的距离之差的绝对值为定值，再拓展到平面上动点到两定点的距离之比为定值、动点到两定点的距离之积为定值．这样围绕"距离"主线开展主题式教学，就可以使学生头脑中生成以"距离"为核心概念的知识结构图．

---

① 丁益民．单元复习课教学中存在的问题与建议［J］．中学数学研究，2019（5）：1—3．

② 周德明，杨学颖．基于核心素养培育的高中数学"单元教学设计"［J］．中学数学教学，2020（2）：10—12＋23．

§8　注重内容前后衔接　促进知识逻辑生长
——以"二项式定理"教学为例

数学的发展，凝结了人类从古至今的智慧．纵观数学史，人们从最初的"结绳计数"到数字的出现，从简单的几何图形到无理数的发现，从《无穷算术》到广义二项式定理、甚至由此诞生了微积分……显而易见，数学是一门累积性的科学，在不断探索中产生新的思想和结论．后人总是在前人的智慧上"更上一层"，牛顿也说自己是得益于"站在巨人的肩上"．教师可以借鉴数学发展史中"动态累积"的思想，在数学学科的教学过程中，注重不同学段之间的知识衔接，提出合理的问题，建立知识间的联系，这样有助于学生完善数学认知结构．通过构建一个恰当的"逻辑生长点"，帮助学生既能"向上伸"，利用已有经验和知识理解新学的内容；又能"向外展"，提高思考的广度和深度，扎实基础，掌握其中的数学思想和方法．这样可以避免学生产生思维定势，达到更好的教学效果．

"二项式定理"在初中到大学的学习过程中，都有不同形式的涉及，是一块延续性很强的知识内容．因此，本文以高中阶段"二项式定理"的教学为例，讨论在教学中如何选择合理的"外界刺激"（提出问题），在注重知识衔接的同时，关注学习者已有认知，构建更适合学生的"逻辑生长点"．

一、"逻辑生长点"——生在哪？怎么长？

相较于初中学段，高中的数学教学，对学生数学抽象的要求更高，要求用严谨的逻辑语言来归纳分析以往所学的数、代数式、图象等等．高中阶段的数学教学，要在学生已有的数学具象上抽出本质，引导学生从不同角度和层次进行分析，在归纳和推理中进行概括，得到更为一般的结论．

斯根普也曾指出,"理解就意味着被纳入(同化)到适当的图式之中". 这样才能更好地帮助学生进行知识生长,使学生主动发生"知识的同化",得到创造性的理解,从而生成合理的新知,同时也对学生进行了数学思想的渗透.

首先,需要教师从宏观上厘清数学知识体系,了解"来龙"和"去脉". 以二项式定理为例,在初中阶段,学生学习了多项式运算法则后,便学习了完全平方公式,在这一阶段,学生需要熟练地利用完全平方公式进行代数式化简求值,掌握其中"配方"的代数思想. 到了高中阶段,二项式定理是完全平方公式的延伸和推广,学生需要理解$(a+b)^n$的展开式,更重要的是发现其中项和二项式系数关系,并与计数原理产生逻辑联结,为后续二项式系数的性质(杨辉三角)和二项分布的学习做铺垫. 而到了大学阶段,对二项式定理的学习,$(a+b)^n$中的自然数n被推广到了实数范围上讨论,也延伸出多项式定理,甚至可以联系泰勒公式……随着学生认知水平的不断提高,对知识的要求也在不断加深. 从整体数学体系上了解相关知识点,关注知识发生的逻辑,有助于把握高中阶段数学教学承前启后的作用.

其次,需要教师在微观上分析学生的学情特点. 教师要关注学生当下的认知,分析学生的认知特点,重视知识在学生的心里生成. 教师通过与学生进行"思维换位"或是教师本人"稚化思想",找到学生学习"痛点",反思教与学的矛盾,由此生成最合理的"逻辑生长点". 以二项式定理为例,新课标要求学生能用多项式运算法则和计数原理证明二项式定理. 实际教学中,多数教师采用从特殊到一般的方法,根据多项式的乘法法则,探究从$(a+b)^2$、$(a+b)^3$推广到$(a+b)^n$的展开式,并总结二项式系数和计数原理的联系. 容易忽视的是,学生已掌握完全平方公式$(a+b)^2$及其推导,所以对他们而言$(a+b)^n$的推导过程,好像就是去计算$n=3$,$n=4$,…时的式子,学生极易产生"直接运算"的思维惯性,不能深入思考系数与计数原理的联系——"知其然,不知其所以然";还有些运算能力不强的学生,当$(a+b)^n$中n的数值逐渐增大时,计算已经成为一个难题,更不用说在过程中领悟其中的关系——"不知其然,更不知其所以然". 此时,教师想要通过自身的引导,带领学生再去感受各项系数的由来,就显得特别困难.

反思其因,我们认为,虽然学生能根据初中所学知识直接利用$(a+b)^n$进行推导,但在这一过程中会对他们思维关注点产生一定困扰. 原因有三:其一,这个过程中,学生在先运算、后合并同类项中得到想要的结果,常常只是"为了算而算""为了合并而合并",从学生的角度来看,这只是一个常见的计算过程,当n变大时,无非就是多花点时间去进行多项式运算,他们很难将关注点放在最重要的各项系数关系上,更难深入思考它们是如何产生的;其二,当近似且繁多的关于a和b的单项式同时出现,学生容易一下子产生"视觉疲劳"的干扰,难以直接辨别或直观感受这些式子分别是由哪几个因式相乘得到的,导致教师在引导学生去体会"对于n个相同的因式,从$(n-k)$个$(a+b)$中选a,另外从k个$(a+b)$中选b"的过程中,他们很难产生共鸣;其三,在这样的思维惯性后,学生再回过头来观察各项"纯数值"系数的特点时,更多是在完成计算之后二次加工的一个反观或反思,而不是在过程中同步产生的直接感受,有些"事后诸葛亮"的意味. 由此导致学生在理解"计数原理和二项式系数关系"上过于生硬,难以产生内在联系,感觉教师是在"强加"因果联系.

因此,我们认为应该给这个容易产生思维定势的$(a+b)^n$稍加变化,"刺激"学生形成新知——先考虑对$(x+a)(x+b)$、$(x+a)(x+b)(x+c)$到$(x+a)(x+b)(x+c)(x+d)$进行探究,意使学生主动发现原有思维定势的弊端,激发学生求知欲,积极建构新知,引导学生从计数原理的角度理解系数和项的关系,并利用换元和类比等方式归纳总结出二项式定理$(a+b)^n$的展开式.

二、基于逻辑生长的《二项式定理》教学设计

1. 教学引入

初中的时候,同学们都学过了多项式运算法则;在前面的学习,同学

们又掌握了排列组合知识. 今天我们将运用这些知识去推导一个用途很广的公式——二项式定理,即$(a+b)^n$的展开式.

2. 回顾旧识,暴露矛盾

问题 1:同学们,在研究$(a+b)^n$之前,我们先来测试一下大家对多项式运算法则的熟悉程度,你能计算出$(x+a)(x+b)$和$(x+a)(x+b)(x+c)$的结果吗?

预设:学生能很快得到$(x+a)(x+b)$的结果,随后计算$(x+a)(x+b)(x+c)$.

$(x+a)(x+b)=x^2+ax+bx+ab=x^2+(a+b)x+ab$,

$$\begin{aligned}(x+a)(x+b)(x+c)&=[x^2+(a+b)x+ab](x+c)\\&=[x^2+(a+b)x+ab]\cdot x+[x^2+(a+b)x+ab]\cdot c\\&=x^3+(a+b)x^2+abx+cx^2+(ac+bc)x+abc\\&=x^3+(a+b+c)x^2+(ab+ac+bc)x+abc\end{aligned}$$

追问 1:像这样的计算复杂吗?怎么样才能不出错?

预设:估计学生认为这样的计算比较轻松,感觉只要认真就不会出错.

追问 2:如果要计算$(x+a)(x+b)(x+c)(x+d)$,甚至相乘的因式继续增多的话,你还能保证自己的计算不出错吗?

设计意图:让学生直接计算,直观感受以往的知识经验或许无法解决现有问题,产生矛盾,激发学生求知欲望,要打破惯性思维,找到新的思考点,为后续转换角度考虑该问题,利用计数原理介入因式相乘作铺垫.

3. 数学探究:计数原理与多个二项式相乘的关系

问题 2:我们来观察$(x+a)(x+b)$和$(x+a)(x+b)(x+c)$的展开式,思考:

(1)根据以前所学的多项式相关知识,最后得到的式子有什么特点?

(2)最后得到的结果的每一项的次数是多少?

（3）如果将最后一项常数项视为关于 x^0 的项的话，显然，整个式子就是关于 x 降幂排列的多项式．观察最后得到式子中的每一项，发现它们和原式有什么关系？每一项都是怎么产生的？

讲评：观察 $(x+a)(x+b)$，乘法运算要求我们从中选一项出来与另一因式相乘，每个因式内各有两项，这里就有两种选择组合的可能，再考虑利用计数原理．在两个因式中，同时选择 x 相乘，就会得到第一项 x^2；如果只想要选择其中一个因式中的 x，则另一个因式只能选择 a 或 b，有两种可能，因此得到第二项 $(a+b)x$；当两个因式中的 x 都被选择过了，最后只能得到常数项 ab．这样，每一项的次数都是 2．根据分类加法计数原理，可得 $(x+a)(x+b)=x^2+(a+b)x+ab$．

同理，对于 $(x+a)(x+b)(x+c)$，有三个因式，每次要从三个因式中各选一项进行相乘，所以最后得到的项的次数都是 3．其中，x 最多被选择 3 次，得到第一项 x^3，此时，3 个因式中的 a、b、c 三个字母都没有机会被选择，所以有 C_3^0 种可能；若选择两次 x，则另外一个因式中只能选择 a 或 b 或 c，有 $C_3^1=3$ 种可能，由此得到第二项 $(a+b+c)x^2$；若只选择一次 x，就需要从另外两个因式中分别选择两个字母，可以看作从 a、b、c 三个字母中任意选择两个进行组合，有 C_3^2 种可能，分别是 ab、ac 和 bc，得到第三项 $(ab+ac+bc)x$；最后得到常数项 abc．根据分类加法计数原理，可得 $(x+a)(x+b)(x+c)=x^3+(a+b+c)x^2+(ab+ac+bc)x+abc$．

设计意图：指导学生有逻辑地去思考，理解多项式乘法法则的本质就是次数的分配，体会最后得到的多项式中的每一项，都是从原式每一个因式中各选取一项来进行乘法运算，这就需要从每个括号（因式）中选择一项进行组合，最后利用分类加法计数原理得到结果．引导学生积极主动地利用前面所学计数原理和组合的有关知识，从一个新的角度去感受多项式乘法的实质，找到"逻辑生长点"．

问题 3：根据以上两个式子的推导思路，你能直接写出 $(x+a)(x+b)(x+c)(x+d)$ 的结果吗？

预设：通过个人思考和小组交流后，估计多数学生可以快速写出
$(x+a)(x+b)(x+c)(x+d)=x^4+(a+b+c+d)x^3+(ab+ac+ad+bc+bd+cd)x^2+(abc+abd+acd+bcd)x+abcd.$

4. 化繁为简：计数原理与二项式的幂指数的关系

问题4：对于$(x+a)(x+b)(x+c)(x+d)$，如果我们将原式中的b、c、d全部改写为a，考虑$(x+a)(x+a)(x+a)(x+a)=(x+a)^4$，你能用组合知识将结果直接写出来吗？

预设：估计学生通过刚刚的学习，可以利用计数原理和组合数直接写出

$(x+a)^4=C_4^0a^0x^4+C_4^1ax^3+C_4^2a^2x^2+C_4^3a^3x+C_4^4a^4x^0$
$=x^4+4ax^3+6a^2x^2+4a^3x+a^4.$

追问3：为了更接近教材中二项式定理的表达形式，我们将以上式子写成$(a+b)^4=a^4+4a^3b+6a^2b^2+4ab^3+b^4$. 类比一下，请大家仿写$(a+b)^2$与$(a+b)^3$的展开式.

预设：由于有以上的经验，学生应该可以写出：
$(a+b)^2=C_2^0b^0a^2+C_2^1ba+C_2^2b^2a^0=a^2+2ab+b^2,$
$(a+b)^3=C_3^0b^0a^3+C_3^1ba^2+C_3^2b^2a+C_3^3b^3a^0$
$=a^3+3a^2b+3ab^2+b^3,$

讲评：对于$(a+b)^2$，我们先关注括号内因式的第一项a，研究它从"全有"到"全没有"的过程，即a^2到a^0（常数项）的降幂. 因为只要a取定，b的取法也就唯一确定了，所以展开式中当a的项降幂排列时，对应项的系数分别为C_2^0、C_2^1、C_2^2，分别对应选择b为0、1、2个时的情况. $(a+b)^3$的情况同理.

5. 得出结论：二项式定理的展开式

问题5：总结：
$(a+b)^2=C_2^0b^0a^2+C_2^1ba+C_2^2b^2a^0=a^2+2ab+b^2,$

$(a+b)^3 = C_3^0 b^0 a^3 + C_3^1 b a^2 + C_3^2 b^2 a + C_3^3 b^3 a^0 = a^3 + 3a^2 b + 3ab^2 + b^3$,

$(a+b)^4 = C_4^0 b^0 a^4 + C_4^1 b a^3 + C_4^2 b^2 a^2 + C_4^3 b^3 a + C_4^4 b^4 a^0 = a^4 + 4a^3 b + 6a^2 b^2 + 4ab^3 + b^4$.

观察这几个式子,你能发现它们之间在项、次数及系数上有什么规律吗?

追问 4：归纳整个思考过程,你可以猜想$(a+b)^n$的展开式吗?能进行说明吗?

预设：希望通过班级小组交流,利用上述思路思考a^n到a^0（常数项）的降幂过程,也就是从n个因式中,分别选取k个b的组合. 同时,学生能总结出二项式定理的一般规律,即$(a+b)^n = C_n^0 a^n + C_n^1 a^{n-1} b + C_n^2 a^{n-2} b^2 + \cdots + C_n^k a^{n-k} b^k + \cdots + C_n^n b^n$ ($k=0, 1, \cdots, n$). $(a+b)^n$的展开式中每一项的结构为$a^{n-k} b^k$,对应其中各项次数为n,各项系数为C_n^k.

设计意图：从常规的多项式乘法,过渡到本节课需要学习的二项式定理,引导学生在探究过程中通过计数原理和组合数公式,体会乘法法则的本质,直观感受$(a+b)^n$展开式中各项特征和系数规律.

余下的例题、习题、小结等的教学设计,略.

此教学设计中对于二项式定理的证明思路,乍一看好像"舍近求远",不够直接,但其实更贴近学生的认知发展水平,能更好体现用计数原理解释多项式运算,构建起"展开式"和"计数原理"之间的桥梁. 从多项式运算法则和计数原理证明二项式定理,符合 2017 年版的新课标要求. 其实这个"先异后同"的证明方法,在西方 19 世纪代数教科书中二项式定理的相关内容就早有体现,这也是 18 世纪意大利数学家卡斯蒂隆使用的方法. 我们认为,这个教学思路可以帮助学生在直观上感受展开式中各项及各项系数的由来,从而在主观上更加认同二项式定理的推导. 通过找到学生的"逻辑生长点",有序引导学生进行建构,有助于克服"一步到位"的思维跳跃,有层次地实现知识生成. "繁而不琐"加长加深了探究过程,强调了知识衔接,渗透了数学思想,促使学生进行有目的地思考,能达到较好的教学效果.

§9 基于三种学习理论整合的数学概念教学设计
——以"函数的概念"教学为例

数学概念是数学的基石,是学生认知的基础,是学生开展数学思维活动的载体. 国内外许多学者从不同的学科角度,对如何学习数学概念提出了许多理论. 然而,目前各个学习理论基本都是"各自为政",缺乏"沟通"与"交流",这难免使一线教师往往面临着选择的困惑,即不知运用何种学习理论较好地指导数学概念教学. 通过比较与分析不难发现:这些理论往往既有共同处,又存在差异性;每种理论既有长处和优势,也存在一定的缺陷和不足. 所以单一的学习理论已不能满足复杂教学的需要,教师在进行数学教学设计时,应充分考虑各理论的合理性与不足之处,汲取各种理论的精髓,在有利于学生数学认知的情况下,基于各种理论的互补性对其进行整合,以此来作为指导教学设计的理论基础. 为此,我们以APOS 理论、多元表征理论与变式教学理论为基础,尝试探寻三者的共同特征与联系,将三者"凝聚"于数学概念教学设计之中.

一、三种学习理论整合的必要性

APOS 理论是由杜宾斯基(Ed Dubinsky)等人提出的一种基于建构主义的学习理论. 该理论认为,学生学习数学概念就是要建构心智结构,这一建构过程要经历以下 4 个阶段:操作(action)阶段,过程(process)阶段,对象(object)阶段,图式(scheme)阶段.[①] 该理论解释了数学概念学习的本质,指明了概念建构的层次,也强调了建构的最终结果. 从数

---

① 张奠宙,李士锜,李俊. 数学教育学导论[M]. 北京:高等教育出版社, 2003:180—186.

学学习心理学角度分析，APOS理论的四个学习阶段是合理的，反映了学生学习数学概念过程中的真实的思维活动. 但对于每个阶段如何深化数学概念学习的过程、应采取怎样的教学策略促进对数学概念的内化等方面略显不足.

对于数学多元表征，不同学者有不同的观点，但多数学者认为数学多元表征，大致可分为言语化表征和视觉化表征两类①，前者如符号表征、文字表征等，后者如图形表征、情境表征、操作表征等. 多元表征是通过多种形式的表征及各表征之间的转译和转换，帮助学生对数学知识从多角度、多层面来进行认识，使对同一数学知识的不同信息互相补充，丰富学生的数学知识的网络结构，从而达到优化已有认知图式的目的. 但多元表征理论主要侧重于从静态的角度来刻画数学知识的学习，对于数学知识学习的层次性、过程性等特点，它缺乏系统地、全面地描述和刻画，因而有待于其他理论进行补充，以实现不同学习理论之间的互补.

变式教学是指在教学过程中通过变更概念的非本质特征、改变问题的条件或结论、转换问题的形式或内容，有意识、有目的地引导学生从"变"的现象中发现"不变"的本质，从"不变"的本质中探究"变"的规律的一种教学策略. 顾泠沅教授将变式教学划分为概念性变式与过程性变式.② 就概念学习而言，变式教学主要是通过在教学中使用不同形式的直观材料或事例说明事物的本质属性，或变换同类事物的非本质特征以突出事物的本质特征. 目的在于使学生了解哪些是事物的本质特征，哪些是事物的非本质特征，从而对一事物形成科学概念. 通过概念的变式教学，有利于排除背景干扰，凸显事物本质属性，明晰概念外延，让学生真正理解和把握数学概念. 结合多元表征理论来研究变式教学，将会进一步深化对变式教学理论的认识，如针对不同表征方式展开相应的变式教学等，从

---

① 唐剑岚. 数学多元表征学习的认知模型及教学研究 [D]. 南京师范大学博士学位论文, 2008.

② 鲍建生, 黄荣金, 易凌峰, 顾泠沅. 变式教学研究 [J]. 数学教学, 2003 (2): 6—10.

而可以在联系与整合当中丰富对理论内涵的认识.

因此，APOS理论可通过多元表征及变式教学，使每个阶段的学习目标顺利实现. 在数学多元表征的教学中，可借助APOS理论的指导来了解学生真实的思维活动，可利用变式教学来深化对数学知识本质的理解. 而变式教学通过各种多样化的表征方式，可进一步凸显数学概念的本质，并借助于APOS理论使得概念的理解建立在过程与结果统一的基础之上. 所以将三种学习理论有机整合，并凝聚于概念教学设计当中，可清楚地了解学生的思维处于哪个阶段，做好学生的思维水平之间的过渡，有效处理每个层次上出现的"思维危机"，从动态和静态、过程和结果等多个方面，加深对数学概念本质的理解.

二、三种学习理论整合的可能性

1. APOS理论与变式教学

在APOS理论的四个阶段中，操作阶段主要是呈现数学概念的实例，在活动中进行思考的阶段；过程阶段实质上是对实例进行概括和提炼，将特殊"活动"内化为一般"过程"的阶段. 在这两个阶段，可以通过对实例或活动的变式，来帮助学生积累活动经验，逐步从具体提升到抽象层面. 在从过程"凝聚"为对象阶段的过程中，也可以通过各种过程变式之间的差异与联系来把握概念的内涵与外延，实现对数学概念的多角度的理解. 而数学概念的图式是通过操作、过程、对象所形成的一种存在于学生头脑中的认知结构，包括概念的实例、抽象的过程、完整的定义及其符号，以及它和其他概念的区别和联系. 数学概念图式的最终建立，离不开"操作"和"过程"这两个重要环节，而变式教学是执行"操作"和"过程"这两个环节最有效的教学形式.

2. APOS理论与多元表征

现代心理学的研究表明，概念的"心理对应物"在大多数情况下并非相应的形式定义，而是一种由多种成分组成的复合物，即概念意象，而概念意象的建立依赖于多元化的心理表征. 数学概念要被学生合理地内化、成为自身的知识结构体系的一部分, 那么教学就应围绕建立多元化的心理表征来展开, 其中包括情境表征、操作表征、过程表征等, 这就需要凸显知识的过程性, 而不是机械地灌输形式化的定义. 而 APOS 理论注重"操作"内化为"过程"、"过程"压缩为"对象"的步骤, 恰为多元表征的建立提供了可能. 同时, 在基于 APOS 理论的概念教学中, 适当地运用多元表征及表征的各种转换, 也能反过来促使"操作"内化为"过程"、"过程"压缩为"对象"的顺利跨越.

3. 多元表征与变式教学

多元表征学习通过表征转换与转译来加强数学理解, 而变式教学是通过改变数学概念的非本质属性来达到理解数学概念的目的. 多元表征更强调的是数学的非形式化的学习, 通过建立丰富的概念意象来达到正确认知的目的; 而变式教学更倾向于数学的形式化的学习, 通过紧扣概念的形式化定义的各种变式来达到对概念的深刻理解. 二者采用不同的方式来达到共同的目的, 可谓殊途同归. 不难看出, 将二者整合起来可使所要理解的数学概念更加丰富, 避免理解的浅化、窄化和偏化, 从而更好地把握数学概念的本质.

从以上分析可以看出, 三种学习理论的最终目的都是为了把握知识的实质, 使学生对数学概念达到真正理解的目的. 变式教学需要多元表征来支撑, 非形式化的多元表征需要具有本质主义倾向的变式教学来引领, 而 APOS 理论的四个层次的顺利实现, 则离不开变式教学与多元表征. 将三种学习理论有机地整合在一起, 更有助于对数学概念学习过程的科学把握.

三、三种学习理论整合的途径探析——以函数概念学习为例

通过对 APOS 理论、多元表征理论及变式教学理论的分析, 可以看出三者各具特色, 存在一定的互补性. 将三者进行有效整合, 其方式应是多种多样的. 下面以函数概念的学习为例，通过以 APOS 理论为纵向、多元表征及变式教学理论为横向，来具体探析一种整合的途径和策略. （其模式如图 1 所示）

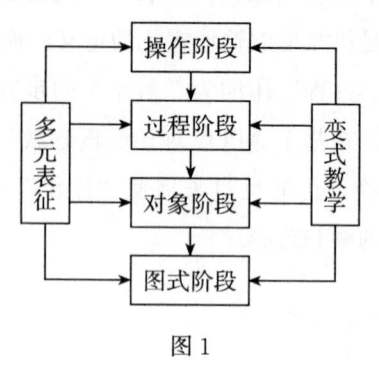

图 1

函数是中学数学的核心概念，它将中学许多知识点凝聚在一起，正如韬尔在研究中指出：函数概念是一个典型的数学认知根源，但函数并不是一个容易理解的概念.[①] 特别是对于刚进入高一的学生来说，他们要适应从"变量说"过渡到"对应说"是较为困难的. 高中利用集合的语言刻画函数概念，学生需要理解函数的三要素以及符号 $y=f(x)$ 的意义才能理解函数的本质. 因此，教师需深入钻研教材，理解函数概念的深层次结构，将学习理论有效地运用到教学设计当中，这样才能达到较为理想的教学效果.

1. 操作阶段

为了让学生寻求事物的共同属性，教师可创设适当的问题情境，从学生已有的知识经验出发来进行认知. 例如让学生观察函数 $y=2x+1$ 和 $y=x^2$，在理解这两个函数过程中，需要用具体的数字构造对应：2→5，3→7，4→9，5→11，…；2→4，3→9，4→16，5→25，…此对应可通过描点来画图（操作表征与图象表征），也可利用信息技术通过动态演示来让

[①] 鲍建生，周超. 数学学习的心理基础与过程[M]. 上海：上海教育出版社，2009：56—59.

学生充分感受外部刺激，理解函数的变化规律及对应关系．并例举生活中符合 $y=2x+1$ 和 $y=x^2$ 的例子，通过情境变式来观察、总结活动的实质，使学习者回顾函数的变量说．

数学教学是数学活动的教学，理解数学概念需要活动或操作．该环节通过情境变式以及操作表征、图象表征等多种表征方式，使学生充分感受变量之间的关系，体会函数的对应关系，在活动中个体通过反思对感知到的对象来进行内化．

2．过程阶段

在活动阶段学生可能会举出许多用解析式表示的例子，在问题"函数关系都可以用解析式表示吗"的引导下，举出用图、表表示的函数实例，通过教材的三个实例让学生判断能否构成函数，以此来进一步理解函数的概念，顺利地实现从函数的"变量说"到"对应说"的过渡．

例1 近几十年来，大气层中的臭氧迅速减少，因而出现了臭氧层空洞问题．下图2的曲线显示了南极上空臭氧层空洞面积1979—2001年的变化情况．臭氧层空洞的面积是时间的函数吗？

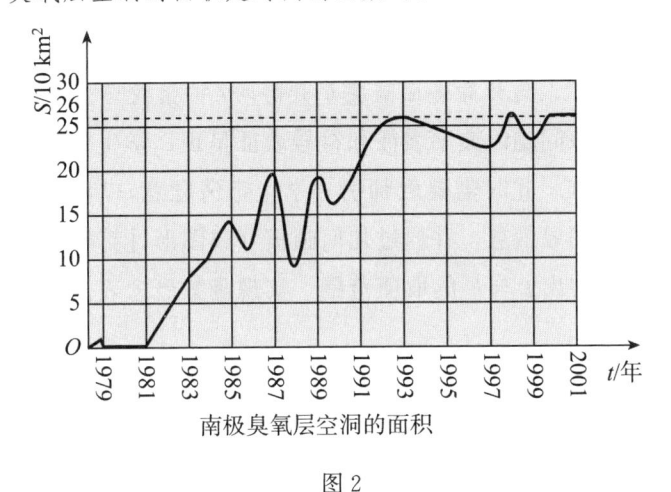

南极臭氧层空洞的面积

图2

例2 国际上常用恩格尔系数反映一个国家人民生活质量的高低，恩格尔系数越低，生活质量越高．下表1中恩格尔系数随时间变化的情况表明，"八五"计划以来，我国城镇居民的生活质量发生了显著变化．城镇居民的恩格尔系数（％）是时间（年）的函数吗？

表1

时间（年）	1991	1992	1993	1994	1995	1996	1997	1998	1999	2000	2001
恩格尔系数（％）	53.8	52.9	50.1	49.9	49.9	48.6	46.4	44.5	41.9	39.2	37.9

设计意图：例1和例2通过图象表征及表格表征来呈现函数的实例，具有直观形象等特点．初中接触的主要是用解析式来表示的函数，用图象和表格表示的函数学生并不能立即接受，特别是表格表示更是如此．台湾学者陈盈言指出："教材中有关函数概念与表格表征间的联结相当薄弱，除了代入求值与画函数图象有表格的出现外，似乎没有从表格表征来判断是否为函数的例子．"因此需要通过表格表征来加强与函数概念间的联结．

例3 一枚炮弹发射后，经过26 s落到地面击中目标．炮弹的射高为845 m，且炮弹距地面的高度 h（单位：m）随时间 t（单位：s）变化的规律为 $h=130t-5t^2$．炮弹距地面高度 h 是时间 t 的函数吗？为什么？

设计意图：该问题以文字表征和符号表征呈现，学生要理解其中的对应关系相对较困难．此时需要教师引导学生审清题意，启发学生把文字、符号信息转换成图象信息，并通过几何画板（或图形计算器等）演示动态过程，通过图象得出 t 与 h 的取值范围，实现函数概念表征之间的转换与转译．

过程阶段是整个教学环节最重要的部分，个体经过不断重复"操作"，抽象出活动对象的共同属性．本阶段从典型、丰富的具体实例出发，与学生原有的认知结构产生冲突，引起学生的积极思考，从而引导学生用集合及对应的语言来刻画函数概念，将函数概括为一般的对应过程：$x \to f(x)$，从而得到函数的定义．函数解析式具有抽象性、简洁性等特点，图象和表格具有直观、形象具体等特点,将言语化和视觉化这两种表征结合起来,可有效促使学生在多元表征的转换与转译中实现对函数概念本质的理解.关于这一点,莱什(Lesh,1981)曾通过以下框架来做了解释(图3).不难看出,可以通过实际生活情境的变式来引领表征的转化,可以通过多元表征来支撑变式教学.

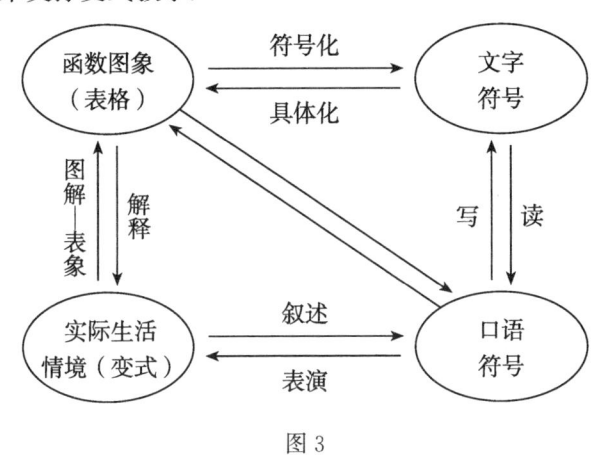

图 3

3. 对象阶段

经过前面两个阶段的内化和反思,函数的概念与学生认知结构中的已有观念建立起了一定联系.为了进一步抽象和概括出函数的严谨定义,这时可通过设问 $y=\dfrac{2x}{x}$ 是否为函数以及现在所学的函数概念与初中的函数概念有什么区别等,让学生意识到函数的本质是"对应",而不是变量的动态变化.同时返回到过程阶段,让学生思考三个实例中的对应关系分别是什么,通过对该问题的深度理解,从而把握函数的本质属性.

在理解符号 $y=f(x)$ 时,学生有时会出现困惑:f 和 x 是否为相乘关系?这时教师可通过文字表征及操作表征解除学生的错觉,即 f 代表自变量与因变量的对应关系,对于定义域内任意的 x(在黑板上写下 x),通过对应关系 f[在黑板上写出 $f($ $)$,刚才的 x 被括号括在其内],对应出一个 y(在刚才的式子前写下 $y=$),整个过程就完成了.关于这一点,教师可通过"输入－输出"模型，让学生在头脑中建立起 f 与 x 作用的形象表征.

在给出函数概念的定义后，针对函数概念的内涵与外延，可设计一些辨析型问题，通过对这些问题的讨论与解决，让学生明确概念的内涵，深化对概念的理解.

例1 如图 4，下列图象中不能作为函数 $y=f(x)$ 图象的是（　　）

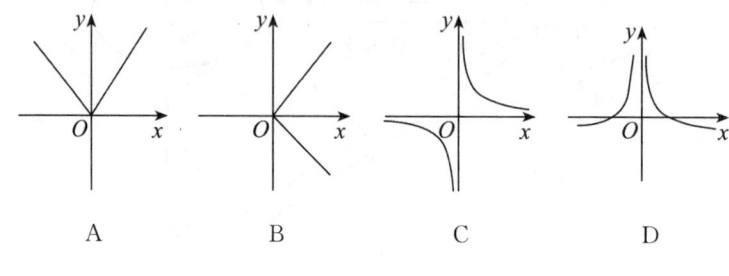

A　　　　B　　　　C　　　　D

图 4

设计意图：借助于图形表征，通过图形变式，让学生认识函数概念中"单值对应"的本质属性，使学生理解函数概念中对"对应"方法所作的特殊要求，以健全学生的函数概念的意象.

例2 下列说法正确的是_____.

①函数 $f(x)=x$ 与 $g(t)=t$ 表示同一函数；

②函数 $f(x)=x$ 与 $f(x)=\dfrac{x^2}{x}$ 表示同一函数.

设计意图：题 2 中对于①而言，有部分学生会认为是不同函数. 出现这样的问题，主要是学生未深刻认识到形式与内容的关系. 对于②而言，学生也往往只从函数的表面形式来考查，而认识不到对应关系的实质或函数定义域的重要性. 通过上述两个变式，可加深学生对函数概念的理解，在"美丽"的错误中发掘问题的根源所在.

对象阶段是对事物抽象出的本质进行精致化的过程，需要经过过程的内化、过程的压缩、对象的实体化等三个阶段. 本节课主要是借助以上实例，让学生经历过程的内化和压缩阶段. 在后续学习中，还会把函数 $y=f(x)$ 当做一个完整对象来进行操作，这相对学生来说更为困难. 如"给定

一函数 $f(x)$ 的解析式,计算 $f[f(x)]$""已知函数 $f(3-2x)$ 的定义域为 $[-1,2]$,求 $f(x)$ 的定义域"等,这些困难均可采用变式训练和恰当表征的方式来进行克服.

4. 图式阶段

任何一个数学概念都不是孤立的存在,因此需将所学的知识纳入学生已有的认知结构中,将分散的知识联系起来.此时的函数概念,以一种综合的心理图式存在于学生的脑海里,在数学知识体系中占有特定的地位.这一心理图式含有具体的函数实例、性质、抽象的过程、完整的定义,甚至与其他概念(如方程、图象、曲线等)的区别与联系.

在本阶段,教师进行课堂小结,指导学生根据以往的知识基础以及经验画函数的概念图,通过概念图使函数以视觉化方式呈现出来,使各个表征之间建立联系,让学生对函数概念有整体性的认识,即它既有代数的特征(函数的解析式),数的特征(函数的列表方式),也有几何的特征(函数的图象),以及通俗的形象化特征(输入—输出箱).并结合一定的变式训练等,多方位地丰富完善概念,使函数概念成为后续学习的一个稳固的知识固着点.

综上可见,通过汲取三种学习理论自身的优点,寻找一个契合点将其融合在数学概念教学设计当中,将有助于深化对数学概念教学的认识,科学地把握数学概念建构的过程,有效提升数学概念教学设计的质量,增强数学概念教学的效果.

§10 立足数学概念本质 促进知识自然生成
——以"任意角的三角函数"教学为例

三角函数是高中数学的主干,也是高考考查的重点.作为刻画周期变化的一种重要数学模型,三角函数在其他学科领域有着广泛的应用.其几何变换包含实用之美,代数变化又兼具构造之妙,应用与构造之中蕴含着丰富的数学思想.因而在高中数学知识体系中,三角函数一直都占据着非常重要的地位.

任意角的三角函数是三角函数的核心,是解决一切三角函数问题的基点,后续的求值计算、公式推导、性质分析、图象研究等等,都要立足于这个基础展开,所以其学习是整个三角函数甚至函数的重点.又因为学生已有的三角以及函数认知结构不稳定,加之变量与对应法则的复杂性,所以其教学也是概念教学的一大难点.下面以人教 A 版教材内容为例,在剖析各环节教学困惑的基础之上,探索教学设计的自然性与合理性.

一、引入阶段的析惑与设计

引入阶段是数学知识抽象前的必要准备,好的开始是成功的一半.任意角的三角函数的有效引入必须考量以下两个问题:①"教学的起始点"在哪?②如何感知三角函数"刻画周期变化"?

1. 引入阶段的惑与析

(1) 三角函数的"教学的起始点"到底是什么

从研究角度上看,坐标系是研究函数的平台,各种定义的生成以及性质的研究都需要基于坐标系而展开;从知识结构上看,三角函数是"角"与各种"比值"的对应,或者说是各种"比值"关于"角"的函数,"角"

是最关键的变量；从心理学层面上看，上一节学习的"角在坐标系的推广"是学生认知的最近发展区．因此，教学的起始点应该定位在：让学生意识到在坐标系中推广的角是函数三要素中最为核心的要素——自变量．

（2）如何让学生感知三角函数"刻画周期变化"

三角函数是刻画周期变化的函数模型，不少教师通过现实模型（如摩天轮、水车等）让学生感知周期变化的普遍存在，并通过问题的设计让学生认识到三角函数推广的必要性．在实际操作中，花费大量的时间在将实际问题转化为数学问题，并在长时间的建模基础上，做一些繁复的定量计算．三角函数刻画周期变化需要贯穿在整个三角函数的学习过程中来进行渗透，作为起始的概念课，只需感知也只能感知，不必设计拖沓繁冗的情境．

2. 引入阶段的设计探微

基于上述分析，设计引入阶段教学过程如下表1.

表1　"引入阶段"教学内容、形式与设计意图

内容	形式	设计意图
1. 回顾角在坐标系中的推广	软件演示坐标系中角的变化，即终边绕着原点不断旋转	引导学生注意旋转过程中最明显的变量：角
2. 感知三角函数刻画周期变化	终边上任取一点，功能显示该点旋转的轨迹，同步显示该点坐标变化	让学生联想现实生活中类似的运动变化：卫星绕行，水车转动，时针转动等等．感知共同特点：周期变化
3. 探究角的变化引起哪些量的变化		让学生紧扣函数，探究随着自变量（角）的变化，引起哪些变量跟着变化

设计说明：借助几何画板软件，动态演示坐标系中角的终边不断旋转的过程，从学生最近发展区开始，突出"坐标系"这个重要平台，强调"角"这个关键变量，通过终边上取点，功能显示动点运动轨迹，引导学

生充分发挥想象力,联想现实生活中类似的变化模型,简单而又直接地让学生感知"周期变化"与"角"的联系,而后紧扣函数三要素,让学生观察"角"这一自变量的变化引起了哪些"变量"的变化,最终引导学生将分析的目标由"终边"转至"终边上的点".

二、抽象阶段的析惑与设计

对于数学知识的教学,抽象阶段既是关键环节也是难点所在,抽象过程既要自然,又要兼顾合理."任意角三角函数"的抽象过程必须关注以下两个问题:①如何自然地从"锐角三角函数"过渡到"任意角三角函数"?②如何合理地看待"单位圆定义"?

1. 抽象阶段的惑与析

(1)"锐角三角函数"充当脚手架的教学困惑

很多教师在引入阶段就采用下位概念"锐角三角函数"先行的策略,通过类比或猜测,将"锐角三角函数"推广至"任意角三角函数". 但教学过程中总觉得衔接过渡不流畅不自然. 究其原因,一方面在于初中三角主要研究的是锐角三角函数值的计算,而不是真正意义上的函数分析;另一方面不少学生的函数观念不明确. 这时搭建名不符实的锐角三角函数脚手架,引出任意角三角函数的过程,总让人觉得不是很自然.

(2)"单位圆定义法"与"终边定义法"的争论

三角函数的定义到底是采用"终边定义法"还是"单位圆定义法",从新课程教材使用之初延续至今争论就不断,争论双方或从知识产生的历史角度,或从知识的逻辑体系角度,抑或是从方法的一般性与特殊性角度……总是在试图找到一种合理的依据来说明其中一种方法更具普适性. 其实两种方法本身并不对立,教学过程也合理、自然地兼容.

2. 抽象阶段的设计探微

基于上述分析,设计抽象阶段教学过程如下表 2.

表2 "抽象阶段"教学内容、形式与设计意图

内容	形式	设计意图
1. 转换"变量"视角为"对应"视角，从函数"对应关系"的角度审视角与终边上点的坐标关系.	课件化动为静，将终边停在第一象限，给出一个具体的锐角值. 显示锐角终边上点坐标构成的直角三角形.	通过引导学生探究该锐角与锐角终边上点坐标的对应关系，与初中学习的边角间三角关系建立联结.
2. 从函数"对应法则"的形式辨识三角符号.	① $\dfrac{\sin x}{n} = \text{si} x$ 的化简纠错；② $\sin x$，$\ln x$ 的符号类比.	通过一个错误化简的幽默，两个函数符号的类比，强化三角符号理解.
3. 从函数"对应法则"的内容解读比值的本质.	将点改记为 (x_1, y_1)，用 x_1，y_1 标记比值. ① 自变量→角→x； ② 对应法则→比值 $\dfrac{y_1}{\sqrt{x_1^2 + y_1^2}}$ →$\sin x$.	通过点坐标表示的修改，规避比值中坐标 x，y 与函数变量 x，y 的混乱.
4. 从"函数定义"及"相似比"说明比值与点的位置无关.	课件动态显示锐角终边上若干个点坐标构成的直角三角形.	引导发现任意一个角对应唯一一条终边，一条终边对应无数个点，所有的点对应的比值都相等，进而完成角到坐标比构成函数的合理性分析.
5. 通过四个象限具体角的三角函数值计算，进一步熟悉比值的特点.	求终边分别为四个象限角平分线的角的三角函数值.	及时强化三个比值的特点，也突出了终边定义法的优点.
6. 探讨比值形式的简化.	课件拖动终边上点的位置，同步显示三个比值的结构.	引导学生发现，当距离原点为1的时候，正、余弦对应的比值结构最简.

续表

内容	形式	设计意图
7. 体验单位圆定义的优势：快速分析正、余弦函数的值域.	将距离原点为1的点绕原点旋转引出单位圆. ①$\sin x \to y_1 \to$单位圆上点的纵坐标变化范围$[-1, 1]$；②$\cos x \to x_1 \to$单位圆上点的横坐标变化范围$[-1, 1]$.	及时强化三个化简比值与相关函数的对应关系，也突出了单位圆定义法的优点.
8. 体验单位圆定义的优势：快速判断四个象限三角函数符号特点.	将距离原点为1的点绕原点旋转引出单位圆. ①$\sin x \to y_1 \to$纵坐标正负以 x 轴为分界；②$\cos x \to x_1 \to$横坐标正负以 y 轴为分界.	进一步强化三个化简比值与相关函数的对应关系，再次突出了单位圆定义法的优点.

设计说明：与"锐角三角函数"向上拓展"任意角三角函数"的思维一样，很多教师习惯从"长度比"类比引出"坐标比". 在引入阶段甚至是抽象阶段，大量的长度计算导致负迁移不断的强化与干扰，故而抽象过程走得异常艰辛. 我们倾向于采用"坐标比"观念先行，而后再向下兼容"长度比"的策略，让抽象过程走得更自然些.

"比值"的符号表示形式 sin, cos 与 tan 需要通过适当的辨析与类比，从对应法则角度深化对其理解；而"比值"的内容则通过一个小地方的修改［将教材中点坐标由(x, y)改为(x_1, y_1)］，避免函数观念淡化，变量符号畏惧感强的学生无法透过形式把握住这些变量的本质. 最后再结合"相似比"剖析自变量"角"与因变量"比值"符合函数定义中"任意对应唯一"，进而自然地引出任意角三角函数的定义.

通过对"比值"结构的简化，引出单位圆定义法，通过两组应用分析（分析正余弦函数值域，以及判断四个象限三角函数符号），强调简化后的比值与相关函数的对应关系，同时也突出单位圆定义法的优点.

三、应用阶段的析惑与设计

知识的应用既是巩固学习的方式，也是学习最终的目的，巩固必须考虑学生应用中常见的疏忽纰漏，于盲点、易错之处精心设计问题；应用更需关注课堂有效的互动交流，在有效对话、动手探究中体现学生的主体地位."任意角三角函数"的应用阶段必须注意以下两个问题：①学生任意角三角函数学习后有哪些"不稳定的新知结构"？②如何让学生更多地主动参与知识的应用，在活动中获得有价值的生成性资源？

1. 应用阶段的惑与析

（1）学生有哪些"不稳定的新知结构"

"长度比"对"坐标比"的负迁移致使"坐标比"观念成为本节课学生新知最不稳定的结构，我们在抽象阶段5中安排一组四个象限特殊角的三角函数值分析，在应用阶段1又安排一组类似的变式题组①，目的就在于将"坐标比"的观念分散在各个阶段进行反复强化.

"三角函数值"对"三角函数"的负迁移致使"函数"观念成为本节课学生新知另一不稳定的结构，我们在教材的两道定量计算的例题以外，在抽象阶段7和8安排两组变量分析，目的在于让学生感知函数与函数值的联系与区别.

"终边定义法"与"单位圆定义法"并行，虽然增加了学生认知的负担，但在某种意义上说，却使得定义的认知更加丰富与完整，基于这两种定义法，教材两道例题的解答就可以设计成应用阶段2中的①.

（2）如何让学生更多地"互动参与，自主生成"

复杂概念的应用经常会出现教师意想不到的错误，应用阶段1的两组变式题组都可以采用调板解答，师生共同辨析纠错的方式进行，只要参与的学生越多，暴露的问题就越多，生成的资源也就越多，问题就在多向交流中越辩越明.

简单的机械模仿或操作性的变式强化虽然是有限的教学时空获得最大

教学成果的速效策略,但对学生数学素养的养成却益处不大,我们设计一组开放性的数学实验,锻炼动手能力,培养应用精神,从某种意义上说也对两种定义理解起着深化的作用.

2. 应用阶段的设计探微

基于上述分析,设计应用阶段教学过程如下表 3.

表 3 "应用阶段"教学内容、形式与设计意图

内容	形式	设计意图
1. 通过变式例习题,深化定义中比值的记忆与理解	①求 $\frac{5\pi}{3}$ 的三角函数值. 变式1:求 $\frac{\pi}{3}$,$\frac{2\pi}{3}$,$\frac{4\pi}{3}$ 的三角函数值; 变式2:求 0,$\frac{\pi}{2}$,π,$\frac{3\pi}{2}$,2π 的三角函数值. ②若角 α 终边过点 $(-3,-4)$,求 α 的三角函数值; 变式1:若角 α 终边落在 $4x+3y=0$,求 α 的三角函数值. 变式2:若角 α 终边过点 $(a,-4)$ 且 $\sin\alpha=-\frac{1}{2}$,求 a.	采用一题多变,进行查缺补漏.利用调板解答,进行示误纠错
2. 通过交流互动,动手探究,强化两种定义的联系与区别	①请用不同方法解答两道课本例题. 例1:求 $\frac{5\pi}{3}$ 的三角函数值. 例2:若角 α 终边过点 $(-3,-4)$,求其三角函数值. ②提供量角器、计算器、尺规. 操作1:任意作一钝角,估算其三角函数值. 操作2:画出 $\cos\alpha=-\frac{1}{3}$ 对应角的终边.	采用一题多解,强化两种定义.设计活动实验,进行动手操作

设计说明:教材的例习题凝聚编写专家的经验与心血,认真地钻研并

适度地开发使用，就可以起到巩固新知的效果，常见的例习题开发途径有两种：一种是采用传统的变式处理法，另一种是采用活动融入应用法.

应用阶段1中的两个题组，以及应用阶段2的题组①，采用一题多变、一题多解的传统变式手法，通过一组严谨精妙的问题串，深化概念内涵理解，强化概念外延辨析，拓展概念应用范畴.

应用阶段2中的题组②采用开放式的问题，让学生分组操作，增加问题的趣味性，体验知识的实用性，在正反两向应用中，进一步明晰"长度比"与"坐标比"两者的联系与区别，感悟"单位圆定义法"与"终边定义法"各自的优势与局限.

无论采用哪种问题设计形式，教学过程都强调动手操作、合作交流，对于传统的变式题组教学，可以让一部分学生上台板演，一部分学生纠错；对于活动融入应用的题组教学，可以让学生分组设计方案，而后进行对比分析. 通过互动交流，扫清学习障碍，明辨思维误区，对比优选方法，规范语言表达.

§11 基于稚化思维的数学教学设计
——以"等比数列的前 n 项和"教学为例

高水平的数学教师在教学时,应能做到"深入浅出".能否"深入",取决于教师的数学水平;在"深入"的基础上,能否"浅出",则取决于教师的教学水平.数学教师的教学水平,主要表现之一即为教师稚化思维的意识与策略上.

一、稚化思维的内涵及意义

1. 稚化思维的内涵

数学教材中的知识结构具有内在的逻辑顺序,许多内容是以学术形态呈现的,但学生由于知识基础和思维发展水平等方面的限制,所展开的认知活动往往具有幼稚性的特点.因此,当我们以此形态把知识介绍给学生时,会给学生一种很突然的感觉,他们会有很多"为什么"与"想不到".为此,教师必须发挥主导作用,凭借自己对教材的深刻理解和对学生学习情况的充分把握,使教学设计的思路与知识的内在结构和学生的认识过程和谐同步.怎样才能达到这个要求呢?一个重要的教学策略就是教师要善于稚化思维.

所谓稚化思维,就是教师把自己的外在权威隐蔽起来,在教学时不以一个知识丰富的教师自居,而是把自己的思维降格到学生的思维水平上,亲近学生,接近学生,有意识地退回到与学生相仿的思维状态,设身处地地揣摩学生的学习水平、状态等,有意识地产生一种陌生感、新鲜感,以与学生同样的认知兴趣、同样的学习情绪、同样的思维情境、共同的探究行为来完成教学的和谐共创.通过对成熟思维的稚化,可以把"冰冷的美丽"变成"火热的思考".

稚化思维就其实质而言，是教师把思维的触角深入到学生思维的领地，进行发掘、研究和探索，然后跳出学生的思维框架，通过有选择地模拟，想学生之所想，达到因势利导、强化教学效果的目的．因此稚化思维作为一种教学艺术，具有退化性、表演性和模拟性的特点．著名数学家波利亚曾告诫我们："让你的学生提问题，要不就像他们自己提问的那样由你去提出这些问题；让你的学生给出解答，要不就像他们自己给出的那样由你去给出解答."[①] 这实质上就是稚化思维的具体体现．

稚化思维的基本特点是幼稚性．一个具有扎实的专业知识、高超的思维能力和丰富的教学经验的教师，在教学活动中能揣摩学生的认知水平和思维特点，设计一个浅显易懂，似乎幼稚的教学思路，由浅入深、化难为易地分析问题、解决问题．"稚化思维"后的数学教学，以自然的、人本的和学生喜欢的方式展开：从数学角度看，它合乎数学知识本身的逻辑结构与发展规律；从学生角度看，它合乎他们的认知规律和心理年龄特征．

2．稚化思维的意义

(1) 有利于引起思维共振

教学过程就是在教师组织下，引导学生学习专家思维活动成果，使学生思维结构向专家思维结构转化的过程．顺利实现这种转化，教师必须运用一定的教学方式，在专家与学生思维活动之间架设桥梁．为此，教师必须先把自己拥有的知识悬置起来，稚化成学生的思维水平去思考，使师生之间在认识程序上达到"同频"，引起教与学的思维"共振"．正如著名华裔数学家萧荫堂所言："有时教授备课不足，笨手笨脚地算错了数，从他搔着首、念念有词的改正中，反而可以看出他的思路，真正学到些东西."

(2) 有利于降低认知难度

学生在学习中遇到的困难，多数源于教学过程起点过高，或先前认知

---

① （美）乔治·波利亚. 数学的发现（第二卷）[M]. 刘景麟，曹之江，邹清莲，译. 呼和浩特：内蒙古人民出版社，1981：179.

经验的不足. 如果教师稚化自己的思维, 降低教学的起点, 与学生一起走入学生的原有经验中去, 在学生原有思维水平上展开教学, 顺着他们的思维逐渐展开, 在思维的水到渠成中掌握新知识, 就可以大大降低学习新知识的难度.

(3) 有利于拉近情感距离

苏霍姆林斯基说过:"教师必须在某种程度上变成孩子."[①] 当教师的心灵回归到儿童, 稚化深奥的知识, 稚化成熟的思维, 在稚化中调协情感阀门和思维按钮, 让教师和学生的心灵"频率"同步, 与学生实现心灵的共振, 这样, 学生学习深奥的知识时, 就会感到无比的轻松. 教育心理学中有一种效应叫"自己人效应", 就是说要使对方接受你的观点、态度, 你就不惜同对方保持同体观的关系, 也就是说, 要把对方与自己视为一体, 这样就拉近了师生双方的心理距离.

二、稚化思维的数学教学策略

1. 以学生的认知结构为起点分析问题

教师分析问题应建立在学生已有的认知结构之上, 帮助学生从原有知识和经验中寻找知识的生长点, 通过逐步搭建认知"脚手架", 增加从旧知识到新知识的层次, 尽可能减小思维落差. 为此, 教学设计时要从学生真实的问题和经验出发, 而不是从数学教材或从教师假想的问题和经验出发.

所谓真实的问题, 即是学生头脑中真正存在的问题, 是作为新知识固着点的问题. 所以, 从问题出发设计数学教学, 关键之处在于把握学生固有认识与新现象、新事实的矛盾, 在于引导学生自己发现或创设情境帮助学生发现这一矛盾, 这样才会引发有效的数学学习活动, 才能真正让学生学有所思、学有所"成".

[①] 苏霍姆林斯基. 育人三部曲 [M]. 毕涉芝, 等译. 北京: 人民教育出版社, 1998.

著名物理学大师保罗·狄拉克（P. A. M. Dirac）有一次作学术报告，报告之后有人提问说，他不明白怎么可以从公式2推导到公式5．狄拉克不答，主持人提醒道："教授，请回答他的问题．"狄拉克说："他并没有问题，只说了一句话．"① 狄拉克的这一回答揭示了"问题"这一概念的本质．即真正的问题，应该是固有认识与新现象、新事实的矛盾．那位提问者并没有讲出自己对"公式2"的理解及其与"公式5"的矛盾所在，狄拉克当然就无法为他做出解释和说明．

目前一些教师在数学教学设计时，经常对数学对象的本质与学生个体认识的实质性关联揭示不够，没有真正揭示出学习任务与学生固有认识的矛盾，往往只是从所要学习的数学知识点出发来设计问题，这样的问题就类似于狄拉克所拒绝回答的那类问题，这样的教学设计由于脱离学生的实际认知水平，从而极易导致被动接受和机械记忆．

2．以学生的思维方式为起点启迪思维

学生的思维方式是教师进行教学设计时的重要依据之一．教师能否把握好学生的思维心理和思维特点，能否对学生接受知识的心理做出切合实际的判断，是教师设计"思维情境"的关键所在．为了使教师的思维契合或顺应学生的思维，使两种思维"合拍"，教师需要设身处地地从学生实际的思维方式出发来进行教学设计．当教师的思维带上了学生的色彩，甚至达到了"学生化"之后，教的过程就自然与学的过程融为一体，教学就会进入一种自然流畅的状态．否则，就会导致教师思维的越位，或与学生的思维错位或脱节．

为此，教师在数学教学时，要善于运用稚化思维的策略，遵循退化性原理和表演性原理，惑其所惑，难其所难，错其所错．

（1）惑学生之所惑

教师在进行数学教学时，应从学生的认知基础和思维方式出发，将自

---

① 田发伟．美与物理学 [N]．人民日报（海外版），2001-5-15．

己的思维退化到学生的思维态势，惑其所惑，疑其所疑，根据学生可能出现的疑惑，蓄意制造引起困惑的思维环境，通过"设疑—析疑—解疑"的过程，以达到解惑的目的.

(2) 难学生之所难

对于数学教学中难点的突破，教师只有善于进行换位思考，通过扮演学生的角色，成为学生的化身，才能体察"民情"，体会到学生的困难所在. 如果教师总是唱"独角戏"，"目中无人"式的"一言堂"，即使语言慷慨激昂，化难的技术十分高明，这样的堂课也只会成为教师表演"绝活"的舞台，而学生则成了被动的听众和看客.

(3) 错学生之所错

教师作为先知先觉者和数学真理的代言人，其一言一行通常应正确无误. 但教学是可以适当进行表演和模拟的，教学时完全可以根据以往的教学经验，装作不知不觉的样子，发生学生常见的各种典型错误，让学生识别错误或故意挑起争端，让学生积极地开展纠错活动. 这样，强化了学生对错误根源的认识，增强了学生的数学认知"免疫力".

总之，无论在数学教学设计中，还是在数学教学活动中，数学教师都不能从本本出发，也不能从自身的一厢情愿出发，而要从学生已有的认知经验和思维水平出发. 教师心中必须始终装着学生，具有强烈的学生意识，能设身处地地"想学生之所想"，通过悬置自己的成熟想法和稚化自己的思维，顺应学生的认知习惯和认知方式，展开自然流畅、合情合理的教学.

三、基于稚化思维的数学教学设计案例

对于等比数列求和公式推导的教学，若直截了当地给出教材中的"错位相消法"，无疑脱离了学生的认知基础，用波利亚的话来说，"就像是帽子里突然跑出一只兔子式的证明". 这样的证明，按照波利亚的说法："如果引人注目的步骤的动机和目的是不可理解的，那么我们在论证和发明创造方面就学不到什么东西". 为此，必须通过稚化思维的方式，在教学设

计时进行思维重建.

一般地，设等比数列$\{a_n\}$的首项为a_1，公比为q，现在要对数列的前n项求和. 那么，什么是求和呢？以学生现有的认知经验，所谓"求和"，就是把若干具体的"有限"加在一起，比如有限个具体数字相加，或为数不多的若干代数式相加. 但现在面临的是若干抽象的"有限"相加：$a_1+a_2+\cdots+a_n$，即不仅每个加项是抽象的字母，而且是带有省略号的"很多"有限相加. 这就是学生面临的认知冲突和困惑：其一，求和究竟意味着什么？其二，很多抽象的字母怎么求和？

对于前者，教师可以逐步给学生揭示求和公式的实质，以及建立求和公式的意义. 即数列求和公式的建立，其本质是化归转化思想的体现和运用，也就是通过计算公式可以大大减少运算次数，从而把复杂运算转化为简单运算，反映和体现了人们的求简意识. 而对于后者，则有多种处理思路.

一种最靠近学生认知基础的可行思路，是通过复习等比数列的定义，引导学生采用累加法或等比定理进行求和. 根据等比数列的定义，有$a_2=a_1q$，$a_3=a_2q$，$a_4=a_3q$，$\cdots$，$a_n=a_{n-1}q$，在推导等差数列的通项公式时，多数教师都会向学生介绍累加法，由此教师启发学生采用累加法来推导等比数列的前n项和公式. 同样是根据等比数列的定义，还可以写出$\dfrac{a_2}{a_1}=\dfrac{a_3}{a_2}=\cdots=\dfrac{a_n}{a_{n-1}}=q$，根据等比定理，得$\dfrac{a_2+a_3+\cdots+a_n}{a_1+a_2+\cdots+a_{n-1}}=q$，即$\dfrac{S_n-a_1}{S_n-a_n}=q$，从而获解（当分母$a_1+a_2+\cdots+a_{n-1}=0$时，显然$S_n=a_n$）. 不过对于等比定理，学生使用较少，很多学生可能会难以想到.

另一种思路是从揭示项与项之间的联系入手，即根据数列通项公式，把$a_1+a_2+\cdots+a_n$改写为$a_1+a_1q+\cdots+a_1q^{n-1}$，即$a_1(1+q+\cdots+q^{n-1})$，从而转化为对特殊等比数列进行求和，即$1+q+\cdots+q^{n-1}$. 这时，既可以从特殊到一般，采用观察、联想、类比、猜想的方式进行求解由于$1+q=\dfrac{1-q^2}{1-q}$，$1+q+q^2=\dfrac{1-q^3}{1-q}$，由此猜想：$1+q+\cdots+q^{n-1}=\dfrac{1-q^n}{1-q}$，并

273

利用多项式乘法进行验证);也可以根据学生的思考习惯,除第一项外提取 q,即 $S_n=1+q(1+q+\cdots+q^{n-2})=1+qS_{n-1}=1+q(S_n-a_n)$,从而获解.

相对于教材中的"错位相消法",我们认为这两种方法更靠近学生的最近发展区,较好地顺应或契合了学生的当前的数学认知结构.

以下给出具体的教学过程设计范例.

(一) 创设情境,提出问题

问题 1:国际象棋起源于古印度,相传国王要奖赏国际象棋的发明者,问他想要什么,发明者说:"请在棋盘的第 1 个格子里放上 1 颗麦粒,第 2 个格子里放上 2 颗麦粒,第 3 个格子里放上 4 颗麦粒……依此类推,每个格子里的麦粒数都是前一个格子里放的麦粒数的 2 倍,直到第 64 个格子.请给我足够的麦粒以实现上述要求.国王觉得要求不高,就欣然同意了.仔细观察这是一个什么数列呢?能不能帮国王计算一下这位发明者一共想要多少麦粒呢?

师生活动:教师板书数列,学生回答.

学情预设:由于上节课刚学习等比数列的概念,大部分学生知道问题 1 中的数列是一个以 1 为首项、2 为公比的等比数列.

设计意图:恰当的问题情境,帮助学生巩固旧知,引入新知,激发他们的求知欲.通过感兴趣的问题,将新知识的生长点建立在旧知识上,连接新知与旧知,力求自然的启发和分析,合乎情理地呈现思路.

引出课题:像问题 1 中,计算一个等比数列的前 n 项和,如果一项项地计算难免很复杂,这节课就是要通过学习等比数列的前 n 项和公式,帮助我们简便地计算等比数列的前 n 项和.

问题 2:对于一般的以 a_1 为首项、q 为公比的等比数列 $\{a_n\}$,如何求它的前 n 项和 S_n?

设计意图:从特殊到一般,通过这样一个一般性的提问,有助于培养学生的问题意识.

(二) 小组合作,深入探究

问题 3:根据等比数列的定义,你能得到什么结论?你能利用这一结论，求出 $S_n = a_1 + a_2 + a_3 + \cdots + a_n$ 吗？

师生活动：教师提出问题，引导学生思考.

学情预设：由于前面在学习等差数列的通项公式时，曾经介绍过累加法，因此这里首先引导学生使用累加法进行求和，这对学生而言并不具有太大难度.

设计意图：引导学生利用之前所学的方法来解决新的问题. 回归概念定义，并注重利用方法的迁移性来解决问题，这是解决问题的根本策略和通性通法.

教师板书：

$a_2 = a_1 q, a_3 = a_2 q, a_4 = a_3 q, \cdots, a_n = a_{n-1} q$，

将上述 $n-1$ 个等式左右两边分别相加，可得：

$a_2 + a_3 + a_4 + \cdots + a_n = q(a_1 + a_2 + a_3 + \cdots + a_{n-1})$，

$S_n - a_1 = q(S_n - a_n)$，

$(1-q)S_n = a_1 - a_1 q^n$，当 $q \neq 1$ 时，$S_n = \dfrac{a_1(1-q^n)}{1-q}$.

问题4：根据等比数列的定义，我们还可以写成如下形式，即 $\dfrac{a_2}{a_1} = \dfrac{a_3}{a_2} = \dfrac{a_4}{a_3} = \cdots = \dfrac{a_n}{a_{n-1}} = q$. 利用之前所学习的等比定理，你能求出 $S_n = a_1 + a_2 + a_3 + \cdots + a_n$ 吗？

师生活动：教师提出问题，引导学生思考.

学情预设：由于等比定理应用较少，学生未必能自行想到，所以教师这里采用直截了当的方法来告诉学生.

设计意图：该推导方法简明扼要，通过给学生介绍该方法，可以帮助学生拓展解决问题的思路. 这一方法同样是采用了回归概念定义的策略，因此值得推荐给学生学习.

教师板书：

$\dfrac{a_2}{a_1} = \dfrac{a_3}{a_2} = \cdots = \dfrac{a_n}{a_{n-1}} = q$，根据等比定理，得 $\dfrac{a_2 + a_3 + \cdots + a_n}{a_1 + a_2 + \cdots + a_{n-1}} = q$，即

$\frac{S_n-a_1}{S_n-a_n}=q$，从而 $S_n=\frac{a_1-qa_n}{1-q}=\frac{a_1(1-q^n)}{1-q}$.（当分母 $a_1+a_2+\cdots+a_{n-1}=0$ 时，显然 $S_n=a_n$）

问题 5：对于 $S_n=a_1+a_2+a_3+\cdots+a_n$，在求和或对该式化简时，其实我们很多人想到的是代入通项公式 $a_n=a_1q^{n-1}$. 利用通项公式代入之后，又该如何进一步计算 S_n 呢？看到 $S_n=a_1+a_1q+a_1q^2+\cdots+a_1q^{n-1}$，你首先会怎么想？

学情预设：学生通过观察 $S_n=a_1+a_1q+a_1q^2+\cdots+a_1q^{n-1}$，发现 S_n 的每一项都含有 a_1，试图将 a_1 提取，得到 $S_n=a_1(1+q+q^2+\cdots+q^{n-1})$，之后式子 $1+q+q^2+\cdots+q^{n-1}$ 的计算对于学生来说难度较大.

设计意图：让学生有更多机会去讨论自己的想法，从而准确判断学生在学习过程中的认知状态，这样才能采取有效策略帮助学生认知.

问题 6：通过提取 a_1 可得 $S_n=a_1(1+q+q^2+\cdots+q^{n-1})$，但对于括号中的式子 $1+q+q^2+\cdots+q^{n-1}$，我们又该如何对它进行计算或化简呢？

师生活动：当 $q\neq 1$ 时，有 $1+q=\frac{1-q^2}{1-q}$，$1+q+q^2=\frac{1-q^3}{1-q}$，那么是否可以猜想 $1+q+q^2+\cdots+q^{n-1}=\frac{1-q^n}{1-q}$？

学情预设：由于目前初中不学习立方差公式，这种方法对大部分学生而言仍具有一定难度，因此更适合教师采用启发式讲解的方法来进行教学.

设计意图：由于这种方法可以较好地体现"观察—猜想—证明"的研究问题路径，有助于培养学生的合情推理能力，因此这里给学生介绍具有一定的方法论价值.

问题 7：通过这种方法，我们猜想得到 $S_n=a_1(1+q+q^2+\cdots+q^{n-1})=\frac{a_1(1-q^n)}{1-q}$. 那么如何对其进行严格证明呢？

师生活动：

$(1+q+q^2+\cdots+q^{n-1})(1-q)$

$= (1+q+q^2+\cdots+q^{n-1}) - q(1+q+q^2+\cdots+q^{n-1})$

$= 1-q^n$.

学情预设：这一猜想的证明，使用的是多项式的乘法规则，因此证明难度并不大.

设计意图：对该猜想进行证明，不仅是为了说明该猜想的正确性，而且也可以从中看出，这一猜想的证明过程蕴含着错位相消的思想，或者说其本质上就是错位相消法的具体运用.

问题 8：前面通过提取 a_1 的方法得到等比数列的前 n 项和公式. 回过头来再仔细观察一下 $S_n = a_1 + a_1q + a_1q^2 + \cdots + a_1q^{n-1}$，除了提取 a_1，还可以提取什么？

学情预设：学生在经历了通过提取 a_1 得到 S_n 的公式之后，大部分可以发现 S_n 的式子从第二项开始每一项都含有 q，通过提取 q，得到 $S_n = a_1 + q(a_1 + a_2 + \cdots + a_{n-1})$.

设计意图：渗透类比的思想方法，让学生认识到不仅可以通过提取 a_1 得到 S_n，提取 q 或许也是求 S_n 的一种思路，拓展学生的思维，提高学生观察问题和分析问题的能力.

问题 9：通过提取 q，可以得到 $S_n = a_1 + q(a_1 + a_2 + \cdots + a_{n-1})$，仔细观察，括号中是哪些项求和？

学情预设：在掌握了一定的数列前 n 项和知识之后，学生很容易发现括号中的式子是等比数列 $\{a_n\}$ 的前 $n-1$ 项和，也就是 S_{n-1}，所以有 $S_n = a_1 + qS_{n-1}$.

问题 10：那么 S_{n-1} 和 S_n 之间又有什么关系？能否利用这种关系得到 S_n 的公式？

师生活动：学生知道 $S_n = S_{n-1} + a_n$，从而有 $S_n = a_1 + qS_{n-1} = a_1 + q(S_n - a_n)$，通过化简便可以得到 $S_n = \dfrac{a_1 - qa_n}{1-q} (q \neq 1)$.

设计意图：渗透化归转化的思想，引导学生不断向目标 S_n 靠近，将其余部分尽可能转化为与 S_n 有关的式子.

问题 11：前面我们分别通过提取 a_1 和提取 q 的方法得到了 S_n 的公式，大家回忆一下在之前学习等差数列的前 n 项和公式时，我们学习了一种什么推导方法？这种推导方法的本质是什么？

学情预设：基于学生刚学习完等差数列的前 n 项和公式，大部分学生都可以说出倒序相加法，但对于倒序相加法的本质，对部分学生来说还是难以领会的.

设计意图：虽然学习等比数列的前 n 项和公式不能完全类比等差数列的前 n 项和公式的推导方法，但倒序相加法的本质是化繁为简，这种化归转化的思想方法对本节课的学习却有很大帮助，可以引导学生进一步观察 S_n 的式子，发现其中的奥秘.

问题 12：仔细观察 $S_n = a_1 + a_1 q + a_1 q^2 + \cdots + a_1 q^{n-1}$，右边式子的前后项之间有什么关系？我们可以通过怎样的变形，实现化繁为简，将"无限"运算转化为有限运算？

师生活动：由等比数列的定义可以知道，从第二项起，后一项与前一项的比值都是公比 q，也就是说如果将整个 S_n 乘以公比 q，右边式子的每一项都变成了它的后一项，也就是（教师板书）：

$S_n = a_1 + a_1 q + a_1 q^2 + \cdots + a_1 q^{n-1}$ ①

$q S_n = a_1 q + a_1 q^2 + \cdots + a_1 q^{n-1} + a_1 q^n$ ②

设计意图：教师通过构建一种自由、和谐的交流环境，使学生深入思考和探究，自然地想到用公比 q 乘以 S_n.

问题 13：大家观察等式①和②，它们之间有什么共同点？我们可以通过什么方法将这两个含有"无限"项的式子转化为有限项的式子？能否得出 S_n 的公式？

师生活动：在教师板书完式子①和②后，学生很容易发现两个式子出现了很多相同项，自然地想到将两个式子做减法运算便可以消去很多项，从而"无限"项的运算便转化为了有限项的运算. 教师板书：

①－②得，$(1-q) S_n = a_1 - a_1 q^n$，

化简得，$S_n = \dfrac{a_1 (1-q^n)}{1-q}$ $(q \neq 1)$.

结论：像这样用 q 乘以 S_n，使得 S_n 整体向后错位，最后相减得到 S_n 的方法，叫做错位相减法．

设计意图：观察式子的形式，通过减法运算将"无限"项运算转化为有限项运算，感知化归思想的美妙之处，体会错位相减法的便捷性．

(三) 理论深化，总结评价

问题14：我们经过刚才的探究，分别通过不同的方法得到 S_n 的公式，大家可以总结一下 S_n 的公式吗？有需要完善的地方吗？

师生活动：教师提问，学生可以较快地得出 S_n 的两个公式．教师进一步引导学生发现，刚才 S_n 的公式都是在 $q \neq 1$ 的情况下得出的，那么当 $q=1$ 时，S_n 的公式又如何呢？学生不难认识到当 $q=1$ 时是特殊的等比数列——常数列，因此当 $q=1$ 时 $S_n = na_1$．

教师板书：

$$S_n = \begin{cases} \dfrac{a_1(1-q^n)}{1-q} = \dfrac{a_1 - qa_n}{1-q}, & q \neq 1, \\ na_1, & q = 1. \end{cases}$$

设计意图：探究完等比数列的前 n 项和公式之后，引导学生总结 S_n 的公式并对 S_n 的公式加以完善，这样学习才会更高效．

问题15：学习完等比数列的前 n 项和公式之后，大家回过头来看问题1，你能否利用今天学习的等比数列的前 n 项和公式，帮助国王计算一下发明者一共想要多少麦粒呢？

学情预设：对于一个已知首项和公比的数列求和，学生很快便可以套用本节课学习的 S_n 的公式，通过计算得到结果．

设计意图：情境的设置并不是一块敲门砖，而是贯穿本节课的一条主线，通过首尾呼应，使得整体设计浑然一体．同时在简单应用等比数列的前 n 项和公式的同时，再次强调公式中每一个字母的含义，以加深学生对公式的印象．

问题16：本节课我们学习的一种全新的推导等比数列的前 n 项和公式的方法是什么？我们通过用 q 乘以 S_n，使得 S_n 整体向后错开，最后相减

得到 S_n 的公式. 请大家思考: 我们只能用 q 乘以 S_n 吗? 如果不是, 还可以用什么乘以 S_n 呢?

学情预设: 对大部分学生来说, 如果前面对错位相减法的本质以及利用错位相减法推导 S_n 的过程深刻理解并掌握, 便能很快想到还可以用 $\frac{1}{q}$ 乘以 S_n, 使得 S_n 整体向前错开, 最后相减得到 S_n 的公式. 但如果学生对于错位相减法没有理解透彻, 这个问题会有一定困难.

设计意图: 不仅要教学生错位相减法, 还要教会学生错位相减法的本质以及如何利用错位相减法推导 S_n, 这样才能让学生深刻理解并掌握错位相减法.

问题 17: 本节课你有哪些收获? 试着从数学知识、思想方法、感受体会等角度, 对本节课进行总结.

师生活动: 教师引导学生对本节课知识点进行总结, 并适时对学生的总结加以补充和完善.

设计意图: 不仅要总结数学知识, 也要总结思想方法, 还要交流认知体会, 这样学习才会更高效, 同时总结也要充分发挥学生的能动性.

§12 基于探究学习的数学教学策略

——以"直线方向向量和平面法向量"教学为例

一、探究学习的精神要义

探究并非移植到学校中来的一种外部强加的新事物. 探究是人的一种天生的本能,在儿童来到学校之前,探究一直自发地进行着. 苏霍姆林斯基有言:"在人的心灵深处,都有一种根深蒂固的需要,这就是希望感到自己是一个发现者、研究者、探索者. 在儿童的精神世界中,这种需要特别强烈."[①] 所以在学校中开展探究学习,是有坚实的实践基础的.

那么,什么是探究呢? 在英文中"探究"一词的英译是 inquiry,按照《牛津英语词典》中的解释,探究是"求索知识或信息特别是求真的活动;是搜寻、研究、调查、检验的活动;是提问和质疑的活动". 在汉语中,据《辞海》(1989年版)的解释,"探究"指"深入探讨,反复研究","研究"指"用科学的方法探求事物的本质和规律".

其实,探究是人在遇到感兴趣的问题时所产生的一种探求其答案的欲望和伴随而来的一系列思维和行为方式. 在课堂教学中认识探究学习,必须明确:(1)探究学习的根本目的是通过对问题的探究,有效地发展个体的认识力,因而不宜过分强调对科学研究方法的掌握和运用;(2)探究学习的实质是在思维层面,即个体在面临问题或困惑时,能积极主动地对问题进行反复的探索和研究;(3)探究学习不存在固定的路径,因而不宜一味地探寻和研究其程序和模式,关键在于对其精神实质的领悟,并切实地付诸于行动.

---

① (苏)霍姆林斯基. 给教师的建议 [M]. 北京:教育科学出版社,1984:142.

基于这样的认识,我们认为,所谓探究学习,是指在教师的指引下,学生积极主动、相对独立地对问题探个究竟的过程.有问题或困惑存在,学生能积极主动地参与,并能得到教师适当的指导,就构成了探究学习的核心要素.至于采用何种方式进行探究,探究的结果或收获如何,则是不确定的或次要的.就这一意义而言,探究学习主要不是一种外在的活动或程序,而是一种内在的精神品质.

二、"二十四字教学方针"解析

基于接受学习的教学策略,强调教学策略的实践操作功能,注重教学策略的精细性.基于探究学习的教学策略,更注重教学策略的观念驱动作用,强调教学策略的粗放性.为此,在对探究学习的精神实质认识的基础上,尝试提出实施探究学习的粗放式教学策略,即教学的"二十四字方针"——精立内容,大作功夫;少占多让,少扶多放;绝对主动,相对自主.

1. 精立内容,大作功夫

明代理学家朱熹曾提出要"小立课程,大作功夫"(《朱子全书·论学》)."小立课程",指的是教给学生的知识不宜过多,要尽可能地简明、扼要."大作功夫"是指在实施上要大做文章、多下功夫.也就是说,要腾出时间让学生大量地进行活动,使整个教学过程体现"教少学多".把朱熹的这一思想迁移到数学探究学习中,我们提出"精立内容,大作功夫"的教学主张.

这是因为,每一节数学课都有自己的核心概念,犹如中枢神经支配着人体组织,核心概念统率着本节课的全部内容,是本节课全部内容学习的基石.抓住了核心概念,通过核心概念的学习带动其他内容的学习,这样便可以达到"纲举目张"的效果.从教师教学的角度来看,就是要求教师对于教学内容的处理与安排,不能事无巨细,不能"眉毛胡子一把抓",要"有所为",也要"有所不为",只有"有所不为",才能抓住要害"大作功夫",达到"有所为"的目的.

从近几年的听课过程中可以发现,一些教师在数学课堂教学中:或重视大规模解题训练,轻视核心概念与原理的深入探究;或过分追究细枝末节,陷于具体细节而不能自拔;或喜欢"深挖洞,广拓展",无限地扩张内容、拔高要求. 如此等等,不一而足,都是没有很好地体现这一策略思想.

2. 少占多让,少扶多放

数学知识意义的生成,学生个体数学思维的发展,均离不开个体的能动参与. 少"占"多"让",少"扶"多"放",其目的就是留给学生自主参与的时空,让学生积极地自求、自得. 教师"占"多"让"少,"扶"而不"放",不仅难以发挥学生的自主性,即使就"扶"而言,也易使其失去原初意义,不能发挥"扶"的根本作用. 但在目前我国的数学教学中,不少教师对于学生的课堂参与,喊起来重要,做起来次要,忙起来不要. 他们常犯的毛病之一,就是低估学生的认识力,总喜欢步步扶着学生走. 从大的方面来看,其实这种"扶",是在束缚学生手脚,抑制学生发展. 长此以往,培养出来的学生就如同"折断了翅膀的鸽子",再也难以展翅高飞、翱翔天空,这也是我国中小学生创造力普遍低下的重要原因.

少"占"多"让"、少"扶"多"放"就是针对目前课堂教学中,"占"多"让"少、"扶"多"放"少的现状而提出的. 在实际的数学教学中,要"放"而有度,有"扶"有"放","扶""放"结合. 其实,"扶"与"放"是相辅相成的,它们相互渗透,互相结合,是辩证统一的关系. 也就是说,"放"需以"扶"为基础,"扶"需以"放"为前提,不"扶"而"放",或"扶"而不"放",均会导致教学低效. "放"到一定程度要适当地"扶","扶"到一定时候要大胆地"放". 该放就放,需扶就扶,放中有扶,扶中有放,放放扶扶,扶扶放放. "扶"不能过多,"扶"而有度,"放"不能失控,"放"而不滥,力求做到"扶"得恰当,"放"得合理.

3. 绝对主动，相对自主

数学是思维的科学，数学教学必须提高学生思维参与的强度．在数学教学中，无论采用何种教学方式，使用何种教学模式，学生的积极、主动都是必需的．但是，学生仅有主动性和积极性是不够的，还必须有一定的独立性和自主性．学生的学习过程，是逐步走向独立的过程．在一味"他主"的情况下，学生就难以走向"自主"．所以给学生以一定的自主性，应是每一学科课堂教学的基本要求，数学学科教学同样也不例外．由于学校学习的特殊性，为了保证学生学习的效率，自主性又不能无限扩展，必须"量力而行"，适可而止．所以学生学习应该"绝对主动，相对自主"，在他主中力求主动，在主动中适度自主，这样才能取得好的学习效果．

通过近几年的观课和研课发现，在目前的数学课堂教学中，学生自主的空间非常狭小，学生自主的机会极其有限，学生自主的时间远远不够，这样，学生从中获得的收益也就"大打折扣"了．尤其是在数学探究学习中，我们认为，在条件允许的可能情况下，要注重开发学生的学习潜能，注重培养学生的学习责任感．要把学习建立在个人的独立性基础上，要求学生摆脱对教师的依赖，独立自主地开展学习活动．教师要尽量减少对学生的约束与控制，以给他们充分的自主性和独立性．

三、示例："应然"教学的实践构想

为了有效说明"二十四字方针"的教学策略，我们在学习与反思的基础上，预设和拟定了一教学案例，权作对"二十四字方针"的具体体现，同时也说明了"应然"探究学习的实践样态．

"直线的方向向量与平面的法向量"教学案例

师：为了用向量来研究空间的线面位置关系，首先要用向量来分别研究直线和平面．同学们认为应该怎样用向量来刻画直线呢？

生：可以用与直线平行的向量来刻画直线．

师：为什么可以这样刻画呢？

生：因为与已知直线平行的向量是唯一确定的.

师：是唯一确定的？

生：（众生）不对！

生：与已知直线平行的向量的方向是唯一确定的.

师：大家仔细思考，是这样的吗？

生：老师，我觉得不对，因为这样的向量的方向，可能朝左，也可能朝右.

师：难道不能朝上、朝下，朝前、朝后吗？

生：哦，应该是方向相反的两个向量.

师：也就是说，与已知直线平行的向量的方向，不是唯一确定的，而是"唯二"确定的，是这样的吗？

（众生笑）

师：不能唯一确定，"唯二"确定也不错．由于它们方向相反，所以反正它们是共线的．

这样，我们就把与已知直线平行的向量，给它起个名字，叫做已知直线的方向向量．于是，给了直线的方向向量，那么直线的方向是不是就确定下来了呢？

生：老师，我觉得应是非零向量，因为零向量可以看作与任意的直线平行，所以，如果方向向量是零向量的话，直线的方向就无法确定下来．

师：大家同意他的看法吗？

生：（众生）同意！

师：看来老师刚才犯了一个弥天大错，真是弟子不必不如师啊！那么正确的形式应如何表达呢？

生：与已知直线平行的非零向量，叫做直线的方向向量．

师：这样，利用直线的方向向量，就可以把直线的方向确定下来．但是，令我非常不解的是，刚才那位同学，你是怎么想到用与已知直线平行的向量来刻画直线的？

生：（沉默）

师：其他同学有知道的吗？你们是怎么想到这样做的？哦，你们不说，我就知道是怎么回事了：你们是从课本看到的，而不是用脑子想到的．这个现象可就不好啦！（笑着说）

大家想想，还有没有其他方法来刻画直线的方向？难道一定要用平行向量吗？

生：老师，我觉得与已知直线垂直的向量也可以，因为与一个非零向量垂直的直线，它的方向也是确定的．

生：（众生）不对！

师：××同学，你说说看，为什么不对？

生：因为这不是在平面内．在空间里，与一个非零向量垂直的直线，有无数多条，且它们的方向是不确定的．

师：看来如果是"垂直"的话，用一个向量是无法把直线的方向确定下来．那么用两个向量呢？大家仔细思考一下．

生：老师，我觉得两个就可以了，因为两个非零向量就可以确定一个平面，这样，如果一条直线与两个非零向量垂直，那么它就与这个平面垂直，而与平面垂直的直线，它的方向是确定的．

生：我认为还应要求这两个非零向量是相交的，这样才能确定下来唯一的平面．

师：大家同意他的看法吗？

生：（众生）同意！

师：看来方法确实不是唯一的，找两个垂直相交的非零向量，那么与这两个向量垂直的直线，它的方向也是确定的．但是，大家想想，为什么课本用的是第一种方法，而不用第二种方法呢？

生：（众生）因为第一种方法简单．

师：对，第一种方法比较简单．数学是一门追求简洁的科学，所以在有多种方法的情况下，总是选择一种最简单的方法．

师：那么，对于平面又应该怎样用向量来刻画呢？

其实，刚才我们只是用向量来刻画直线的方向．也就是说，给定一个非零向量，那么以它为方向向量的所有直线，它们的方向就可以看作是同一的，这些直线的共同特征，就是它们都平行于同一个向量，或者说，它们之间是相互平行的．

现在我们用向量来刻画平面，也只是刻画它的方向．所以你们首先想想：什么才是平面的"方向"呢？

生：如果一些平面相互平行，就说这些平面的方向是一样的．

师：对，直线的方向是一样的，就是说这些直线是平行的．类似的，如果一些平面相互平行，我们就说它们的方向是一样的．下面大家思考：怎样才能用向量把一个平面的方向确定下来呢？

生：用一个与已知平面平行的非零向量，就可以把平面的方向确定下来，因为与一个非零向量平行的平面，它们相互之间都是平行的．

师：大家有没有不同的意见？相互之间也可以讨论一下．

生：老师，我认为不对．因为与非零向量平行的平面，不仅可以平行移动，还可以绕着该向量进行旋转，这时候，这些平面的方向就不同了，所以用这种方法是无法确定下来平面的方向的．

师：大家听明白了吗？这位同学是这样说的……（老师用多媒体制作的几何图形进行直观的解释）平行的时候，用一个向量无法把平面的方向确定下来．那么用两个向量呢？

生：老师，用两个向量就可以了，因为两个相交的非零向量，就确定一个平面，而与这样的平面平行的平面，它们的方向就是确定的．

师：好的，其实与直线的情形，道理是一样的．自然我们就想到：有没有简单的方法来刻画平面的"方向"呢？

生：这里，用与已知平面垂直的非零向量来刻画，因为与一个非零向量垂直的平面，尽管有无数多个，但它们相互之间是平行的，所以它们的方向是一样的．

师：所以，我们就把与一个平面垂直的非零向量，叫做这个平面的法向量．法向量一旦给定，那么平面的"方向"就确定下来了．

法向量一旦给定，平面是否唯一确定？反过来，对于给定的平面，它

287

的法向量是否唯一确定？

生：法向量给定，只是能确定平面的"方向"，其实这样的平面有无穷多个，它们相互平行．对于给定的平面，它的法向量也不是唯一的，而是有无穷多个．

师：它们之间有什么关系？

生：它们相互平行．

师：另外，刚才我们说，与一个平面垂直的非零向量，叫做这个平面的法向量．什么是向量与平面垂直呢？

生：就是指向量所在的直线与平面垂直．

师：也可以说，以该向量为方向向量的直线与平面垂直，这就是课本中的定义．

通过上面的学习，我们知道，刻画直线、平面的方向，我们用的是与它们平行或垂直的向量．对于直线而言，用"垂直"的话，需要两个向量才能把直线的方向确定下来，所以用"平行"，这就引出了直线的"方向向量"的概念；对于平面而言，用"平行"的话，也是需要两个向量才能把平面的"方向"确定下来，所以用"垂直"，这就引出了平面的"法向量"的概念．

这就是我们今天要学习的两个概念：直线的方向向量与平面的法向量．

§13 基于逻辑推理素养培养的数学教学设计
——以"函数的奇偶性"教学为例

数学是一门严谨的科学,数学教学必须承担起培养学生严密逻辑思维的任务. 落实逻辑推理素养对学生形成严密的逻辑思维、理性看待事物等有着至关重要的作用. 许多数学知识都蕴含着丰富的逻辑推理因素,需要教师去充分挖掘和利用. 为此,我们以函数的奇偶性教学为例,通过对函数奇偶性的教学设计及其分析,认为教师在培育学生的逻辑推理素养时,要做到"明白事理,把握逻辑起点""以本为本,明晰逻辑主线"与"注重论证思维,强化逻辑推理".

一、逻辑推理素养的内涵

《普通高中数学课程标准(2017年版)》对逻辑推理素养的界定如下:逻辑推理是指从一些事实和命题出发,依据规则推出其他命题的素养[1]. 逻辑推理包括从一般到特殊的推理和从特殊到一般的推理,前者的主要形式有演绎,后者的主要形式有归纳和类比.

数学素养的培育往往要经历"知识—能力—素养"的过程,逻辑推理素养的培育同样也不例外. 在数学教学过程中,教师要有意识地给学生传授一些简单的逻辑知识,帮助学生学会推理,有逻辑地思考问题,形成良好的逻辑推理能力,进而内化为逻辑推理素养. 具备良好的逻辑推理素养,不仅能够让学生更好地理解数学,更是为了提高学生分析问题和解决问题的能力,因此,培养逻辑推理素养的重要性不言而喻.

---

[1] 中华人民共和国教育部. 普通高中数学课程标准(2017年版)[M]. 北京:人民教育出版社,2018:7.

二、基于逻辑推理素养培育的教学设计

从学生的认知基础看,学生在初中已经学习了轴对称图形和中心对称图形,并且有了一定数量简单函数的储备. 同时,上节课学习了函数单调性,建立了函数图象和代数之间的联系,能够用符号语言刻画函数图象特征,已经积累了研究函数的基本方法,掌握了从特殊到一般、数形结合等思想方法. 在本节课的函数奇偶性的学习中,可以类比单调性的学习过程,从观察图象的对称到点的对称再到坐标的数量关系,从图形语言到文字语言再到符号语言,由此抽象出奇、偶函数的定义. 通过函数奇偶性的学习,对图象对称性特征进行量化、符号化,可以培养学生的抽象思维能力和逻辑推理素养.

从学生的思维发展看,高一学生的思维能力正在由形象经验型向抽象理论型转变,能够用假设、推理来思考和解决问题. 在函数的奇偶性的教学中,如何将逻辑推理素养渗透在函数奇偶性教学的每个环节,潜移默化地培育学生的逻辑推理素养,这是值得思考和研究的重要问题. 教材中以两个函数的图象为导入,引导学生观察函数图象,使学生获得"函数图象关于 y 轴对称,即为偶函数"的直观感受,但这种直观感受与严格的数学符号语言定义之间还有一定距离,教师的任务就是要帮助学生消除这段距离,实现从"形"到"数"和从"数"到"形"的无缝衔接. 从"形"到"数"和从"数"到"形"的转换和论证过程,可以增强学生的逻辑思维,提高逻辑推理能力,促进逻辑推理素养的形成.

下面给出本节课的教学过程设计.

1. 新知导入,构建起点

问题 1:在前面的学习中,我们已经用符号语言精确地描述了函数图象在定义域的某个区间上"上升"(或"下降")的性质,即函数的单调性. 观察图 1 中两个函数 $f(x)=x^2$ 与 $g(x)=2-|x|$ 的图象,分别判断它们的单调性并求出它们的单调区间. 单调性是函数的重要性质,那么除

了单调性之外，函数还存在什么重要性质呢？

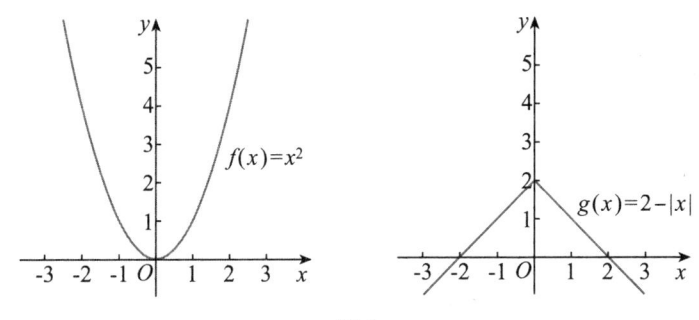

图 1

设计意图：问题 1 的设置首先帮助学生对之前学习过的函数的单调性进行回顾，其次在函数已有性质的基础上引导学生进一步探索函数的其他性质，为本节课的奇偶性学习奠定基础，这样的课堂引入符合学生的认知，显得比较自然．

问题 2：仔细观察图 1 中的两个函数图象，两个函数图象有什么共同特征？

设计意图：问题 2 的设置是从"形"的角度引导学生发现图 1 的两个函数图象似乎都是关于 y 轴对称，让学生对即将要学习的偶函数有了直观的感受．

问题 3：通过观察，我们发现图 1 中两个函数图象似乎都是关于 y 轴对称，但是眼见不一定为实，我们能否类比之前学习函数单调性的方法，用精确的符号语言描述"函数图象关于 y 轴对称"这一特征呢？

设计意图：由于图 1 展示的是部分的函数图象，因此，通过观察不能严格给出"函数图象关于 y 轴对称"这一结论．观察"形"有利于问题的创造性解决，但也极有可能混淆了问题解决的逻辑起点．问题 3 的设置就是为了让学生认识到要想证实自己观察到的事实，就必须通过严格的数学语言来验证，"形"只能作为一种辅助，从而帮助学生明晰问题解决的逻辑起点．

2. 探究新知，初步理解

问题 4：对于上述两个函数，如果取自变量的一些特殊值，观察表 1，函数值有什么变化规律？

表 1

x	$\cdots$	-3	-2	-1	0	1	2	3	$\cdots$
$f(x)=x^2$	$\cdots$	9	4	1	0	1	4	9	$\cdots$
$g(x)=2-\|x\|$	$\cdots$	-1	0	1	2	1	0	-1	$\cdots$

设计意图：从自变量的特殊取值入手，引导学生观察表 1 中函数值的情况．学生容易发现，当自变量的取值为一对相反数时，函数值是相等的，这为后续研究"函数图象上的点关于 y 轴对称"打下基础．

问题 5：函数 $f(x)=x^2$ 图象上的点 $(1,f(1))$，$(2,f(2))$，$(3,f(3))$，$\cdots$，它们关于 y 轴的对称点是什么？

设计意图：利用"点关于 y 轴对称"，学生容易给出关于 y 轴的对称点分别为 $(-1,f(1))$，$(-2,f(2))$，$(-3,f(3))$，$\cdots$，为后面描述"函数图象关于 y 轴对称"做铺垫．

问题 6：这些对称点 $(-1,f(1))$，$(-2,f(2))$，$(-3,f(3))$，$\cdots$ 在不在函数 $f(x)=x^2$ 的图象上？

设计意图：通过表 1 的观察，学生可以发现，$f(-1)=f(1)$，$f(-2)=f(2)$，$f(-3)=f(3)$，$\cdots$，而点 $(-1,f(-1))$，$(-2,f(-2))$，$(-3,f(-3))$，$\cdots$ 本身就在函数 $f(x)=x^2$ 的图象上，因此可以得出点 $(1,f(1))$，$(2,f(2))$，$(3,f(3))$，$\cdots$ 关于 y 轴的对称点仍然落在函数 $f(x)=x^2$ 的图象上．

问题 7：通过选取函数 $f(x)=x^2$ 图象上一些特殊的点，我们发现其关于 y 轴的对称点仍然落在函数图象上．但是函数图象上的点是无穷无尽的，若要说明"函数图象关于 y 轴对称"，显然我们不能将所有点都取遍加以验证．那么如何才能简洁明了地说明"函数图象关于 y 轴对称"这一特征呢？

设计意图：学生选取函数 $f(x)=x^2$ 图象上一些特殊点之后，发现其关于 y 轴的对称点还是落在函数图象上，此时需要引导学生认识到要想说明"函数图象关于 y 轴对称"这一特征，单靠一些特殊点还不够，并且点是取不完的，必须进行一般性的论证，即对于 $\forall x \in \mathbf{R}$，都有 $-x \in \mathbf{R}$，且由于 $(-x)^2=x^2$，因此点 (x, x^2) 的对称点 $(-x, x^2)$ 也落在函数图象上，此时函数 $f(x)$ 的图象关于 y 轴对称．

问题 8：对于函数 $g(x)=2-|x|$ 而言，是否满足以上类似的规律呢？同学们能否进行验证检验和分析论证？

设计意图：要从具体到抽象、从特殊到一般概括出数学概念的一般定义，至少要举出两个以上的实例，这样才能体现出数学归纳思想，而不能"一次性"强行归纳．至此，我们就可以给出"函数图象关于 y 轴对称"的严格定义．

问题 9："函数图象关于 y 轴对称"是函数的一个重要特征，我们把具备这样特征的函数叫做"偶函数"．基于上述对"函数图象关于 y 轴对称"的数学语言描述，能不能由此给出"偶函数"的精确符号语言描述呢？

设计意图：首先学生从对"形"的观察出发，获得了对"函数图象关于 y 轴对称"的直观感受，但缺乏严谨性；其次为了严格刻画"函数图象关于 y 轴对称"这一特征，选取了函数图象上一些特殊点进行验证，在此基础上进行了一般性分析和论证，得出了"函数图象关于 y 轴对称"的一般性描述，体验了从特殊到一般的归纳推理以及演绎推理过程，认识到了数学的严谨性；最后引导学生给出"偶函数"的精确定义，帮助学生从对函数图象的直观感受上升到逻辑推理层面．

问题 10：以上我们从两个具体函数出发，抽象概括得到了偶函数的定义，即：设函数 $y=f(x)$ 的定义域为 I，如果对 I 内的任意一个 x，都有 $-x \in I$ 且 $f(-x)=f(x)$，则这个函数叫偶函数．那么，是否对于任意一个关于 y 轴对称的函数 $y=f(x)$，均满足 $f(-x)=f(x)$ 呢？你能否进行一般性论证？

设计意图：仅仅通过特殊函数的分析和论证是不够的，还应从抽象的函数形式出发引导学生进行一般性的分析论证，这对培养学生的逻辑推理素养极为有益：若函数 $y=f(x)$ 的图象关于 y 轴对称，则在其图象上任取一点 $P(x, f(x))$，P 点关于 y 轴的对称点为 $P'(-x, f(x))$；根据图象对称性的定义，$P'(-x, f(x))$ 也在 $y=f(x)$ 的图象上，而横坐标为 $-x$ 的点其对应的纵坐标应为 $f(-x)$，由此得 $f(-x)=f(x)$.

问题 11：反之，对于任意一个偶函数，其函数图象是否都是关于 y 轴对称呢？你能否进行一般性论证？

设计意图："数"与"形"的转化应是双向的等价转化，在由"形"转化到"数"的基础上，还要反向说明如何从"数"转化到"形"：若函数满足关系 $f(-x)=f(x)$，则在 $y=f(x)$ 的图象上任取一点 $P(x, f(x))$，点 P 关于 y 轴的对称点为 $P'(-x, f(x))$；根据 $f(-x)=f(x)$，则 P' 点的坐标即为 $P'(-x, f(-x))$，显然该点也在 $y=f(x)$ 的图象上，由此得 $y=f(x)$ 的图象关于 y 轴对称.

问题 12：观察图 2 中两个函数的图象，你能发现它们有什么共同特征吗？

设计意图：问题 12 的设置是为了引导学生观察并发现图 2 中两个函数图象都关于原点成中心对称图形，让学生对"奇函数"有了初步的直观感受.

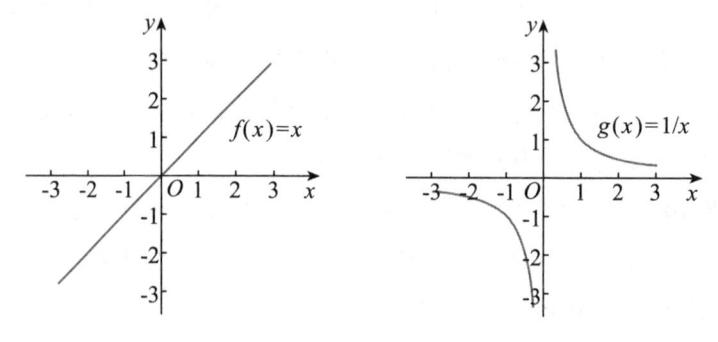

图 2

问题 13：如果一个函数的图象关于原点成中心对称图形，那么我们将这个函数称为"奇函数". 你能类比"偶函数"定义的推理过程，给出

"奇函数"的精确定义吗?

设计意图：同样的，"函数图象关于原点成中心对称图形"这一特征也是需要用严格的数学语言来描述．学生通过类比"函数图象关于 y 轴对称"的数学语言表达，容易推出"函数图象关于原点成中心对称图形"这一特征的数学语言表达，从而得出"奇函数"的精确定义，即"设函数 $y=f(x)$ 的定义域为 I，如果对 I 内的任意一个 x，都有 $-x \in I$ 且 $f(-x)=-f(x)$，则这个函数叫奇函数"．学生再次经历了归纳推理、演绎推理的过程，感受到了数学的严谨性，这对学生的逻辑推理素养的培育有着重要意义．

3. 深入探究，升华理解

问题 14：将"偶函数""奇函数"的定义进行比较，二者有什么共同点？

设计意图：引导学生对比奇、偶函数的定义，归纳总结二者的共同点，即它们的定义域都关于原点对称，图象均是对称图形以及都是函数的整体性质．其中函数的整体性质的得出需要教师引导学生与之前学习的函数单调性进行对比，两者作一比较，学生能够更清晰地认识到单调性与奇偶性的区别．

问题 15：对于一个任意函数 $f(x)$，如何判断其奇偶性？

设计意图：该问题的设置是为了帮助学生进一步明晰函数奇偶性的定义，引导学生从定义出发判断函数 $f(x)$ 的奇偶性的步骤：首先明确函数 $f(x)$ 的定义域 I，判断定义域 I 是否关于原点对称；如果是，再进一步判断 $\forall x \in I$，$f(-x)$ 与 $f(x)$ 之间的关系．

问题 16：用定义判断下列函数的奇偶性：

(1) $f(x)=-x^2-1$；(2) $f(x)=x^3$；

(3) $f(x)=-2x+1$；(4) $f(x)=a$．

设计意图：通过练习，启发学生进行系统分类和总结，发现函数可按奇偶性分为 4 类：偶函数而非奇函数；奇函数而非偶函数；既奇又偶函数；

非奇非偶函数. 从而培养学生从逻辑分类角度不重不漏地系统思考问题的习惯.

问题 17：函数的单调性能够让我们把握函数在其定义域内某个区间上的变化情况，那么函数的奇偶性对于研究函数有什么帮助？

设计意图：由于奇函数的图象关于原点对称，偶函数的图象关于 y 轴对称，因此对于一个奇函数或偶函数而言，可以根据其自变量取正值时的图象与性质，来推断其在整个定义域上的图象与性质. 这样一来，通过对问题的化归与转化，可以大大减少研究函数的工作量.

其后是有关例题教学、习题演练、课堂小结等的设计，余略.

三、基于逻辑推理素养培育的教学设计建议

1. 明白事理，把握逻辑起点

所谓"明白事理，把握逻辑起点"，是指在实际教学过程中，教师需要弄清知识的来龙去脉，把握知识的逻辑起点，从数学知识的逻辑起点出发设计教学环节. 在数学教学中一旦混淆知识的逻辑起点，会导致学生数学学习时的稀里糊涂与似懂非懂，非常不利于学生思维严谨性的培养与逻辑推理素养的培育. 比如在本节课的"新知导入"环节，教师要特别注意利用好教材中所给的两个函数图象，引导学生从具体的"形"过渡到抽象的"数"，在这个过渡的过程中，要帮助学生明确知识的逻辑起点，让学生知道"形"不一定可靠，需要通过严格的"数"说明问题. 如果教师不加以说明，学生很有可能会混淆知识的逻辑起点，认为函数奇偶性是通过观察图形就能得出的结论. 但其实从本质上来说，具有对称性的函数图象是依据其函数表达式，并通过"列表、描点、连线"等步骤画出来的，因此，函数奇偶性的逻辑起点应该是"数"而不是"形". 所以，基于逻辑推理素养培育的教学设计，要求教师能够明白事理，把握逻辑起点.

2. 以本为本，明晰逻辑主线

所谓"以本为本，明晰逻辑主线"，是指教学设计要以教材为依据，

挖掘并明晰其中暗含的逻辑主线．数学教材是按照一定的逻辑顺序进行编写的，每块知识都有其逻辑主线，但有时候逻辑主线比较隐晦，需要教师进行挖掘．在教学设计时，需要教师明晰知识的逻辑主线，并利用这一主线串起每个教学环节．比如本节课的教学设计，就是遵循"'形'不可靠，需回归'数'"这一教材暗含的逻辑主线，从一开始"新知导入"环节明确知识的逻辑起点，到后面"新知探究"环节中将具体的"形"上升到抽象的"数"，从函数图象的对称性入手，寻找描述函数对称性的精确符号语言表达，让学生明白函数奇偶性是函数图象对称性的刻画，观察函数图象只是一种辅助性手段，并不可靠．这些教学环节的设置均是希望帮助学生形成对知识正确的逻辑认识，进一步加强学生思维的严谨性．因此，基于逻辑推理素养培育的教学设计，要求教师做到以本为本，明晰逻辑主线．

3. 注重论证思维，强化逻辑推理

逻辑推理素养的培养主要是在定理公式推证和数学解题教学之中．然而在有些数学概念教学中，也会蕴含着逻辑推理的因素，因此只要有条件、有可能，我们均应不失时机地给学生强化论证思维，培养学生的逻辑推理素养．比如在本节课的教学中，从两个具体实例出发，通过从特殊到一般的方法，根据图象对称性特征归纳概括得到偶函数定义，这是不够的，还应引导学生一般性论证依靠归纳所获得的结论"$y=f(x)$ 的图象关于 y 轴对称 $\Rightarrow$ 函数满足关系 $f(-x)=f(x)$"，这样可以发展学生的逻辑思维能力，有助于学生养成严谨的科学态度．不仅如此，还应进行反向论证，即"函数满足关系 $f(-x)=f(x) \Rightarrow y=f(x)$ 的图象关于 y 轴对称"．这是因为原命题成立，其逆命题未必成立，显然这一步在实际教学中许多教师均忽略了．只有进行了双向的逻辑论证，才能说明以下三者的等价性：$y=f(x)$ 的图象关于 y 轴对称 $\Leftrightarrow$ 函数满足关系 $f(-x)=f(x) \Leftrightarrow$ 函数

$y=f(x)$ 为偶函数.①

四、结语

数学核心素养不是强加于课程之外的额外负担和无病呻吟,而应该渗透在具体教学内容的教学过程中,成为引导学生理解和应用数学知识的指路明灯和导航仪②. 学生的核心素养不是一朝一夕就能形成的,数学知识作为素养培育最直接的载体,需要教师精心设计教学过程,帮助学生将数学知识真正内化为能力,进而形成核心素养. 教师在日常数学教学中要想方设法培育学生的逻辑推理素养,在新知引入、知识探究等各个教学环节加以落实,推动逻辑推理素养的培育在数学课堂上落地生根.

---

① 李祎. 另眼看难点 [J]. 数学通报,2016,55 (07):1—3+10.
② 李尚志. 核心素养渗透数学课程教学 [J]. 数学通报,2018,57 (01):1—6+14.

§14 基于数学理解的数学教学设计
——以"弧度制"教学为例

一、什么是数学理解

何谓数学理解？有人认为，能够用自己的语言来叙述一个概念或原理就叫理解；有人认为，能够运用自己所学的知识才叫理解；还有人认为，理解是一系列水平的层次，比如了解、领会、掌握、熟练应用等．事实上，理解是一个心理过程，是对学习内容积极建构其心理意义的过程．因此，数学理解就是指学生在已有数学知识和经验的基础上，建立新知识的个人心理表征，建构新知识的个人心理意义，不断完善和发展头脑中的数学知识网络，并能将纳入知识网络中的新知识灵活地加以提取和应用．

数学理解与理解性学习密切相关．所谓理解性学习，就是一种基于理解、为了理解的学习，它是一种与机械学习完全对立的学习理念．在目前的数学教学中，许多教师过于追求考试成绩，注重结果而忽视过程，导致学生只学会了怎么做题，而对数学概念、定理的理解不深刻，难以举一反三，思想方法得不到掌握．数学从来不是一门死记硬背的学科，深入理解是学好数学的前提和基础．教师不仅需要引领学生理解数学知识，还要帮助学生领悟数学思想方法，培养学生的数学核心素养，使学生通过理解性学习学会迁移，将所学知识灵活运用到新的情境中，并且与其他知识相联系，建立起数学知识的整体结构．

如何才能促进学生的理解性学习呢？这就要求教师应转变传统教学方式，站在学生的角度换位思考，以学生的思维理解问题，不仅要教会学生"怎么做"，更要使他们了解"为什么要这样做""能不能那样做"等．教师应从学生的已有知识和经验出发来创设问题情境，围绕教学内容设计问题链以引导学生经历知识的形成过程,让学生通过自主探索和发现来获得新知. 下面以"弧度制"教学为例,谈谈如何基于数学理解的理念来进行教学设计.

二、基于数学理解的教学设计

1. 教学内容分析

研究三角函数必然涉及角的讨论,而刻画角的大小,有弧度制和角度制两种方式,为了方便之后三角函数的代数计算,统一进制是必要的,而学生熟知的角度制是六十进制,与常用的十进制数存在着进制上的差异,由此造成计算上的不便,因此本节知识的学习至关重要. 从数学发展史来看,弧度制和角度制的形成过程十分相似,二者的共同点都是通过圆周等分得到单位弧长,进而在此基础上定义单位角的大小,不同点在于二者划分的方式不同,角度制是以度作为单位将整个圆周划分成360等份,而弧度制是以半径长为度量单位将整个圆周划分成2π等份. 弧度制与角度制除了"单位"不同外,没有本质上的差别,它们没有优劣之分,只是角度制更适用于几何的方法,而弧度制更适用于代数的方法. 从角度制到弧度制的学习,要求教师必须引导学生认识到引入弧度制的必要性,使学生在探究中引出弧度制的概念,把握弧度制的本质,理解弧度制定义的合理性.

2. 教学过程设计

问题1:我们之前在学习角的度量时,当时是用"度"做单位来度量角的. 你知道1°的角是怎样定义的?最早人们是怎样定义1°角的?

设计说明:古巴比伦人将整个圆周平均分成360份,把与其中每1份对应的圆心角称为1度,这便出现了角的度量. 与如今的理解不同的是,历史上,人们采用"度"最先是来作为刻画圆弧的长度单位,在圆心角和圆弧之间建立起一一对应关系后,才将"度"作为度量角的单位. 然而,"度"在学生的认知中就是作为度量角的单位,学生并不清晰地知道圆心角与圆弧之间存有关系.所以在弧度制的教学中,教师需要先引导学生打破思维定势,让学生认识到弧和角是同构的,两者之间存在一一对应关系.

问题2:度量长度的单位有米、厘米、英尺、码等,度量质量的单位有千克、克、磅等,在不同情形下,我们会选取合适的单位制进行度量.对于角的度量,我们知道有角度制这一度量方式.除此之外,角的度量是否还有其他方式呢?

设计说明:以已有认知为切入点,架构新旧知识贯通的桥梁,有助于学科内部知识的联系更加清晰明确,否则弧度制学习将成为凭空而来的对象,使学生学习的意图陷入模糊.通过度量长度、质量的不同单位制的导入,既让学生对单位制的适切性形成更深认识,也为后续引入度量角的弧度制做好了铺垫.

问题3:回顾角度制的定义,可以发现它是一种六十进制的单位制,而我们现今多采用十进制的表示方式,要将六十进制转化为十进制十分不便,我们能否采用一种新的度量方式,可直接用十进制的实数来度量角的大小呢?

设计说明:明确指出角度制带来的不便之处,进而说明引入新的度量单位制——弧度制的必要性,从而引发学生的求知欲,调动学生的学习动机,使学习弧度制成为一种主动需求,而不是硬性灌输.与此同时,这也引导学生产生了对两种度量方式的比较思维.

问题4:我们将圆的周长划分成360等份,每一份弧叫作1度弧,1度弧所对的角称为1度角.一个圆的周长不论有多么长,在角度制中总能将它平均分成360份.类比角度制中划分圆的周长的做法,在半径长为r的圆中,根据$c=2\pi r$,得到$\frac{c}{r}=2\pi$,如果以半径r为单位,是不是每一个圆周都可以平均划分为2π份呢?

设计说明:公式$\frac{c}{r}=2\pi$表示如果把半径作为长度单位来度量圆的周长,那么圆的周长不论多长,都只可以被分成2π份,这与角度制的做法是相同的,即圆的周长不管多长,都只是将其周长平均分成360份.如果说将圆的周长平均分成360份还存有一定的主观成分,那么把半径作为度量单位将圆的周长平均划分为2π个单位,就是不以人的意识为转移的客观规律,这可看作弧度制比角度制更加优越的一种合理诠释.[①] 此外,将半径作为度量单位,采用的是十进制,如果将它作为度量圆弧的单位,圆弧的度量单位即角的度量单位也就成了十进制,这样便实现了进位制的统一.

问题5:我们在定义1度的角时,是先把整个圆的周长平均分成了360份,将其中1份弧所对的圆心角称为1度的角.类比定义1度角的方法,在定义1弧度角时,采用以半径长作为度量单位,把圆的周长划分成2π等份,把与其中1份相对应的圆心角叫作1弧度的角,它的单位是"rad",读作"弧度".那么,此时1弧度的角究竟是多大的角呢?

设计说明:如图1所示,此时每1份弧的长都等于半径的长,因此1弧度的角就是弧长等于半径长的弧所对的圆心角.从本质上看,这种定义方式与课本上的定义殊途同归,实质无异.从历史演变的角度来看,与其说角度制和弧度制是度量角的制度,还不如说两者都是度量圆的弧长的制度.弧度制引入之后,角的大小实际上就是一个十进制的实数,能够通过与其所对应的圆弧长来表示.

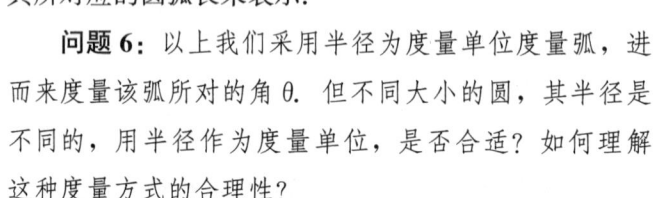

图1

问题6:以上我们采用半径为度量单位度量弧,进而来度量该弧所对的角θ.但不同大小的圆,其半径是不同的,用半径作为度量单位,是否合适?如何理解这种度量方式的合理性?

设计说明:如图2所示,设$\theta=n°$,由弧长公式l

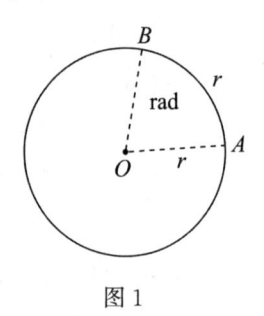

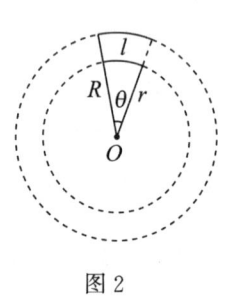

图2

---

① 韩婧. 基于数学史视角的"弧度制"概念教学设计[J]. 福建中学数学,2021(11):20—24.

$=\frac{n\pi r}{180}$ 可知,对于同一个角 θ,半径 r 越大,弧长 l 越长. 由于 $\frac{l}{r}=n\frac{\pi}{180}$,因此弧长与半径的比值是定值. 也就是说,当旋转角度不变时,以这个旋转角为圆心角的圆弧与它对应的旋转半径的比值都是相等的. 因此,当用半径作为度量单位时,对于不同圆弧要取与其相对应的旋转半径作为度量单位.

问题 7:根据 $\frac{l}{r}=n\frac{\pi}{180}$ 可知,将 $\frac{l}{r}$ 当做一个整体,它的变化只与 n 有关:当 n 不变时,$\frac{l}{r}$ 保持不变;当 n 变化时,$\frac{l}{r}$ 也随之变化. 因此就可以用 $\frac{l}{r}$ 的变化情况来代替 n 的变化情况. 那么,$\frac{l}{r}$ 的本质是什么? 由此出发如何理解以上定义的 1 弧度的角?

设计说明:类比角度制的定义,我们知道定义一种新的单位制,关键在于确定度量单位,定义单位角的大小,即用 1 表示的角是多大的角. 由于比值 $\frac{l}{r}$ 是一个实数,它与角的大小 n 一一对应,实数的单位是 1,且 $\frac{l}{r}=1 \Rightarrow l=r$,自然地,我们规定长度等于半径长的弧所对的圆心角叫做 1 弧度的角,记作 1 rad. 新的 "1 个单位" 角与圆的大小无关,当 $\frac{l}{r}=1$,即 $\frac{n\pi}{180}=1$ 时,定义的单位角是唯一确定的,该角在角度制下可表示为 $n°=(\frac{180}{\pi})°\approx 57.3°$,无论任何圆,此时圆心角所对的弧长与半径刚好相等.

问题 8:既然角的大小 n 与 $\frac{l}{r}$ 有这样的对应关系,那么我们可以用 $\frac{l}{r}$ 表示任意角的大小吗? 由于角有正负之分,又该怎样用 $\frac{l}{r}$ 表示负角呢?

设计说明:由于圆心角的大小 n 与 $\frac{l}{r}$ 一一对应,因此完全可以用 $\frac{l}{r}$ 表示角. 当角为正角时,$n=\frac{l}{r}$;当角为负角时,$-n=\frac{l}{r}$. 无论哪种情况,

303

都有 $|n|=\frac{l}{r}$, 即 $l=|n|r$. 当 $n=1$, 即 $l=r$ 时, 为 1 弧度角的大小.

问题 9: 所谓弧度制, 顾名思义, 就是用弧长来度量角, 这种说法正确吗?

设计说明: 弧长不能唯一确定角的大小, 不同弧长可能对应同一个角, 角的大小需由弧长 l 与半径 r 共同决定, 单一的弧长 l 和半径 r 不能用来刻画角的大小, 必须要用比值 $\frac{l}{r}$ 才能确定角的大小. 但在单位圆中, 角的大小是由弧长唯一确定的. 如图 3, 在单位圆中, 1 rad 的角表示的是弧长为 1 的圆弧所对的圆心角.

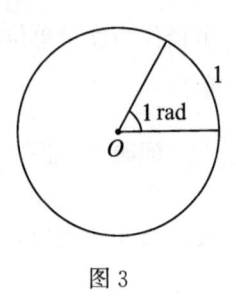

图 3

问题 10: 用"度"和"弧度"去度量同一个角所得的值是不同的, 那么"度"和"弧度"之间如何转换呢? 1 度等于多少弧度? 1 弧度等于多少度?

设计说明: 根据前述, 我们知道 360° 对应的是 2π 弧度, 因此一个角 α 当它在角度制下表示为 180° 时, 它在弧度制下表示的就是 π rad. 有了这个关系, 就可以很快得到它们之间的换算关系: $1°=\frac{\pi}{180}$ rad, 1 rad $=\left(\frac{180}{\pi}\right)°$.

三、基于数学理解的教学设计反思

1. 掌握学情是理解性学习的前提

数学课程标准明确指出, 数学教学活动必须建立在学生的认知发展水平和已有的知识经验基础之上. 学生不是空着脑袋走进教室的, 他们在日常生活、学习中已经形成了丰富的经验, 教学不能无视学生的已有经验, 而是要基于已有知识经验对新知识的学习进行分析. 在数学概念课的教学中, 教师不是要创造新的概念, 而是要基于学生的学情创造理解, 要善于将数学概念的抽象定义转换成学生易于理解和运用的适当的心理表象，帮助学生有效地理解和掌握概念．为此，在本节课的教学设计之前，教师首先应深入地研究教学内容，包括弧度制的发展史，了解弧度制产生背景和发展过程，对弧度制进行本原性分析；在此基础上，应深入地研究学生，坚持以学生为本，关注学生已有知识和生活经验，找准最近发展区，从学生视角审视可能存在的难点．许多教师在弧度制概念教学中，往往不注重概念的形成过程，仅注重概念的运用，出现"掐头去尾烧中段"现象，忽视了学生的理解性学习．

2. 启发引导是理解性学习的关键

"以学生为中心"的课堂需要借助问题链实现，通过一系列问题激发学生思维，引导学生逐步深入探索知识，在知识建构中加深理解．但需要注意的是，所提问题要以学生的知识理解为目的，不能"为问而问"．无意义的问题对学习不但起不到促进作用，反而会给学生带来不必要的干扰甚至阻碍学生的理解．从学生的认知规律出发，以数学知识发生、发展的内在逻辑为依据设置层层递进的问题链，能使学生充分理解知识与运用知识．在本教学设计中，构建了一连串相互关联、由浅入深的问题链，学生沿着这些问题思考、研究，在不知不觉中复习了旧知，掌握了新知，通过相互关联的一连串好的问题，使得概念课成了"一堂不需要讲授的课"．传统的讲授课堂，通过教师讲解学生也能掌握新概念，但整个学习过程中学生始终处在被动接受的地位，而通过问题链实施的课堂教学，学生则变成了学习的主人．

3. 自主参与是理解性学习的根本

知识的获得是"主动建构"，而不是"被动接受"．教学不是简单地灌输知识，而是教师的教授活动和学生的学习活动的有机结合．在传统教学中，教学活动的决策、实施的主动权几乎都掌握在教师手中，本应作为学习实践活动主体的学生却没有真正参与到课堂中．这种教学方式导致学生只知道最终的结论，却搞不清楚该结论是怎么得到的，又该如何应用．亲身经历和自主探索是理解性学习的根本，教师需要改变传统的"填鸭式教学"，使学生在自主探索建构知识的过程中实现理解性学习．本节课教学的关键是定义1弧度角．学生很难想到为何把"等于半径长的圆弧所对的圆心角称为1弧度角"，想不到、不理解的问题又如何能变为学生自觉的学习行为呢？该教学设计通过精心设置探究活动，有步骤地展开，促进了学生的主动学习．通过问题驱动引导学生积极思考、探究，让学生亲身经历"1弧度角的定义"和弧度制的生成过程，这有助于实现理解性学习的目的．

§15 基于深度学习的数学教学设计
——以"二面角"教学为例

一、什么是深度学习

长期以来,在我国基础教育领域,过度关注知识结果的物化传递,教学方式以"听讲式"为主,教学中注重的是浅表化罗列、碎片化记忆与专制性训练,学生的思维大多处在记忆、理解的低阶思维层次,很多学生获得了知识却未能形成力量,学生只具有认识世界的本领和按图索骥执行任务的能力,却缺乏改造世界的本领和创造性完成任务的本领. 要让知识转化为能力和素养并进而生成力量,必须以高阶思维取代低阶思维,努力改变知识获得方式、提高学习质量. 深度学习在最近几年的崛起,便是教学纵深改革的必然选择.

深度学习(Deep Learning)原是机器学习领域的研究方向之一,而后其原理被迁移至教学领域,衍生出教育领域的"深度学习". 所谓深度学习,是指学生以知识为载体,围绕给定的问题情境,全身心参与学习活动,能够批判性地学习新的知识,将它们融入原有的认知结构中,并能够在众多知识间进行联系,主动实现知识的有效迁移与应用,创造性地提出并解决问题,从而促进高阶思维形成与发展的一种学习.

基于对深度学习概念的不同理解,学者们概括出了深度学习的不同特征. 最早引入深度学习概念的何玲、黎加厚认为,深度学习意味着理解与批判、联系与建构、迁移与应用等;郭华教授认为,在判断学生深度学习的表现及其发生样式时,可从联想与结构、活动与体验、本质与变式、迁移与应用、价值与评价五组特征来进行考察. 通过这些特征,教师才能判断学生的学习是否脱离了浅层学习而进入深度学习的状态.

基于深度学习的数学教学设计，要求将教学任务转化为深度学习问题，其转化途径与教学任务的认知水平相关．低认知水平教学任务通过单元视角下的核心问题加以铺展，中等认知水平教学任务通过环环相扣的探究性问题得以推进，高认知水平教学任务通过情境式的开放性数学问题进行实施．这样可以使不同教学任务都能进入深度学习的范畴，学生的参与度得到加强，教学效率得到提高．

二面角的学习属于中等认知水平的教学任务，下面以"二面角"教学为例，举例说明如何基于深度学习来进行数学教学设计．

二、基于深度学习的教学设计

1. 教学内容分析

二面角是立体几何中一项举足轻重的内容，在立体几何问题解决中，经常会涉及二面角的问题．因其抽象性、综合性和多变性，它历来是学与教的一个难点和重点，有的学生甚至"谈角色变"．

从教材内容来看，二面角是在学生已掌握了空间点、直线、平面之间的位置关系的基础上，对空间两个平面的位置关系的进一步研究，也是在学习异面直线所成角、直线与平面所成角的基础上，对空间两个平面所成角进行的研究，是对学生知识结构的完善，也是研究空间两个平面位置关系的重要基础．

从学生学情来看，学生已经学习了线线角和线面角的概念，对空间中线线角和线面角的度量有一定感悟：将空间问题转化为平面问题进行研究．但平面与平面相对倾斜程度的"降维刻画"，较前面所学的线面倾斜程度的"降维刻画"抽象程度更高，对学生而言难度更大．

从学习价值来看，在"二面角及其平面角"概念的形成、概括、表示中，蕴涵着丰富的转化、类比、降维等数学思想．这两个概念的学习，有利于发展学生的数学抽象、直观想象、逻辑推理、数学运算等基本能力，有助于培养学生质疑的思维习惯和缜密的治学态度．

2. 教学过程设计

问题1：把一台笔记本电脑缓慢打开，笔记本电脑的两个面之间形成了怎样的位置关系？打开的过程中什么在变化？你能用数学语言描述它吗？

设计说明：从学生熟悉的生活情境入手，学生较容易抽象出两个平面的夹角这一数学模型，并且在打开过程中两平面的夹角在变化。两平面的夹角本质上是两平面相交时它们的相对倾斜程度，这一思想是前面线线角、线面角学习的延续和深入。

问题2：两个平面夹角的范围应该是多少呢？它能表示笔记本电脑开合程度较大的情况吗？我们应该怎样修正这个定义？

设计说明：两个平面的夹角的概念，最早由欧几里得在《几何原本》中给出。两平面夹角的范围是 $\left[0, \dfrac{\pi}{2}\right]$，显然它不能表示开合程度较大的笔记本电脑，需要引入一个不同于两平面夹角的新概念，即二面角的概念。

问题3：将一条直线沿直线上一点折起，得到的平面图形是一个角；将一个平面沿平面上的一条直线折起，得到的空间图形称为什么？你能画出它的直观图吗？

设计说明：如图1所示。为了对两个平面的夹角的概念进行修订，采用类比思维来引出二面角的概念，为此必须先让学生了解半平面的概念：直线上的一点将直线分割成两部分，每一部分都叫做射线；平面上的一条直线将平面分割成两部分，每一部分叫做半平面。

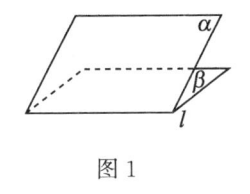

图1

问题4：类比平面中角的定义，你能给出二面角的定义吗？

设计说明：让学生回忆平面几何中角的概念，即"由平面内一点出发的两条射线构成的图形称作角"，引导学生进行关键词的类比：平面→空间；点→直线；射线（半直线）→半平面。通过从二维空间到三维空间的

309

类比思维,由学生尝试自主获得二面角的定义:由空间一直线出发的两个半平面构成的图形. 这样的教学设计,教师没有将新知识生硬地灌输给学生,而是充分调动了学生已有的数学知识和思维能力,让学生自己去发现并给出二面角概念的定义.

问题 5:我们已经得到了二面角的概念,那么,如何去度量二面角的大小呢?回忆之前度量两条异面直线所成角和线面角的方法,你能否获得一些启示?

设计说明:异面直线所成角和线面角的度量,都是把复杂的空间问题化归为简单的平面问题. 现在我们要度量的是两个半平面所成的二面角,是不是也可以化归为平面角来度量呢?引导学生通过类比和联想,很容易获得这样的想法.

问题 6:前面通过平移方法把两条异面直线所成角转化为平面角,通过投影方法把直线与平面所成角转化为平面角. 对于两个半平面所成的二面角,是否也能通过这些方法转化为平面角来进行度量呢?

设计说明:利用解决旧问题的方法来解决新问题,实现方法的迁移,这是常用的策略. 平移显然行不通,投影是否可行呢?可引导学生做以下的正投影实验:通过正投影(即手电筒光线和投影面垂直)可在投影面上看到由"射线—点—射线"组成的平面角. 初次实验未必能一下子得到平面角,逐步移动手电筒,可在投影面上得到平面角. 垂直投影面的光线穿过棱使"线成点",垂直投影面的光线穿过面使"面成线",由棱与投影面垂直,可知投影面上的两条射线均垂直于棱.[①] 这样通过投影,就得到了平面角.

问题 7:每次度量使用投影很麻烦,想象投影面往前平行移动,平面角也能移到二面角上. 此时,该如何确定角的顶点和角的两边呢?

设计说明:角的顶点落在棱上,角的射线落在两个半平面内,角的射

[①] 张佳淳,何小亚. "二面角及其度量"的教学新设计 [J]. 中学数学研究,2019 (7):33—38.

线与棱垂直.这样得到的平面角,没有改变平面角的大小,因此是可行的.由此初步得到了二面角的平面角的一种做法,即在棱上任取一点,过该点分别在两个半平面内作垂直于棱的射线,由此得到二面角的平面角.这种做法也就是教材中所给出的方法.

问题 8：如果我们是在棱上任取一点 O，分别在半平面 α 与 β 内任取一条射线 OA 与 OB，能否以射线 OA 与射线 OB 所成角来刻画二面角的大小？为什么？

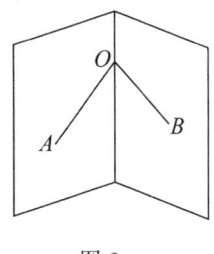

设计说明：如图 2,以对折后的纸展开一定程度作为二面角模型,再加两支笔,将两支笔当作角的两边 OA 和 OB 分别紧贴在二面角的两个面上,不难发现当 OA,OB 绕着点 O 分别在它们所在半平面内旋转时,$\angle AOB$ 就可以由 $0°$ 变化到 $180°$,这样 $\angle AOB$ 的大小就不确定了,因此,不能用它来度量二面角的大小.

图 2

问题 9：过棱上一点分别在两个半平面内任取一条射线,这样得到的平面角是不行的.那么所取的射线一定要与棱垂直吗？若所取的两条射线均与棱在同侧成 $60°$ 是否可行？

设计说明：不采用垂直的作法也可以得到确定的平面角,但发现用这样的平面角来度量二面角不合理.用对折的纸张演示平面角垂直于棱的情况,可以发现：当两个半平面重合时,平面角的两边重合；当两个半平面垂直时,平面角的两边垂直；当两个半平面共面时,平面角的两边共线.因此当平面角的两边均垂直于棱时,它的开合程度与二面角一致,而当平面角的一边或两边不垂直于棱时,就不具有这样的特点.

问题 10：在棱上任取一点,过该点分别在两个半平面内作垂直于棱的射线,这样得到的二面角的平面角是否唯一？它与在棱上所取点的位置有关吗？

设计说明：根据等角定理,即"如果一个角的两边与另一个角的两边分别平行,那么这两个角相等或互补",很容易知道这样得到的二面角的平面角的大小,其与在棱上所选点的位置无关,即这样得到的角的大小是唯一确定的.

问题 11：通过在棱上任取一点，并过该点分别在两个半平面内作射线，由此得到二面角的平面角. 除这一方法之外，是否还有其他方法可以得到二面角的平面角？

设计说明：引导学生掌握其他两种方法：（1）在二面角的棱上任取一点，过此点作一个平面和这条棱垂直，这个平面和二面角的两个半平面相交于两条射线，由此得到二面角的平面角（这种方法称为垂面法）；（2）在二面角的一个平面内任取一条与棱垂直的射线，则这条射线与另一平面所成的线面角，就是二面角的平面角（这种方法称为线面法）. 需要说明的是，采用后一种方法时，根据线面角定义，二面角大小范围只能在 $\left[0, \dfrac{\pi}{2}\right]$ 之间，存在一定的局限性，但这种处理能让学生感受到"线线角、线面角、二面角"的逐步转化过程.

问题 12：我们知道，异面直线所成角是两相交直线所成角中的最小角，斜线与平面所成角是这条斜线和这个平面内所有直线所成角中的最小角. 那么两个半平面所成二面角的平面角的大小，是否也具有最小值或最大值的特征呢？

设计说明：根据上面的纸笔演示实验，很直观地可以看出，通过作垂线所得到的二面角的平面角，既不是所有平面角中的最小者，也不是所有平面角中的最大者. 由此进一步引发学生的探究兴趣和深度思考.

问题 13：既然二面角的平面角，既不是所有平面角中的最小者，也不是所有平面角中的最大者，那么它在大小方面究竟有何特征呢？下面我们不妨展开探究.

（探究一）如图 3 所示，不妨设该二面角为锐二面角. 在平面 β 内先作 $OB \perp CD$，在平面 α 内任取定长线段 OA'，过 A' 作 $A'E \perp OB$，观察 OA' 在平面 α 内绕着 O 点转动过程中，$\angle A'OE$ 有怎样的变化趋势？

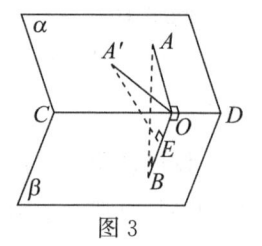

图 3

设计说明：如果通过图形观察难以想象的话，可以用纸笔进行演示实验，不难发现：当 $\angle A'OC$ 从 $0°$ 变化到 $90°$ 的过程中，OA' 在 OB 方向上的投影 OE 逐渐增大，由于 $\cos\angle A'OE = \dfrac{OE}{OA'}$，所以这时 $\angle A'OE$ 就相应地从 $90°$ 逐渐减小，当 $OA'\perp CD$ 时，$\angle A'OE$ 取得最小值．可见，当二面角为锐二面角时，二面角的平面角是一个半平面内与棱垂直的射线与另一个半平面内与棱相交的射线所成角中的最小角．根据互补关系不难得知：当二面角为钝二面角时，二面角的平面角是一个半平面内与棱垂直的射线与另一个半平面内与棱相交的射线所成角中的最大角．

问题 14：（探究二）如图 4，根据前述的线面法，过棱上一点 O 在半平面 α 内作垂直于棱的射线 OA，则射线 OA 与半平面 β 所成角就是二面角的平面角．当 OA 与棱不垂直时，OA 与平面 β 所成角具有不确定性，无法用它来度量二面角的大小．那么半平面 α 内垂直于棱的射线与半平面 β 所成的角，是否也是半平面 α 内任意一条射线与半平面 β 所成角中的最小角呢？

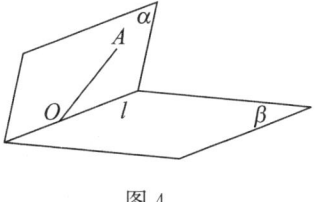

图 4

设计说明：如图 5，设该二面角为锐二面角．当半平面 α 内的斜线段 OA' 从 OC 方向旋转到 OA 方向的过程中（$OA\perp CD$），$A'E$ 显然是逐渐增大的，当 OA' 到达 OA 位置，即当 $OA'\perp CD$ 时，$A'E$ 增大到最大值 AB，由于 $\sin\angle A'OE = \dfrac{A'E}{OA'}$，所以这时

图 5

$\angle A'OE$ 就从 $0°$ 逐渐增大到了 $\angle AOB$．可见，当二面角为锐二面角时，二面角的平面角是一个半平面内的任意一条射线与另一个半平面所成角中的最大者．由于线面所成角的范围为 $[0°,90°]$，因此当二面角为钝二面角时，显然其平面角均大于任意线面角．

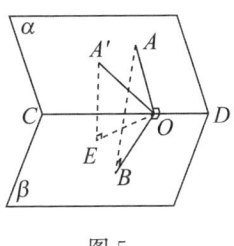

问题 15：以上都是通过演示实验或直观观察所得出的结论．那么，是否可以给出严格的证明呢？下面以探究二为例，请同学们进行认真

思考.

设计说明：如图6，过锐二面角 α-l-β 的棱 l 上一点 O 在半平面 α 内作 $OA \perp l$，射线 OA 和面 β 所成角为 φ，AC 为面 α 内的任意直线，AC 与面 β 所成角大小为 θ. 作 $AB \perp \beta$ 于 B，连接 OB、BC，则易得 $BO \perp l$，$\sin \varphi = \dfrac{AB}{AO}$，$\sin \theta = \dfrac{AB}{AC}$. 在 Rt$\triangle AOC$ 中，$AC > AO$，所以 $\sin \theta < \sin \varphi$，$\varphi > \theta$. 当 OA 与 CA 重合时，$\theta = \varphi$，所以 $\varphi \geq \theta$. 因此可知与棱垂直的那条射线与另一个面所成的角是这无数个线面角中的最大角.

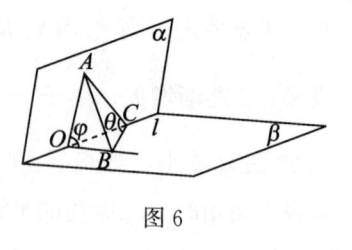

图6

三、基于深度学习的教学设计之反思

数学核心素养的提出，为数学教学明确了目标. 如何使数学核心素养在课堂教学中落地生根已成为亟须解决的关键问题，数学深度学习理论的应运而生为此提供了重要的理论指南. 本研究基于深度学习理论展开课堂教学设计，其教学设计具有注重学生思维的参与性、注重思路方法的探究性以及注重学科知识的联系性等特点，对培养学生的高阶思维能力、落实深度学习的理念具有一定的参考价值.

《普通高中数学课程标准（2017年版）》指出："教师应向学生提供充分从事数学活动的机会，帮助他们在自主探索和合作对话的过程中真正理解和掌握基本的数学知识与技能、数学思想和方法，获得广泛的数学活动经验."在本教学设计中，采用实物模型构建学习情境，从具体、直观出发，通过观察、实验等实践活动，展开类比、想象、归纳等思维活动，从而引导学生建立起了二面角的概念，提升了学生的数学抽象素养. 在对二面角大小度量的探究中，同样采用类比思维和实验手段，逐步得到了二面角的平面角的概念. 在整个教学活动中，注重学生思维的参与性，强调学生数学活动经验的积累.

授之以鱼，不如授之以渔．在学习活动中，不应仅仅局限于书本知识的传授，更应注重研究问题的思路和方法的学习，引导学生尽量多开展多元化的数学思维探究活动．在本教学设计中，在初步得到二面角的平面角的概念之后，围绕"所取射线一定要与棱垂直吗""二面角的平面角是否具有唯一性""是否还有其他得到二面角的平面角的方法"等问题，开展了一系列的探究活动．特别是探究一和探究二，引导学生思考二面角的平面角是否具有最小或最大值的特点，这对学生而言具有较大的挑战性，对发展学生的直观想象、逻辑推理等核心素养，以及培养和发展学生的高阶思维能力具有重要的作用．

数学深度学习注重利用比较、整体和结构的观念去认识数学知识本质，强调在教师的引导下学生能够比较已有的认知与学习内容的异同，进而在不同数学知识之间建立起融会贯通的本质性联系．异面直线所成角、线面角和二面角是立体几何中的三个重要且相近的概念，其共同点都是为了刻画某个几何对象相对于另一个几何对象的倾斜程度，它们的表达结果都化归为两条相交直线所成角来表征．二面角既与线面角有着本质联系，又可化归为线线角来表示二面角的大小．当二面角为锐二面角时，其本质是一个平面内的直线与另一个面所成线面角中的最大角．通过采用联系性的思维来认识问题和解决问题，这样就容易在不同知识之间建立起纵横联系，从而避免使学生习得碎片化的知识，而这也是深度学习的应有之义．

当然，数学深度学习理念的落实并非易事，它不仅取决于教师所秉持的教学理念，而且在很大程度上取决于教师的学科素养．基于深度学习的数学教学设计，需要教师具备扎实的数学素养，包括从微观上对数学知识本质的透彻理解和深刻把握，从宏观上对数学知识纵横联系的认识和结构化体系的把握．只有这样，教师才能基于核心素养发展提出各种本原性问题，从而引发学生思维的深度参与，最终在探究性活动中实现数学核心素养培养的目标．

§16 基于 HPM 的数学教学设计

——以"复数的概念"教学为例

一、HPM 简介

HPM 即数学史与数学教育,主要研究数学教育取向的数学史. 数学史沟通了数学与社会、历史、教育之间的桥梁,而 HPM 不是单纯的数学史研究,而是为了数学教育的数学历史的研究.

1972 年,数学史与数学教学关系国际研究小组（International Study Group on the Relations History and Pedagogy of Mathematics,简称 HPM 小组）在 ICME-2 上成立;从 ICME-10 起,数学史在数学教育中的作用成为该大会的固定专题研究组之一,HPM 逐渐成为当下数学教育研究持续探讨的主题.

国内学者参与 HPM 开端较晚. 2005 年,西北大学举办了第一届中国 HPM 会议. 从此,国内学者纷纷涌现,响应号召,积极参与 HPM 研究. 例如,汪晓勤团队通过利用大量案例,阐述数学史的教育价值,并开发出众多基于 HPM 的数学教学设计案例.

二、HPM 的价值

汪晓勤教授团队在 2014 年提出了数学史融入数学教学的五种方式,分别是点缀式、附加式、复制式、顺应式、重构式. 其中前三种方法为直接运用数学史,后两种则为间接运用数学史. 点缀式是以史料素材点缀在教材中展示数学史,附加式是通过附录或注解形式融入数学史,复制式是直接将历史上的数学问题或史料展示于教材中,顺应式是根据数学史料对数学问题加以改造使其符合学生认知需要,重构式是通过历史发生法重述某个概念或问题的产生过程从而呈现教学内容.

在数学教学中,从三维教学目标的视角来看,将数学史融入教学设计,具有以下价值:知识与技能方面,数学史能帮助学生理解并掌握有关概念,提高理解和掌握知识的效率;过程与方法方面,数学史可以为学生开展研究提供机会,增加学生思考的动力;情感、态度与价值观方面,数学史能提升学生学习数学的兴趣,使学生积极主动地学习数学,还能为学生带来成功感和自信心.

三、基于 HPM 的复数概念教学设计

1. 复数发展简史

古代人在很早之前就已经掌握了一元二次方程的求根方法,但是对一元二次方程根的研究仅停留在"开平方只取正根"的实数解情况. 许多数学家甚至直言"负数没有平方根". 在 16 世纪之前,数学家们都认为:对负数开平方是不切实际的事情.

在 1545 年,卡丹发表的《大术》中提出了著名的"分十问题":"将 10 分为两部分,使这两部分相乘等于 40." 他写道:"显然该问题是不可能的. 不过我们可以用如下方式求解:将 10 平分得到两个 5,两个 5 相乘得到 25. 25 减去 40 得到 -15. 从 5 中减去和加上这个数的平方根,得到 $5+\sqrt{-15}$ 和 $5-\sqrt{-15}$." 虽然卡丹并不理解负数平方根的真正含义,但他是历史记载中第一个对负数开平方的人,为虚数的发展播撒下了种子.

17 世纪,法国数学家笛卡尔把相继发现的类似的数称作"虚数"(imaginary number),意思是"想象中的数". 后来,德国数学家高斯认为,需将形如 $m+\sqrt{-n}$ 的数和形如 $\sqrt{-n}$ 的数区分,才引入了"复数"(complex number) 一词. 1777 年,瑞士数学家欧拉取出虚数单词的首字母,引入新数 $i=\sqrt{-1}$. 18 世纪,德国数学家高斯建立复平面,确立了复数的几何意义. 19 世纪中叶,哈密尔顿建立了复数的二元数系,并定义了复数的加减乘除运算,证明了该数系满足交换律、结合律、分配律,且具

有封闭性. 至此, 复数得到了学者们的普遍认可.

2. 教材内容分析

复数概念是人教社普通高中数学教科书必修第二册《复数》一章的开篇. 在此之前, 学生已经学习过自然数、整数、有理数、无理数, 初步体验了数集扩充的过程. 复数概念的引入, 是中学阶段对数集的最后一次扩充. 教材通过回顾数集的发展历程, 从一元二次方程的求根问题入手, 运用类比、推理等方法, 逐步将数集扩充到复数范围.

目前学生对数的认知处于实数阶段, 能够区别不同实数的类型. 在教学过程中, 应通过复数的发展历史, 让学生意识到"复数的发展是蜿蜒曲折的". 如果直接引出虚数单位, 介绍复数的概念, 会导致学生无法意识到引入复数的意义和价值. 学生的认知发展规律应如同历史的发展规律一般, 因此在教学中适当加入复数的发展历史, 使学生改变概念学习枯燥无味的刻板印象, 在感受复数历史与数学精神的过程中逐步理解引入复数的意义和复数的概念.

现行数学教材中, 只有少数教材会将数学史融入概念教学过程. 大部分教材侧重于将数学史作为故事放在章节导读部分, 以阅读形式使学生了解复数的产生过程. 希望通过数学史, 使学生知道复数的产生并非一帆风顺, 而是在漫长历史中曲折发展形成的. 并且大部分学生并不注重课本上的阅读部分, 而更注重于教材所罗列的概念、定理, 有关复数历史的宝贵价值虽然在教材中有所体现, 但并没有开展实际运用、发挥出真正价值.

3. 教学过程设计

(1) 情境创设

问题 1: 16 世纪 40 年代, 意大利的数学家卡丹提出了一个问题, 称作"卡丹问题"——如何将 10 分成两个数, 使这两个数相乘等于 40 呢? 这样的两个数是否存在呢?

设计依据: 在学生的认知中, 一元二次方程当判别式 $\Delta < 0$ 时, 方程

没有实数根．通过计算可知，方程 $x(10-x)=40$ 无解，所以不存在这样的两个数．教师进一步介绍卡丹问题：最初卡丹也是这么认为的，但他最终还是"昧着良心"，利用二次方程求根公式，找到了两个"不存在的数" $5+\sqrt{-15}$ 和 $5-\sqrt{-15}$．先不管这两个数是否真的存在，对这两个数进行检验，可以发现 $(5+\sqrt{-15})+(5-\sqrt{-15})=10$，$(5+\sqrt{-15})(5-\sqrt{-15})=40$．

设计意图：直接将历史问题运用于教学，展现出"数学是人类的一种文化"的课程理念．在学生的认知中，负数不能开平方．卡丹异于常理的解法，与学生的认知产生了冲突，以此在矛盾中激发学生探究真理的动力，提升课堂的趣味性．

问题2：一元三次方程和一元二次方程一样，也有相应的求根公式，称作卡丹公式．与卡丹同国的数学家邦贝利在求解一元三次方程时，也遇到了一件怪事．他通过卡丹公式，对 $x^3-15x=4$ 求解，得到了三个根 $x=-2+\sqrt{3}$，$x=-2-\sqrt{3}$ 和一个"奇怪的解" $x=\sqrt[3]{2+\sqrt{-121}}+\sqrt[3]{2-\sqrt{-121}}$．他又换了一个角度，通过因式分解求解方程，将方程改写为 $(x^2+4x+1)(x-4)=0$，得到该方程的三个实数根 $x=-2+\sqrt{3}$，$x=-2-\sqrt{3}$ 和 $x=4$．同一个方程的根肯定是相同的．从这两个不同角度得到的解中，你能发现什么等量关系？是否存在什么问题呢？

设计意图：求根公式是经过严格推理而来的、具有普适性的结论．通过重构历史，从两种思路求解一元三次方程，引导学生发现 $\sqrt[3]{2+\sqrt{-121}}+\sqrt[3]{2-\sqrt{-121}}=4$．但这个式子却很奇怪，右边是实数4，左边却是两个负数开根号所构成的数．这使式子看起来十分矛盾．通过这个存在疑问的事实，再次激起学生的探索兴趣．通过历史问题引入，让学生亲历知识发生过程，感受到数学家在开展研究时遇到的坎坷挫折，使学生对负数是否能开根号这个问题的研究不再感到莫名其妙．

(2) 问题提出

问题 3：回到一元二次方程的求解问题，当判别式 $\Delta<0$ 时，方程没有实数根．该如何理解这里的"方程无解"的问题？

设计意图：归根到底，方程无解，其实是指在某个数集内，方程没有解．比如方程 $x+1=0$ 在自然数集中无解，但在整数集中就有解 $x=-1$；方程 $2x=5$ 在整数集中无解，但在有理数集中就有解 $x=\dfrac{5}{2}$；方程 $x^2=3$ 在有理数集中无解，但在实数集中就有解 $x=\pm\sqrt{3}$．也就是说，在原本的数集中，方程是无解的；但通过扩充数集，这个方程就可能变成有解的了．通过带领学生回顾方程从"无解"到"有解"的过程，使学生感受到方程无解与数集扩充是息息相关的，从方程角度表明数集扩充的原则，同时通过历史发展，让学生强烈地意识到：必须正视负数开方的问题了．

问题 4：要解决"负数开平方"的问题，就必须承认：负数开平方是存在的．从方程的角度看，负实数能不能开平方，就是方程 $x^2=a\,(a<0)$ 是否有解的问题．思考一下，能不能把这类问题再进一步简化，最终转化为最简单的方程 $x^2=-1$ 是否有解？

设计依据：教师引导学生思考，将方程两边同时除以 $|a|$，可得 $\dfrac{x^2}{|a|}=-1$，进一步得到 $\left(\dfrac{x}{\sqrt{|a|}}\right)^2=-1$．此时令 $y=\dfrac{x}{\sqrt{|a|}}$，则 $x^2=a\,(a<0)$ 可以转化为 $y^2=-1$．因此 $x^2=a\,(a<0)$ 有没有解，就可以归结为 $y^2=-1$ 有没有解的问题．

设计意图：通过问题 4，将历史上的负数能否开平方的问题转化为方程 $x^2+1=0$ 是否有解的问题，为后续从解方程的角度研究数系的扩充作好铺垫，同时也让学生认识到数学中的复杂问题都可以通过转化与化归的方法，转化为基本数学问题．

（3）新知探究

问题 5：我们知道，$x^2+1=0$ 在实数集中无解，是否能引入新数，适当扩充实数集，使这个方程在新数集中有解呢？

设计依据：通过扩充数集来解决问题，本质上是引入新数．像我们初

中遇到了方程 $x^2=2$ 而引入新数 $\sqrt{2}$ 一样，当遇到 $x^2=-1$ 时，我们引入一个新数 i，使其满足"$i^2=-1$". 这个新数 i 由数学家欧拉提出，他利用了"imaginary"（想象的）这个单词的首字母，我们把 i 称作虚数单位.

设计意图：在教学中，有的学生可能会认为引入的新数是 $\sqrt{-1}$. 介绍欧拉通过引入 i 这个记号取代 $\sqrt{-1}$，以此简化书写的历史由来，能使学生较快地接受概念. 因此，在教学设计中依据数学史料，通过介绍 i 的产生，可以快速打消学生心中的疑惑.

问题 6：在以往的数集扩充过程中，运算似乎也会随之变化. 那么在引入新数之后，是否仍然满足下列的运算律？请完成下表，满足的打"√"，不满足的打"×". 完成表格后，在总结部分完成填空.

表1 数集扩充对运算律的影响

	自然数集	整数集	有理数集	实数集
加法运算	2+3=5	2+(-3)=	2+(-2.5)=	$2+(\sqrt{2}-1)=$
乘法运算	2×3=6	2×(-3)=	2×(-2.5)=	$2\times(\sqrt{2}-1)=$
加法交换律	√			
加法结合律	√			
乘法交换律	√			
乘法结合律	√			
分配律	√			

总结：数集扩充后，新数集中的元素_____（仍有/不再有）加法运算；

新数集中的元素_____（仍有/不再有）乘法运算；

新数集中的元素_____（仍满足/不再满足）加法交换律、加法结合律；

新数集中的元素_____（仍满足/不再满足）乘法交换律、乘法结合律；

新数集中的元素_____（仍满足/不再满足）分配律.

设计意图：通过教师整理的表格和总结，帮助学生开展探究并梳理数集扩充所具有的普遍规律，使学生体会到：数集扩充不仅能解决原来数集中出现的矛盾，并且可以保留原数集所具有的运算和性质. 该活动为引导学生扩充实数集，得到复数集提供了方法，有助于突破本节课的重难点.

问题 7：现在我们来看卡丹问题中，卡丹得到的两个解 $5+\sqrt{-15}$ 和 $5-\sqrt{-15}$．这两个解中所出现的 $\sqrt{-15}$，该如何用 i 进行表示？

设计依据：由于 $i^2=-1$，所以 $\sqrt{-1}$ 可以用 i 表示．根据 i 也应具有四则运算的特点和性质，我们可以得到 $\sqrt{-15}=\sqrt{15\times(-1)}=\sqrt{15}\times\sqrt{-1}=\sqrt{15}\,i$．因此，卡丹问题中所列方程的两个根为 $x=5+\sqrt{15}\,i$ 和 $x=5-\sqrt{15}\,i$．至此，我们运用自己学习的新知识，解决了历史上数学家无法解决的难题，为卡丹问题画上圆满的句号．

问题 8：在引入虚数单位 i 后，新数集中的数可以有哪些形式？新数集中的数的一般形式应是怎样的？

设计依据：比如 0、$1+\sqrt{6}$、$\sqrt{13}$ 之类的实数肯定是新数集中的元素，并且通过问题 7 得到的 $5\pm\sqrt{15}\,i$ 也在新数集中．通过这两种数，猜测新数集中数的一般形式．我们发现，这两类数都可以写成"实数+实数×i"的形式，即 $a+bi$ 的形式．这样，通过探究猜想出复数的一般形式，为引入复数的相关概念进行铺垫．

问题 9：根据以往的经验，在引入虚数单位 i 后，我们希望 i 能与实数一起进行运算．用实数与 i 任意做加法、乘法运算，看一看会产生哪些类型的新数？这些数是否具有一般形式？

设计意图：新数集中的数是由原来的实数和新引入的虚数 i 经过适当"组合"而成的，这个组合的构成方法就是将实数和 i 进行运算组成新数，这里主要进行的是 i 和实数之间的加法、乘法运算．教师通过引导学生展开讨论，进一步验证了引入虚数单位 i 后，新数集中的数具有的一般形式 $a+bi$，为引入复数的相关概念做好铺垫．

（4）知识建构

问题 10：设 a 和 b 为实数，我们把形如 $a+bi$ 的数叫做复数（complex number），i 为虚数单位，a 叫做复数的实部，b 叫做复数的虚部．把全体复数构成的集合 $\mathbf{C}=\{a+bi|a,b\in\mathbf{R}\}$ 叫做复数集．复数集就是扩充实数集得到的新数集．那么，复数集 $\mathbf{C}$ 和实数集 $\mathbf{R}$ 之间究竟有什么联系和

不同？

设计意图：体会数集扩充后新数集中元素的变化，让学生意识到：复数集 **C** 不只比实数集 **R** 多了一个数 i，而应该是多了很多很多的数．复数集是由实数集扩充产生的，换句话说，实数集包含于复数集．

问题 11：在复数集中，复数 $z=a+bi$（a，$b\in\mathbf{R}$）什么时候能表示实数呢？

设计意图：当 $b=0$ 时，$z=a$（$a\in\mathbf{R}$）为实数．当 $b\neq0$ 时，复数 $z=a+bi$（a，$b\in\mathbf{R}$）就一定不是实数，我们把这样的复数称作虚数．对于虚数，我们可根据 a 是否为 0，对虚数再次进行细分．于是引导学生根据 a 和 b 的不同情况，把复数分为以下几种类型：

$$\text{复数 } z=a+bi \begin{cases} \text{实数}(b=0) \\ \text{虚数}(b\neq0) \begin{cases} \text{纯虚数 }(a=0) \\ \text{非纯虚数 }(a\neq0) \end{cases} \end{cases}$$

问题 12：我们知道集合中的元素具有互异性．现在从复数集 **C** 中任取两个复数 $a+bi$，$c+di$（a，b，c，$d\in\mathbf{R}$），这两个复数相等的条件是什么？

设计意图：$a+bi$ 与 $c+di$ 相等，当且仅当 $a=c$ 且 $b=d$．即两个复数相等，当且仅当两个复数的实部和虚部分别相等．让学生初步感受到复数是不同于实数的二元数，它是由两个实数共同决定的一个"复合数"，从而为后面复数几何意义的学习做好铺垫．

例题设计、练习设计、小结设计、作业设计等，余略．

四、基于 HPM 的教学设计之思考

数学概念是数学知识体系中的重要基础，学生在学习数学概念时，常常会产生畏难情绪，出现理解困难的情况，从而使数学学习效果大打折扣．这与教师的教学方式不当有很大关系．不少教师的数学概念课是枯燥无味的，教师更注重让学生掌握概念是什么，而忽视了引导学生思考为什么要学习概念及概念的形成过程，导致学生不理解新知识学习的必要性和

产生原因，学生的学习积极性自然不高.

数系的扩充过程体现了数学的发现和创造过程，同时体现了数学产生、发展的客观需求. 将数学史融入数学概念教学设计，可以帮助学生更好地理解数学概念学习的意义，有效转变数学概念课枯燥乏味的状况. 在本节课中，在概念引入的设计上，教师重构复数的历史，在问题情境的探索和相关历史的追溯中，由卡丹"分十"问题到邦贝利三次方程问题，引导学生经历知识发生的过程，体会引入虚数的必要性，成功实现了虚数概念的历史序、逻辑序和学生心理序的有机统一，感悟人类的理性思维在数学发展和社会发展中的重要性，从而充分发挥和实现了数学史的多元教育价值.

需要注意的是，在运用数学史料设计数学概念教学时，教师不能只单纯地呈现数学史故事，漫无目的地融入数学史内容，不仅会占用课堂教学时间，也会使教学达不到预期学习效果. 要想充分发挥数学史的育人功能，需要教师对数学史蕴含的教育价值进行挖掘，将平铺直叙的数学史转化成能帮助学生掌握旧知识、理解新知识的有效工具. 这也就意味着，将数学史融入数学教学，不要仅仅满足于点缀、附加等外延方式展示数学史，而应尝试采用复制、顺应、重构等内构方式，将数学史中的问题、知识线索嵌入数学教学，让数学课堂成为积淀文化、传承思想的沃土.

§17 基于"问题链"的数学教学设计

——以"对数的概念"教学为例

数学教学设计的关键环节是教学过程设计. 由于教学设计主要是一种课前行为, 因而科学的教学过程设计不宜写成师生对话的形式, 而是应通过构建层层递进、环环相扣的问题链, 把本节课教学的主要内容、思路和步骤粗线条地框定, 并对提出问题的意图和依据进行分析, 对可能出现的各种情况进行预先研判.

一、"问题链"概述

所谓"问题链", 是指在教学过程中, 教师围绕一定的教学目标, 结合教学内容和学生的认知规律, 将教材内容转换成一连串层次鲜明、环环紧扣的问题, 以引导学生积极思维, 主动探索知识, 进而提升能力.

"问题链"中的问题, 是一组有中心、有序列、相对独立而又相互关联的问题. 从形式上看, 它是一问接一问, 一环套一环; 从内容上看, 它是问问相连, 环环紧扣; 从目标上看, 它是步步深入, 由此及彼. 它的每一问都可使学生的思维产生一次飞跃, 它像一条锁链, 把问题和目标紧紧地连在一起.

二、"问题链"设计原则

1. 目的性原则

"问题链"的设计必须具有明确的目的性, 即"问题链"的设计要充分体现预定的教学目标. 这就要求教师在进行教学过程设计时, 应明确"问题链"中每一个问题的设计意图是什么? 这一系列的问题与教学目标是否具有相关性? 若不认真考虑"问题链"与教学目标的相关性, 则设计的"问题链"可能无法为学生对特定知识的理解提供帮助,不利于重点的突出和难点的突破.

2. 科学性原则

首先教师要分析教材,了解本节知识点与其他知识点的联系,找出教材中的思维点,特别是能展现知识发生、发展过程的素材,使得所设计的问题紧扣教学的重点、难点、易混点、易错点,能反映数学知识的发生发展过程. 其次,要分析学生的知识准备,从学生现有的知识储备和能力考虑教学起点,从学生的旧知识中找出同化新知识的"生长点". 在知识的"生长点"上提问,有助于学生通过思考问题,构建新的知识结构,实现知识的同化.

3. 适度性原则

"问题链"的设计必须具有适度性,其包含两个方面的含义. 一是问题数量要适中. 要求教师在教学单位时间内,提出的问题不宜太多,应选择最能体现教学目标的问题,选择学生最为关注的问题,选择最能体现重点和难点的问题. 如果选择的问题过多,不但不能使学生很好地掌握知识,反而会使学生在众多问题面前感到"迷茫",因此教师在教学中要避免"满堂问". 二是问题难度要适当. 问题既要对学生具有一定的挑战性,又要考虑学生已有的知识经验. 如果问题难度远超出学生已有知识经验范围,会使他们失去探索解决问题的积极性和主动性;如果问题过于简单,会使学生感到索然无味而失去兴趣. 问题难易的选择和确定,应符合维果斯基的"最近发展区"理论的要求.

4. 梯度性原则

人的认识是一个从易到难、由浅入深、由表及里、从特殊到一般的过程. 因此,"问题链"的设计要具有梯度性,各问题环环相扣,层层递进,使学生产生"有阶可上,步步登高"的愉悦感. 借助于阶梯形的"问题链",学生从简单到复杂、从未知到已知、从具体到抽象,从而实现对知识意义的建构. 同样数学问题链的设计,必须遵循循序渐进的原则,以符合学生的心理特点和数学认知规律.

5. 启发性原则

恰到好处的问题设计可以诱发学生思考,使学生很快进入思维状态中. 问题按其自身属性、设问指向、答案深广度,大致分为三类:事实性问题(是什么)、分析性问题(为什么)和应用性问题(怎么做). "是什么"的问题不具有思考性,不能算是非常有效的问题;"为什么"的问题和"怎么做"的问题,能引发学生的思考. 因此教师在设计"问题链"时,应有意识地多设计分析性和应用性问题,使所提出的问题具有启发性和思考性.

三、基于"问题链"的教学过程设计

在新授课的教学中,教师采用"问题链"形式进行教学设计时,要将教学内容分解成一系列的问题,这些问题环环相扣,层层递进,使学生在设问和释疑的过程中,萌生自主学习的动机和欲望,逐渐养成思考问题的习惯.

数学概念是数学知识的细胞,是学生赖以开展数学思维的基础. 教学实践表明,学生在解决问题时出错或者没有思路,往往是在概念理解上产生了困难. 因此,在数学概念教学中,"问题链"设计应建立在怎样使学生充分理解概念这一基础上. 下面以对数概念教学为例,给出基于"问题链"的对数概念教学过程设计.

1. 教材内容与学生学情分析

"对数的概念"选自人教 A 版教材必修第一册第四章第三节第一课时,主要内容涉及对数概念的理解和对数式与指数式的互化. 教材在处理本节课的教学内容时,从第二节的实际问题引入,在提出问题之后,在探究问题的过程中体会为什么要引入对数这一概念. 在引入对数概念后,强调对数与指数之间的关系,在指数的基础上深入理解对数的内涵,并实现对数式与指数式的互化,建构起两者之间的认识桥梁,从而实现指数和对数认知的和谐统一.

对数的概念是基于数学逻辑建构形成的,适合采用概念同化的教学方式. 通过对已有知识的深入认识,进而理解引入新概念的必要性. 这样的方法有助于学生理解概念的系统性和层次性,在已有概念系统的基础上利用概念间的联系学习概念,将新概念融入学生已有的概念网络,不仅能帮助学生理解概念,而且有利于概念的灵活应用与迁移. 教师要分析学生已有的认知结构,选择合适的知识作为新概念学习的"固着点". 依据建构主义理论,只有建立起坚实的"固着点",才能更好地引导学生在已有知识基础上"生长"出新的知识.

从学生的学情来看,在进行本节课的内容学习之前,学生已经学习了 n 次方根、分数指数幂、指数函数等内容,对指数式有较为深入的理解,为后面的学习打下了基础. 学生在经历了集合、函数、幂函数、指数函数等的学习,对于数学概念的建构有所体会,在研究过程中也多次感受了由具体到抽象再到具体的研究方法. 从运算的角度来看,学习对数运算——指数幂运算的逆运算,也将补齐中学数学运算的最后一块拼图.

本节课教学的重点为理解对数的概念,掌握对数与指数的互化,难点在于对数概念的理解. 教师要设计合理的问题情境,巧妙引导学生从已有知识出发,理解引入对数概念的必要性,在教师的引导下通过探究学习抽象出对数的概念,最终能应用此解决相关问题. 在建构对数概念的过程中,要以学生为主体,引导学生从具体问题中抽象出数量关系,通过数形结合的方式感知对数的存在性和唯一性,通过在真实情境中解决问题发展数学抽象、逻辑推理、直观想象等核心素养.

2. 教学过程设计

(1) 新知导入

教材分析：新旧教材在处理对数的引入问题上保持一致，教材选择由 4.2.1 的问题引入，在此问题的背景下进一步提出新的问题，依据问题列出式子，借助对问题求解引入学习主题"对数". 这样的设计依托于具体情境，使用学习指数时熟悉的情境引入，要求学生能够从中抽取出具体的数学模型，整体设置的难度不高，能够帮助学生拉近这两节课的距离，给学生对数与指数密切联系的心理暗示. 利用具体情境也是对学生数学抽象、数学建模素养的一种训练. 新教材在具体内容的学习顺序上做了修改，改为先学幂函数，再学指数函数，最后学习对数函数，那么在学习对数的过程中更应该注意这三者间的密切联系，从学生已经学习过的知识引入，在学生的最近发展区内引发认知冲突.

教学设计：

问题 1：随着中国经济的快速发展，人民的生活水平不断提高，旅游也成了越来越多家庭选择的娱乐方式. 2022 年 A 市旅游景区的游客人次为 1 千万，假设旅游人次的年增长率为 0.11，经过多少年游客人次是 2022 年的 3 倍？何时是 4 倍，5 倍……如何用数学语言表示这个问题？能否用简洁的数学语言归纳现在需要解决的这一类数学问题？这个问题与前面学习的哪些知识相关？

设计意图：回归具体情境中分析问题，将问题用数学语言进行表示，要求学生能将实际问题抽象成数量关系，建立起数学模型，发展数学抽象、数学建模等核心素养. 在求解问题的过程中列出指数式 $1.11^x = 3$，在这样一个指数式中，知道了底数和幂，如何求出对应的 x，引发学生的认知冲突，体会对数概念提出的必要性. 在对问题的进一步追问过程中，学生能够较为自然地联想之前学习的幂函数、指数函数的相关知识，借助指数函数学习的基础，对问题的解答做更进一步的抽象概括，归纳出问题类型为"在 $a^x = N$ 中，已知 a，N，如何求 x"，使学生在探究过程中发展数学抽象、逻辑推理等核心素养，同时帮助学生联系前面所学知识，构建知识网络，而不是孤立看待各个知识.

学情预设：学生对这个问题较为熟悉，列式 $1.11^x = 3$ 的难度不高，重点在于教师要充分结合学生前面所学知识，引导学生用字母代替数字，抽象概括出"在 $a^x=N$ 中，已知 a，N，如何求 x"这一"知二求一"模型．

师生互动：在学生归纳出问题的类型后，教师与学生共同探究：在 $a^x=N$ 中，已知 a，x 求 N 是指数函数的内容，已知 x，N 求 a 为分数指数幂的内容，这两类问题本质上都是指数幂运算．将 $a^x=N$ 看作方程，那么最后一类问题便是"已知 a，N 如何求 x"，这就是今天探究的主题．

（2）新知形成

①对数概念的引入

教材分析：教材在前面的引入后直接提出对数的概念，这样处理跨度过大，学生难以理解对数的本质．教师在学生概括归纳出问题类型后，回归具体，通过更为简单具体的例子 $3^x=6$，引导学生探究 x 的存在性、唯一性，能否进一步判断取值范围等问题，化抽象为具体，进一步加深学生对于指数与对数之间密切联系的认识，让学生亲身探究和理解对数的存在性和唯一性．

教学设计：

问题 2：结合前面所学知识，判断 $3^x=6$ 中的 x 是否存在？如果存在它是否唯一？能否估算一下它的大致范围？学生分组交流讨论，结束后请代表总结小组的研究成果．

设计意图：在学生学习的指数函数的基础上，借助指数函数 $y=3^x$ 的图象，分析 x 的存在性、唯一性，同时对 x 的范围进行估计，这是利用数形结合思想分析问题的一种体现，实现了知识的灵活运用，也为后面对数与指数的互化做铺垫，发展学生逻辑推理、直观想象等核心素养．

学情预设：学生在此问题上的难点是无法联想到利用指数函数图象解决问题，教师可以引导学生思考，同时在小组讨论的过程中，教师要充分发挥小组的优势，指导小组成员相互交流讨论，防止讨论流于形式．

师生互动：教师请学生发言，可以根据学生的探究情况进行讲解，展示学生的探究成果，充分了解学生对知识的掌握程度．在学生展示成果后，教师可以使用几何画板直观展示 x 的存在性，并且借助计算机计算 x 的值，帮助学生直观理解 x 就是一个真实存在的数，它是指数函数 $y=3^x$ 的图象与函数 $y=6$ 的图象交点的横坐标．

②对数的符号表示

教学设计：

问题3：在确定了 x 唯一存在，并且估算了它的大致范围后，此时依然不能把它具体求出来，在之前的学习中遇到过这样的问题吗？如何处理这样的情况？若要引入新的数学符号，那么这个符号又该如何设计？

设计意图：学生在之前学习过程中也经历过新符号的引入，对遇到此类问题有了一定的心得体会．比如在小学要把1个苹果平均分给2个小朋友，每人分得半个，"半个"不能用自然数表示，为了解决这个问题，引入一个新的符号——分号，引入一个新的数——分数．在初中解方程 $x^2=5$ 时，知道方程的解存在，但又无法用有理数表示，在有理数范围内求不出来，从而引入一个新的符号——根号，得到一个新形式的数 $\sqrt{5}$．于是在教师的引导下，学生想到设计引入一个新的数学符号．那么在设计数学符号时，应该注意哪些问题？比如这个符号应该体现哪些关键元素、凝练哪些关键信息，同时又保持符号的简洁美观？这是对学生创新精神和实践能力的一次锻炼，需要充分发挥学生的想象力．

学情预设：学生在创造对数符号的过程中，可能有各种各样的奇思妙想，同时也可能出现各种问题，在这一环节应当给学生留足空间充分展示自己，尊重学生的创造成果．

师生互动：教师结合之前新符号引入的经验，分析数学符号应具备的基本特征，对学生做出引导．在学生自己创造数学符号后，教师对学生的创造进行点评，对学生的创新能力给予表扬，帮助学生分析数学符号在设计时应具备的特点，对为什么不采用学生设计符号的原因进行解释，尊重学生的思维成果，保护学生的创造热情，让学生体会到数学学习的乐趣．结束点评后，教师介绍在几百年前的数学家同样面临这样的问题，历史上数学家引入了"log"这一符号，它取自对数 logarithm 的缩写，使用 $\log_3$

6来表示x，读作"以3为底6的对数". 在介绍对数符号后可以与学生创造的符号进行对比，让学生认识到数学知识也是可以创造的，背后都有严密的逻辑，破除对数学的神秘感. 在比较之中帮助学生认识到使用"log"表示对数的优点，实践过后学生自然会对教科书上的对数符号有较高的认可度.

③对数概念的凝练

在前面的众多铺垫下，借助具体例子，从指数式出发，引入对数符号，对对数概念有了初步认知，教师应进一步引导学生化具体为抽象，化特殊为一般，归纳概括出对数的一般定义，明确其中a，N的取值范围，更进一步认识对数的本质.

教学设计：

问题4：经过前面的探究，我们理解了引入对数的必要性，并且介绍了对数符号，那么你能结合前面学习的指数函数知识，从指数式$a^x=N$中表示x吗？表示出的x一定有意义吗？你能用简洁的语言描述对数的概念吗？

设计意图：在前面学习的基础上，从指数的角度切入分析对数，在模仿前面的具体例子表示出$x=\log_a N$后，结合指数函数对a的限制条件以及N的取值，进一步引导学生思考$x=\log_a N$一定成立吗？联想到$a^x=N$中a，N的取值范围，从指数式$a^x=N$出发表示x，同样要求$a>0$且$a\neq 1$，同时$N>0$，进而迁移到对数的概念中.

师生互动：在学生发言后，教师总结归纳对数的概念，并进行板书：如果$a^x=N(a>0$且$a\neq 1)$，那么数x就叫做以a为底N的对数，记作$x=\log_a N$，其中a叫做底数，N叫做真数. 确定一个对数的关键在于它的底数和真数，规范对数的读法、写法，并由真数的范围明确负数和0没有对数，总结将对数问题指数化这一关键思想. 此外，教师还可以参考新版教材"阅读与思考"的内容，结合多媒体适当介绍对数的发明过程，在课堂中渗透数学文化，体现数学文化的育人价值.

问题5：对数的本质到底是什么？

设计意图：在学习了对数概念后，进行阶段性的归纳总结，帮助学生明确对数的本质就是一个数，即转化为对应指数式中的指数，不要轻易被对数的符号吓倒，log 也只不过是为表示这个数而引入的符号，把握住对数的本质是一个数，理解对数来源于指数这一思想，为今后遇到问题能灵活解决打下基础．

师生互动：明确对数的本质之后，教师要介绍两个特殊对数，以 10 为底的常用对数，记作 $\lg N$，以 e 为底的自然对数，记作 $\ln N$．关于自然对数，适当插入几本关于 e 的数学书籍作为学生的课外探究材料，吸引有兴趣的同学做后续探究，理解自然对数的特殊之处．

问题 6：能否用数学语言描述对数式与指数式之间的关系？

设计意图：在明确对数的定义后，引导学生自行归纳出对数与指数的关系，彻底将对数问题指数化这一转化思想内化，理解求对数实质上是求指数，从更高的角度认识这类问题．对课堂学习的新知识进行总结，给学生一定的缓冲时间接受新知识，为后面的练习打下基础，培养学生逻辑推理、数学抽象等核心素养．

师生互动：在学生完成归纳总结后，教师利用多媒体具体呈现对数式与指数式的关系．根据对数的概念，我们不难发现，对数来源于指数，这两个等式表示的是 a, b, N 三个量之间的同一个关系，只是表现形式不同而已．比如在 $a^b = N$ 中，$a > 0$，$a \neq 1$，a 叫底数，b 叫指数，N 叫幂；当变为对数式 $\log_a N = b$ 时，a 的范围不变，a 还叫底数，指数 b 现在叫对数，幂 N 现在叫真数．

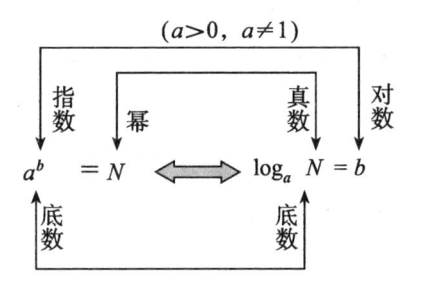

$$(a>0,\ a\neq 1)$$

$$a^b = N \iff \log_a N = b$$

（3）归纳提升

教学设计：

问题 7：已知集合 $A = \left\{-2, 0, \dfrac{1}{2}, 1, 2, 3, 4\right\}$. 请选择集合 A 中的元素作为底数和真数，写出三个对数，并将其转化为相应的指数式. 这其中有什么特殊的对数吗？

设计意图：让学生自己选择元素书写对数，是对对数概念的巩固，在书写过程中加深对 a，N 取值范围的印象，规范对数的书写，练习对数式和指数式的互化. 学生在书写过程中，可能会想到底数和真数相同或者真数为 1 的两个特殊对数 $\log_a a = 1$，$\log_a 1 = 0$. 教师可针对这两个特殊对数进行讲解，或者直接给出这两个特殊对数，引导学生分析这两个对数的运算结果，将其与指数式 $a^1 = a$，$a^0 = 1$ 联系起来.

师生互动：展示学生书写的对数，完成对数与指数的互化，检验学生的学习成果. 同时强调两个特殊的对数 $\log_a a = 1$ 和 $\log_a 1 = 0$，它们分别来自于 $a^1 = a$ 和 $a^0 = 1$ 两个指数式，掌握这两个特殊的对数.

问题 8：求下列各式的值：（1）$\log_2 64$；（2）$\lg \dfrac{1}{100}$；（3）$\log_9 27$.

设计意图：（1）理解对数是个数，对数问题可以转化为指数问题来解决；（2）反思解题过程，从中得到两个对数性质 $\log_a a^b = b$，$a^{\log_a N} = N$（$a > 0$ 且 $a \neq 1$），为对数求值提供新的方法；（3）激起学生进一步探索对数相关结论的兴趣.

师生互动：引导学生观察问题的解决，$\log_2 2^6 = 6$，$\lg 10^{-2} = -2$，由此获得猜想 $\log_a a^b = b$. 在 $\log_a a^b = b$ 这个式子中，真数 N 变成了 a^b，相当于将指数式 $a^b = N$ 代入对数式 $\log_a N = b$，消去 N. 现在如果将对数式 $\log_a N = b$ 代入指数式 $a^b = N$ 消去 b，会得到什么呢？这便是 $a^{\log_a N} = N$（$a > 0$ 且 $a \neq 1$）. 通过对第（3）小题的解答，还可以获得对数性质的更多猜想，有兴趣的同学可以继续研究.

问题 9：在今天的课堂中，你收获了什么？类比指数的学习，你接下来还想研究对数的哪些知识？

设计意图：进行课堂小结，引导学生从多角度进行总结，包括获得的知识，学到的方法……对本节课的关键知识点进行回顾总结，通过这一环节，学生对学习的知识进行梳理归纳总结，形成逻辑清晰的知识结构网络，为以后灵活应用知识打下坚实的基础．同时"类比指数的学习，你接下来还想研究对数的哪些知识"会自然地将课堂延伸到课外，引导学生思考对数的运算法则，建立概念学习的一般路径：概念—特例—运算—应用，为下节课的内容学习做好铺垫．

四、教学设计反思与评价

对数作为一个重要的数学概念，对于学生而言是一个全新的知识．学生在学习完对数概念之后，使用模式化方法实现对数和指数的互化是容易的，但想要对对数本质有深刻认识，并在理解基础上解题，仍有一定的困难，其原因集中在这两个方面：(1) 始终理解不了对数的概念，对于有些学生而言，对数概念过于抽象，始终保持一知半解；(2) 学生对对数问题指数化这一思想的理解不够透彻，在遇到较为综合的题目时，往往想不到使用"指对互化"方式解决问题．出现这种情况，很大程度上与教师的教学方式有关．

在传统的数学课堂中，教师往往更关注概念的应用，而不注重概念的形成过程，许多学生被动地接受概念，采用死记硬背方式记忆概念，由此经常导致"会而不懂"的现象．本教学设计在教学数学概念时，通过构建层层递进的问题链，依次抛出了"在 $a^b=N$ 中如何知二求一""$a^x=N$ 中的 x 存在吗""$a^x=N$ 中的 x 唯一吗""$a^x=N$ 中的 x 你能求出来吗""$a^x=N$ 中的 x 你会进行表示吗"等核心问题，用一系列问题串起了本节课的内容，让学生一步步理解概念，这对促进学生对概念的掌握非常有效．

数学思维活动的本质，就是以数学问题为载体，通过发现问题、解决问题的形式，达到对现实世界的空间形式和数量关系的一般性认识．美国心理学家布鲁纳认为："教学过程是一个提出问题和解决问题的过程，思维永远从问题开始．"因此，发展学生的思维能力最有效的方法是提出问题、解决问题．在数学课堂教学中，巧妙设计的"问题链"正是通过不断提出问题和解决问题，来引发学生的数学思维活动，发展学生的数学思维能力．

§18 基于数学思想方法的教学设计
——以"等差数列的前 n 项和"教学为例

一、数学思想方法及其重要性

数学方法是解决问题的策略与程序，是数学思想具体化的反映．数学思想直接支配着数学的实践活动，对数学方法起指导作用．数学思想是数学方法的灵魂，数学方法是数学思想的表现形式和得以实现的手段．但两者的区分是相对的，界限是模糊的，因此，人们也经常把数学思想和数学方法，不加区分地通称为数学思想方法．

如果将学生的数学素质看作一个坐标系，那么数学知识、技能就好比横轴上的内容，而数学思想方法就是纵轴上的内容．淡化或忽视数学思想方法的教学，不仅不利于学生从纵横两个维度上把握数学学科的基本结构，也必将影响其能力的发展和数学素质的提高．因此，向学生渗透一些基本的数学思想方法，这是提高学生数学素质、培养学生问题解决能力的重要途径，也是进行数学教学改革的突破口．

高中数学课程标准指出，在数学新知识的教学中，应当让学生了解概念、结论等产生的背景、应用，理解基本的数学概念、数学结论的本质，体会其中所蕴涵的数学思想和方法，以及它们在后续学习中的作用．在数学解题教学中，同样要挖掘、提炼解题的指导思想，掌握本质、揭示规律，在较高层次上强调思想方法对解题的指导作用，使学生从中掌握思想方法层面的知识，并使这种知识转化成个体的数学观念，这样在遇到同类数学问题时，才能胸有成竹、从容应对．

在高中数学中，主要有函数与方程思想、数形结合思想、分类与整合思想、转化与化归思想、特殊与一般思想、有限与无限思想、或然与必然思想等数学思想方法. 在等差数列的前 n 项和公式的教学中, 可以自觉应用这些思想方法, 从思想方法角度寻找证明思路, 完成对该公式的推导和理解. 以下给出基于思想方法的几种设计思路, 具体的教学过程设计, 可根据实际情况从中进行选择和应用.

二、基于数学思想方法的教学设计研究

1. 基于分类与整合的教学设计研究

在解决某些数学问题时, 当被研究的问题包含了多种情况时, 就必须抓住主导问题发展方向的主要因素, 在其变化范围内根据问题不同发展方向, 划分为若干部分分别研究, 由大化小、由整体化为部分、由一般化为特殊, 其研究的基本方向是"分", 但分类解决问题之后, 还必须把它们整合在一起, 这种"合—分—合"的解决问题的思想, 就是分类与整合思想.

等差数列求和公式的引入, 通常采用高斯求和方法, 但高斯求和的实质是"首尾配对", 从"首尾配对"过渡到"倒序相加", 还有一定的思维跨度. 首尾配对求和时, 不难发现需要进行分类讨论, 根据项数 n 的奇偶性来分情况讨论, 最后再把它们整合到一起.

问题 1: 高斯小时候在计算 $1+2+3+\cdots+100$ 时, 所计算的这一系列数具有什么特征? 在求和过程中运用了什么方法? 这一方法的实质是什么?

设计说明: 所计算的这一系列数构成了等差数列, 并且发现: 若等差数列中下标和相等, 则它们对应项的和相等. 即满足 $a_1+a_{100}=a_2+a_{99}=\cdots=a_{50}+a_{51}$. 高斯求和的实质就是通过配对凑成相同的数, 变"多步求和"为"一步相乘", 即将"不同数的求和"转化为"相同数的求和".

问题 2: 如果是偶数项求和, 恰好可以首尾配对. 如果是奇数项求和, 比如 $1+2+3+\cdots+101$, 还可以首尾配对吗? 这时又该如何处理?

设计说明: 如果简单套用高斯求和的方法, 将出现不能全部配对的情况, 这时教师要引导学生寻找解决思路. 有以下几种常见的处理方法: ①

首尾配对，多出中间项．原式＝$(1+101)+(2+100)+\cdots+(50+52)+51$．②移出末项，再首尾配对．原式＝$(1+2+3+\cdots+100)+101$．③末项配凑，先凑成偶数项，再首尾配对．原式＝$(1+2+3+\cdots+101+102)-102$．④首项配凑，先凑成偶数项，再首尾配对．原式＝$0+1+2+3+\cdots+101$．配对以后项数的观察容易出错，这是问题解决的关键．

问题3：如果一般化为 $T_n=1+2+3+\cdots+n$，该如何求和呢？如果对于一般的等差数列 $\{a_n\}$，$S_n=a_1+a_2+a_3+\cdots+a_n$，又该如何求和呢？

设计说明：不难发现，无论是 T_n 还是 S_n，同样可将 n 分成偶数和奇数两种情况分类讨论：当 n 是偶数时，直接运用首尾配对求和；当 n 是奇数时，通过适当变形，再运用首尾配对求和．首尾配对求和运用了等差数列"角标和相等，对应项和相等"的性质，即等差数列 $\{a_n\}$ 中，若 $m+n=p+q$，则 $a_m+a_n=a_p+a_q$．这一性质也为等差数列前 n 项和公式推导的"倒序相加法"做好了铺垫．

以 $S_n=a_1+a_2+\cdots+a_n$ 求和为例，以下给出解答过程：

当 n 是偶数时：

$$S_n=a_1+a_2+\cdots+a_n$$
$$=(a_1+a_n)+(a_2+a_{n-1})+\cdots+(a_{\frac{n}{2}}+a_{\frac{n}{2}+1})$$
$$=\frac{n(a_1+a_n)}{2}.$$

当 n 是奇数时：

①首尾配对，多出中间项．

$$S_n=a_1+a_2+\cdots+a_n$$
$$=(a_1+a_n)+(a_2+a_{n-1})+\cdots+(a_{\frac{n-1}{2}}+a_{\frac{n+3}{2}})+a_{\frac{n+1}{2}}$$
$$=\frac{n-1}{2}(a_1+a_n)+a_{\frac{n+1}{2}}$$
$$=\frac{n-1}{2}(a_1+a_n)+\left[a_1+\left(\frac{n+1}{2}-1\right)d\right]$$
$$=\frac{n-1}{2}(a_1+a_n)+\frac{a_1+[a_1+(n-1)d]}{2}$$

$$=\frac{n(a_1+a_n)}{2}.$$

②末项配凑，先凑成偶数项，再首尾配对．

$$S_n = a_1+a_2+\cdots+a_n = (a_1+a_2+\cdots+a_n+a_{n+1})-a_{n+1}$$

$$=\frac{(n+1)(a_1+a_{n+1})}{2}-a_{n+1}=\frac{(n+1)(a_1+a_{n+1})-2a_{n+1}}{2}$$

$$=\frac{(n+1)a_1+(n-1)a_{n+1}}{2}=\frac{(n+1)a_1+(n-1)(a_n+d)}{2}$$

$$=\frac{na_1+a_1+(n-1)d+(n-1)a_n}{2}=\frac{na_1+a_n+(n-1)a_n}{2}$$

$$=\frac{n(a_1+a_n)}{2}.$$

③移出末项，再首尾配对．

方法同上，推导过程略．

在第①种方法中，对项数的正确观察与分析非常重要，若对抽象的项数分析较为困难，可从特殊情况分析入手寻找规律．无论是第①种方法还是第②种方法，都用到了数列的通项公式，并且要求学生要具有一定的运算推理能力．

2. 基于转化与化归的教学设计研究

将未知解法或难以解决的问题，通过观察、分析、类比、联想等思维过程，选择运用恰当的数学方法进行变换，化归为已经解决或容易解决的问题的思想，叫做化归与转化的思想．化归与转化思想的实质是揭示联系、实现转化．倒序相加法推导等差数列求和公式的本质是"转化与化归"，即将一般等差数列的求和问题，转化为特殊的等差数列即常数列的求和问题，从而实现了化难为易、化未知为已知的目的．

采用倒序相加法推导等差数列求和公式，其教学难点是思路寻找，即怎样才能引导学生想到这一技巧性的方法．我们认为有两种办法：其一是从"配对求和"入手，为了规避对项数的奇偶性的讨论，启发学生从"配对求和"过渡到"倒序相加";其二是基于小学推导三角形面积公式的经验,结合直观实例,启发学生想到通过"倒序"的方法实现转化与化归.

问题1:采用高斯方法进行配对求和,要进行分类讨论.那么能否避开分类讨论实现"配对",将"不同数的求和"化归为"相同数的求和"呢?

设计说明:教师引导学生观察高斯求和的过程,发现无论是奇数项还是偶数项求和,它们的共同点都是首尾两两配对.也就是说:第1项要与第 n 项配对,第2项要与第 $(n-1)$ 项配对,第3项要与第 $(n-2)$ 项配对,以此类推.将其一一对照写出,如图1所示:

$$S_n = a_1 + a_2 + a_3 + \cdots + a_n$$
$$\updownarrow \quad \updownarrow \quad \updownarrow \quad \quad \updownarrow$$
$$a_n + a_{n-1} + a_{n-2} + \cdots + a_1$$

图1

问题2:图1中第二行的数有什么特点?把第一行和第二行结合起来考虑,能否简便地把 S_n 求出来呢?

分析:教师引导学生发现,对第二行的 n 个数进行求和,刚好是倒过来写的 S_n,即 $S_n = a_n + a_{n-1} + a_{n-2} + \cdots + a_1$,从"运算"角度将上述思路用下列形式表示,即

$$S_n = a_1 + a_2 + a_3 + \cdots + a_n \tag{1}$$

$$S_n = a_n + a_{n-1} + \cdots + a_2 + a_1 \tag{2}$$

现将(1)式和(2)式对齐相加,可得:

$$2S_n = (a_1 + a_n) + (a_2 + a_{n-1}) + \cdots + (a_{n-1} + a_2) + (a_n + a_1),$$

从而得到 $S_n = \dfrac{n(a_1 + a_n)}{2}$.

于是通过倒序相加的方法,将复杂的一般数列求和问题,转化为简单的常数列求和问题.

设计说明:需要说明的是,采用配对求和或倒序相加,均用到了"角标和相等,对应项和相等"的性质.该性质在现行人教版新教材中是以例

题形式出现的，如果不直接利用该性质，则必须把原数列倒序以后的数列看作是一个首项为 a_n、公差为 $-d$ 的新数列，这为求和增加了一点难度. 即：

$$S_n = a_1 + (a_1+d) + (a_1+2d) + \cdots + [a_1+(n-1)d] \qquad (1)$$

$$S_n = a_n + (a_n-d) + (a_n-2d) + \cdots + [a_n-(n-1)d] \qquad (2)$$

由 (1) + (2)，得

$$2S_n = \underbrace{(a_1+a_n) + (a_1+a_n) + \cdots + (a_1+a_n)}_{n\,\text{个}},$$

由此得到等差数列 $\{a_n\}$ 的前 n 项和公式 $S_n = \dfrac{n(a_1+a_n)}{2}$.

至于突破难点的第二种方法，可参见以下的分析.

3. 基于特殊到一般的教学设计研究

由特殊到一般，再由一般到特殊，这是人们认识世界的基本方法，数学研究也不例外. 由特殊到一般、由一般到特殊的研究数学问题的过程，就是数学研究中的特殊与一般的思想. 在等差数列求和公式的推导中，我们可以先从特殊的等差数列求和出发，逐步过渡到一般的等差数列求和. 对于一般的等差数列求和问题，或者可应用特殊等差数列求和的结论，或者可应用特殊等差数列求和的方法.

问题 1：如图 2，一个堆放铅笔的 V 形架，最下面一层放一支铅笔，往上每一层都比它下面一层多放一支，最上面一层放 100 支. 这个 V 形架上共放着多少支铅笔？（多媒体显示）

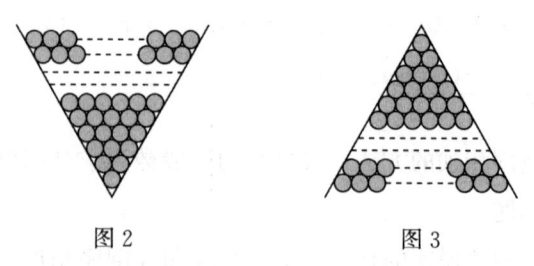

图 2   图 3

设计说明：问题 1 要求 V 形架里的铅笔数. 第一层 1 支，第二层 2

支，第三层 3 支，各层的铅笔数构成等差数列：1，2，3，…，100. 现在要求这个数列的前 100 项的和.

问题 2： 回顾小学中所学的三角形面积公式的推导过程，你能否从中受到一些启示？

设计说明： 在小学推导三角形面积公式时采用了割补法，即把一个三角形补成了一个平行四边形. 受此启发，如果我们也进行类似的割补，即相当于找一个与原 V 形架完全一样的 V 形架，将其倒置后与原 V 形架进行拼接（如图 3），则可将其拼接成一个平行四边形架. 由于平行四边形架中的每一层有 101 支铅笔，共有 100 层，因此便可计算出 V 形架中共有 $\dfrac{(1+100)\times 100}{2}=5050$ 支铅笔. 不难看出，这一方法中蕴含着倒序相加的思想，通过这一方法让学生头脑中建立表象，从而可以作为突破"倒序相加"这一难点的手段.

问题 3： 对于 $S_{100}=1+2+3+\cdots+100$，可以采用以上方法. 如果一般化为 $S_n=1+2+3+\cdots+n$，是否也可以采用以上方法求解呢？

设计说明： 以上这种求解采用的是数（shǔ）数（shù）的方法，显然只要是正整数构成的等差数列，均可以采用以上方法求得. 尽管这种方法并非严格的推演方法，但显然它为倒序相加方法的发现做好了铺垫.

问题 4： 对于一般的等差数列求和，即 $S_n=a_1+a_2+\cdots+a_n$，是否仍可以采用以上方法求解呢？

设计说明： 对于一般的等差数列 $\{a_n\}$ 求和，无法画出以上的"散点图"，因此不能直接采用这种方法求解. 但对于一般的等差数列求和，即 $S_n=a_1+a_2+\cdots+a_n$，首先想到的应该是代通项公式，从而发现项与项之间存在的联系. 于是：

$$\begin{aligned}S_n&=a_1+a_2+a_3+\cdots+a_n\\&=a_1+(a_1+d)+(a_1+2d)+\cdots+[a_1+(n-1)d]\\&=na_1+[1+2+3+\cdots+(n-1)]d,\end{aligned}$$

这时便可以利用前面所得出的结论，即 $S_n=1+2+3+\cdots+n=$

$\frac{n(n+1)}{2}$,直接求得 $S_n = na_1 + [1+2+3+\cdots+(n-1)]d = na_1 + \frac{n(n-1)d}{2}$.

问题 5：对于一般的等差数列求和，即 $S_n = a_1 + a_2 + \cdots + a_n$，除了直接使用前述结论，受前述倒序后数（shǔ）数（shù）方法的启发，是否可以寻找到新的求解方法？

设计说明：如果把前述离散的点一般化为线段（以正项等差数列为例），如图 4 所示，借助这一直观的几何表征，便容易发现倒序相加的方法，从而据此可突破本节课的教学难点.

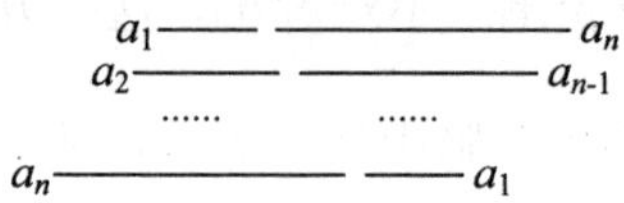

$$
\begin{array}{l}
a_1 \text{———— ————} a_n \\
a_2 \text{———— ————} a_{n-1} \\
\quad\quad \cdots\cdots \quad\quad \cdots\cdots \\
a_n \text{———— ————} a_1
\end{array}
$$

图 4

需要说明的是，采用从特殊到一般的方法，还可以从项数出发来考虑问题，即：$S_1 = a_1 = \frac{1\times(a_1+a_1)}{2}$，$S_2 = a_1 + a_2 = \frac{2\times(a_1+a_2)}{2}$，$S_3 = a_1 + a_2 + a_3 = a_1 + a_3 + \frac{a_1+a_3}{2} = \frac{3\times(a_1+a_3)}{2}$，$S_4 = a_1 + a_2 + a_3 + a_4 = 2(a_1+a_4) = \frac{4\times(a_1+a_4)}{2}$，由此归纳猜想出 $S_n = \frac{n(a_1+a_n)}{2}$. 但这一思路并非理想的思路：一是项数较少时体现不出求和公式的必要和优势，因此对 S_1、S_2、S_3、S_4 的变形处理或求和难以给出令人信服的理由；二是采用这种方法得到的仅仅是一种猜想，其正确性仍然需要进行严格的证明.

4. 基于数形结合思想的教学设计研究

数学研究的对象是数量关系和空间形式，即"数"与"形"两个方面."数"与"形"两者之间并不是孤立的，而是有着密切的联系.数量关系的研究可以转化为图形性质的研究，图形性质的研究也可以转化为数量关系的研究,这种解决数学问题过程中"数"与"形"相互转化的研究策略,即是数形结合的思想.利用数形结合思想,既可以推导等差数列的求和公式,又可以理解等差数列的求和公式.

问题 1:既然数列是特殊的函数,那么能否利用数形结合思想来推导等差数列的前 n 项和公式呢?

设计说明:不妨设数列 $\{a_n\}$ 为正项等差数列.由于数列为特殊的函数,因此在直角坐标系中,不难做出如图 5 所示的图形,于是得到一个高为 $n-1$ 的直角梯形,它是由 $n-1$ 个高为 1 的小直角梯形构成的.根据面积公式,每个小直角梯形的面积分别为 $S_1=\dfrac{a_1+a_2}{2}$,$S_2=\dfrac{a_2+a_3}{2}$,…,$S_{n-1}=\dfrac{a_{n-1}+a_n}{2}$,大直角梯形的面积为 $S=\dfrac{(a_1+a_n)(n-1)}{2}$,根据面积关系可得 $\dfrac{(a_1+a_2)+(a_2+a_3)+\cdots+(a_{n-1}+a_n)}{2}=\dfrac{(a_1+a_n)(n-1)}{2}$,上式两端同时加上 $\dfrac{a_1+a_n}{2}$,即得 $S_n=\dfrac{n(a_1+a_n)}{2}$.

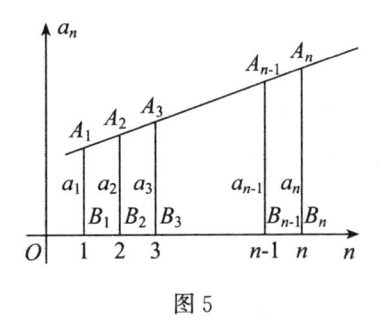

图 5

问题 2:数列作为特殊的函数,从数形结合的角度出发,我们应该如何理解和认识等差数列的前 n 项和公式呢?

设计说明:不妨设数列 $\{a_n\}$ 为正项等差数列,由于数列为特殊的函数,因此在直角坐标系中不难给出如图 6 所示的几何构造.所谓数列求和,相当于求长度分别为 a_1、a_2、…、a_n 的这 n 条线段的长度之和.把每条线段依图所示分别延长之后,根据等差数列的性质,便得到 n 条相等的线段. 于是等差数列的前 n 项和公式 $S_n=\dfrac{n(a_1+a_n)}{2}$, 其几何意义便是 "$n$ 条相等的线段的和的一半". 头脑中形成这样的表象, 有助于对该公式的理解和记忆.

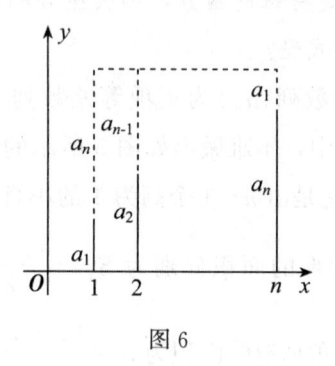

图 6

这里需要说明的是, 由于等差数列的前 n 项和公式 $S_n=\dfrac{n(a_1+a_n)}{2}$, 其形式类似于以前学过的梯形面积公式 $S_n=\dfrac{高\times(上底+下底)}{2}$, 因此不少教师让学生联想和类比梯形面积公式来记忆该求和公式. 从前述的分析和推导过程可知, 求和公式和梯形面积公式, 不仅结构形式相似, 推导方法也的确具有相似之处, 把梯形按如图 7 所示进行补形处理, 便对应着推导等差数列前 n 项和公式的倒序相加法.

不仅如此, 梯形面积公式还有其他的推导方法. 比如如图 8 所示, 可以把梯形分割成一个平行四边形和一个三角形, 这种分割法也相应地对应着等差数列前 n 项和公式的其他推导方法, 对应着等差数列前 n 项和公式的第二种形式 $S_n=na_1+\dfrac{n(n-1)}{2}d$. 但需要注意的是, 无论是哪种情形, 这仅仅是一种思想类比和形式类比, 并非数形结合思想的真正体现.

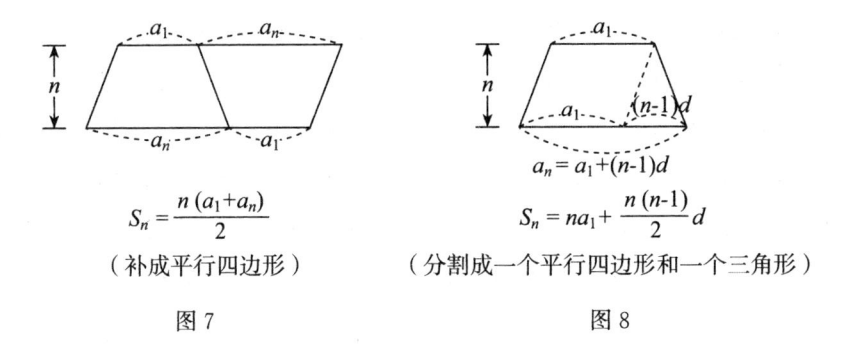

$$S_n = \frac{n(a_1+a_n)}{2}$$

（补成平行四边形）

图 7

$$S_n = na_1 + \frac{n(n-1)}{2}d$$

（分割成一个平行四边形和一个三角形）

图 8

如果将等差数列的前 n 项和公式进行变形处理，即由 $S_n = na_1 + \frac{n(n-1)}{2}d$，可得 $S_n = \frac{d}{2}n^2 + \left(a_1 - \frac{d}{2}\right)n$. 根据数形结合思想，从函数的观点来看，这就将等差数列的前 n 项和公式与一元二次函数建立起了实质性的联系.

三、基于数学思想方法的教学设计之启示

在本教学设计中，充分发挥了数学思想方法对寻找解题思路、发现解题途径的定向和联想功能，突出了数学思想方法对解题的统摄和指导作用. 通过数学思想方法在推导等差数列前 n 项和公式中的应用，我们得到以下几点启示.

首先，从观念上要意识到思想方法的重要性. 数学概念、法则、公式、性质等知识，都明显地写在教材中，是有"形"的知识，而数学思想方法却隐含在数学知识体系里，是无"形"的知识，并且不成体系地散见于教材各章节中. 教师讲不讲，讲多讲少，随意性较大，常常因教学时间紧而将它作为一个"软任务"挤掉. 因此，教师首先要更新观念，从思想上不断提高对渗透数学思想方法重要性的认识，把掌握显性的数学知识和渗透数学思想方法同时纳入教学目的，把数学思想方法教学的要求融入备课环节.

其次，要提高思想方法应用的自觉性. 数学思想方法是融合在数学知识之中的，所以教师要不失时机地抓住机会，密切结合教材，采用教者有

意、学者无心的方式，不断地、一点一滴地渗透有关思想方法，逐步地加深学生对数学思想方法的认识．随着运用同一种数学思想方法解决不同数学问题的机会的增多，隐藏在数学知识背后的思想方法就会逐渐引起学生的注意，直至产生某种程度的领悟．当经验和领悟积累到一定程度，已被应用多次的思想方法就会凸显出来，这时候"正面突破"就水到渠成了——直截了当地介绍和点明某种思想方法，要求学生掌握该方法解决问题的实质和要领．

最后，要让学生尽可能参与到思想方法的概括过程．数学思想方法比数学知识更抽象，不可能机械照搬和运用．思想方法的教学是数学活动过程的教学，重在应用中领会和掌握．离开数学活动过程，思想方法的掌握也就无从谈起．所以在教学过程中，应创设能够吸引学生参与数学活动的各种情境，让他们以一种积极状态主动参与到教学过程中来，让学生根据自己的体验去探索数学思想方法的真谛，以自己的思维方式构建数学思想方法体系．为此，必须注意把握好数学思想方法教学的契机——概念形成的过程，结论推导的过程，方法思考的过程，思路探索的过程，规律揭示的过程等．

§19 基于 Geogebra 运用的数学教学设计

——以"平面向量基本定理"教学为例

一、Geogebra 软件的教学价值

1. 信息技术对教学的重要性

随着教育信息化的发展,技术—教学法—内容知识(简称 TPACK)成为国内外教师教育和教育技术学研究的一个重要领域. 每一位教师都是教育信息化乃至技术整合的关键因素,也是教育变革的自主行动者[①]. 对中学数学教师来说,教学最大的挑战是同时平衡学生心理、教学用具和信息技术之间的关系. 在数学教学中依据学生心理,恰当运用教学手段,使数学教学"深入浅出",让数学在学生脑海中"灵动起来",这其中信息技术将起到举足轻重的作用. 现有的数学软件有几何画板、Geogebra、Mathematica 等,不同的数学软件具有不同的功能和作用,它们都会在数学教学中发挥一定的作用.

2. Geogebra 的功能和作用

2001 年美国数学教授 Markus Hohenwarter 创建了一个 Geogebra 项目,并于 2008 年对其进行软件化. Geogebra 是自由且跨平台的动态数学软件,主要包含了几何(Geometry)和代数(Algebra). 该软件功能强大、开源免费,内有代数区、绘图区(分为平面和 3D)、表格区、概率区等功能块,既可直接书写数学公式等简单操作,也可在工具、命令、脚本三个层次

---

① 焦建利,钟洪蕊. 技术—教学法—内容知识(TPACK)研究议题及其发展[J]. 远程教育杂志,2010,28(1):39-45.

探究复杂的数学课题.在中学数学教学中,Geogebra可用于课堂演示、学生互动、作业检查等多个方面.利用该软件进行数学教学,可优化教学内容呈现形式,丰富师生互动方式,也有利于激发学生的学习兴趣.

根据《普通高中数学课程标准(2017年版2020年修订)》的要求,无论是在数学课程中,还是在数学教学中,都需要突出几何直观与代数运算之间的融合,即通过数形结合体会数学知识之间的联系,加强对数学知识整体性的理解[1]."平面向量基本定理"的教学可从物理、几何、代数三个角度展开研究,利用Geogebra软件引导学生理解和掌握定理,可充分发挥信息技术在体现数形结合方面的独特优势.

二、基于Geogebra运用的教学过程设计

1. 教学内容分析

向量既是代数研究对象,又是几何研究对象.在学习《平面向量及其应用》这一章节时,教师通常将其按照代数对象的研究路径展开,在此过程中通过对向量运算、运算律的几何意义的研究以及用于解决几何问题来体现其几何属性[2].其中,向量基本定理是沟通代数与几何的桥梁,同时是连接"直线—平面—空间"的关键要素.

在"平面向量的基本定理"的教学中,如何引入、如何串联、如何应用,如何自然地引入Geogebra辅助教学,首先要理清这一章节的整体知识框架(图1).可以看出,在平面向量基本定理的教学之前,探究向量问题主要从几何角度出发,抓住向量的大小和方向进行运算.在平面向量基本定理学习之后,探究向量问题主要从代数角度出发,抓住向量的坐标表示进行运算和研究性质.因此在平面向量基本定理的教学中,可以采用几何角度引入,最终得到代数结论.

---

[1] 中华人民共和国教育部.普通高中数学课程标准(2017年版)[S].北京:人民教育出版社,2018:4.

[2] 章建跃.利用几何图形建立直观 通过代数运算刻画规律[J].数学通报,2020,59(12):4—13,29.

图 1

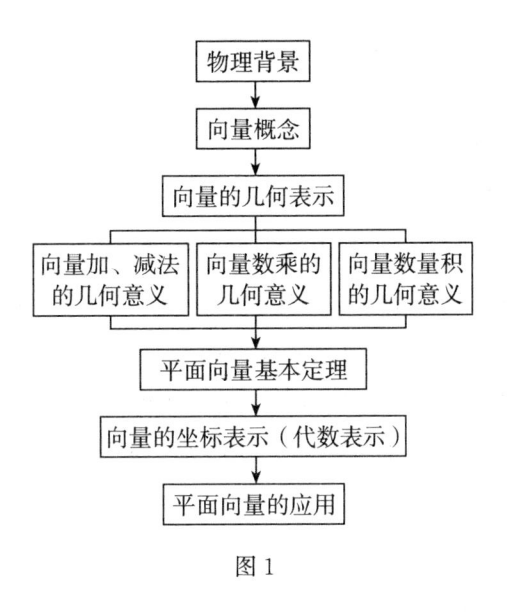

2. 教学现状分析

很多教师对这一课时的教学并不重视，往往将定理结果灌输给学生，以便尽快进入向量坐标表示的教学．究其原因如下：第一，教师认为基本定理不够重要，其不是考试的重点，对其蕴含的数学思想、探究过程中对学生能力的培养认识不足；第二，定理中"任意向量 a""不共线向量 e_1，e_2"无法动态呈现，教师只能让学生凭借直观想象，理所当然地接受这一结论，学生无法体会到定理探究中的丰富思想，未能对平面向量基本定理形成深刻认识．

对于第一种原因，教师要充分理解平面向量基本定理的重要性，要不断追问自己：为什么要提出这个定理？基本定理为什么叫"基本"？这一定理的作用是什么？能够解决什么样的数学问题？教师在课前需要深入钻研教材内容，做到以"一桶水"的状态进行教学．

对于第二种原因，教师可以借助 Geogebra 软件辅助教学，利用 Geogebra 软件的动态演示功能，不仅可以解释和说明向量 a 的任意性，还可以解释和说明基底的任意性．利用 Geogebra 数学软件，用"形"探究"数"，用"数"表达"形"，可以有效培养学生的数形结合意识和能力，让学生对平面向量基本定理形成深刻理解.

3. 教学过程设计

(1) 新知导入

教材分析：人教版教材首先回顾了向量共线定理，强调了向量共线与平面向量基本定理的联系，旨在用类比和比较的方法建构线性运算，培育学生基底化意识. 在此基础上，教材通过物理上"力的合成和分解"来提出问题、导入新知：能否通过平行四边形法则将向量 a 分解为两个向量呢？沿用教材这一思路，我们可先回顾向量共线的充要条件，通过发现"一个向量无法线性表示平面内所有向量"这一事实，从而引出本节课的学习主题.

问题 1：如图 2 所示，给出一组共线向量，回顾之前所学的知识，两个向量共线的充要条件是什么？

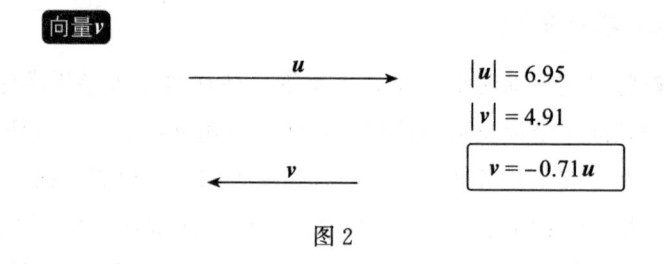

向量 v

$|u| = 6.95$

$|v| = 4.91$

$v = -0.71u$

图 2

设计意图：利用 Geogebra 软件，通过数形结合的方法，动态再现向量共线的条件. 向量共线定理实际上是一维向量基本定理，通过从"一维"情形引入，让学生更直观地开展"二维"探究. 通过向量共线的充要条件，可以得出结论：同一直线上的任何向量 v，可以由位于这条直线上的一个非零向量 u 表示. 即存在实数 λ，使得 $v=\lambda u$. 由 λ 构建起从 u 到 v 的一一对应关系，为后面二维情形下基底和坐标的探究做好铺垫. 利用 Geogebra 软件进行共线定理重现（即无论 v 的模长如何变化，都有一个关于数乘运算的等式成立），更直观地表现出一一对应关系，有助于学生的数学理解和兴趣激发.

问题 2：假设平面中有非零向量 u，那么平面中的任意向量能否用 u

线性表示？如果用一个向量 u 无法表示，那么至少需要几个向量？为什么？

设计意图：这一问题是一维到二维的过渡，学生根据观察和想象，很容易得出平面中的任意向量不能仅用一个向量 u 表示出来．联想到需要增加向量个数，很多学生能够初步得出"用两个向量可以表示平面内任意向量"的猜想，但是无法说明理由．为什么只需要两个向量？对这两个向量有什么要求？通过层层诘问，引导学生思考，让学生自己得出"只需两个不共线向量"的猜想．

（2）数学探究

教材分析：在验证猜想的过程中，教材给出一个具体问题，将确定的向量 a 用给定的向量 e_1，e_2 表示出来，随后给出结论．从学生的认知来看，提出的猜想找不出反例，便理所当然地默认了结论．但是，从具体实例出发得到的结论未必可靠，对于数学结论的正确性，必须尽可能给出严格的分析论证或一般性的说明[1]．借助 Geogebra 数学软件，可以实现传统教学中难以实现的动态演示，这是一个感性具体上升至理性一般的思维过程，可以培养学生的严谨思维品质，使获得的结论更加合理可信．

问题 3：如图 3，固定一对不共线向量 e_1，e_2，现有一向量 a，如何用 e_1，e_2 表示 a？若任意改变向量 a，都可以得到猜想中的等式吗？为什么？

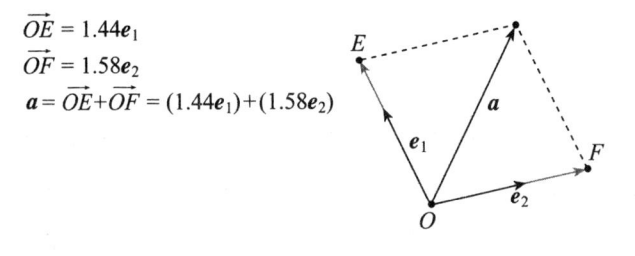

$$\overrightarrow{OE} = 1.44e_1$$
$$\overrightarrow{OF} = 1.58e_2$$
$$a = \overrightarrow{OE} + \overrightarrow{OF} = (1.44e_1) + (1.58e_2)$$

图 3

设计意图：动手操作，利用向量相加的平行四边形法则，可以将 a 按照 e_1，e_2 的方向分解，得到 $a = \overrightarrow{OE} + \overrightarrow{OF}$．再根据向量共线定理，可以得

---

[1] 史宁中．数学基本思想 18 讲 [M]．北京：北京师范大学出版社，2016：43-44．

出 $\overrightarrow{OE}=1.44\,e_1$，$\overrightarrow{OF}=1.58\,e_2$，从而得出 $a=1.44\,e_1+1.58\,e_2$. 借助几何直观，学生可以获得如下猜想：任意改变向量 a，都存在实数 λ_1，λ_2，使 $a=\lambda_1 e_1+\lambda_2 e_2$. 如何验证呢？大部分学生认为，可以随机选取几个目标向量，通过上述分解过程都可以得到一等式，这时教师可以指出这样做并不具有普遍性.

在传统的板书教学中，为探究 a 的任意性，可按照不共线向量 e_1，e_2 所在的直线将平面分成四个区域（图4），对向量 a 所在的位置分类讨论（图5）：当 a 位于第Ⅰ区域时，则直接根据平行四边形法可表示出向量 a；当 a 位于第Ⅱ区域时，先找出 e_2 的相反向量 $-e_2$，利用 e_1，$-e_2$ 表示向量 a；同理，当 a 位于第Ⅲ区域时，利用 $-e_1$，$-e_2$ 表示向量 a；当 a 位于第Ⅳ区域时，利用 $-e_1$，e_2 表示向量 a. 此外，还应考虑向量 a 在直线上的特殊情况.

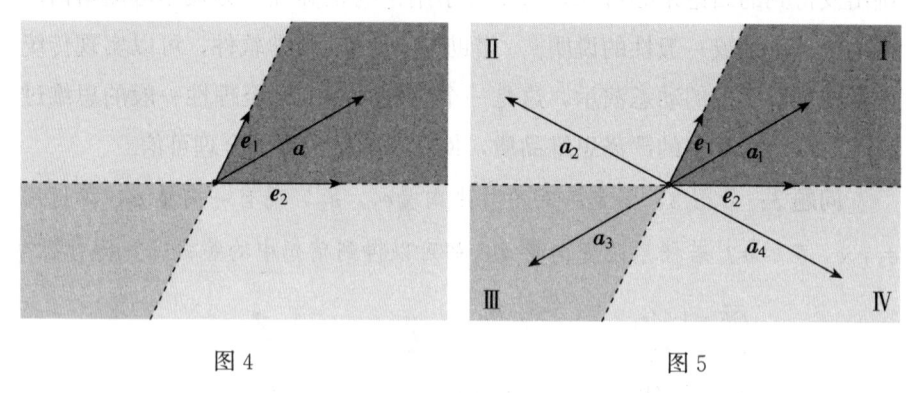

图4

图5

可以看出，这一检验过程比较繁琐，且只能选取区域内的某些向量进行分解，无法对任意向量进行验证. 但采用 Geogebra 软件，抓住向量的两大要素，即方向和大小，从特殊到一般，可对 a 的任意性进行验证.

问题4：如图6，固定一对不共线向量 e_1，e_2，现有一向量 a，固定 a 的模长，不妨令 $|a|=8$. 如何用 e_1，e_2 表示 a？若任意改变向量 a 的方向，都可以得到猜想中的等式吗？为什么？

活动预设：固定向量起点 O，a 的终点轨迹为圆（如图6），通过动画演示可知，不管终点落在哪里，a 都可以由 e_1，e_2 线性表示. 因此，我们可以得出结论：任意模长为 8 的向量 a，都可以用 e_1，e_2 线性表示．那么，如何验证向量模长的任意性呢？

任意向量 a

$|a| = 8$
$\overrightarrow{OE} = 1.49e_1$
$\overrightarrow{OF} = 1.53e_2$
$a = \overrightarrow{OE} + \overrightarrow{OF} = 1.49e_1 + 1.53e_2$

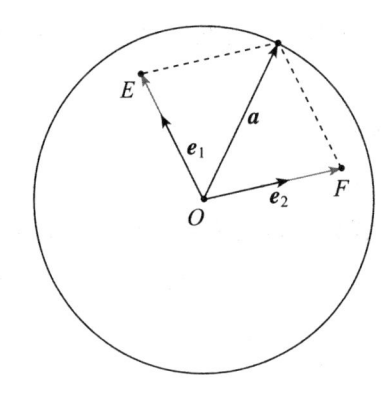

图 6

问题 5：如图 7，固定一对不共线向量 e_1，e_2，现有一向量 a，固定 a 的方向，若任意改变向量 a 的模长，如何用 e_1，e_2 表示 a 呢？

活动预设：作向量 a 所在直线 l，作与 a 同起点、同方向、模长为 8 的向量 u．根据向量共线定理，可知存在实数 λ，使得 $a = \lambda u$．由问题 4 中的探究可知，对于向量 u，必存在实数 λ_1，λ_2，使得 $u = \lambda_1 e_1 + \lambda_2 e_2$，于是 $a = \lambda u = \lambda(\lambda_1 e_1 + \lambda_2 e_2) = \lambda\lambda_1 e_1 + \lambda\lambda_2 e_2$．令 $\mu_1 = \lambda\lambda_1$，$\mu_2 = \lambda\lambda_2$，由向量 a 的任意性，可以得出结论：固定方向的任意向量 a，都存在实数 μ_1，μ_2，使得 $a = \mu_1 e_1 + \mu_2 e_2$．

任意向量 a

$|u| = 8$
$\overrightarrow{OE} = 1.24e_1$
$\overrightarrow{OF} = 1.52e_2$
$u = \overrightarrow{OE} + \overrightarrow{OF} = 1.24e_1 + 1.52e_2$
$a = 1.4u$
$a = 1.4u = 1.73e_1 + 2.13e_2$

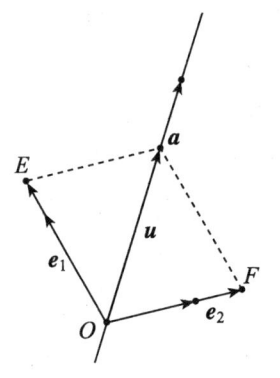

图 7

设计意图：从具体的目标向量出发，迁移到模确定的目标向量，最后推广至任意模长、任意方向的目标向量，从而验证了向量 a 的任意性. 通过 Geogebra 软件，分析论证过程变得直观可视，学生的求知欲也得以激发和调动.

问题 6：当 a 是零向量时，如何用 e_1，e_2 表示 a？当 a 与 e_1 或 e_2 共线时，如何用 e_1，e_2 表示 a？

设计意图：讨论特殊情况，加深对所得结论的理解. 如图 8，若 a 是零向量，令 $\lambda_1=\lambda_2=0$，得到 $a=0e_1+0e_2$；如图 9，若非零向量 a 与 e_1 同向，令 $\lambda_1=\dfrac{|a|}{|e_1|}$，$\lambda_2=0$，得到 $a=\dfrac{|a|}{|e_1|}e_1+0e_2$. 同理，若非零向量 a 与 e_1 反向，令 $\lambda_1=-\dfrac{|a|}{|e_1|}$，$\lambda_2=0$，得到 $a=-\dfrac{|a|}{|e_1|}e_1+0e_2$.

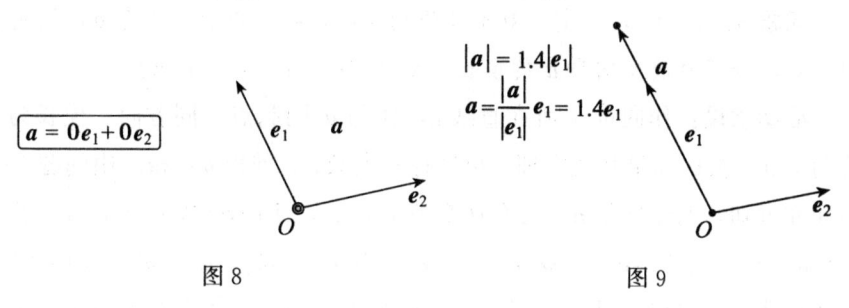

图 8

图 9

问题 7：对于任意给定的向量 a，表示 a 的向量 e_1，e_2 唯一吗？

活动预设：根据平行四边形法则可以知道，构成对角线向量的平行四边形不唯一，因此表示 a 的向量 e_1，e_2 也不唯一. 如图 10，已知向量 a，以 a 的起点 O 为原点，任意长度为半径作圆. 任取圆上一点，以 O 为起点、该点为终点作向量 e_1，根据三角形法则或平行四边形法则，作出另一分向量 e_2. 由 e_1 方向的任意性，任意方向的 e_1 都可得到对应的

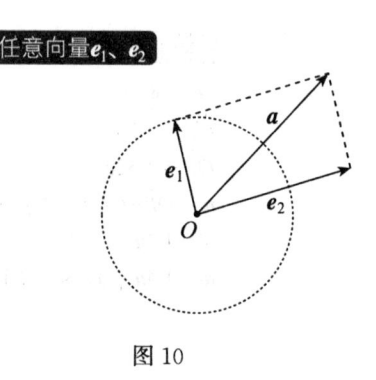

图 10

e_2. 又根据圆 O 半径的任意性,任意长度、任意方向的 e_1 都可得到对应的 e_2,从而验证了表示 a 的向量 e_1,e_2 不唯一.

设计意图：在板书教学中,为说明 e_1,e_2 的不唯一性,通常会举出几组不同的 e_1,e_2 进行说明,从而得出表示 a 的向量 e_1,e_2 不止一组的结论. 那么 e_1,e_2 是否具有任意性？利用 Geogebra 软件不仅能够更直观地得出这一结论,同时还可以提出新的问题,即当 a 为任意向量时,e_1,e_2 是否具有限制条件？

问题 8：对于任意给定的向量 a,均存在无穷多组向量 e_1、e_2 可以表示 a. 那么,是否任意的两个向量 e_1、e_2 都可以表示平面内的任意向量 a 呢？

设计意图：在问题 2 中,学生已经得出猜想,即 e_1、e_2 要表示平面内的任意向量,需满足 e_1、e_2 不共线的条件. 可以运用反证法进行逻辑验证：若 e_1,e_2 共线,根据向量共线定理,e_1,e_2 只能表示与它们共线的向量.

通过以上的问题链的构建,在教师的启发和引导下,借助 Geogebra 数学软件,学生深刻认识到了平面向量基本定理中"e_1,e_2 是不共线向量""任意向量 a""e_1,e_2 选取方式不唯一"等关键内容,这为向量基底概念的学习做好了铺垫.

(3) 推理论证

教材分析：存在性、唯一性问题在前面学习向量共线定理时已经接触过,所以学生有解决该问题的基础. 教材中从代数角度出发,利用反证法证明了唯一性问题. 在教学中,还可以从几何角度出发解释唯一性,有助于培养学生的几何分析论证能力.

问题 9：通过上述探究可知,如果 e_1,e_2 是平面内的两个不共线向量,对这一平面内的任意向量 a,存在实数 λ_1,λ_2,使 $a = \lambda_1 e_1 + \lambda_2 e_2$. 那么,这里的 λ_1,λ_2 唯一吗？为什么？

设计意图：在验证该问题时,可以分别从代数角度和几何角度入手. 这里给出几何解释：通过图形可以看出,向量 a 确定,a 要分解的两个向量的方向（即e_1，e_2的方向）确定，则分向量的大小也被确定．这里，e_1，e_2确定了向量在平面上分解的平面方向，λ_1和λ_2则进一步确定了分解向量的大小以及在直线上的方向．从形的角度用作图方法说明，从数的角度用反证法或同一法证明，使学生进一步体会到向量是集数与形于一身的数学概念．

问题 10：回到问题 2，为什么平面内的任意向量只需要两个不共线的非零向量表示？如果是三维空间内的任意向量，又需要几个向量表示呢？

设计意图：直线的定性刻画：一个非零向量 e 可以确定一条直线．引入数乘运算，则直线上的任意向量都可以由 e 定量表示．平面的定性刻画：两条相交直线确定一个平面．根据这条刻画，可以得出"两个不共线的非零向量 e_1，e_2 确定一个平面"的性质，根据数乘运算和向量的加法运算，则任意向量都可以由基底$\{e_1, e_2\}$定量表示．以此类推，我们可以做出猜想：三条不共面的非零向量确定一个空间，则空间中的任意向量可以由这三个向量定量表示．这样可为后面学习空间向量的坐标表示打下基础，升华学生对向量线性运算的理解．

学生通过提出猜想、验证猜想、得出结论、推广定理的过程，理解了平面向量基本定理的内容，但是这个定理能够解决什么问题？基底化对解决向量问题有什么作用？为了加深学生对该定理的理解，在教学中还要选择恰当的问题，培养学生用该定理解决问题的意识．

（4）理解应用

根据课程标准的要求，高中数学中解决平面向量问题，需要培养四大意识：①基底化意识；②坐标化意识；③数量化意识；④几何化意识[1]．本节课经过对平面向量基本定理的探究，学生掌握了在类比与比较中建构线性运算．在"理解应用"这一环节，需要加深学生对这类思想的理解，培养学生的基底化的意识．

---

① 陈志江．基于"三个理解"的平面向量单元教学构想[J]．数学通报，2019，58（2）：30－33．

问题 11：如图 11，$\overrightarrow{OA}$，$\overrightarrow{OB}$ 不共线，且 $\overrightarrow{AP}=t\overrightarrow{AB}(t\in \mathbf{R})$，用 $\overrightarrow{OA}$，$\overrightarrow{OB}$ 表示 $\overrightarrow{OP}$．

设计意图：本题是教材例题，难度不大．通过该例中 $t\in \mathbf{R}$ 可以看出，随着 t 的变化，点 P 也会随之变化；但无论点 P 如何变化，$\overrightarrow{OP}$ 都可以用不共线的 $\overrightarrow{OA}$、$\overrightarrow{OB}$ 表示，体现了平面向量基本定理的巧妙之处，深化学生对定理内容的理解．

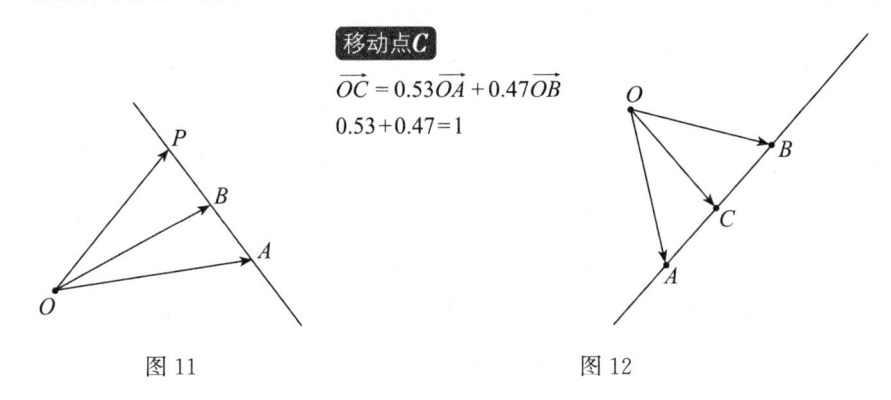

图 11

图 12

同时，这一结论实际上是三点共线定理的特殊表达形式．三点共线定理的基本内容是：平面上 A，B，C 三点共线的充要条件是 $\overrightarrow{OC}=\lambda\overrightarrow{OA}+\mu\overrightarrow{OB}$（$O$ 为平面内任意一点），其中 $\lambda+\mu=1$．如图 12，运用 Geogebra 软件进行动态演示，可验证这一定理的正确性．

问题 12：（2014 年江苏卷第 12 题）如图 13，在平行四边形 $ABCD$ 中，已知 $AB=8$，$AD=5$，$\overrightarrow{CP}=3\overrightarrow{PD}$，$\overrightarrow{AP}\cdot \overrightarrow{BP}=2$，则 $\overrightarrow{AB}\cdot \overrightarrow{AD}$ 的值是 _____．

图 13

解答：从已知条件 $\overrightarrow{AP}\cdot \overrightarrow{BP}=2$ 入手，用未知表示已知，可求出 $\overrightarrow{AB}\cdot \overrightarrow{AD}=22$．

设计意图：本题充分体现了基底化的作用，考查学生对基底的选择．在分析这道题时，很多学生会因为思维定式，将目标 $\overrightarrow{AB}\cdot \overrightarrow{AD}$ 转化为 $(\overrightarrow{AP}+\overrightarrow{PB})\cdot (\overrightarrow{AP}+\overrightarrow{PD})$，这时因不知道向量间的夹角而无法继续解答．但若将 $\overrightarrow{AB}$、$\overrightarrow{AD}$ 选做一组基底，利用平面向量基本定理，把 $\overrightarrow{AP}$ 与

$\overrightarrow{BP}$ 分别用基底线性表示,则可以轻松解决该问题.

三、基于 Geogebra 运用的教学反思

1. 利用 Geogebra 开展数学探究

学习数学的唯一正确方法就是由学生本人通过探究把要学的东西自己发现或创造出来[①]. 探究是人在遇到感兴趣的问题时所产生的一种探求其答案的欲望和伴随而来的一系列思维和行为方式. 数学探究是培养学生自主学习、独立思考、创新能力的重要途径. 在数学教学中利用信息技术开展数学探究,这是提高学生学习效率的关键. 利用 Geogebra 软件将数学知识图象化、探究过程动态化、探究方式多样化,可以丰富学生开展数学探究的途径和质量,培养学生的数学思维能力和问题解决能力.

本节课的教学目标是理解和掌握平面向量基本定理,并能够利用基本定理解决一些平面几何问题. 在教学过程中借助 Geogebra 软件开展探究,把抽象的代数猜想转化为直观的几何图形展现在学生面前,实现了任意向量 a 与任意两个不共线向量 e_1 和 e_2 的相互转化,实现了代数问题和几何问题的相互转化. 高效快捷地展现可能出现的各种情况,不仅实现了在传统课堂中难以实现的动态演示,而且还增加了课堂趣味性. 此外,利用 Geogebra 软件开展数学探究,不仅能够加深学生对该定理的理解和运用,还能够培养学生分析和解决问题的能力.

2. 利用 Geogebra 培养学科素养

从知识本位转向学科素养本位,这是课程改革的质的深化与升华[②]. 如何将学科知识转化为学科素养一直是数学教育的重要课题. 在本课时的教学中,平面向量基本定理是形成学科素养的载体,对定理的探究和运用

---

① 弗赖登塔尔. 作为教育任务的数学 [M]. 上海:上海教育出版社,1995.
② 石鸥. 核心素养的课程与教学价值 [J]. 华东师范大学学报(教育科学版),2016,34(01):9—11.

才是形成学科素养的途径. 在传统教学中, 很多教师重结果而轻过程, 通过个例得出该定理之后, 便进入机械式的解题训练. 实际上, 学科素养不是通过简单灌输和题海战术来进行培养的, 而是要在过程性教学中通过解决问题、领悟思想来培养学生的学科素养.

在平面向量基本定理的探究中, 借助 Geogebra 软件功能, 可以将探究过程直观动态地展现出来, 使学生对数形结合思想有了更具体的感知, 可以有效地培养学生的直观想象素养. 在利用 Geogebra 软件开展探究中, 利用"控制变量"方法进行化归转化, 分成"模长确定"和"方向确定"两部分验证猜想, 从而使一般问题特殊化、无限问题有限化、复杂问题简单化, 严谨地论证了向量 a 的任意性和基底的不唯一性, 有效地培养了学生的推理论证的学科素养. 因此, 利用 Geogebra 软件开展教学, 有助于学生获取知识、掌握方法、形成能力, 在潜移默化之中不断提高学生的数学学科素养.

§20 基于学习进阶的数学教学设计
——以"正弦定理"教学为例

一、学习进阶理论简介

学习进阶这一概念是由史密斯（Carol Smith）等学者于 2004 年在向美国国家研究理事会（NRC）提交的报告中首次提出. 2007 年，美国国家研究委员会明确定义了"学习进阶"，并对其重要性进行着重强调，以此来推动教育改革，进而引起全球的广泛关注.

NRC 于 2007 年把学习进阶定义为"对学生在一个时间跨度内学习和探究某一主题时，依次进阶、逐级深化的思维方式的描述". 现如今，各专家与机构对学习进阶的定义依旧不尽相同，且没有得到广泛认可的结论. 但大多数学者的研究中对学习进阶的定义都引自 NRC 给出的定义. 自 2010 年我国学者韦斯林将学习进阶概念引入本国后，国内学者逐渐对其展开了深入研究. 2013 年后，国内对学习进阶的关注度不断升高，研究成果不断增多，涉及的领域也不断扩大.

通常认为，一个完整的学习进阶包括五个方面：进阶终点、进阶维度、成就水平、学业表现和测评工具. 进阶终点即学习目标，指学生在完成一个阶段学习后，期望达到的水平. 进阶维度主要指不同进阶层级中包含的不同核心概念，研究者可以通过观察学生在不同进阶层级中掌握和发展的核心概念，来深入了解学习的进程，从而更好地掌握学习的重点. 成就水平主要描述学生在学习过程中所经历的思维阶段. 学业表现即学生的学业在达到期望水平时，可能呈现的不同特点. 测评工具可以用以评估学生学习某一内容时的思维发展水平以及预期成就的完成情况.

二、基于学习进阶的教学分析

基于新课标的人教版新教材，把正弦定理学习作为平面向量的应用，安排在了"平面向量及其应用"一章中．它衔接必修第一册的内容，让学生在学习三角函数和平面向量的相关知识之后，能够在教师的启发和引导下，灵活运用这部分知识来对正弦定理进行推导与证明．并且，正弦定理是解三角形的重要基础，通过对定理的探究，启发学生发现三角形中边与角的关系，为后续解三角形打下基础．正弦定理的学习是初中"解直角三角形"以及高中三角函数知识和平面向量知识的进一步延伸，这是一个学习进阶的过程．

1. 确定进阶终点

根据高中数学课程标准，明确课程标准中对正弦定理的学习要求，确定进阶终点是：能借助向量的运算，探索三角形边长和角度的关系，掌握正弦定理；用正弦定理解决简单的实际问题．

2. 确定进阶维度

进阶维度是学生认知发展过程的观测点，追踪学生在这些变量上的发展可以了解其整体学习进程．经过对高中数学主体部分内容的深入剖析，并对其进行结构分析，最终确定本节课的进阶维度为对正弦定理的灵活应用程度．

3. 划分成就水平

"DOK 知识深度模型（Depthof Knowledge）"是由美国教育评价专家 Webb 所提出的．DOK 模型将学生的认知水平划分为四个层级：（1）回忆/复述；（2）技能/概念；（3）策略性思维；（4）拓展性思维．各个层次反映了学生完成学习任务活动所需的认知期望和知识深度[①]. 这里选择该模型作为建构学习进阶的理论基础, 从问题解决的角度将学生的学习分为四个递进水平, 以描绘学生对于正弦定理学习的进阶过程.

(1) 进阶水平一: 知识复述, 建构新知. 在初中学习过"三角形中等边对等角"的结论, 还知道"同一个三角形中, 大边对大角, 小边对小角"的边角关系. 从量化的角度看, 可以将这个边角关系转化为: 在 △ABC 中, 设 A 的对边为 a, B 的对边为 b, 试建立 A, B, a, b 之间的等量关系.

(2) 进阶水平二: 知识应用, 探究定理. 一方面, 在向量的运算中, 两个向量的数量积运算与长度和角度有关, 这就启示我们可以利用向量的数量积运算来探究三角形的边角关系; 另一方面, 由诱导公式 $\cos\left(\frac{\pi}{2}-\alpha\right)=\sin\alpha$ 可知, 可以通过构造角之间的互余关系, 把边与角的余弦关系转化为正弦关系.

(3) 进阶水平三: 多法探究, 拓展思路. 在获得了正弦定理之后, 可以挖掘更多证明方法. 正弦定理的证明有很多种方法, 其中有些证明方法比向量法证明更自然、更合乎情理. 比如采用高线法来进行证明, 本质上是把一般三角形的边角关系的探究, 转化为特殊的直角三角形中边角关系的探究, 这不仅体现了数学中的化归转化思想, 也彰显了初高中知识学习的连续性和进阶性.

(4) 进阶水平四: 理解知识, 实际应用. 在这一进阶水平, 要求学生能够用正弦定理解决三角形边角关系的具体问题. 利用正弦定理解三角形时, 可以解决的问题类型主要有两类: ①已知三角形中两角及一边, 求其他元素; ②已知三角形中两边和其中一边的对角, 求其他元素.

[①] 诺曼·韦伯, 张雨强. 判断评价与课程标准一致性的若干问题[J]. 比较教育研究, 2011, 33 (12): 83-89.

三、基于学习进阶的教学设计

1. 新知导入

教材分析：人教版旧教材把正弦定理、余弦定理的学习，安排在"解三角形"一章中，先学习正弦定理，后学习余弦定理；基于新课标的人教版新教材，把正弦定理和余弦定理的学习作为平面向量的应用，安排在了"平面向量及其应用"一章中，而且基于认知难度的考虑，先学习余弦定理，再学习正弦定理（以下所指教材均为人教版教材）．因此在教学中可以引导学生先回顾和复习余弦定理，并发现余弦定理在解决三角形的某些边角关系时会遇到的困难，从而引出正弦定理学习的重要性和必要性．

教学设计：

问题 1：前面学习了余弦定理，该定理的具体内容是什么？它可以解决哪些类型的问题？

设计说明：利用余弦定理解三角形，可解决以下三类问题：（1）已知两边和夹角，求第三边；（2）已知三边求三内角；（3）已知两边和其中一边的对角，求其余的边角．

问题 2：如果在 $\triangle ABC$ 中，已知两角和一角的对边，如何求出其余的边角？

设计说明：对于上述问题，用之前学习的余弦定理无法解决，该问题的提出既让学生回顾了之前学习过的知识，又由以前的知识中发现解决问题的工具不够用了，从而在温故知新中激发了学生学习新知的兴趣．

问题 3：如图1，先从熟悉的直角三角形的边角关系入手进行分析．在 Rt$\triangle ABC$ 中，存在着怎样的边和角的等量关系？

教学预设：根据锐角三角函数，在 Rt$\triangle ABC$ 中，有 $\sin A = \dfrac{a}{c}$，$\sin B = \dfrac{b}{c}$．观察发现，它们有一个共同元素 c，利用它把两个式子联系起来，可得 $\dfrac{a}{\sin A} = \dfrac{b}{\sin B}$．并且

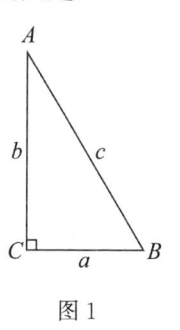

图1

365

由于 $\sin 90°=1$，因此 $\dfrac{a}{\sin A}=\dfrac{b}{\sin B}=\dfrac{c}{\sin C}$. 若这个关系式对所有三角形都成立，我们就可以解决以上提出的余弦定理无法解决的问题. 那么对于锐角三角形和钝角三角形，以上关系式是否仍然成立呢？

设计说明：从特殊情况出发考虑问题，这是数学问题解决的常用策略. 初中所学的直角三角形中锐角三角函数的概念（称作"三角比"更为合理），本质上是从几何角度揭示了直角三角形中边与角之间的等量关系. 直角三角形中的三角比构成了正弦定理学习的基础，为之后在一般情况下对定理的探究做好了铺垫.

2. 定理探究

教材分析：在人教版新教材中，正弦定理位于"平面向量及其应用"这一章中，教材详细描述了用向量方法推出正弦定理的证明过程，但对于这个方法的来龙去脉没有细致分析，并且用向量方法证明正弦定理是一个较难由学生独自想出的方法. 根据学习进阶的教学理念，导入部分回顾直角三角形中的边角关系，探究过程引导学生从直角三角形这一特殊情形进阶到一般三角形.

教学设计：

问题 4：如图 2，利用几何画板，在图 1 基础上拖动点 C，使 $\mathrm{Rt}\triangle ABC$ 变为锐角三角形，这时 $\dfrac{a}{\sin A}=\dfrac{b}{\sin B}=\dfrac{c}{\sin C}$ 这个关系式还成立吗？

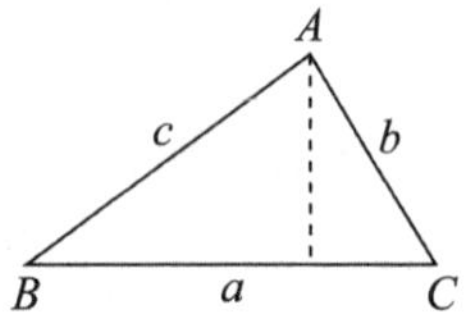

图 2

设计说明：用几何画板展示从直角三角形变到锐角三角形的过程，只需将直角缩小为锐角，原来的直角边自然就变为锐角三角形的高，为学生带来直观感受的同时也给学生在一般三角形中构造直角的提示. 在一般的三角形中，作高是构造直角三角形的最普遍的方法. 采用等高法证明正弦定理，把一般三角形的边角关系转化化归到特殊的直角三角形中的边角关系. 该方法充分尊重学生初中已学知识，从学生的"最近发展区"入手进行设计，让学生学会用旧的知识解决新的问题，使新知识建立在已有知识的基础上，充分体现了学习内容进阶的思想．

问题 5：仿照锐角三角形的证明过程，钝角三角形中正弦定理是否同样成立？

设计说明：经历定理的发现过程，揭示一般的探究过程经历的步骤：由特殊情况发现结论，然后对一般的三角形提出猜想，再对一般的三角形进行证明，最后得出一般性的结论．这一过程可以培养学生观察、猜想、概括、推理的能力，促进学生对从特殊到一般、分类与整合等数学思想方法的掌握．

问题 6：回忆余弦定理的证明过程，我们首先用向量的方法进行探究证明，正弦定理的证明是否也可以采用向量方法呢？

问题 6.1：我们希望获得△ABC 中的边 a，b，c 与它们所对角 A，B，C 的正弦之间的关系式，在向量中与长度、角度都有关的知识是什么？

问题 6.2：由向量的长度和角度联想到了向量的数量积，但向量的数量积中出现的是角的余弦，而我们需要的是角的正弦，要如何实现转化？

问题 6.3：根据之前学习过的诱导公式 $\cos\left(\dfrac{\pi}{2}-\alpha\right)=\sin\alpha$，即可实现角的余弦和正弦的转化，由公式可看出，需要两个互余的角，那么在一个一般的三角形中，我们要如何构造出互余的两角呢？

设计说明：等高法是证明正弦定理的基本方法，也最易于被学生理解和接受．在此基础上，可将证明方法进阶为向量法，使学生对教材的理解更加深刻．由于向量的知识涉及的范围过广，学生可能一时难以得到思路，在这个问题下设计一系列问题链，引导学生一步步想出用向量知识证明正弦定理的方法．

问题 7：如图 3，在锐角△ABC 中，过点 A 作与 $\overrightarrow{AC}$ 垂直的单位向量 j，即可得到与 A 互余的角，如何构造出等量关系来得到我们需要的关系式呢？

设计说明：该问题引导学生回忆向量间的等量

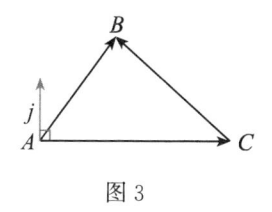

图 3

关系，大部分学生都能想到向量加法的三角形法则，由此出发建立有关向量的等量关系 $\overrightarrow{AC}+\overrightarrow{CB}=\overrightarrow{AB}$. 再由向量的数量积运算，即可得到证明正弦定理的一个重要等式 $j\cdot(\overrightarrow{AC}+\overrightarrow{CB})=j\cdot\overrightarrow{AB}$. 向量的数量积运算包含向量的模、向量的夹角等要素，在三角形中可以用向量作数量积运算的方法得到很多边角关系式.

3. 思路拓展

教材分析：在得出正弦定理之后，课本中提出能否用其他方法证明的问题，教师可通过启发引导以及让学生分组讨论的方式，来得到更多证明方法.

教学设计：

问题8：等高法证明正弦定理时是在一般的三角形中构造出直角三角形，通过用高作为中间变量建立起了边与角之间的等量关系. 同学们还能想出其他类似的方法来证明正弦定理吗？

教学预设：

方法一：等面积法

在等高法的基础上，教师稍加追问与引导，即能获得等面积的证明方法. 三角形的高线是突破口，也是两种证明方法之间的连接点. 与等高法相比，这种证明方法避免了分类讨论，证明过程更加简洁. 并且采用这一证明方法，还可以得到计算三角形面积公式的其他形式.

方法二：外接圆法

如图4，以锐角三角形为例给出证明过程. 该方法采用了初中所学的平面几何知识，将任意三角形通过外接圆性质转化为直角三角形进行证明. 此法巩固了平面几何知识，拓宽了学生的解题思路，更重要的是还同时获得了"任意三角形的任一边与其对角的正弦之比等于该三角形外接圆的直径"这一重要结论.

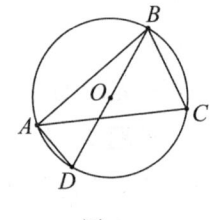

图4

设计说明：探究多种证明方法，目的是通过不同解法，挖掘与提炼出更一般的思想方法. 不难发现, 无论是"等高法""等面积法", 还是"外接圆法", 看似方法不同, 但背后的思想却是相同的, 即都应用了不变量思想和化归转化思想. 不变量思想是在建立等量关系时经常用到的思想, 三种不同的方法, 其实质是建立等量关系时所选择的不变量的不同, 即究竟是用高、还是用面积、或是用外接圆的直径作为不变量来建立等量关系. 化归转化思想是矛盾转化的基本思想, 以上三种证法中的每一种, 都要构造直角三角形, 都要化归转化到初中所学的直角三角形中来寻找边角的等量关系. 因此, 我们强调要一题多解, 更要"多解归一", "多解归一"归出的"一"就是数学的基本思想. 这里从思想方法的角度进一步体现了定理证明的学习进阶思想.

4. 实际应用

教学设计:

问题9: 利用正弦定理, 可以解决什么类型的"解三角形"问题?

设计说明: 由学生运用所学新知识表述思路, 初步体会定理的应用价值, 不难发现正弦定理可以解决以下类型的问题: ①已知三角形中两角及一边, 求其他元素; ②已知三角形中两边和其中一边所对的角, 求其他元素.

问题10: 在 $\triangle ABC$ 中, 已知 $a=2\sqrt{2}$, $b=2\sqrt{3}$, $A=45°$, 解三角形. 如果把 $b=2\sqrt{3}$ 分别改成 $b=2\sqrt{6}$、$b=\sqrt{5}$, 那么解三角形的结果将会有哪些不同?

设计说明: 给出具体问题, 让学生运用所学知识解决, 并变换条件, 观察解的情况, 解释出现一解、两解、无解的原因, 使学生能够灵活应用定理解决问题.

四、基于学习进阶的教学设计启示

1. 拾级而上, 注重学习的阶梯性

学习进阶, 就是要求教师在教学中要搭建学习阶梯, 引导学生在学习中拾级而上．作为教师，要了解学生的数学学习起点，对学生的进阶起点进行分析，从而设定科学、合理、适恰的进阶目标．通过进阶起点、进阶目标，研发、设计学生最佳的学习路径．在正弦定理的教学中，不仅要关注定理本身，更重要的是定理的引入和推导过程，教师要在"为何引入，如何证明"上下足功夫．向量是沟通代数、几何与三角函数联系的桥梁，是数形结合的载体，而正弦定理将三角形的边和角有机联系起来，实现了边与角的互化，使"三角"与"几何"产生联系，体现了几何直观与代数运算之间的融合，这正是向量工具价值的具体体现．本教学设计以余弦定理在解三角形时存在的缺陷为由引入正弦定理，遵从新教材编排顺序的同时，也能给学生用向量证明正弦定理以提示．在教学过程中要注意与前面所学知识的衔接，要立足于学生数学学习整体、全局，站在学生立场上对学习进阶进行整体性谋划．要扎实阶梯性目标、内容的建构，从而为学生的进阶学习奠定坚实基础．要避免低水平的重复，引导学生数学认知不断升级，充分经历数学知识形成、发展、创新的过程．

2. 瞻前顾后，注重学习的连续性

美国教育家杜威认为学生的经验是连续性的．学习进阶视域下的数学教学，不仅要求学生的数学经验走向连续，而且要求学生的认知走向连续．只有基于学生数学学习的连续性，才能引导学生的数学学习不断进阶．学习进阶不仅仅要解决学习者认知发展的路径，还要解决学习者在学习过程中用以"踏脚"的具体"附着点"．"阶"是一个迭代的过程，要以学情分析和把握为依据，通过瞻前顾后，注重学生的数学学习的连续性．例如在本节课的教学中，小学和初中所学的三角形性质、本章所学习的向量知识等就是学生的相关知识基础；特别是直角三角形中锐角三角函数的概念，以及向量数量积的概念、性质与运算等，构成了正弦定理学习的直接知识基础．在数学教学中，教师不仅要关注知识"点"的提升，更要将相关知识点串连成线、连接成面、结构成体．教师要引导学生通过不同的"阶"连续攀爬，从而让学生从低阶学习迈向高阶学习．作为教师，要尽可能地避免"一厢情愿"的单向设计,而应当让教学踩着学生"学的节拍",更好地为学生的"学"服务.

3. 左顾右盼,注重学习的结构性

学生数学学习的进阶,不仅是学生数学学习的结果性标志,更是过程性标志. 教师在数学教学中,不仅要瞻前顾后,还要左顾右盼. 瞻前顾后,就是注意数学知识的前后学习的连续性,而左顾右盼就是注重数学知识之间的横向关联性. 整合是一种跨越知识点建构知识网的过程. 教师不仅要关注每个知识点,更要由点连线织网,帮助学生建构良好的认知结构. 在本节课的教学中,涉及了平几、三角、向量等不同方面的知识,需要教师引导学生对它们进行横向贯通. 在数学知识的横向贯通、纵向跃迁的教学中,教师要设定不同的阶段性的能级水平,让学生的数学学习成为一种不断"跃迁"的过程. 学习进阶对于学生的意义和价值,正如北京师范大学郭玉英教授所指出的"是学生学习所需要经历的'攀爬'"[①]. 学习进阶视角下的数学教学,关注学生知识水平和思维发展的双重提升. 作为教师,不仅要注重学生的知识进阶、思维进阶,还要渗透数学思想方法,渗透学习方法和策略等. 通过进阶学习,培育学生的高阶思维,提高学生的认知水平,最终彰显数学学科的育人价值.

---

① 郭玉英,姚建欣. 基于核心素养学习进阶的科学教学设计[J]. 课程·教材·教法,2016,36(11):64-70.

§21 基于几何画板的数学教学设计

——以"$y=A\sin(\omega x+\varphi)$ 的图象"教学为例

一、信息技术融入高中数学教学的必要性

随着信息时代的到来,信息技术渗透各行各业,教育教学领域也不例外.《普通高中数学课程标准(2017年版)》指出,要重视信息技术的应用,实现信息技术与数学课程的深度融合. 信息技术是学生学习和教师教学的重要辅助手段,为师生交流、生生交流、人机交流搭建了平台,为学习和教学提供了丰富的资源.[①] 中共中央、国务院发布的《中国教育现代化2035》立足当前,着眼长远,重点部署面向教育现代化的十大战略任务,其中第八项任务是"加快信息化时代教育变革".

高中数学内容多是枯燥、抽象的知识,这成为了学生学习的障碍. 利用信息技术将静态知识动态呈现出来,将复杂问题简单化,体会知识发生发展的过程,才能让学生更好地理解数学知识,提高学生对问题的观察、分析和解决能力. 比如可以利用信息技术创设动态、直观的情境,动态演示图象的生成或变化过程等,为学生提供一个全新的数学学习环境. 因此,如何科学合理地将信息技术运用到课堂教学实践中,这是一个非常值得思考的问题.

二、信息技术与函数 $y=A\sin(\omega x+\varphi)$ 教学的深度融合

函数 $y=A\sin(\omega x+\varphi)$ 是描述周期现象的重要数学模型,在解决实际

---

① 中华人民共和国教育部. 普通高中数学课程标准(2017年版)[M]. 北京:人民教育出版社,2018.

问题中有着重要作用．生活中存在着许多周期现象，从生活中的问题抽象出函数 $y=A\sin(\omega x+\varphi)$，这是一个非常典型的数学建模过程，是提升学生的数学抽象、直观想象和逻辑推理等数学素养的重要载体．在"函数 $y=A\sin(\omega x+\varphi)$ 的图象"的教学过程中，想要突破重难点，就必须借助信息技术，将信息技术融入到课堂教学的各个环节，用信息技术作为化解难点的有效工具．利用信息技术，不仅能对生活中的周期现象快速准确地建立数学模型，以作为引出函数 $y=A\sin(\omega x+\varphi)$ 的背景知识，还能动态演示随着参数改变函数图象的变化情况，使学生能够直观感知参数对函数 $y=A\sin(\omega x+\varphi)$ 图象的影响，从而大大提高数学教学质量．

三、基于几何画板的"$y=A\sin(\omega x+\varphi)$ 的图象"教学过程设计

教材分析：人教版旧教材将"函数 $y=A\sin(\omega x+\varphi)$ 的图象"这部分内容安排在必修 4，人教版新教材将这部分内容安排在必修第一册，与函数连贯起来进行学习，有利于学生对基本初等函数的连续性认知．将三角函数作为探究活动——建立函数模型、解决实际问题的主要内容，旨在培养学生的数学建模素养．而函数 $y=A\sin(\omega x+\varphi)$ 在"三角函数"这一章中起着承上启下的作用，是数学建模的典型案例．直接利用传统方法进行教学，显得过于抽象，学生难以理解和掌握，利用几何画板开展教学可以改进教学方法和过程．

1. 建立模型，导入新知

教材分析：在人教版旧教材中，通过交流电电流 y 随时间 x 变化的图象放大后与正弦曲线相似，直接将物理现象的图象呈现出来作为背景知识引入函数 $y=A\sin(\omega x+\varphi)$，这对于物理知识薄弱的学生来说过于抽象，无法理解函数图象是如何产生的．在人教版新教材中，利用信息技术将筒车运动抽象成数学模型作为背景知识建立函数模型，但筒车模型对学生来说有些陌生．为此，我们利用学生熟悉的摩天轮模型导入教学，这样更接近学生的生活经验．

问题 1：在生活中，有许多周期现象的例子．如图 1，弹簧振子在振动过程中离开平衡位置的位移就呈现出了周期性；如图 2，摩天轮在匀速转动的过程中，某个座舱在摩天轮上的位置变化也呈现出了周期性．如图 3，将它们的原型抽象成数学模型，设圆的半径为 A m($A>0$)，匀速转动的角速度为 ω rad/min($\omega>0$)，点 P 从图中点 P_0 处开始计时，经过 x min 时，点 P 的纵坐标是多少？如图 4，如果改变初始点 P_0 的位置，射线 OP_0 与 Ox 所成的夹角记为 φ，经过 x min 时，点 P 的纵坐标此时又是多少呢？

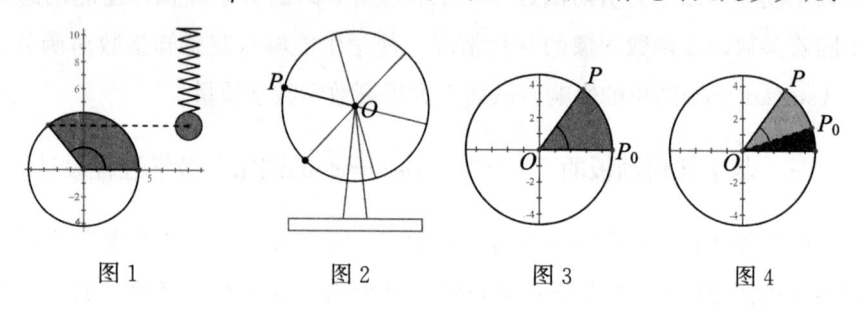

图 1　　　　图 2　　　　图 3　　　　图 4

信息技术融入：利用几何画板将弹簧振子及摩天轮运动抽象成数学模型，明确本节内容要研究的问题．将匀速圆周运动这一物理模型数学化，引导学生分析其中的量，寻找函数关系．通过数形结合，深化学生对问题的理解，抽象出描述周期现象的函数模型 $y=A\sin(\omega x+\varphi)$，从而突破本节内容的第一个难点．

设计说明：通过直观演示物理中的弹簧振子的运动过程，建立学科间的联系，实现跨学科的融合；利用几何画板将学生熟悉的生活中的现实问题抽象成数学模型，能让学生感受数学来源于生活，数学与生活息息相关．再引导学生根据前面所学的三角函数的定义，得到函数模型 $y=A\sin(\omega x+\varphi)$．

问题 2：根据以往研究函数的经验，我们一般是用什么方法来研究一个函数呢？

设计说明：回顾前面研究基本初等函数时用到的一般方法，学生不难想到"作图法"，通过数形结合的方法，借助图象能够更直观地观察函数的变化情况，从而总结其性质．

2. 启发引导，确定思路

教材分析：人教版新教材运用"复合式"的方式，先研究其中一个参数对函数图象的影响，再逐步增加一个参数，最后达到研究三个参数对函数图象影响的目的．这种逐步增加参数的研究方法是可行的，但在研究中会出现一个函数里同时有两个或三个参数的情况．还有一种是运用"分离式"的方式，先分别研究三个参数对函数图象的影响，最后再把它们整合到一起．我们认为后一种"先分再合"的思路相对来说更易于学生理解．

问题 3：我们知道参数 A、ω、φ 取不同实数，就得到不同的函数表达式，进而函数图象就会发生变化．那么在函数 $y = A\sin(\omega x + \varphi)$ 的解析式中，有我们熟悉的函数吗？

设计说明：将新旧知识之间建立联系，前一节刚学习了三角函数的图象与性质，学生很容易看出当 $A=1$、$\omega=1$、$\varphi=0$ 时为正弦函数，其图象为正弦曲线，为下面由特殊到一般地研究 $y = A\sin(\omega x + \varphi)$ 的图象做好铺垫．

问题 4：如何由函数 $y = \sin x$ 的图象得到函数 $y = A\sin(\omega x + \varphi)$ 的图象呢？你有什么研究思路？

设计说明：将熟悉的函数与新函数之间建立联系，引导学生设计研究思路，留给学生充分的自主探究时间，这符合新课改提出的要求．这里学生会出现两种不同的研究思路：一种是 $y = \sin x \rightarrow y = \sin \omega x \rightarrow y = \sin(\omega x + \varphi) \rightarrow y = A\sin(\omega x + \varphi)$ 的复合式；另一种是 $\left. \begin{array}{l} y = \sin \omega x \\ y = \sin(x + \varphi) \\ y = A\sin x \end{array} \right\} \rightarrow y = A\sin(\omega x + \varphi)$ 的分离式．

3. 研究探索，总结规律

教材分析：研究参数 φ、ω、A 对函数 $y = A\sin(\omega x + \varphi)$ 图象的影响是本节内容的重点也是难点．在人教版旧教材中是引导学生采用"五点作图法"画出函数图象，所耗时间较长，教学效果也不好．在人教版新教材中是采用信息技术演示函数图象的生成、变换过程，直观呈现各要素之间的动态变化，从而突破本节课的教学难点．

问题 5：先讨论参数 φ 对函数 $y=\sin(x+\varphi)$ 图象的影响．不妨固定参数 $\varphi=\dfrac{\pi}{3}$ 得到函数 $y=\sin\left(x+\dfrac{\pi}{3}\right)$，研究函数 $y=\sin x$ 的图象与函数 $y=\sin\left(x+\dfrac{\pi}{3}\right)$ 的图象之间存在怎样的变换关系．

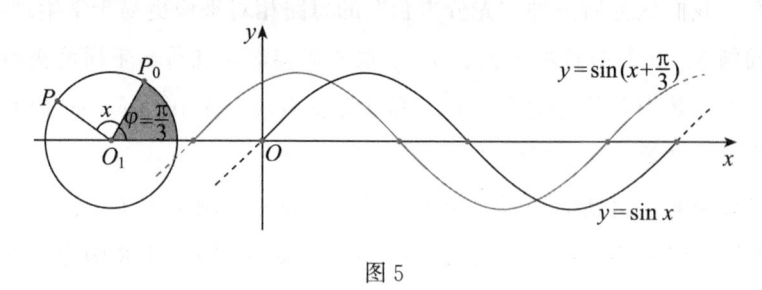

图 5

信息技术融入：如图 5，利用几何画板动态演示函数图象的生成、变换过程，引导学生观察如何由函数 $y=\sin x$ 的图象得到函数 $y=\sin\left(x+\dfrac{\pi}{3}\right)$ 的图象，从而得出变换规律．

设计说明：合理融入几何画板教学，学生亲身经历图象生成、变换过程，帮助学生更好地理解知识，从而发现规律：函数 $y=\sin\left(x+\dfrac{\pi}{3}\right)$ 的图象是由函数 $y=\sin x$ 的图象向左平移得到的，平移过程中函数图象的形状不发生改变．

问题 6：函数 $y=\sin\left(x+\dfrac{\pi}{3}\right)$ 的图象由函数 $y=\sin x$ 的图象向左平移多少个单位得到？

信息技术融入：如图 6，利用几何画板进行验证检验，首先可以验证"通过函数图象上特殊点的位置变化关系得出的图象变换规律"，其次可以验证"通过函数图象上任意点的位置变化关系得出的图象变换规律"．

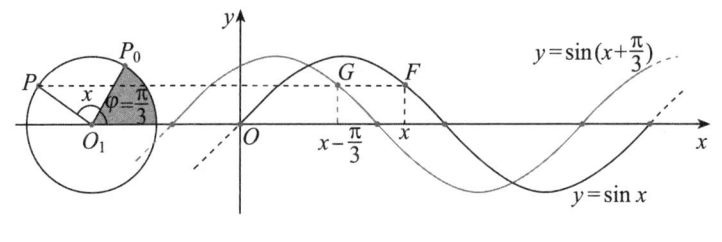

图 6

设计说明：一部分学生很可能会与之前学习的"五点作图法"相联系，利用几何画板对通过特殊点得到的猜想进行验证，说明该猜想是否合理. 显然，该猜想只能说明特殊点满足变化规律，而无法确定图象上其他点是否也满足变化规律，不具有说服力. 因此，可以引导学生从点的生成角度来看，利用几何画板对通过任意点得到的猜想进行验证：设点 F 为函数 $y = \sin x$ 图象上任意一点，则点 G 为与之对应的函数 $y = \sin\left(x + \dfrac{\pi}{3}\right)$ 图象上的一点，易知点 G 是由点 F 向左平移 $\dfrac{\pi}{3}$ 个单位得到，因此函数 $y = \sin\left(x + \dfrac{\pi}{3}\right)$ 的图象是由函数 $y = \sin x$ 的图象向左平移 $\dfrac{\pi}{3}$ 个单位得到. 在此过程中，对于先前所学的"五点作图法". 利用信息技术来验证其合理性.

说明：利用几何画板动态演示函数 $y = \sin\left(x - \dfrac{\pi}{3}\right)$ 的图象是由函数 $y = \sin x$ 的图象向右平移 $\dfrac{\pi}{3}$ 个单位得到，这里不再赘述.

问题 7：结合上述研究，你能给出 φ 的变化对函数 $y = \sin(x + \varphi)$ 图象影响的一般规律吗？

设计说明：从特殊到一般的思想方法是重要的思想方法之一. 根据上述研究，学生不难得出结论：当 $\varphi > 0$ 时，函数 $y = \sin x$ 的图象向左平移 φ 个单位，得到函数 $y = \sin(x + \varphi)$ 的图象；当 $\varphi < 0$ 时，函数 $y = \sin x$ 的图象向右平移 $|\varphi|$ 个单位，得到函数 $y = \sin(x + \varphi)$ 的图象.

问题 8：我们再来讨论参数 $\omega(\omega > 0)$ 对函数 $y = \sin \omega x$ 图象的影响.

不妨固定参数 $\omega=2$ 得到函数 $y=\sin 2x$，研究函数 $y=\sin x$ 的图象与函数 $y=\sin 2x$ 的图象之间存在怎样的变换关系.

信息技术融入：如图 7，利用几何画板，以点 P_0 为初始点，经过 $x_{\min}$ 后，分别构造 $\omega=1$ 和 $\omega=2$ 时点 P 的运动轨迹，得到函数 $y=\sin x$ 和函数 $y=\sin 2x$ 的图象.

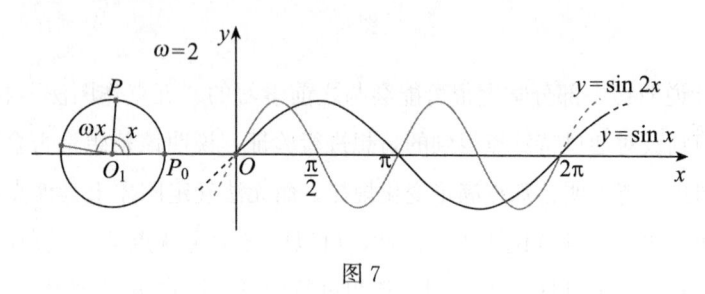

图 7

设计说明：利用几何画板动态演示函数图象的生成与变换过程. 通过观察，学生不难发现：函数 $y=\sin 2x$ 的周期缩短为 π，函数 $y=\sin 2x$ 的图象由函数 $y=\sin x$ 的图象横向压缩得到.

问题 9：函数 $y=\sin 2x$ 的图象较函数 $y=\sin x$ 的图象周期缩短为 π，函数图象的形状发生了改变. 那么，具体缩短了多少个单位？

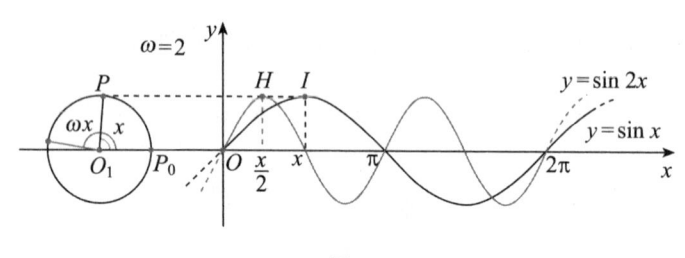

图 8

信息技术融入：如图 8，利用几何画板，过点 P 作 y 轴的垂线，分别与函数 $y=\sin x$ 和函数 $y=\sin 2x$ 的图象相交，取其中一组对应点 $I(x, \sin x)$ 和 $H\left(\dfrac{x}{2}, \sin x\right)$ 进行分析.

设计说明：学生前面已知 ω 是角速度，它影响点 P 在不同角速度下的运动情况. 将它反映在函数图象上，从函数图象上点的坐标变化来看，学生不难发现：点 H 与点 I 的纵坐标相同，点 H 的横坐标是点 I 的横坐标的 $\frac{1}{2}$. 由点的位置变化关系易知，函数 $y=\sin 2x$ 的图象由函数 $y=\sin x$ 的图象上所有点的横坐标缩短为原来的 $\frac{1}{2}$ 得到.

说明：利用几何画板动态演示函数 $y=\sin \frac{1}{2} x$ 的图象是由函数 $y=\sin x$ 的图象上所有点的横坐标扩大为原来的 2 倍得到，这里不再赘述.

问题 10：最后我们讨论参数 A 对函数 $y=A\sin x$ 图象的影响，不妨固定参数 $A=2$ 与 $A=\frac{1}{2}$ 得到函数 $y=2\sin x$ 与函数 $y=\frac{1}{2}\sin x$，研究函数 $y=\sin x$ 与函数 $y=2\sin x$ 的图象及 $y=\frac{1}{2}\sin x$ 的图象之间存在怎样的变换关系.

信息技术融入：如图 9，利用几何画板动态演示函数图象的变换过程，引导学生从动态中去观察参数 $A(A>0)$ 的变化对函数图象的影响，从而得出函数图象变换规律.

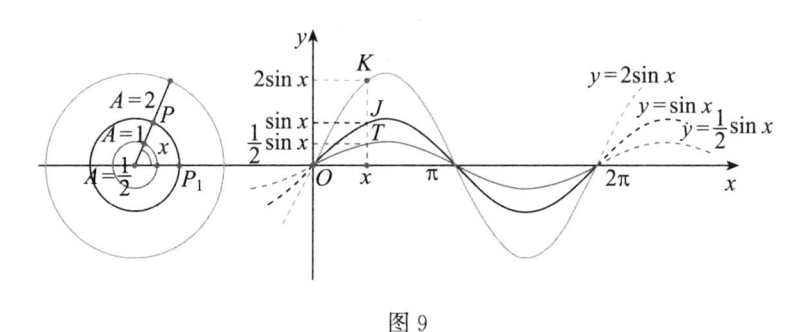

图 9

设计说明：利用几何画板的动态演示功能，帮助学生从动态中去观察、探索和发现研究对象之间的变换关系，引导学生从变化的图象中寻求不变的规律. 学生经历函数图象的生成、变化过程，抓住图象变换的本质是点的位置的变化，而点的位置的变化又是由点的坐标的改变决定的，由此不难得出结论：函数 $y=A\sin x$ 的图象由函数 $y=\sin x$ 的图象上所有点的横坐标不变，纵坐标伸长 $(A>1)$ 或缩短 $(0<A<1)$ 为原来的 A 倍得到.

问题 11：对比参数 φ、$\omega(\omega>0)$、$A(A>0)$ 对函数图象的影响，你有什么发现？

设计说明：教师引导学生观察、探索，更一般地来看函数 $y=A\sin(\omega x+\varphi)+b$ 的图象变换，学生不难发现以下变换规律：从函数图象的角度直观观察，发现参数 φ、$\omega(\omega>0)$ 的变化对函数图象的影响是横向变换（横向平移或伸缩），而参数 $A(A>0)$、b 的变化对函数图象的影响是纵向变换（纵向伸缩或平移）. 从函数解析式的角度进行观察，发现当涉及加减运算（参数 φ、b）时，函数图象发生平移变换；当涉及乘除运算（参数 ω、A）时，函数图象发生伸缩变换.

问题 12：以上分别研究了三个参数对函数图象的影响，我们发现参数 φ 与参数 ω 均是影响函数图象上所有点横坐标的变化. 那么，参数 φ 与参数 ω 变换顺序的不同对函数图象有什么影响？我们不妨以函数 $y=2\sin\left(2x+\dfrac{\pi}{3}\right)$ 为例进行研究.

信息技术融入：如图 10，利用几何画板逐步动态演示关于函数 $y=2\sin\left(2x+\dfrac{\pi}{3}\right)$ 图象的两种变换过程，突破本节内容的最后一个难点. 在经

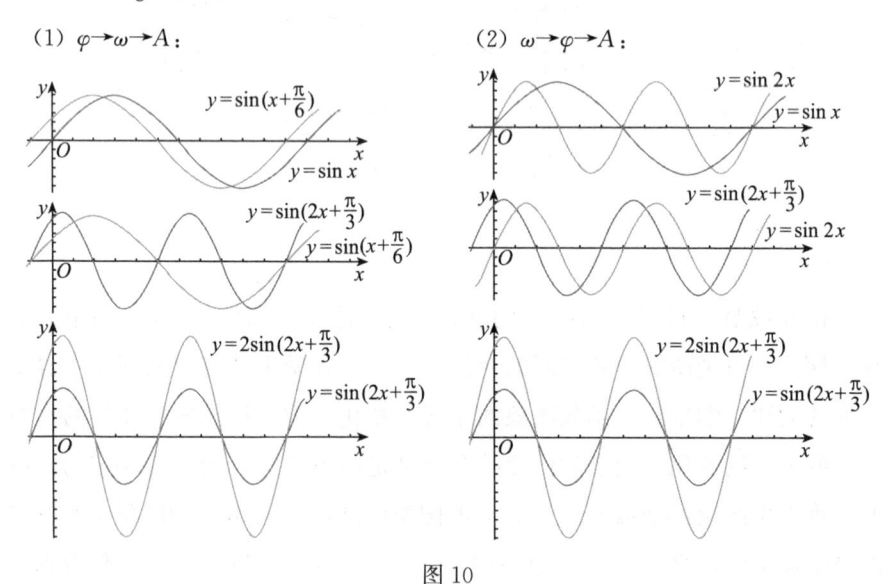

(1) $\varphi \to \omega \to A$：

(2) $\omega \to \varphi \to A$：

图 10

历每一步图象变换时,教师引导学生写出对应的函数解析式,亲身经历函数变换过程,让学生真正掌握函数图象的变换规律.

设计说明:先平移变换后伸缩变换,不易出现错误. 但在先伸缩变换后平移变换时,学生极易出现以下错误:直接由函数 $y=\sin 2x$ 的图象向左平移 $\frac{\pi}{3}$ 个单位得到函数 $y=\sin\left(2x+\frac{\pi}{3}\right)$ 的图象. 教师利用几何画板演示,引导学生发现错误的根源:由于在函数 $y=\sin\left(2x+\frac{\pi}{3}\right)$ 中,x 的系数为 2,即向左平移 $\frac{\pi}{3}$ 个单位是建立在进行了伸缩变换的基础上的,因此需要提取系数 2 得到函数 $y=\sin 2\left(x+\frac{\pi}{6}\right)$,此时再研究参数 φ 的影响,即函数 $y=\sin 2x$ 的图象向左平移 $\frac{\pi}{6}$ 个单位得到的才是函数 $y=\sin\left(2x+\frac{\pi}{3}\right)$ 的图象.

问题 13:你能总结一下从正弦函数出发通过图象变换,得到函数 $y=A\sin(\omega x+\varphi)(A>0,\omega>0)$ 图象的过程与方法、本质与规律吗?

设计说明:回顾本节课的研究思路,我们发现当遇到多变量问题时,可以采用控制变量的方法将复杂问题简单化. 通过研究不难发现图象变换的本质与规律:图象变换的本质是点的位置的改变,而点的位置的改变又是由点的坐标的改变决定的;横向变换是纵坐标不变来寻找横坐标的变化规律,纵向变换是横坐标不变来寻找纵坐标的变化规律. 研究中主要运用了数形结合思想、由特殊到一般的思想. 研究中利用信息技术,化静为动,化抽象为具体,逐个突破难点,可以发展学生的数学抽象、逻辑推理和直观想象等核心素养.

4. 拓展延伸,应用知识

问题 14:函数 $y=A\sin(\omega x+\varphi)$ 在刻画周期现象时有着非常重要的作用,其中参数 ω、φ、A 都有相应的实际意义,你能借助匀速圆周运动或其他周期现象（如弹簧振子）说明这些参数的意义吗？

设计说明： 与本节伊始提到的弹簧振子这一周期现象相呼应．物理学中弹簧振子离开平衡位置的位移称为"简谐运动"，A、ω、φ 是描述简谐运动的物理量，其中 A 是这个简谐运动的振幅，ω 是这个简谐运动的周期，$\omega x+\varphi$ 称为相位，$x=0$ 时的相位 φ 称为初相．将数学知识与物理知识之间建立联系，有助于学生体会学科知识间的融会贯通．

问题 15： 夏天是用电高峰期，特别是晚上，为保证居民空调制冷用电，电力部门不得不对企事业单位拉闸限电，而到了零时后，又出现电力过剩的情况．因此每天的用电也出现周期性的变化．为保证居民用电，电力部门提出了"削峰平谷"的想法，即提高晚上高峰时期的电价，同时降低后半夜低峰时期的电价，鼓励各单位在低峰时用电．请调查你们地区每天的用电情况，制定一项"消峰平谷"的电价方案．

设计说明： 现实生活中存在大量的运动变化现象在一定范围内呈现出近似周期变化的特点，这些现象也可以借助三角函数近似描述．具体的，我们可以利用收集到的数据，利用信息技术先画出相应的"散点图"，然后进行函数拟合获得具体的函数模型，最后利用这个函数模型来解决相应的实际问题．在这个运用数学知识解决现实问题的过程中，学生可以充分体会到数学的应用价值，感受信息技术在数学中的作用．

四、基于信息技术开展教学设计的若干思考

1．遵循信息技术的工具性

随着时代的发展，教育现代化是发展的必然趋势．随着信息技术逐渐融入数学教学中，教师利用信息技术为教学提供了诸多便利，同时为学生提供了更多丰富且直观的知识呈现形式，但它的主要作用是辅助教师的教与学生的学．现代化教育的实现不可完全依赖信息技术教学，需将信息技术与传统教学相融合，合理设计或安排信息技术的融入，发挥信息技术的工具性作用，从而促进学生对知识的建构和理解．

2. 遵循信息技术的动态性

加拿大学者 George Siemens 指出,知识更多的是一个动态的流而不是静态的点.[①] 在数学教学过程中,我们应该将书本上静态的知识转化为动态的、直观的、易于理解的形式,很显然,这一点利用传统的教学方法是难以实现的,而信息技术能有效地将知识化静为动,化无形为有形,化抽象为直观. 通过信息技术展示知识的发生发展过程,促进学习者对知识意义的建构,促进学生对知识的理解,最终实现个体知识的不断内化.

3. 遵循信息技术的有效性

学生的学习是有深浅之分的,分为深度学习与浅表学习.[②] 传统的教学手段容易导致浅表学习,因此对于一些抽象的数学知识,利用信息技术的动态演示与教师的言语引导相结合突破重难点,使信息技术与数学教学深度融合,可以让学生对数学知识有更深层次的理解,有效降低教学难度,大大提高教学效率. 但如果在教学中仅仅追求效率而不考虑效益,利用信息技术功能使一节课的内容过于繁杂且容量过大,学生没有能力去消化吸收大量的知识,会给学生带来巨大的学习压力,反而会降低数学学习的质量. 因此教师在利用信息技术开展教学时,需要正确认识和把握教学的效率和效益问题.

(李承慧,李祎)

[①] George Siemens. Connectivism: A Learning Theory for the Digital Age [J]. Instructional technology & distance learning. 2005 (01): 3-9.

[②] 王佑镁. 信息技术支持知识建构:层次模型与效果分析 [J]. 远程教育杂志, 2009, 17 (06): 15-18.

§22　基于数学运算素养培养的数学教学设计
——以"点到直线的距离"教学为例

一、数学运算素养解析

数学核心素养是具有数学基本特征的、适应个人终身发展和社会发展需要的人的思维品质与关键能力．数学核心素养是数学课程目标的集中体现，是在数学学习过程中逐步形成的一种素养．数学运算作为高中六大数学核心素养之一，它是数学活动的基本形式，是演绎推理的重要形式，是解决数学问题的基本手段，也是计算机解决问题的基础．按照高中数学课程标准中的界定，数学运算是指在明晰运算对象的基础上，依据运算法则解决数学问题的素养，主要包括：理解运算对象，掌握运算法则，探究运算思路，选择运算方法，设计运算程序，求得运算结果等．通过提高数学运算能力，可以促进学生数学思维发展，使学生形成规范化思考问题的品质，养成一丝不苟、严谨求实的科学精神，从而起到数学育人的作用．

"点到直线的距离"这一节课的教学，教学重点是对点到直线的距离公式的推导，该公式推导遇到的全是字母的运算，采用常规思路推导运算复杂且运算量较大，并且公式推导具有运算思路多元化、运算方式策略性强等特点，因此"点到直线的距离"的教学内容成为了培养学生数学运算素养的重要载体．

二、基于数学运算素养培养的教学设计

（一）教材内容分析

"点到直线的距离"是人教新版教材选择性必修一第二章第 3 节的内

容,在学习这个内容之前,学生在小学就已经知道了"从直线外一点到这条直线所作的线段中垂线段最短,这条垂线段的长度叫做这点到直线的距离";在初中再次学习了"连接直线外一点与直线上各点的所有线段中垂线段最短";在高中已经学习过直线的方程、直线的位置关系、两条直线的交点以及两点间的距离公式,并且经过函数的学习学生理解了点到直线的距离本质上是点与直线上任一点间距离的最小值,经过向量的学习学生积累了用向量方法研究几何问题的活动经验. 本节课内容的学习,为学生进一步学习两条平行线之间的距离、直线与圆的位置关系以及圆锥曲线奠定基础,因此这个公式的学习有着承前启后的作用.

点到直线的距离公式的推导,推证方法众多,例如等积法、定义法、向量法、函数法、不等式法等,公式推导中对运算能力具有较高要求. 人教旧版教材采用的是面积法,面积法避免了繁琐运算,但如何想到面积法是需要突破的教学难点. 人教新版教材,首先从定义出发,按照常规思路来推证公式,侧重培养学生的运算技能和能力;其次运用向量法来推证公式,通过设置"'探究':向量是解决距离、角度问题的有力工具,能否用向量方法求点到直线的距离"启发学生探寻新思路,通过设置"'思考':如何利用直线 l 的方程得到与 l 的方向向量垂直的单位向量 n"帮助学生突破认知难点. 本教学设计着重选取一些具有代表性的推导方法,以培养和提升学生的数学运算素养.

(二) 教学过程设计

1. 理解运算对象

问题 1:求距离是解决几何问题的一个重要内容,上节课我们用定量方法研究了两点间的距离,得到了两点间的距离公式,这节课我们一起来研究点到直线的距离. 如图 1,已知点 $P(x_0,y_0)$,直线 $l:Ax+By+C=0$ (A、B 不全为 0),如何求点 P 到直线 l 的距离?

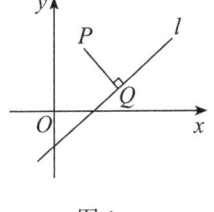

图1

设计说明：对于点到直线的距离公式的导入，采用直接导入法，开门见山，单刀直入，从学生的最近发展区"两点间的距离公式"出发，注重新旧知识的联系，让学生明白这节课所要研究的内容．

2．探究运算思路

（1）从特殊到一般，等积法推导公式

①"点"的特殊化

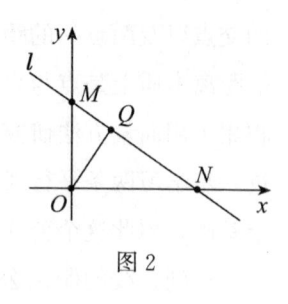

问题2：采用"以退为进"策略，将问题"退"到简单情形，先来看特殊点到直线的距离该如何求：如图2，如何求坐标原点O到直线l的距离呢？

图2

设计说明：假定$A \neq 0$，且$B \neq 0$．如图2所示，直线l与x轴交于点$N\left(-\dfrac{C}{A}, 0\right)$，与$y$轴交于点$M\left(0, -\dfrac{C}{B}\right)$，点$O$到直线$l$的距离就是直角三角形$OMN$斜边$MN$上的高$OQ$，$OQ = \dfrac{\left|-\dfrac{C}{A}\right|\left|-\dfrac{C}{B}\right|}{\sqrt{\dfrac{C^2}{A^2} + \dfrac{C^2}{B^2}}} = \dfrac{|C|}{\sqrt{A^2 + B^2}}$．经验证，当$A = 0$或者$B = 0$时，上面等式仍成立．

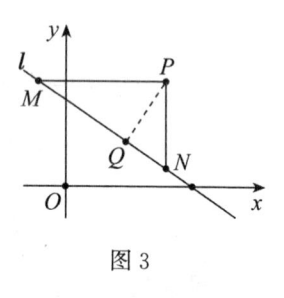

问题3：如图3，如果是平面上的任意一点P，又该如何求点P到直线l的距离呢？

设计说明：特殊点情形之下的公式的推导方法，容易促使我们想到通过构造直角三角形，利用等积法来推导公式．构造以点P为直角顶点、斜边在直线l上的直角三角形．设$A \neq 0$，$B \neq 0$，过点P作$PQ \perp l$，垂足为Q，过点P分别作x轴、y轴的平行线，交l于点$M(x_1, y_0)$，$N(x_0, y_2)$，由$Ax_1 + By_0 + C = 0$，$Ax_0 + By_2 + C = 0$，得$x_1 = \dfrac{-By_0 - C}{A}$，$y_2 = \dfrac{-Ax_0 - C}{B}$，故$PM = |x_1 - x_0| = \left|\dfrac{Ax_0 + By_0 + C}{A}\right|$，$PN = |y_2 - y_0| = \left|\dfrac{Ax_0 + By_0 + C}{B}\right|$，由三角形面积公式，可知$PQ = $

图3

$\dfrac{PM \cdot PN}{MN} = \dfrac{|Ax_0+By_0+C|}{\sqrt{A^2+B^2}}$，即 P 到直线 l 的距离为 $d = \dfrac{|Ax_0+By_0+C|}{\sqrt{A^2+B^2}}$. 经验证，当 $A=0$ 或者 $B=0$ 时，上述等式仍成立.

② "线"的特殊化

问题 4：同样采用"以退为进"策略，将问题"退"到简单情形，先来看点到特殊直线的距离该如何求：如何求点 P 到与 x 轴或 y 轴垂直的直线 l 的距离呢？

设计说明：如图 4 所示，设点 $P(x_0, y_0)$，当 $A=0$ 或 $B=0$ 时，直线方程 l：$Ax+By+C=0$，变成了 $y=-\dfrac{C}{B}$ 或 $x=-\dfrac{C}{A}$. 于是 $PP_1 = \left|-\dfrac{C}{A}-x_0\right| = \dfrac{|Ax_0+C|}{|A|}$，$PP_2 = \left|-\dfrac{C}{B}-y_0\right| = \dfrac{|By_0+C|}{|B|}$. 从特殊情形入手，有利于突破教学难点.

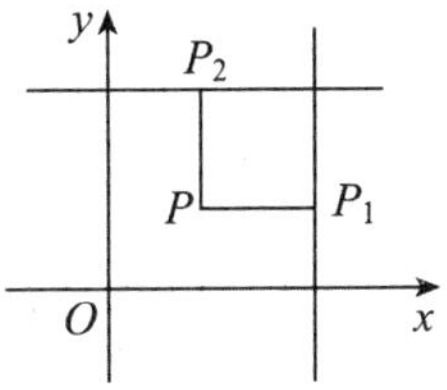

图 4

问题 5：如果是平面上的任意一条直线 l：$Ax+By+C=0$，此时又该如何求点 P 到直线 l 的距离呢？

设计说明：既然水平方向或垂直方向的距离很容易求解，那么对于一般情形下的点到直线的距离的求解，启示我们可以先求与所求距离相关的水平方向或垂直方向的距离. 于是就可以如图 3 所示，启发学生过点 P 分别作 x 轴的平行线 PM 或 y 轴的平行线 PN.

(2) 从定义出发，不断优化公式推导

问题 6：如图 5，如何求出点 Q 的坐标，并进一步求出点 P 到直线 l 的距离呢？

设计说明：从点 $P(x_0, y_0)$ 到直线 l：$Ax+By+C=0$ 距离的定义入手，先写出直线 PQ 的方程：$y-y_0 = \dfrac{B}{A}(x-x_0)$，再联立求解方程组 $\begin{cases} Ax+By+C=0 \\ y-y_0=\dfrac{B}{A}(x-x_0) \end{cases}$，得垂足 $Q\left(\dfrac{B^2x_0-ABy_0-AC}{A^2+B^2}, \dfrac{-ABx_0+A^2y_0-BC}{A^2+B^2}\right)$，

由两点间的距离公式 $d=\sqrt{(x-x_0)^2+(y-y_0)^2}$，

化简得点到直线的距离公式为 $d=\dfrac{|Ax_0+By_0+C|}{\sqrt{A^2+B^2}}$. 上述推导过程，思路自然，设计合理，但运算量较大，许多学生因不能顺利完成运算而失败，但这种运算能力也是学生需要具备的基本素养. 新教材中设置了"思考"栏目，引导学生进行更深层次的探究，通过反思求解过程去发现引起复杂运算的原因，并思考基于此简化运算的方法. 但我们认为简化运算的方法，并非仅有教材提供的方法，以下第一种简化运算方法更容易想到.

问题 7：以上推导过程运算量较大. 观察运算对象的结构特征，并注意到方程组的解满足方程的特点，你能对运算过程进行简化吗？

设计说明：其实，注意到运算对象的结构特点，常用常规方法来进行求解，一点也不比"等积法"复杂，相反，还有助于训练学生对运算对象结构特点的观察能力. 事实上，如图 5 所示，当 $A\neq 0$ 且 $B\neq 0$ 时，此时直线 PQ：$y-y_0=\dfrac{B}{A}(x-x_0)$. 联立方程组：$\begin{cases} Ax+By+C=0 \\ y-y_0=\dfrac{B}{A}(x-x_0) \end{cases}$，则其解便是交点 Q 的坐标 (x,y). 注意到方程组的解满足方程的特点，因此 $d=\sqrt{(x-x_0)^2+(y-y_0)^2}=\sqrt{(x-x_0)^2+\left[\dfrac{B}{A}(x-x_0)\right]^2}=\dfrac{\sqrt{A^2+B^2}}{|A|}|x-x_0|$. 因此，此时只要通过方程组求得 x 即可. 不难解得 $x=\dfrac{B^2x_0-ABy_0-AC}{A^2+B^2}$，$x-x_0=-\dfrac{A(Ax_0+By_0+C)}{A^2+B^2}$，所以 $d=\dfrac{|Ax_0+By_0+C|}{\sqrt{A^2+B^2}}$.

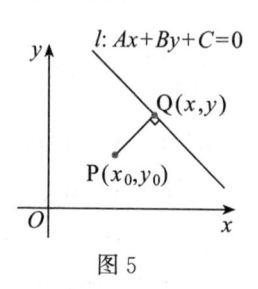

问题 8：回忆两点间距离公式的推导过程，该公式实际上是勾股定理的具体表现形式，运算结果是用直角边表示的代数式. 若运算条件也是用

直角边表示的代数式，那么是否可以对问题 6 中的运算过程进行简化呢？

设计说明：受此问题启发，引导学生通过配凑，对方程组 $\begin{cases} Ax+By+C=0 \\ y-y_0=\dfrac{B}{A}(x-x_0) \end{cases}$ 作如下变形：$\begin{cases} A(x-x_0)+B(y-y_0)=-(Ax_0+By_0+C) \\ B(x-x_0)-A(y-y_0)=0 \end{cases}$，把它看作是关于 $x-x_0$ 和 $y-y_0$ 的二元一次方程组进行求解，并代入 $d=\sqrt{(x-x_0)^2+(y-y_0)^2}$，这样就可以大大简化运算．注意到该方程组的结构特点，也可以把该方程组中的两个方程的左右两端平方后相加，这样便可以直接得出两点间的距离公式 $d=\dfrac{|Ax_0+By_0+C|}{\sqrt{A^2+B^2}}$．

问题 9：采用常规思路来运算非常复杂，你能发现引起复杂运算的原因吗？以上这种方法为什么能简化运算？

设计说明：对于多字母的运算，大部分学生往往"合眼摸象"，盲目地开展运算，没有在一开始就认识到所要运算对象的特殊性．在教学中有意识地引导学生分析运算对象的特点，并基于此思考简化、优化运算的方法，有利于提高学生的数学运算素养．这里为了达到简化运算的目的，利用了"设而不求"方法进行整体代换．学生第一次接触到"设而不求"这种求解策略，要积极引导学生思考"设"的是什么，"求"的是什么，"不求"的是什么，让学生意识到"设而不求"不是不求，而是直接求其"整体"，这一过程具体体现了"探究运算思路"的数学运算素养要求．

（3）向量方法推证，注重通性通法

问题 10：向量是解决空间距离、角度问题的有力工具，能否用向量方法求点到直线的距离呢？

设计说明：学生在前面的"空间向量和立体几何"一章中，已经利用投影向量和勾股定理研究了空间中点到直线的距离公式，并且利用向量法推证了点到平面的距离公式，因此学生具有利用向量工具推证该公式的基础．本节课的教学难点，主要体现在以下三个方面：一是对投影向量的几何意义的理解；二是如何找到与已知直线垂直的向量（或单位向量）；三是"设而不求"思想的运用.

问题 11：如图 6，设 $M(x, y)$ 是直线 l 上的任意一点，不难发现向量 $\overrightarrow{PM}$ 的最小模长即为点到直线的距离，如何求向量 $\overrightarrow{PM}$ 的最小模长呢？

设计意图：由于向量的线性运算和数量积具有鲜明的几何背景，因此利用几何图形去发现向量关系是常用的思维方式. 由垂线段长度联想到投影向量，对学生来说有一定难度，而几何图形可以直观展现垂线段与投影向量的共同特性. 从几何图形中可以看出，当点 M 和点 Q 重合时，$\overrightarrow{PM}$ 的最小模长即为垂线段 PQ 的长度. 从向量的角度来看，PQ 即为向量 $\overrightarrow{PM}$ 在 $\overrightarrow{PQ}$ 方向上的投影向量的模长.

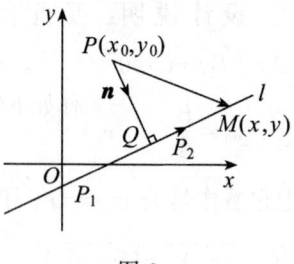

图 6

问题 12：是否可以找到一个与直线 PQ 平行或共线的向量呢？利用向量数量积的几何意义，是否可以消去未知量 $M(x, y)$，从而求出 PQ 的长度呢？

设计说明：直线 PQ 与直线 l 相互垂直，相互垂直的直线，其方向向量的数量积为 0. 为了求出直线 PQ 的方向向量，设 $P_1(x_1, y_1)$，$P_2(x_2, y_2)$ 是直线 $l: Ax+By+C=0$ 上的任意两点，易得 $\overrightarrow{P_1P_2}=(x_2-x_1, y_2-y_1)$ 是直线 l 的方向向量，且 P_1 和 P_2 分别满足 $Ax_1+By_1+C=0$，$Ax_2+By_2+C=0$，两式相减得 $A(x_2-x_1)+B(y_2-y_1)=0$，从而知 $\boldsymbol{n}=(A, B)$ 是 $\overrightarrow{PQ}$ 的方向向量. 于是 $\overrightarrow{PM} \cdot \boldsymbol{n} = (x-x_0, y-y_0) \cdot (A, B) = A(x-x_0)+B(y-y_0)=Ax+By-Ax_0-By_0$. 因为点 $M(x, y)$ 在直线 l 上，满足 $Ax+By+C=0$，因此 $Ax+By=-C$，即 $\overrightarrow{PM} \cdot \boldsymbol{n} = -Ax_0-By_0-C$，所以 $|PQ|=||\overrightarrow{PM}|\cos\theta|=\dfrac{|\overrightarrow{PM} \cdot \boldsymbol{n}|}{|\boldsymbol{n}|}=\dfrac{|Ax_0+By_0+C|}{\sqrt{A^2+B^2}}$.

问题 13：回顾之前所学习过的点到平面的距离的计算过程，你能发现利用向量法推导两个距离公式的共同特征吗？

设计说明：如图 7 所示，已知平面 α 的法向量为 $\boldsymbol{n}$，A 是平面 α 内任

取的一点，P 是平面 $α$ 外一点. 过点 P 作平面 $α$ 的垂线 l，交平面 $α$ 于点 Q，则 n 是直线 l 的方向向量，且点 P 到平面 $α$ 的距离就是 $\overrightarrow{AP}$ 在直线 l 上的投影向量 $\overrightarrow{QP}$ 的长度. 因此 $PQ=|\overrightarrow{QP}|=||\overrightarrow{AP}|\cos θ|=\dfrac{|\overrightarrow{AP}\cdot n|}{|n|}$. 如果后面学习了平面方程，把点 P 的坐标和平面方程具体代入，则可得到点到平面的距离公式. 不难发现，该公式与点到直线的距离公式，其结构形式完全相同. 分析两个公式的推证过程，可以发现思路和方法完全相同，这就说明向量法是通性通法，具有普遍的适用性.

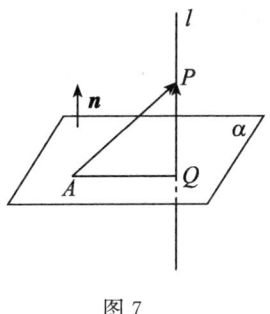

图 7

（4）扩散思路，探寻更多推证方法

①三角函数法

问题 14： 在前面利用等积法推导公式时，我们是过点 P 分别作了 x 轴和 y 轴的垂线. 是否可以只作一条垂线来推导公式呢？

设计说明： 假定 $A≠0$，且 $B≠0$，设直线 l 的倾斜角为 $α$，过点 P 作 $PQ⊥l$，垂足为 Q，过点 P 作 x 轴的垂线交 l 于点 $M(x_0, y_2)$，$\angle MPQ=α$ 或 $\angle MPQ=π-α$. 则 $PM=|y_0-y_2|=\left|\dfrac{Ax_0+By_0+C}{B}\right|$，$d=PM\cdot\cos\angle MPQ=PM\cdot|\cos α|=PM\cdot\dfrac{1}{\sqrt{1+\tan^2 α}}=\left|\dfrac{Ax_0+By_0+C}{B}\right|\cdot\sqrt{\dfrac{B^2}{A^2+B^2}}=\dfrac{|Ax_0+By_0+C|}{\sqrt{A^2+B^2}}$. 经验证当 $A=0$ 或 $B=0$ 时，上面等式仍成立.

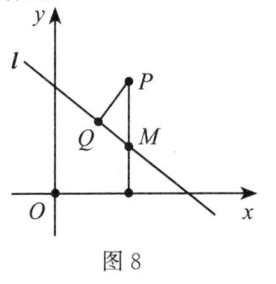

图 8

②柯西不等式法

问题 15： 由于点 P 到直线 l 的距离是点 P 到直线 l 上任意一点距离的最小值，因此是否可以利用函数的方法来推导公式呢？

设计说明： 利用二次函数的最值推证距离公式，想法自然，但运算过

程较复杂. 如果把距离看作二元函数, 利用柯西不等式求最值, 则能大大简化运算. 即在 $l: Ax+By+C=0$ 上任取一点 (x, y), 将直线方程化为 $A(x-x_0)+B(y-y_0)=-(Ax_0+By_0+C)$. 点 P 到直线 l 的距离是二元函数 $f(x, y)=\sqrt{(x-x_0)^2+(y-y_0)^2}$ 的最小值. 由柯西不等式得 $|A(x-x_0)+B(y-y_0)| \leqslant \sqrt{A^2+B^2}\sqrt{(x-x_0)^2+(y-y_0)^2}$, 因此有 $\sqrt{(x-x_0)^2+(y-y_0)^2} \geqslant \dfrac{|Ax_0+By_0+C|}{\sqrt{A^2+B^2}}$〔当且仅当 $A(y-y_0)=B(x-x_0)$ 时等号成立〕, 因此 $d=\dfrac{|Ax_0+By_0+C|}{\sqrt{A^2+B^2}}$. 这里需要说明的是, 在人教版高中数学新教材中, 柯西不等式是以习题形式出现在必修第二册的"平面向量及其应用"一章的第 6.3 节中.

三、教学设计之反思

数学公式教学应该突出公式的推证过程, 将教材中静态的数学知识还原成动态的生成过程, 尽可能地为学生提供一种思考、交流、探究的空间, 通过丰富的过程体验, 获得宝贵的过程性知识. 在点到直线的距离公式的教学中, 让学生经历多样化的公式证明过程, 这是提高学生的数学运算素养的最好途径.

点到直线的距离公式的推证方法很多, 其中基本且重要的方法是等积法、定义法和向量法. 三种推导方法中, 等积法是人教旧版教材采用的方法, 该方法相比定义法运算量不大, 但构造直角三角形的思路较难想到, 本教学设计提供的两种思路, 无论是从"点"的特殊到一般, 还是从"线"的特殊到一般, 其目的都是为了突破教学难点, 自然而然地引出利用等积法求距离, 因为从特殊到一般符合学生的认知规律, 容易被学生理解和接受. 定义法是最容易想到的方法, 这一常规思路代表了通性、通法, 但计算比较繁琐, 如果讲究运算策略或使用变形技巧, 运用"设而不求"和整体代换思想, 可使繁琐运算过程简便化, 从中也可看出"繁"与"简"是可以相互转化的, "简"是从"繁"中演化出来的. 向量法具有一定的普适性，既可以推导点到直线的距离，也可以推导点到平面的距离，推导思路和方法完全相同，并且这种方法计算量也小，但该方法的运用需要进行知识的横向联系，要求学生具有一定的知识迁移能力，对学生的思维水平提出了较高要求，此外在使用向量法的过程中也运用了"设而不求"思想，这进一步增加了公式推证的难度．除此之外，本教学设计还提供了三角函数法和柯西不等式法，两种推证方法都是通过符号运算实现了演绎推理，推证过程并不复杂，但同样要求学生做到对知识的融会贯通．

参考文献

[1] 李祎. 为病态数学教学开药方. 中国教育报, 2009 年 10 月 16 日.

[2] 李祎. 从本科生实习试教谈数学教学中存在的若干问题. 数学通讯, 2010 年第 7 期.

[3] 李祎, 邱云. 数学知识不是"铁板一块"——谈数学教师应树立的知识观. 数学通报, 2011 年第 10 期.

[4] 李祎. 学会追问"数学"——数学教师成长的重要阶梯. 数学通讯, 2011 年第 11 期.

[5] 李祎. 提高教师数学素养的"六维度". 数学通讯, 2012 年第 10 期.

[6] 李祎. 高水平数学教学到底该教什么. 数学教育学报, 2014 年第 6 期.

[7] 黄晓琳, 李祎. "任意角三角函数"教学析惑与设计探微. 数学通报, 2014 年第 11 期.

[8] 李彩红, 李祎. 基于三种学习理论整合的数学概念教学设计. 数学通报, 2014 年第 5 期.

[9] 龚彦琴, 李祎. 刍议稚化思维的数学教学策略. 数学通报, 2013 年第 10 期.

[10] 李祎. 刍议教师理解数学的几个维度. 数学通报, 2014 年第 6 期.

[11] 李祎. 另眼看难点. 数学通报, 2016 年第 7 期.

[12] 李祎. 什么样的教学最有价值. 数学通讯, 2017 年第 1 期.

[13] 李祎. 另眼看导入. 数学通报, 2018 年第 8 期.

[14] 李祎. 数学教学应"这样教". 数学通讯, 2018 年第 4 期.

[15] 李祎. 别被理念绑架教学. 数学通报, 2019 年第 2 期.

[16] 李祎. 数学教学切勿轻易"想当然". 数学通讯, 2020 年第 1 期.

[17] 李祎, 陈柳娟. 教学不是一种"告诉"行为. 教育研究与评论, 2021 年第 2 期.

[18] 彭浩达, 李祎. 数学解题需要套路吗. 数学通报, 2022 年第 5 期.

[19] 李祎, 黄勇. 数学课程思政: 发挥辩证思维的教学价值. 教育研究与评论, 2022 年第 2 期.

[20] 毛钰欣, 李祎. 注重内容前后衔接　促进知识逻辑生长——以"二项式定理"的教学为例. 数学通讯, 2022 年第 12 期.

[21] 李祎, 张洁. 基于同理心的数学教学设计——以"余弦定理"教学为例. 数学通讯, 2023 年第 2 期.

[22] 李津津, 李祎. 基于多元表征的数学教学设计——以"基本不等式"教学为例. 福建基础教育研究, 2023 年第 2 期.

[23] 李祎, 王逸勤. 基于核心素养的数学教学设计及其评价——以"椭圆及其标准方程"教学为例. 数学通报, 2023 年第 5 期.

[24] 李祎. 基于探究学习的数学教学策略. 数学通报, 2009 年 2 期.

[25] 徐晓建, 李祎. 基于逻辑推理素养培养的数学教学设计——以"函数的奇偶性"教学为例. 数学通讯, 2023 年第 7 期.

[26] 李祎, 李渺. 数学概念教学: 遮蔽与澄明. 教育研究与评论, 2024 年第 1 期.

[27] 高婷, 李祎. 基于 Geogebra 运用的数学教学设计——以"平面向量基本定理"教学为例. 数学教学通讯, 2004 年第 6 期.